verwaltungsrecht

| 제5판 |

세무
행정법

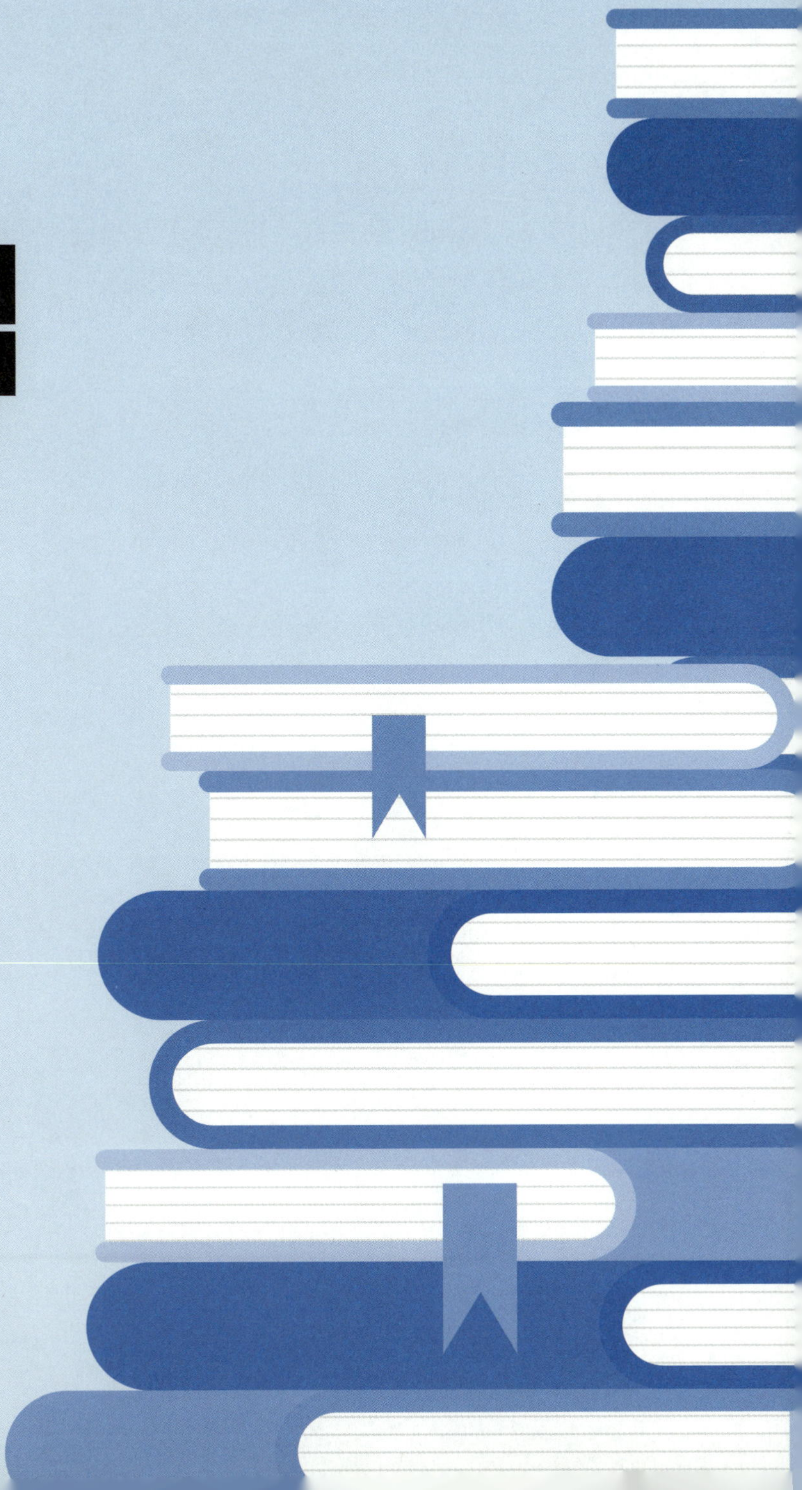

법학박사 정선균
변호사 조현석 공저

PREFACE

세무행정법 제5판

정선균 曰

　세무행정법은 행정소송법 조문 순서로 편제되어 법조문과 판례를 중심으로 출제되는 세무사 행정소송법 시험을 대비하기에 매우 적합한 책이었습니다. 다만 제가 2018년에 더 이상 강의를 할 수 없는 일신상의 이유 때문에 강의를 그만두면서 이 책을 개정하는 것도 멈추었고, 그렇게 2018년 제4판을 끝으로 중단했던 세무행정법의 개정판을 무려 7년이 지나 다시 출간하게 되어 정말 기쁘게 생각합니다. 특히 이번 제5판부터는 저의 애제자 조현석 변호사님이 개정작업에 참여하게 되어 더 좋은 책을 만들었다고 자부합니다.

　저희 공저자들은 선택과목 중 하나로서 객관식 시험이라는 세무사 행정소송법의 특성을 고려하여, 학원 강의 도움이 없어도 합격에 필요한 점수를 받으실 수 있도록 향후 유튜브 강의(정선균TV)를 개설하는 등 다양한 노력을 다 하겠습니다. 책과 관련한 건의사항과 질문은 제 다음카페(정선균의 행정법교실)에 남겨주시면 성실히 답변하겠습니다.

　부디 이 책이 여러분의 꿈을 이루는데 도움이 되기를...

2025년 3월
법학박사 정선균

조현석 曰

　존경하는 정선균 박사님의 권유로 세무행정법 개정판의 공동저자로 참여하게 됐습니다. 세무사시험 1차 과목인 행정소송법 문제를 보니 조문과 판례의 중요성을 확인했고 그에 따라 다양한 판례와 조문의 세심한 암기가 중요하다는 것을 알게 되었습니다. 이에 본 개정판에서는 조문에 대한 해석 및 판례를 최대한 추가했고, 조문에 대한 설명을 한 이후에 최근 세무사 행정소송법 기출문제 중 일부를 해설과 함께 수록했습니다.

　이 책을 개정하는 데 많은 분들의 응원이 있었습니다. 항상 사랑하는 부모님과 동생, 공동저자의 기회를 주신 정선균 박사님, 올해 학원을 이직하신 황정현 변호사님, 김경현 변호사님, 백한나 변호사님, 김주영 변호사님, 김수연 변호사님, 안수지 변호사님과 먹운변, 법무법인 심목의 윤성인 변호사님, 김예림 변호사님, 김민기 팀장님, 임지선 대리님, 김지원 주임님, 이주경 주임님에게 감사의 인사를 전합니다.

　끝으로 2024년 연말부터 참 많은 일들이 있었습니다. 부디 2025년 한 해는 원하시는 모든 일들이 잘 되시기를 바랍니다.

2025년 3월
변호사 조현석

CONTENTS

제1장 총칙

제1조 목 적 · 3
제2조 정 의(대상적격) · 9
제3조 행정소송의 종류 · 51
제4조 항고소송 · 54
제5조 국외에서의 기간 · 58
제6조 명령·규칙의 위헌판결등 공고 · · · · · · · · · · · · 58
제7조 사건의 이송 · 59
제8조 법적용예 · 59

제2장 취소소송

제1절 취소소송
제9조 재판관할 · 60
제10조 관련청구소송의 이송 및 병합 · · · · · · · · · · · 66
제11조 선결문제 · 70

제2절 당사자
제12조 원고적격 · 71
제13조 피고적격 · 97
제14조 피고경정 · 105
제15조 공동소송 · 108
제16조 제3자의 소송참가 · · · · · · · · · · · · · · · · · · · 109
제17조 행정청의 소송참가 · · · · · · · · · · · · · · · · · · 112

제3절 소의 제기
제18조 행정심판과의 관계 · · · · · · · · · · · · · · · · · · 114
제19조 취소소송의 대상 · 121
제20조 제소기간 · 129
제21조 소의 변경 · 139
제22조 처분변경으로 인한 소의 변경 · · · · · · · · · · 143
제23조 집행정지 · 146
제24조 집행정지의 취소 · 158

제4절 심 리
제25조 행정심판기록의 제출명령 · · · · · · · · · · · · · 159

제26조 직권심리 · 160

제5절 재 판
제27조 재량처분의 취소 · · · · · · · · · · · · · · · 176
제28조 사정판결 · 182
제29조 취소판결등의 효력 · · · · · · · · · · · · · 187
제30조 취소판결등의 기속력 · · · · · · · · · · · 192

제6절 보 칙
제31조 제3자에 의한 재심청구 · · · · · · · · · 198
제32조 소송비용의 부담 · · · · · · · · · · · · · · · 200
제33조 소송비용에 관한 재판의 효력 · · · · 200
제34조 거부처분취소판결의 간접강제 · · · 201

제3장 취소소송외의 항고소송
제35조 무효등 확인소송의 원고적격 · · · · · 205
제36조 부작위위법확인소송의 원고적격 · · 213
제37조 소의 변경 · 220
제38조 준용규정 · 221

제4장 당사자소송
제39조 피고적격 · 222
제40조 재판관할 · 237
제41조 제소기간 · 237
제42조 소의 변경 · 238
제43조 가집행선고의 제한 · · · · · · · · · · · · · 238
제44조 준용규정 · 238

제5장 민중소송 및 기관소송
제45조 소의 제기 · 239
제46조 준용규정 · 242

기출문제 선별 · 243

| 제5판 |

세무 행정법

제1장 총칙

제2장 취소소송

제3장 취소소송외의 항고소송

제4장 당사자소송

제5장 민중소송 및 기관소송

제1장
총 칙

제1조   목 적

> 제1조(목적) 이 법은 행정소송절차를 통하여 행정청의 위법한 처분 그 밖에 공권력의 행사·불행사 등으로 인한 국민의 권리 또는 이익의 침해를 구제하고, 공법상의 권리관계 또는 법적용에 관한 다툼을 적정하게 해결함을 목적으로 한다.

Ⅰ. 행정소송의 의의

행정소송이란 행정청의 위법한 처분 그 밖에 공권력의 행사·불행사 등으로 인한 국민의 권리 또는 이익의 침해를 구제하고, 공법상의 권리관계 또는 법적용에 관한 다툼을 적정하게 해결하기 위하여 법원이 정식소송절차에 의하여 행하는 재판을 말한다.

Ⅱ. 행정소송의 기능

행정소송법 제1조는 행정소송의 목적으로서 국민의 권리구제(행정구제기능)와 행정의 적법성보장(행정통제기능)을 제시하고 있다.

1. 행정구제기능

위법한 행정작용으로 인하여 권익을 침해받은 자는 행정소송을 통하여 침해된 자신의 권리를 구제받을 수 있다.

2. 행정통제기능

법원은 행정소송사건에서 행정작용의 위법여부를 심사함으로써 행정통제의 기능을 수행한다. 행정소송이 이와 같은 행정통제기능을 수행하기 때문에 민사소송과 달리 직권에 의한 증거조사 및 심리, 불고불리원칙의 완화 등이 인정되고 있다.

3. 양자의 관계

우리 행정소송제도는 개인의 권익구제를 주된 목적으로 하는 주관소송인 항고소송 및 당사자소송 중심으로 구성되어 있으며, 행정의 적법성 통제를 주된 목적으로 하는 객관소송인 기관소송과 민중소송은 법에서 인정하는 예외적인 경우에만 인정하고 있다(행정소송법 제45조). 또한 법원은 행정소송을 통하여 행정권에 대하여 전면적 통제를 행할 수 있는 것이 아니라, 행정권의 행사 특히 '처분'이 개인의 권익을 침해하는가 여부를 심사하는 한도에서만 행정통제를 할 수 있을 뿐이다. 따라서 행정소송의 기능 중에서 행정구제기능이 주된 기능이고 행정통제기능이 종된 기능이라 보는 것이 타당하다.

Ⅲ. 행정소송의 한계

행정소송의 한계	사법본질적 한계	① 사실행위 ② 추상적 규범통제 ③ 반사적 이익 ④ 객관소송
	권력분립적 한계	① 재량행위 ② 의무이행소송 ③ 예방적 금지소송 ④ 특별권력관계 ⑤ 통치행위

헌법은 모든 국민의 재판청구권을 보장하고 있으며(헌법 제27조 제1항), 이를 구체화한 행정소송법은 행정소송사건에 대하여 개괄주의를 채택하여 위법한 공행정작용에 대하여 널리 국민의 권리구제를 인정하고 있다. 그러나 모든 위법한 공행정작용에 대하여 어느 경우에든지 행정소송의 제기가 허용되는 것은 아니며, 여기에는 사법의 본질 및 권력분립주의에서 나오는 일정한 한계가 있다.

1. 사법의 본질에 의한 한계

법원조직법 제2조 제1항에 의하면 법률에 특별한 규정이 없는 한 '법률상 쟁송'만이 법원의 심판대상임을 명시하고 있다. 여기서 법률상 쟁송이란 당사자 사이의 구체적인 권리·의무에 관한 분쟁을 의미한다.

가. 사실행위

행정소송은 법률적 쟁송의 문제, 즉 공법상 권리·의무관계에 관한 소송이므로 단순한 사실관계의 존부 등의 문제는 원칙적으로 행정소송의 대상이 되지 아니한다(판례 ❶). 다만, 판례는 권력적 사실행위에 대해서는 처분성을 인정하여 항고소송의 대상이 된다고 보고 있다(판례 ❷).

> 관련판례 ❶ 국가보훈처장 등이 발행한 책자 등에서 독립운동가 등의 활동상을 잘못 기술하였다는 등의 이유로 그 사실관계의 확인을 구하거나, 국가보훈처장의 서훈추천서의 행사, 불행사가 당연무효 또는 위법임의 확인을 구하는 청구가 항고소송의 대상이 되지 않는다
> 피고 국가보훈처장이 발행·보급한 독립운동사, 피고 문교부장관이 저작하여 보급한 국사교과서 등의 각종 책자와 피고 문화부장관이 관리하고 있는 독립기념관에서의 각종 해설문·전시물의 배치 및 전시 등에 있어서, 일제치하에서의 국내외의 각종 독립운동에 참가한 단체와 독립운동가의 활동상을 잘못 기술하거나, 전

시·배치함으로써 그 역사적 의의가 그릇 평가되게 하였다는 이유로 그 사실관계의 확인을 구하고, 또 피고 국가보훈처장은 이들 독립운동가들의 활동상황을 잘못 알고 국가보훈상의 서훈추천권을 행사함으로써 서훈추천권의 행사가 적정하지 아니하였다는 이유로 이러한 서훈추천권의 행사, 불행사가 당연무효임의 확인, 또는 그 불작위가 위법함의 확인을 구하는 청구는 **과거의 역사적 사실관계의 존부나 공법상의 구체적인 법률관계가 아닌 사실관계에 관한 것들을 확인의 대상으로 하는 것이거나 행정청의 단순한 부작위를 대상으로 하는 것으로서 항고소송의 대상이 되지 아니하는 것이다**(대법원 1990. 11. 23. 선고 90누3553 판결).

❷ 교도소장이 수형자 갑을 '접견내용 녹음·녹화 및 접견 시 교도관 참여대상자'로 지정한 사안에서, 위 지정행위는 수형자의 구체적 권리의무에 직접적 변동을 가져오는 행정청의 공법상 행위로서 항고소송의 대상이 되는 '처분'에 해당한다

원심은 그 채용 증거를 종합하여, 원고는 2009. 5. 28. 특정경제범죄가중처벌등에관한법률위반(횡령)죄 등으로 징역 7년, 공직선거법위반죄로 징역 1년을 선고받고 그 형이 확정되어 복역하다가 2011. 7. 14.부터는 천안교도소에 수용 중인 수형자인 사실, 피고는 원고가 천안교도소에 수감될 무렵, 원고를 '접견내용 녹음·녹화 및 접견 시 교도관 참여대상자'로 지정한 사실, 이에 따라 원고의 첫 접견이 있었던 2011. 7. 16.부터 피고의 별도 지시 없이도 원고의 접견 시에 항상 교도관이 참여하여 그 접견내용을 청취·기록하고, 녹음·녹화한 사실 등을 인정하였다. 나아가 원심은, ① 피고가 위와 같은 지정행위를 함으로써 원고의 접견 시마다 사생활의 비밀 등 권리에 제한을 가하는 교도관의 참여, 접견내용의 청취·기록·녹음·녹화가 이루어졌으므로 이는 피고가 그 우월적 지위에서 수형자인 원고에게 일방적으로 강제하는 성격을 가진 공권력적 사실행위의 성격을 갖고 있는 점, ② 위 지정행위는 그 효과가 일회적인 것이 아니라 이 사건 제1심판결이 선고된 이후인 2013. 2. 13.까지 오랜 기간 동안 지속되어 왔으며, 원고로 하여금 이를 수인할 것을 강제하는 성격도 아울러 가지고 있는 점, ③ 위와 같이 계속성을 갖는 공권력적 사실행위를 취소할 경우 장래에 이루어질지도 모르는 기본권의 침해로부터 수형자들의 기본적 권리를 구제할 실익이 있는 것으로 보이는 점 등을 종합하면, 위와 같은 지정행위는 수형자의 구체적 권리의무에 직접적 변동을 초래하는 행정청의 공법상 행위로서 항고소송의 대상이 되는 '처분'에 해당한다고 판단하였다. 앞서 본 법리와 법 규정 및 기록에 비추어 살펴보면, 원심의 위와 같은 판단은 정당한 것으로 수긍이 가고, 거기에 상고이유로 주장하는 법리오해 등의 위법이 있다고 할 수 없다(대법원 2014. 2. 13. 선고 2013두20899 판결).

나. 법령의 효력 또는 해석에 관한 분쟁

행정처분이 있기 전에 추상적인 법령의 효력과 해석에 관한 분쟁은 당사자의 구체적인 권리·의무에 관한 분쟁이 아니기 때문에 구체적 사건성이 결여되어 행정소송의 대상이 되지 않는다. 또한 어떤 법규가 단순히 행정상의 방침만을 정하고 있는 훈시규정인 경우 그 규정의 준수와 실현을 소송으로써 주장할 수는 없다.

다만 예외적으로 외관은 법령의 형식으로 되어 있다 하더라도, 내용적으로는 개별적·구체적 규율로서 개인의 권리·의무에 직접적으로 영향을 미치는 경우(이른바 처분적 법규명령, 처분적 조례)에는 구체적 사건성이 인정되어 행정소송의 대상이 된다.

다. 자신의 법률상 이익에 관한 분쟁이 아닌 사건

(1) 반사적 이익에 관한 분쟁

행정소송 역시 다른 사법작용과 같이 법률상 쟁송, 즉 당사자 간의 구체적인 권리·의무에 관한 분쟁을 해결하는 것을 목적으로 하고 있다. 이에 따라 행정소송법은 항고소송의 경우

법률상 이익이 있는 경우에만 원고적격을 인정하고 있다. 이에 따라 행정작용을 통하여 개인이 이익을 향유하기는 하나 법의 보호를 받지 못하는 반사적 이익의 유무는 법원의 심리대상이 되지 못한다.

(2) 객관소송

개인의 구체적인 권리·의무와 관계가 있는 법률상 쟁송이 아니고, 단지 국민 또는 주민의 한 사람으로서 법치행정의 유지를 위하여 위법한 국가작용의 시정을 구하는 민중소송이나 국가 또는 공공단체의 기관 상호 간에 있어서 권한의 존부여부에 대하여 다투는 기관소송은 법률에 의하여 특별히 인정된 경우를 제외하고는 행정소송의 대상이 되지 않는다.

2. 권력분립에서 오는 한계

사법은 구체적으로 법률상 분쟁이 발생된 경우에 법령의 해석·적용을 통하여 이를 종국적으로 해결하는 소극적 작용인 반면, 행정은 공익목적의 실현을 위한 계속적·형성적 작용으로서 적극적 작용이다. 이러한 양자 간의 성격 및 기능상의 차이로 인하여 사법권에 의한 행정작용에 대한 개입과 심사는 일정한 한계가 존재한다.

가. 재량행위

과거 재량행정의 영역은 행정주체에게 법적 규율과 사법심사로부터 자유로운 영역을 의미하였다. 그러나 재량하자이론의 발전과 더불어 재량행위도 그 한계를 넘어 행사되는 경우에는 사법심사의 대상이 되기 시작하였다. 우리 행정소송법 제27조도 재량의 일탈 또는 남용이 있는 때에는 재량행위에 대한 사법심사를 인정하고 있다.

나. 의무이행소송

의무이행소송은 행정청에 대하여 일정한 행정처분을 신청하였는데 거부된 경우나 아무런 응답이 없는 경우에 그 이행을 청구하는 것을 내용으로 하는 행정소송이다.

이러한 의무이행소송의 도입은 사법(司法)의 적극적 개입을 인정하는 것으로서 권력분립의 원칙에 반할 수 있기 때문에 현행 행정소송법에 규정되어 있지 않은데, 판례도 "행정청에 대하여 행정상 처분의 이행을 구하는 청구는 특별한 규정이 없는 한 행정소송의 대상이 될 수 없다"고 판시하여 의무이행소송의 인정을 부정하고 있다.[1]

다. 예방적 금지소송

예방적 금지소송은 행정청의 공권력 행사에 의해 국민의 권익이 침해될 것이 예상되는 경우에 미리 그 예상되는 침익적 처분을 저지하는 것을 목적으로 제기하는 소송을 말하며, 예방적 부작위청구소송이라고도 한다.

이러한 예방적 금지소송의 도입도 사법(司法)의 적극적 개입을 인정하는 것으로서 권력분립의 원칙에 반할 수 있기 때문에 현행 행정소송법에 규정되어 있지 않은데, 판례도 "건축물의 준

---

[1] 대법원 1997. 9. 30. 선고 97누3200 판결

공처분을 하여서는 아니된다는 내용의 부작위를 구하는 청구는 행정소송에서 허용되지 않는다"라고 하여 예방적 금지소송을 부정하고 있다.[2]

라. 특별권력관계

종래 독일에서는 행정법관계를 일반권력관계와 특별권력관계로 구별하여 일반권력관계는 국가와 일반국민 사이에 당연히 성립하는 법률관계로 보는 반면, 특별권력관계는 특별한 법률원인에 의하여 개인이 행정의 내부영역에 편입됨으로써 성립하며 행정주체에게 포괄적인 지배권이 부여되고 구성원은 이에 복종하는 관계로 보았다. 따라서 특별권력관계는 일반권력관계와 달리 법률유보의 원칙이 배제되며, 기본권이 적용되지 않고, 사법심사가 인정되지 않는 관계로 이해되어 왔다. 이러한 특별권력관계의 종류로 공법상 근무관계[3], 공법상 영조물 이용관계[4], 공법상 특별감독관계[5], 공법상 사단관계[6] 등을 들 수 있다.

그러나 입헌군주국가시대의 군주와 시민계급의 정치적 타협의 산물인 특별권력관계이론은 개인이 비록 행정영역에 편입된다 하더라도 법주체성을 상실하지 않는다는 점, 특별권력관계에 있어서 기본권 제한을 합리화시키기 위한 이론인 기본권포기이론도 강행법규가 지배하는 공법관계에서는 적용되기 힘들다는 점을 고려할 때, 오늘날의 민주적 법치국가에 있어서는 더 이상 존립될 수 없는 이론이라 하겠다. 즉 특별권력관계도 일반권력관계와 마찬가지로 법치주의가 지배하고 기본권이 적용되며, 여기서 발생하는 법적 분쟁 역시 사법심사의 대상이 되어야 한다. 판례도 특별권력관계에 대한 사법심사를 허용하고 있다.[7]

마. 통치행위

통치행위란 고도의 정치성을 띤 행위로서 사법심사의 대상으로 하기에 부적합할 뿐만 아니라, 비록 그에 관한 판결이 있는 경우에도 그 집행이 곤란한 성질의 행위를 말한다.

이런 통치행위가 사법심사의 대상이 되는지와 관련하여, 헌법재판소는 통치행위라 하더라도 국민의 기본권침해와 관련된 경우에는 헌법재판소의 심판대상이 된다는 입장을 취하고 있다.[8] 한편 대법원은 남북정상회담의 개최는 고도의 정치적 성격을 지닌 행위로서 사법심사의 대상으로 하는 것은 적절치 않지만, 그 후 불법적으로 송금한 행위 자체는 사법심사의 대상이 된다고 판시하였다.[9]

또한 국회의 자율권 행사도 통치행위의 일종으로 볼 수 있는바, 헌법 제64조는 국회 내부의

---

[2] 대법원 1987. 3. 24. 선고 86누182 판결
[3] 특정인이 특별한 법률원인에 의하여 국가·공공단체를 위하여 포괄적으로 근무할 의무를 지는 것을 내용으로 하는 법률관계. 예를 들어, 공무원의 국가 또는 지방자치단체와의 근무관계, 군인의 국가에 대한 군복무관계.
[4] 특정인과 영조물주체사이에 성립하는 이용관계. 예를 들어, 국공립학교의 재학관계, 교도소 재소관계.
[5] 단체 또는 개인이 국가 또는 공공단체와 특별한 법률관계에 있음으로써 그 행위에 대하여 국가나 공공단체로부터 특별한 감독을 받는 관계. 예를 들어, 공공조합, 특허기업자, 국가로부터 공무를 위탁받은 자.
[6] 공공조합과 그 구성원의 관계.
[7] 헌법재판소 1995. 12. 28. 자 92헌마80 결정, 대법원 1982. 7. 27. 선고 80누86 판결, 대법원 1991. 11. 12. 선고 92누2144 판결
[8] 헌법재판소 1996. 2. 29. 자 93헌마186 결정
[9] 대법원 2004. 3. 26. 선고 2003도7878 판결

의사운영에 사법기관이 깊숙이 개입하게 되면 권력분립원칙을 심각하게 침해할 우려가 있다는 점을 고려하여 국회의원의 징계에 대한 사법심사에 대하여 '법원에 제소할 수 없다'고 명시하고 있다(헌법 제64조 제4항). 그런데 지방의회의원에 대해서는 이러한 규정이 없기 때문에, 대법원은 "지방의회의 의원징계의결은 그로 인해 의원의 권리에 직접 법률효과를 미치는 행정처분의 일종으로서 행정소송의 대상이 된다"고 하였다.[10]

나아가 대법원은 대통령의 독립유공자 서훈수여를 통치행위로 보았다. 다만 서훈취소는 서훈수여의 경우와는 달리 이미 발생된 서훈대상자 등의 권리 등에 영향을 미치는 행위로서 관련 당사자에게 미치는 불이익의 내용과 정도 등을 고려하면, 비록 서훈취소가 대통령이 국가원수로서 행하는 행위라고 하더라도 법원이 사법심사를 자제하여야 할 고도의 정치성을 띤 행위라고 볼 수는 없다고 하여 서훈취소는 통치행위가 아니라고 판시하였다.[11]

---

10) 대법원 1993. 11. 26. 선고 93누7341 판결
11) 대법원 2015. 4. 23. 선고 2012두26920 판결

제2조　정 의(대상적격)

> 제2조(정의) ① 이 법에서 사용하는 용어의 정의는 다음과 같다.
> 1. "처분등"이라 함은 행정청이 행하는 구체적 사실에 관한 법집행으로서의 공권력의 행사 또는 그 거부와 그 밖에 이에 준하는 행정작용(이하 "처분"이라 한다) 및 행정심판에 대한 재결을 말한다.
> 2. "부작위"라 함은 행정청이 당사자의 신청에 대하여 상당한 기간내에 일정한 처분을 하여야 할 법률상 의무가 있음에도 불구하고 이를 하지 아니하는 것을 말한다.
>
> ② 이 법을 적용함에 있어서 행정청에는 법령에 의하여 행정권한의 위임 또는 위탁을 받은 행정기관, 공공단체 및 그 기관 또는 사인이 포함된다.

Ⅰ. 처 분

1. 처분의 의의

행정청의 어떤 행위가 항고소송의 대상이 되는 처분이 되기 위해서는 행정소송법이 요구하는 처분의 개념징표를 충족하여야 하고, 동시에 외부에 표시되어 효력이 발생하여야 한다. 다만 행정소송 이외의 다른 불복절차가 마련되어 있다면 취소소송의 대상이 되지 않는다.

2. 처분 개념의 분석

가. 행정청의 행위일 것

일반적으로 행정청이라 함은 국가 또는 지방자치단체의 행정에 관한 의사를 결정하고 이를 외부에 표시할 수 있는 권한을 가진 행정기관을 말하나, 입법기관이나 사법기관도 행정적인 처분을 하는 범위에서는 행정청의 지위를 갖기도 한다(예 법원행정처장, 국회사무총장). 이와 관련하여 국회의원에 대한 징계처분에 대하여는 헌법 제64조 제4항이 국회의 자율권을 존중하여 행정소송을 제기할 수 없다고 규정하고 있으므로 행정소송의 대상이 되지 아니하나, 그러한 특별한 규정이 없는 지방의회 의원에 대한 징계의결은 항고소송의 대상이 되며 이 경우 피고는 지방의회가 된다.[12]

항고소송의 대상으로서 처분은 행정청의 행위일 것을 요하므로 행정청이 아닌 사립학교 재단이 한 사립학교 교직원에 대한 징계처분은 항고소송의 대상이 아닌 반면, 국·공립학교 교직원에 대한 교육부장관, 학교장 등이 한 징계처분은 항고소송의 대상이다.

한편, 여기서 말하는 행정청에는 원래의 행정기관에는 속하지 아니하나 국가 또는 지방자치단체의 사무를 위임 또는 위탁받아 행정작용을 행하는 공공단체 및 그 기관 또는 사인(私人)이 포함된다. 다만 공법인 등 공공단체가 행하는 모든 행위가 행정소송의 대상이 되는 것은 아니고, 법령에 의하여 국가 또는 지방자치단체의 사무를 위임받아 행하는 국민에 대한 권력적 행위만이 행정소송의 대상이 된다. 따라서 이들 공법인과 그 임직원 간의 내부 법률문제

---

12) 대법원 1993. 11. 26. 선고 93누7341 판결

나(판례 ❶,❷,❸) 법률에 근거 없이 공법인이 내규 등에 정한 바에 따라 자체적으로 행한 행위는(판례 ❹) 항고소송의 대상이 될 수 없다.

> **관련판례 ❶ 한국마사회가 조교사 또는 기수의 면허를 부여하거나 취소하는 행위는 행정처분이 아님**
> [1] 행정소송의 대상이 되는 행정처분이란 행정청 또는 그 소속기관이나 법령에 의하여 행정권한의 위임 또는 위탁을 받은 공공단체 등이 국민의 권리·의무에 관계되는 사항에 관하여 직접 효력을 미치는 공권력의 발동으로서 하는 공법상의 행위를 말하며, 그것이 **상대방의 권리를 제한하는 행위**라 하더라도 행정청 또는 그 소속기관이나 권한을 위임받은 공공단체 등의 행위가 아닌 한 이를 행정처분이라고 할 수 없다.
> [2] 한국마사회가 조교사 또는 기수의 면허를 부여하거나 취소하는 것은 경마를 독점적으로 개최할 수 있는 지위에서 우수한 능력을 갖추었다고 인정되는 사람에게 경마에서의 일정한 기능과 역할을 수행할 수 있는 자격을 부여하거나 이를 박탈하는 것에 지나지 아니하므로, 이는 국가 기타 행정기관으로부터 위탁받은 행정권한의 행사가 아니라 **일반 사법상의 법률관계에서 이루어지는 단체 내부에서의 징계 내지 제재처분**이다(대법원 2008. 1. 31. 선고 2005두8269 판결).

> **관련판례 ❷ 서울특별시지하철공사의 소속직원에 대한 징계처분은 행정처분이 아님**
> 서울특별시지하철공사의 임원과 직원의 근무관계의 성질은 지방공기업법의 모든 규정을 살펴보아도 공법상의 특별권력관계라고는 볼 수 없고 **사법관계**에 속할 뿐만 아니라, 위 지하철공사의 사장이 그 이사회의 결의를 거쳐 제정된 인사규정에 의거하여 소속직원에 대한 징계처분을 한 경우 위 사장은 행정소송법 제13조 제1항 본문과 제2조 제2항 소정의 행정청에 해당되지 않으므로 공권력발동주체로서 위 징계처분을 행한 것으로 볼 수 없고, 따라서 이에 대한 불복절차는 민사소송에 의할 것이지 행정소송에 의할 수는 없다(대법원 1989. 9. 12. 선고 89누2103 판결).

> **관련판례 ❸ 재개발조합과 조합장 또는 조합임원 사이의 선임·해임을 둘러싼 법률관계는 사법상의 법률관계**
> 구 도시 및 주거환경정비법상 재개발조합이 공법인이라는 사정만으로 재개발조합과 조합장 또는 조합임원 사이의 선임·해임 등을 둘러싼 법률관계가 공법상의 법률관계에 해당한다거나 그 조합장 또는 조합임원의 지위를 다투는 소송이 당연히 공법상 당사자소송에 해당한다고 볼 수는 없고, 구 도시 및 주거환경정비법의 규정들이 재개발조합과 조합장 및 조합임원과의 관계를 특별히 공법상의 근무관계로 설정하고 있다고 볼 수도 없으므로, 재개발조합과 조합장 또는 조합임원 사이의 선임·해임 등을 둘러싼 법률관계는 사법상의 법률관계로서 그 조합장 또는 조합임원의 지위를 다투는 소송은 민사소송에 의하여야 할 것이다(대법원 2009. 9. 24. 선고 2009마168 판결).

> **관련판례 ❹ 한국철도시설공단이 내부규정에 따라 일정 점수를 감점한다고 통지한 행위는 행정처분이 아님**
> 피고(한국철도시설공단)가 2008. 12. 31. 원고(주식회사 포스코엔지니어링)에 대하여 한 공사낙찰적격심사 감점처분(이하 '이 사건 감점조치'라 한다)의 근거로 내세운 규정은 피고의 공사낙찰적격심사세부기준(이하 '이 사건 세부기준'이라 한다) 제4조 제2항인 사실, 이 사건 세부기준은 공공기관의 운영에 관한 법률 제39조 제1항, 제3항, 구 공기업·준정부기관 계약사무규칙 제12조에 근거하고 있으나, 이러한 규정은 공공기관이 사인과 사이의 계약관계를 공정하고 합리적·효율적으로 처리할 수 있도록 관계 공무원이 지켜야 할 계약사무처리에 관한 필요한 사항을 규정한 것으로서 공공기관의 내부규정에 불과하여 대외적 구속력이 없는 것임을 알 수 있다. 이러한 사실을 보면, 피고가 원고에 대하여 한 이 사건 감점조치는 행정청이나 그 소속 기관 또는 그 위임을 받은 공공단체의 공법상의 행위가 아니라 장차 그 대상자인 원고가 피고가 시행하는 입찰에 참가하는 경우에 그 낙찰적격자 심사 등 계약 사무를 처리함에 있어 피고 **내부규정인 이 사건 세부기준에**

의하여 종합취득점수의 10/100을 감점하게 된다는 뜻의 사법상의 효력을 가지는 통지행위에 불과하다 할 것이고, 또한 피고의 이와 같은 통지행위가 있다고 하여 원고에게 공공기관의 운영에 관한 법률 제39조 제2항, 제3항, 구 공기업·준정부기관 계약사무규칙 제15조에 의한 국가, 지방자치단체 또는 다른 공공기관에서 시행하는 모든 입찰에의 참가자격을 제한하는 효력이 발생한다고 볼 수도 없으므로, 피고의 이 사건 감점조치는 행정소송의 대상이 되는 행정처분이라고 할 수 없다(대법원 2014. 12. 24. 선고 2010두6700 판결).

나. 구체적 사실에 대한 법집행으로서 공권력의 행사

구체적 사실에 대한 법집행으로서의 공권력의 행사란 개별적·구체적 규율로서 외부적 효력을 갖는 법적 행위로서 강학상의 행정행위를 의미한다. 이에 따라 일반적 추상적 규율로서 법정립작용인 행정입법은 원칙적으로 항고소송의 대상인 처분에 해당하지 않는다. 또한 행정기관의 내부적 행위(⑩ 직무명령)나 법적 행위가 아닌 알선, 권고, 지도와 같은 사실행위도 원칙적으로 처분에 해당하지 않는다. 또한 처분은 일방적 공권력행사에 해당하기 때문에 행정청과 개인과의 의사표시의 합치에 의하여 성립하는 공법상 계약이나 행정청의 사법상 행위는 처분의 개념에 해당되지 않음은 물론이다.

> **관련판례** 서울특별시 시민감사옴부즈만 공개 채용 과정에서 최종합격자로 공고된 자에 대하여 서울특별시장이 임용을 하지 아니하겠다고 통보한 행위는 행정처분이 아님
>
> 지방계약직공무원인 옴부즈만 채용행위는 공법상 대등한 당사자 사이의 의사표시의 합치로 성립하는 공법상 계약에 해당한다. 이와 같이 이 사건 옴부즈만 채용행위가 공법상 계약에 해당하는 이상, 서울특별시 시민감사옴부즈만 공개 채용 과정에서 최종합격자로 공고된 자에 대하여 서울특별시장이 임용을 하지 아니하겠다고 통보한 행위 역시 행정청이 대등한 당사자의 지위에서 하는 의사표시라고 보는 것이 타당하고, 그 채용계약에 따라 담당할 직무의 내용에 고도의 공공성이 있다거나 원고가 그 채용과정에서 최종합격자로 공고되어 채용계약 성립에 관한 강한 기대나 신뢰를 가지게 되었다는 사정만으로 이를 행정청이 우월한 지위에서 행하는 공권력의 행사로서 행정처분에 해당한다고 볼 수는 없다(대법원 2014. 4. 24. 선고 2013두6244 판결).

다. 공권력의 행사의 거부

(1) 거부행위가 취소소송의 대상이 되기 위한 요건

판례는 거부행위가 항고소송의 대상인 행정처분이 되기 위해서는, "① 그 신청한 행위가 공권력의 행사 또는 이에 준하는 행정작용이어야 하고, ② 그 거부행위가 신청인의 법률관계에 어떤 변동을 일으키는 것이어야 하며, ③ 그 국민에게 그 행위발동을 요구할 법규상 또는 조리상의 신청권이 있어야만 한다"고 판시하여 신청권을 요구하는 입장이다.

이를 구체적으로 설명하면, ① 신청한 행위가 공권력의 행사 또는 이에 준하는 행정작용이라는 것은 신청의 대상이 된 행위가 행정처분이어야 한다는 것이며, ② '변동'과 관련하여 판례는 신청인의 실체상의 권리관계에 직접 변동을 일으키는 경우뿐만 아니라 신청인의 권리관계에 중대한 지장을 초래하는 것도 포함된다고 보고 있으며(판례 ❶), ③ '신청권'과 관련하여 판례는 신청권의 존부는 구체적 사건에서 신청인이 누구인가를 고려하지 않고 관계 법규의 해석에 의하여 일반 국민에게 그러한 권리가 인정되는지를 살펴 추상적으로 결정하고 있으며, 이러한 신청권은 단순한 응답을 받을 권리인 경우도 포함되며 반드시 신청의 인용이라는 만족적 결과를 의미하는 것은 아니라고 보고 있다(판례 ❷).

> **관련판례** ❶ **거부행위가 항고소송의 대상이 되기 위한 요건**
>
> 국민의 적극적 행위 신청에 대하여 행정청이 그 신청에 따른 행위를 하지 않겠다고 거부한 행위가 항고소송의 대상이 되는 행정처분에 해당하는 것이라고 하려면, 그 신청한 행위가 공권력의 행사 또는 이에 준하는 행정작용이어야 하고, 그 거부행위가 신청인의 법률관계에 어떤 변동을 일으키는 것이어야 하며, 그 국민에게 그 행위발동을 요구할 법규상 또는 조리상의 신청권이 있어야 하는바, 여기에서 '신청인의 법률관계에 어떤 변동을 일으키는 것'이라는 의미는 신청인의 실체상의 권리관계에 직접적인 변동을 일으키는 것은 물론, 그렇지 않다 하더라도 신청인이 실체상의 권리자로서 권리를 행사함에 중대한 지장을 초래하는 것도 포함한다(대법원 2007. 10. 11. 선고 2007두1316 판결).
>
> ❷ **거부처분에 있어서 신청권의 의미**
>
> 거부처분의 처분성을 인정하기 위한 전제요건이 되는 신청권의 존부는 구체적 사건에서 신청인이 누구인가를 고려하지 않고 관계 법규의 해석에 의하여 일반 국민에게 그러한 신청권을 인정하고 있는가를 살펴 추상적으로 결정되는 것이고, **신청인이 그 신청에 따른 단순한 응답을 받을 권리를 넘어서 신청의 인용이라는 만족적 결과를 얻을 권리를 의미하는 것은 아니다.** 따라서 국민이 어떤 신청을 한 경우에 그 신청의 근거가 된 조항의 해석상 행정발동에 대한 개인의 신청권을 인정하고 있다고 보여지면 그 거부행위는 항고소송의 대상이 되는 처분으로 보아야 할 것이고, 구체적으로 그 신청이 인용될 수 있는가 하는 점은 본안에서 판단하여야 할 사항인 것이다(대법원 1996. 6. 11. 선고 95누12460 판결).

(2) 거부행위의 처분성을 긍정한 예

(가) 국토이용계획변경신청거부

구 국토이용관리법상 주민이 국토이용계획의 변경에 대하여 신청을 할 수 있다는 규정이 없을 뿐만 아니라, 국토건설종합계획의 효율적인 추진과 국토이용질서를 확립하기 위한 국토이용계획은 장기성, 종합성이 요구되는 행정계획이어서 원칙적으로는 그 계획이 일단 확정된 후에 어떤 사정의 변동이 있다고 하여 그러한 사유만으로는 지역주민이나 일반 이해관계인에게 일일이 그 계획의 변경을 신청할 권리를 인정하여 줄 수는 없을 것이지만, 장래 일정한 기간 내에 관계 법령이 규정하는 시설 등을 갖추어 일정한 행정처분을 구하는 신청을 할 수 있는 법률상 지위에 있는 자의 국토이용계획변경신청을 거부하는 것이 실질적으로 당해 행정처분 자체를 거부하는 결과가 되는 경우에는 예외적으로 그 신청인에게 국토이용계획변경을 신청할 권리가 인정된다고 봄이 상당하므로, 이러한 신청에 대한 거부행위는 항고소송의 대상이 되는 행정처분에 해당한다(대법원 2003. 9. 23. 선고 2001두10936 판결).

(나) 도시계획구역내 토지소유자의 도시계획입안신청에 대한 도시계획입안권자의 거부행위

도시계획구역 내 토지 등을 소유하고 있는 주민으로서는 입안권자에게 도시계획입안을 요구할 수 있는 법규상 또는 조리상의 신청권이 있다고 할 것이고, 이러한 신청에 대한 거부행위는 항고소송의 대상이 되는 행정처분에 해당한다(대법원 2004. 4. 28. 선고 2003두1806 판결).

(다) 건축계획심의신청거부

이러한 건축계획심의를 거치지 아니한 상태에서는 비록 원고가 이 사건 건축물에 대한 건축허가를 받는다 하더라도 이는 하자 있는 행정행위라 할 것이니, 원고로서는 피고의 이 사건 반려처분으로 인하여 적법한 건축허가를 받기 어려운 불안한 법적 지위에 놓이게 된

점, 피고는 건축위원회의 심의대상이 되는 건축물에 대한 건축허가를 신청하려는 사람으로 하여금 그 신청에 앞서 건축계획심의신청을 하도록 하고, 그 절차를 거치지 아니한 경우 건축허가를 접수하지 아니하고 있어 원고로서는 이 사건 건축물의 건축허가신청에 중대한 지장이 초래된 점 등에 비추어 보면, 피고의 이 사건 반려처분은 원고의 권리·의무나 법률관계에 직접 영향을 미쳤다고 할 것이다(대법원 2007. 10. 11. 선고 2007두1316 판결).

(라) 검사임용신청거부

검사의 임용에 있어서 임용권자가 임용여부에 관하여 어떠한 내용의 응답을 할 것인지는 임용권자의 자유재량에 속하므로 일단 임용거부라는 응답을 한 이상 설사 그 응답내용이 부당하다고 하여도 사법심사의 대상으로 삼을 수 없는 것이 원칙이나, 적어도 재량권의 한계일탈이나 남용이 없는 위법하지 않는 응답을 할 의무가 임용권자에게 있고 이에 대응하여 임용신청자로서도 재량권의 한계일탈이나 남용이 없는 적법한 응답을 요구할 권리가 있다고 할 것이며, 이러한 응답신청권에 기하여 재량권남용의 위법한 거부처분에 대하여는 항고소송으로서 그 취소를 구할 수 있다고 보아야 하므로, 임용신청자가 임용거부처분이 재량권을 남용한 위법한 처분이라고 주장하면서 그 취소를 구하는 경우에는 법원은 재량권 남용여부를 심리하여 본안에 관한 판단으로서 청구의 인용여부를 가려야 한다(대법원 1991. 2. 12. 선고 90누5825 판결).

(마) 재임용기간만료통지

기간제로 임용되어 임용기간이 만료된 국·공립대학의 조교수는 교원으로서의 능력과 자질에 관하여 합리적인 기준에 의한 공정한 심사를 받아 위 기준에 부합되면 특별한 사정이 없는 한 재임용되리라는 기대를 가지고 재임용 여부에 관하여 합리적인 기준에 의한 공정한 심사를 요구할 법규상 또는 조리상 신청권을 가진다고 할 것이니, 임용권자가 임용기간이 만료된 조교수에 대하여 재임용을 거부하는 취지로 한 임용기간만료의 통지는 위와 같은 대학교원의 법률관계에 영향을 주는 것으로서 행정소송의 대상이 되는 처분에 해당한다(대법원 2004. 4. 22. 선고 2000두7735 판결).

(바) 교원신규채용중단조치

임용지원자가 당해 대학의 교원임용규정 등에 정한 심사단계 중 중요한 대부분의 단계를 통과하여 다수의 임용지원자 중 유일한 면접심사 대상자로 선정되는 등으로 장차 나머지 일부의 심사단계를 거쳐 대학교원으로 임용될 것을 상당한 정도로 기대할 수 있는 지위에 이르렀다면, 그러한 임용지원자는 임용에 관한 법률상 이익을 가진 자로서 임용권자에 대하여 나머지 심사를 공정하게 진행하여 그 심사에서 통과되면 대학교원으로 임용해 줄 것을 신청할 조리상의 권리가 있다고 보아야 할 것이고, 또한 유일한 면접심사 대상자로 선정된 임용지원자에 대한 교원신규채용업무를 중단하는 조치는 교원신규채용절차의 진행을 유보하였다가 다시 속개하기 위한 중간처분 또는 사무처리절차상 하나의 행위에 불과한 것이라고는 볼 수 없고, 유일한 면접심사 대상자로서 임용에 관한 법률상 이익을 가지는 임용지원자에 대한 신규임용을 사실상 거부하는 종국적인 조치에 해당하는 것이며, 임용지원자에게 직접 고지되지 않았다고 하더라도 임용지원자가 이를 알게 됨으로써 효력이 발생한 것으로 보아야 할 것이므로, 이는 임용지원자의 권리 내지 법률상 이익에 직접 관계되는 것으로서 항고소송의 대상이 되는 처분 등에 해당한다(대법원 2004. 6. 11. 선고 2001두7053 판결).

(사) 토지매수신청거부

금강수계 중 상수원 수질보전을 위하여 필요한 지역의 토지 등의 소유자가 국가에 그 토지 등을 매도하기 위하여 매수신청을 하였으나 유역환경청장 등이 매수거절의 결정을 한 사안에서, 위 매수거절을 항고소송의 대상이 되는 행정처분으로 보지 않는다면 토지 등의 소유자로서는 재산권의 제한에 대하여 달리 다툴 방법이 없게 되는 점 등에 비추어, 그 매수 거부행위가 공권력의 행사 또는 이에 준하는 행정작용으로서 항고소송의 대상이 되는 행정처분에 해당한다(대법원 2009. 9. 10. 선고 2007두20638 판결).

(아) 공유수면매립면허취소신청거부

구체적인 공유수면매립면허에 의하여 매립사업이 진행되는 과정에서 환경 및 생태계 또는 경제성에 있어 예상하지 못한 변화가 발생하였다면, 처분청은 매립기본계획의 타당성을 검토하여야 함이 공유수면매립법의 취지에 부합하는 점, 공유수면매립면허에 의하여 환경영향평가 대상지역 '안'에 거주하는 주민이 수인할 수 없는 환경침해를 받거나 받을 우려가 있어 개별적·구체적 환경이익을 침해당하였다면, 그 이익 침해의 배제를 위하여 면허의 취소·변경 등을 요구할 위치에 있다고 봄이 상당한 점, 환경영향평가 대상지역 안에 있어 환경상의 이익을 침해당한 개인이 공유수면매립면허가 취소되거나 변경됨으로써 그 이익을 회복하거나 침해를 줄일 수 있다고 주장하면서 그 주장의 당부를 판단하여 주도록 요구하는 재판 청구에 대하여 소송요건 심리에서 이를 배척할 것이 아니라 그 본안에 나아가 판단함이 개인의 권리구제를 본질로 하는 사법국가 원리에도 부합하는 점 등을 종합하면, 환경영향평가 대상지역 안에 거주하는 주민에게는 공유수면매립면허의 처분청에게 공유수면매립법 제32조에서 정한 취소·변경 등의 사유가 있음을 내세워 면허의 취소·변경을 요구할 조리상의 신청권이 있다고 보아야 함이 상당하다(서울고등법원 2005. 12. 21. 선고 2005누4412 판결; 대법원 2006. 3. 16. 선고 2006두330 전원합의체 판결).

(자) 토지소유자의 건축허가 철회신청거부

건축허가는 대물적 성질을 갖는 것이어서 행정청으로서는 허가를 할 때에 건축주 또는 토지소유자가 누구인지 등 인적 요소에 관하여는 형식적 심사만 한다. 건축주가 토지 소유자로부터 토지사용승낙서를 받아 그 토지 위에 건축물을 건축하는 대물적 성질의 건축허가를 받았다가 착공에 앞서 건축주의 귀책사유로 해당 토지를 사용할 권리를 상실한 경우, 건축허가의 존재로 말미암아 토지에 대한 소유권 행사에 지장을 받을 수 있는 토지 소유자로서는 건축허가의 철회를 신청할 수 있다고 보아야 한다. 따라서 토지 소유자의 위와 같은 신청을 거부한 행위는 항고소송의 대상이 된다(대법원 2017. 3. 15. 선고 2014두41190 판결).

(차) 문화재보호구역의 지정해제신청거부

문화재보호법은 문화재를 보존하여 이를 활용함으로써 국민의 문화적 생활의 향상을 도모함과 아울러 인류문화의 발전에 기여함을 목적으로 하면서도, 문화재보호구역의 지정에 따른 재산권행사의 제한을 줄이기 위하여, 행정청에게 보호구역을 지정한 경우에 일정한 기간마다 적정성 여부를 검토할 의무를 부과하고, 그 검토사항 등에 관한 사항은 문화관광부령으로 정하도록 위임하였으며, 검토 결과 보호구역의 지정이 적정하지 아니하거나 기타 특별한 사유가 있는 때에는 보호구역의 지정을 해제하거나 그 범위를 조정하여야 한다고 규정하고 있는 점, 같은 법 제8조 제3항의 위임에 의한 같은 법 시행규칙 제3조의2 제1항은 그 적정성 여부의 검토에 있어서 당해 문화재의 보존 가치 외에도 보호구역의 지정이 재산권 행사에 미치는 영향 등을 고려하도록 규정하고 있는 점 등과 헌법상 개인의 재산권 보장의 취지에 비추어 보면, 문화재보호구역 내에 있는 토지소유자 등으로서는 위 보호구역의 지정해제를 요구할 수 있는 법규상 또는 조리상의 신청권이 있다고 할 것이고, 이러한 신청에 대한 거부행위는 항고소송의 대상이 되는 행정처분에 해당한다(대법원 2004. 4. 27. 선고 2003두8821 판결).

(카) 개발부담금환급신청거부

개발사업시행자가 납부한 개발부담금 중 그 부과처분 후에 납부한 학교용지부담금에 해당하는 금액에 대하여는 조리상 개발부담금 부과처분의 취소나 변경 등 개발부담금의 환급에 필요한 처분을 할 것을 신청할 권리를 인정함이 타당하다. 결국 이 사건 거부행위 중 이 사건 부과처분 후에 납부된 학교용지부담금에 해당하는 개발부담금의 환급을 거절한 부분은 항고소송의 대상이 되는 행정처분에 해당한다(대법원 2016. 1. 28. 선고 2013두2938 판결).

(타) 정보공개청구에 대한 거부결정

거부처분의 성립에 신청권을 요구하는 판례에 따를 때에 공공기관의 정보공개에 관한 법률 제5조 제1항에 따라 신청권이 인정되므로 정보비공개결정은 행정소송의 대상으로서 처분에 해당한다.

(파) 토지분할신청에 대한 거부행위

토지소유자가 지적법 제17조 제1항, 같은 법 시행규칙 제20조 제1항 제1호의 규정에 의하여 1필지의 일부가 소유자가 다르게 되었음을 이유로 토지분할을 신청하는 경우, 1필지의 토지를 수필로 분할하여 등기하려면 반드시 같은 법이 정하는 바에 따라 분할절차를 밟아 지적공부에 각 필지마다 등록되어야 하고 이러한 절차를 거치지 아니하는 한 1개의 토지로서 등기의 목적이 될 수 없기 때문에 만약 이러한 토지분할신청을 거부한다면 토지소유자는 자기 소유 부분을 등기부에 표창할 수 없고 처분도 할 수 없게 된다는 점을 고려할때, 지적 소관청의 위와 같은 토지분할신청에 대한 거부행위는 국민의 권리관계에 영향을 미친다고 할 것이므로 항고소송의 대상이 되는 처분으로 보아야 한다(대법원 1993. 3. 23. 선고 91누8968 판결).

(하) 지목변경신청 반려행위

지목은 토지소유권을 제대로 행사하기 위한 전제요건으로서 토지소유자의 실체적 권리관계에 밀접하게 관련되어 있으므로 지적공부 소관청의 지목변경신청 반려행위는 국민의 권리관계에 영향을 미치는 것으로서 항고소송의 대상이 되는 행정처분에 해당한다(대법원 2004. 4. 22. 선고 2003두9015 전원합의체 판결).

(거) 건축주명의변경신고에 대한 수리거부행위

건축주명의변경신고수리거부행위는 행정청이 허가대상건축물 양수인의 건축주명의변경신고라는 구체적인 사실에 관한 법집행으로서 그 신고를 수리하여야 할 법령상의 의무를 지고 있음에도 불구하고 그 신고의 수리를 거부함으로써, 양수인이 건축공사를 계속하기 위하여 또는 건축공사를 완료한 후 자신의 명의로 소유권보존등기를 하기 위하여 가지는 구체적인 법적 이익을 침해하는 결과가 되었다고 할 것이므로, 비록 건축허가가 대물적 허가로서 그 허가의 효과가 허가대상건축물에 대한 권리변동에 수반하여 이전된다고 하더라도, 양수인의 권리의무에 직접 영향을 미치는 것으로서 취소소송의 대상이 되는 처분이라고 하지 않을 수 없다(대법원 1992. 3. 31. 선고 91누4911 판결).

(너) 건축물대장 작성신청에 대한 거부행위

건축물대장의 작성은 건축물의 소유권을 제대로 행사하기 위한 전제요건으로서 건축물 소유자의 실체적 권리관계에 밀접하게 관련되어 있으므로 건축물대장 소관청의 작성신청 반려행위는 국민의 권리관계에 영향을 미치는 것으로서 항고소송의 대상이 되는 행정처분에 해당한다(대법원 2009. 2. 12. 선고 2007두17359 판결).

(더) 도시계획구역내 토지소유자의 도시계획입안신청에 대한 도시계획입안권자의 거부행위

도시계획구역 내 토지 등을 소유하고 있는 주민으로서는 입안권자에게 도시계획입안을 요구할 수 있는 법규상 또는 조리상의 신청권이 있다고 할 것이고, 이러한 신청에 대한 거부행위는 항고소송의 대상이 되는 행정처분에 해당한다(대법원 2004. 4. 28. 선고 2003두1806 판결).

(러) 도시계획구역 내 토지를 소유하고 있는 주민의 도시시설계획변경 신청에 대한 거부

도시계획구역 내 토지 등을 소유하고 있는 사람과 같이 당해 도시계획시설결정에 이해관계가 있는 주민으로서는 도시시설계획의 입안권자 내지 결정권자에게 도시시설계획의 입안 내지 변경을 요구할 수 있는 법규상 또는 조리상의 신청권이 있고, 이러한 신청에 대한 거부행위는 항고소송의 대상이 되는 행정처분에 해당한다(대법원 2015. 3. 26. 선고 2014두42742 판결).

(머) 산업단지개발계획의 변경신청거부

산업입지에 관한 법령은 산업단지에 적합한 시설을 설치하여 입주하려는 자와 토지 소유자에게 산업단지 지정과 관련한 산업단지개발계획 입안과 관련한 권한을 인정하고, 산업단지 지정뿐만 아니라 변경과 관련해서도 이해관계인에 대한 절차적 권리를 보장하는 규정을 두고 있다. 또한 산업단지 안에는 다수의 기반시설 등 도시계획시설 등을 포함하고 있고, 국토의 계획 및 이용에 관한 법률의 해석상 도시계획시설부지 소유자에게는 그에 관한 도시·군관리계획의 변경 등을 요구할 수 있는 법규상 또는 조리상 신청권이 인정된다고 해석되고 있다. 헌법상 재산권 보장의 취지에 비추어 보면 토지의 소유자에게 위와 같은 절차적 권리와 신청권을 인정한 것은 정당하다고 볼 수 있다. 이러한 법리는 이미 산업단지 지정이 이루어진 상황에서 산업단지 안의 토지 소유자로서 종전 산업단지개발계획을 일부 변경하여 산업단지개발계획에 적합한 시설을 설치하여 입주하려는 자가 종전 계획의 변경을 요청하는 경우에도 그대로 적용될 수 있다. 그러므로 산업단지개발계획상 산업단지 안의 토지 소유자로서 산업단지개발계획에 적합한 시설을 설치하여 입주하려는 자는 산업단지지정권자 또는 그로부터 권한을 위임받은 기관에 대하여 산업단지개발계획의 변경을 요청할 수 있는 법규상 또는 조리상 신청권이 있고, 이러한 신청에 대한 거부행위는 항고소송의 대상이 되는 행정처분에 해당한다고 보아야 한다(대법원 2017. 8. 29. 선고 2016두44186 판결).

(버) 구청장의 주민등록번호 변경신청 거부

갑 등이 인터넷 포털사이트 등의 개인정보 유출사고로 자신들의 주민등록번호 등 개인정보가 불법 유출되자 이를 이유로 관할 구청장에게 주민등록번호를 변경해 줄 것을 신청하였으나 구청장이 '주민등록번호가 불법 유출된 경우 주민등록법상 변경이 허용되지 않는다'는 이유로 주민등록번호 변경을 거부하는 취지의 통지를 한 사안에서, 피해자의 의사와 무관하게 주민등록번호가 불법 유출된 경우 개인의 사생활뿐만 아니라 생명·신체에 대한 위해나 재산에 대한 피해를 입을 우려가 있고, 실제 유출된 주민등록번호가 다른 개인정보와 연계되어 각종 광고 마케팅에 이용되거나 사기, 보이스피싱 등의 범죄에 악용되는 등 사회적으로 많은 피해가 발생하고 있는 것이 현실인 점, 반면 주민등록번호가 유출된 경우 그로 인하여 이미 발생하였거나 발생할 수 있는 피해 등을 최소화할 수 있는 충분한 권리구제방법을 찾기 어려운데도 구 주민등록법(2016. 5. 29. 법률 제14191호로 개정되기 전의 것)에서는 주민등록번호 변경에 관한 아무런 규정을 두고 있지 않은 점, 주민등록법령상 주민등록번호 변경에 관한 규정이 없다거나 주민등록번호 변경에 따른 사회적 혼란 등을 이유로 위와 같은 불이익을 피해자가 부득이한 것으로 받아들여야 한다고 보는 것은 피해자의 개인정보자기결정권 등 국민의 기본권 보장의 측면에서 타당하지 않은 점, 주민등록번호를 관리하는 국가로서는 주민등록번호가 유출된 경우 그로 인한 피해가 최소화되도록 제도를 정비하고 보완해야 할 의무가 있으며, 일률적으로 주민등록번호를 변경할 수 없도록 할 것이 아니라 만약 주민등록번호 변경이 필요한 경우가 있다면 그 변경에 관한 규정을 두어서 이를 허용해야 하는 점 등을 종합하면, 피해자의 의사와 무관하게 주민등록번호가 유출된 경우에는 조리상 주민등록번호의 변경을 요구할 신청권을 인정함이 타당하고, 구청장의 주민등록번호 변경신청 거부행위는 항고소송의 대상이 되는 행정처분에 해당한다고 한 사례(대법원 2017. 6. 15. 선고 2013두2945 판결).

(3) 거부행위의 처분성을 부정한 예

(가) 건축허가취소신청거부

구 건축법 및 기타 관계 법령에 국민이 행정청에 대하여 제3자에 대한 건축허가의 취소나 준공검사의 취소 또는 제3자 소유의 건축물에 대한 철거 등의 조치를 요구할 수 있다는 취지의 규정이 없고, 같은 법 제69조 제1항 및 제70조 제1항은 각 조항 소정의 사유가 있는 경우에 시장·군수·구청장에게 건축허가 등을 취소하거나 건축물의 철거 등 필요한 조치를 명할 수 있는 권한 내지 권능을 부여한 것에 불과할 뿐, 시장·군수·구청장에게 그러한 의무가 있음을 규정한 것은 아니므로 위 조항들도 그 근거 규정이 될 수 없으며, 그 밖에 조리상 이러한 권리가 인정된다고 볼 수도 없다(대법원 1999. 12. 7. 선고 97누17568 판결).

(나) 토지형질변경신청반려

도시계획법령이 토지형질변경행위허가의 변경신청 및 변경허가에 관하여 아무런 규정을 두지 않고 있을 뿐 아니라, 처분청이 처분 후에 원래의 처분을 그대로 존속시킬 필요가 없게 된 사정변경이 생겼거나 중대한 공익상의 필요가 발생한 경우에는 별도의 법적 근거가 없어도 별개의 행정행위로 이를 철회·변경할 수 있지만 이는 그러한 철회·변경의 권한을 처분청에게 부여하는 데 그치는 것일 뿐 상대방 등에게 그 철회·변경을 요구할 신청권까지를 부여하는 것은 아니라 할 것이므로, 이와 같이 법규상 또는 조리상의 신청권이 없이 한 국민들의 토지형질변경행위 변경허가신청을 반려한 당해 반려처분은 항고소송의 대상이 되는 처분에 해당되지 않는다(대법원 1997. 9. 12. 선고 96누6219 판결).

(다) 복구준공통보취소신청거부

산림법령에는 채석허가처분을 한 처분청이 산림을 복구한 자에 대하여 복구설계서승인 및 복구준공통보를 한 경우 그 취소신청과 관련하여 아무런 규정을 두고 있지 않고, 원래 행정처분을 한 처분청은 그 처분에 하자가 있는 경우에는 원칙적으로 별도의 법적 근거가 없더라도 스스로 이를 직권으로 취소할 수 있지만, 그와 같이 직권취소를 할 수 있다는 사정만으로 이해관계인에게 처분청에 대하여 그 취소를 요구할 신청권이 부여된 것으로 볼 수는 없으므로, 처분청이 위와 같이 법규상 또는 조리상의 신청권이 없이 한 이해관계인의 복구준공통보 등의 취소신청을 거부하더라도, 그 거부행위는 항고소송의 대상이 되는 처분에 해당하지 않는다(대법원 2006. 6. 30. 선고 2004두701 판결).

(라) 사업주변경신청거부

업무상 재해를 당한 갑의 요양급여 신청에 대하여 근로복지공단이 요양승인 처분을 하면서 사업주를 을 주식회사로 보아 요양승인 사실을 통지하자, 을 회사가 갑이 자신의 근로자가 아니라고 주장하면서 사업주 변경신청을 하였으나 근로복지공단이 거부 통지를 한 사안에서, 산업재해보상보험법, 고용보험 및 산업재해보상보험의 보험료징수 등에 관한 법률 등 관련 법령은 사업주가 이미 발생한 업무상 재해와 관련하여 당시 재해근로자의 사용자가 자신이 아니라 제3자임을 근거로 사업주 변경신청을 할 수 있도록 하는 규정을 두고 있지 않으므로 법규상으로 신청권이 인정된다고 볼 수 없고, 산업재해보상보험에서 보험가입자인 사업주와 보험급여를 받을 근로자에 해당하는지는 해당 사실의 실질에 의하여 결정되는 것일 뿐이고 근로복지공단의 결정에 따라 보험가입자(당연가입자) 지위가 발생하는 것은 아닌 점 등을 종합하면, 사업주 변경신청과 같은 내용의 조리상 신청권이 인정된다고 볼 수도 없으므로, 근로복지공단이 신청을 거부하였더라도 을 회사의 권리나 법적 이익에 어떤 영향을 미치는 것은 아니어서, 위 통지는 항고소송의 대상이 되는 행정처분이 되지 않는다(대법원 2016. 7. 14. 선고 2014두47426 판결).

(마) 건축물대장 등재사항의 정정신청에 대한 소관 행정청의 거부행위

건축물대장에 일정한 사항을 등재하거나 등재된 사항을 변경하는 행위는 행정사무집행의 편의와 사실증명의 자료로 삼기 위한 것일 뿐이고, 그 등재나 변경등재 행위로 인하여 그 건축물에 대한 실체상의 권리관계에 어떤 변동을 가져오는 것이 아니므로, 소관청이 등재사항에 대한 변경신청을 거부하였다고 하여 이를 항고소송의 대상이 되는 행정처분에 해당한다고 할 수 없다(대법원 1998. 2. 24. 선고 96누5612 판결).

(바) 경정청구기간을 도과한 후에 납세자가 제기한 경정청구에 대한 거부

경정청구기간이 도과한 후 제기된 경정청구는 부적법하여 과세관청이 과세표준 및 세액을 결정 또는 경정하거나 거부처분을 할 의무가 없으므로, 과세관청이 경정을 거절하였다고 하더라도 이를 항고소송의 대상이 되는 거부처분으로 볼 수 없다(대법원 2015. 3. 12. 선고 2014두44830 판결).

라. 그 밖에 이에 준하는 행정작용

그 밖에 이에 준하는 행정작용의 의미 및 범위에 대해서는 실체법적 개념설과 쟁송법적 개념설의 대립이 존재한다. 대법원은 종래 강학상 행정행위를 항고소송의 대상으로 보았으나, 점차 행정행위의 개념징표에 부합하지 않는 행위에 대해서도 처분성을 인정하여 처분의 개념을 확대하여 왔고, 최근 병무청장이 병역의무 기피자의 인적사항 등을 인터넷 홈페이지에 게시한 행위에 대하여까지 처분성을 인정하여 쟁송법적 개념설의 입장에서 항고소송의 대상을 파악하고 있음을 분명히 하였다.

> **관련판례** 병무청장이 병역의무 기피자의 인적사항 등을 인터넷 홈페이지에 게시한 것은 항고소송의 대상인 행정처분에 해당한다
>
> 병무청장이 병역법 제81조의2 제1항에 따라 병역의무 기피자의 인적사항 등을 인터넷 홈페이지에 게시하는 등의 방법으로 공개한 경우 병무청장의 공개결정을 항고소송의 대상이 되는 행정처분으로 보아야 한다(대법원 2019. 6. 27. 선고 2018두49130 판결).

3. 외부에 표시되어 효력이 발생할 것

행정소송법상 처분의 개념을 충족하고 있는 행위라 하더라도 아직 외부에 표시되지 않아 효력이 발생하지 않은 행위에 대해서는 취소소송을 제기할 수 없다. 처분의 효력발생과 관련하여, 상대방이 있는 처분은 송달이 가능한 경우에는 도달한 날에 효력이 발생하며(행정절차법 제14조 제1항, 제15조 제1항), 송달이 불가능한 경우에는 특별한 규정이 없는 한 공고 또는 고시일부터 14일이 경과한 날에 처분의 효력이 발생한다(행정절차법 제14조 제4항, 제15조 제3항). 상대방이 없는 일반처분의 경우에는 특별한 규정이 없는 한 공고 또는 고시일부터 5일이 경과한 날에 처분의 효력이 발생한다(행정 효율과 협업 촉진에 관한 규정 제6조 제3항).

> **관련판례** 상대방 있는 처분의 효력발생방법
>
> 상대방 있는 행정처분은 특별한 규정이 없는 한 의사표시에 관한 일반법리에 따라 상대방에게 고지되어야 효력이 발생하고, 상대방 있는 행정처분이 상대방에게 고지되지 아니한 경우에는 상대방이 다른 경로를 통해 행정처분의 내용을 알게 되었다고 하더라도 행정처분의 효력이 발생한다고 볼 수 없다(대법원 2019. 8. 9. 선고 2019두38656 판결).

> **관련판례** 입국금지결정의 처분성 여부
>
> 병무청장이 법무부장관에게 '가수 갑이 공연을 위하여 국외여행허가를 받고 출국한 후 미국 시민권을 취득함으로써 사실상 병역의무를 면탈하였으므로 재외동포 자격으로 재입국하고자 하는 경우 국내에서 취업, 가수활동 등 영리활동을 할 수 없도록 하고, 불가능할 경우 입국 자체를 금지해 달라'고 요청함에 따라 법무부장관이 갑의 입국을 금지하는 결정을 하고, 그 정보를 내부전산망인 '출입국관리정보시스템'에 입력하였으나, 갑에게는 통보하지 않은 사안에서, 행정청이 행정의사를 외부에 표시하여 행정청이 자유롭게 취소·철회할 수 없는 구속을 받기 전에는 '처분'이 성립하지 않으므로 법무부장관이 출입국관리법 제11조 제1항 제3호 또는 제4호, 출입국관리법 시행령 제14조 제1항, 제2항에 따라 위 입국금지결정을 했다고 해서 '처분'이 성립한다고 볼 수는 없고, 위 입국금지결정은 법무부장관의 의사가 공식적인 방법으로 외부에 표시된 것이 아니라 단지 그 정보를 내부전산망인 '출입국관리정보시스템'에 입력하여 관리한 것에 지나지 않으므로, 위 입국금지결정은 항고소송의 대상이 될 수 있는 '처분'에 해당하지 않는다(대법원 2019. 7. 11. 선고 2017두38874 판결).

> **관련판례** 상대방이 부당하게 우편물의 수취를 거부한 경우에는 수취거부시에 행정처분의 효력이 발생한다
>
> 상대방이 부당하게 등기취급 우편물의 수취를 거부함으로써 우편물의 내용을 알 수 있는 객관적 상태의 형성을 방해한 경우 그러한 상태가 형성되지 아니하였다는 사정만으로 발송인의 의사표시의 효력을 부정하는 것은 신의성실의 원칙에 반하므로 허용되지 아니한다. 이러한 경우에는 부당한 수취 거부가 없었더라면 상대방이 우편물의 내용을 알 수 있는 객관적 상태에 놓일 수 있었던 때, 즉 수취 거부 시에 의사표시의 효력이 생긴 것으로 보아야 한다(대법원 2020. 8. 20. 선고 2019두34630 판결).

4. 다른 불복절차가 마련되어 있지 않을 것

행정소송 이외의 다른 불복절차가 마련되어 있는 경우에 그 처분은 항고소송의 대상이 될 수 없다. 이와 관련하여, '과태료부과처분'에 불복하는 자는 비송사건절차법에 의한 과태료 재판을 받도록 되어 있으므로 판례는 과태료부과처분에 대해서는 행정소송을 제기할 수 없다고 한다.[13] 마찬가지로 '통고처분'에 불복하는 자는 즉결심판에 관한 절차법에 의한 즉결심판을 받게 되므로 판례는 통고처분에 대해서도 행정소송을 제기할 수 없다고 한다.[14]

한편 구 건축법은 이행강제금 부과처분에 불복하는 자에 대해 비송사건절차법에 의한 과태료 재판을 받도록 규정하고 있었기 때문에 이에 판례는 건축법상 이행강제금 부과처분이 행정소송의 대상이 되지 않는다고 판시하였다.[15] 그러나 개정된 건축법 제80조는 이행강제금에 대한 불복절차와 관련하여 과태료 불복절차의 준용규정을 삭제하였으며, 이에 따라 판례는 입장을 변경하여 '건축법상 이행강제금 부과처분'에 대해 행정소송의 대상인 것을 전제로 본안심리를 하였다.[16] 다만 여전히 비송사건절차법에 따른 과태료 재판을 받도록 하고 있는 '농지법상 이행강제금 부과처분'은 항고소송의 대상이 되지 않는다.[17]

5. 구체적 검토

가. 권력적 사실행위

(1) 의의 및 종류

행정상의 사실행위란 행정행위·공법상 계약 등의 법적행위처럼 직접 일정한 법적 효과의 발생을 의도하는 행위가 아니라, 단순히 사실상의 결과실현을 목적으로 하는 일체의 행위형식을 의미한다. 이러한 사실행위는 행정청이 행정목적의 달성을 위하여 국민의 신체·재산 등에 직접 물리력을 행사하여 필요한 상태를 실현하는 행위인 '권력적 사실행위'와 권력성이 인정되지 않는 사실행위인 '비권력적 사실행위'로 나눌 수 있다.

(2) 판 례

대법원은 계속적 성격을 갖는 권력적 사실행위로 볼 수 있는 단수조치,[18] 교도소 재소자의

---

13) 대법원 2012. 10. 11. 선고 2011두19369 판결
14) 대법원 1995. 6. 29. 선고 95누4674 판결
15) 대법원 2000. 9. 22. 선고 2000두5722 판결
16) 대법원 2012. 3. 29. 선고 2011두27919 판결
17) 대법원 2019. 4. 11. 선고 2018두42955 판결

이송조치[19] 교도관 참여대상자 지정 및 참여행위[20] 등에 대하여 처분성을 인정한 바 있다. 헌법재판소도 "수형자의 서신을 교도소장이 검열하는 행위는 이른바 권력적 사실행위로서 행정심판이나 행정소송의 대상이 되는 행정처분으로 볼 수 있다"고 하여 권력적 사실행위의 처분성을 인정하고 있다.[21]

나. 행정계획

(1) 의 의

행정계획은 행정주체가 일정한 행정활동을 위하여 장래를 예측하여 목표를 설정하고, 설정된 목표의 실현을 위하여 행정수단의 선택·조정·종합화의 과정을 통하여 장래의 일정한 질서의 실현을 목적으로 하는 구상 또는 활동기준의 설정을 말한다.

(2) 판 례

판례는 도시관리계획결정[22] (현 도시·군관리계획)과 같이 개인의 권리를 개별적이고 구체적으로 규제하는 효과를 가져오는 행정계획에 대해서는 처분성을 인정하고 있으며, 그 밖에 주택재건축정비사업조합의 사업시행계획[23] 이나 관리처분계획[24] 의 처분성도 인정하고 있다.

그러나 환지계획[25] 과 같이 국민의 권리·의무에 영향을 미치지 않는 행정계획이나 4대강 살리기 마스터플랜[26] 과 같이 단지 행정조직 내부의 추상적인 계획에 불과한 행정계획에 대해서는 처분성을 부정하고 있다.

다. 행정입법·조례

(1) 의의 및 종류

일반적으로 법령[27] 이나 고시 또는 지방자치단체의 조례는 일반적·추상적 규율로서 사건의 성숙성이 없어 처분성이 부인된다. 다만 그것이 구체적 집행행위의 개입 없이 그 자체로서 직접 국민에 대하여 구체적 효과를 발생하여 특정한 권리의무를 형성하게 하는 경우(이른바 처분적 법규명령, 처분적 조례)에는 행정소송법상 처분에 해당한다.

---

18) 대법원 1985. 12. 24. 선고 84누598 판결
19) 대법원 1992. 8. 7. 자 92두30 결정
20) 대법원 2014. 2. 13. 선고 2013두20899 판결
21) 헌법재판소 1999. 8. 27. 자 96헌마398 결정
22) 대법원 1982. 3. 9. 선고 80누105 판결
23) 대법원 2009. 11. 2. 자 2009마596 결정
24) 대법원 2009. 9. 17. 선고 2007다2428 전원합의체 판결
25) 대법원 1999. 8. 20. 선고 97누6889 판결
26) 대법원 2011. 4. 21. 자 2010무111 전원합의체 결정
27) 법령이란 법률과 법규명령을 함께 칭하는 말이다. 법률은 행정청이 아닌 국회의 의사표시이므로 취소소송의 대상이 될 여지가 없다. 즉 법률이 집행행위를 매개하지 않고 직접 국민의 권리의무를 규율한다 하더라도 행정청의 의사표시가 아니므로 취소소송의 대상으로서 처분이 될 수는 없으며, 다만 헌법소원의 대상이 될 수 있을 뿐이다(소위 법령헌법소원). 다만 시행령이나 시행규칙과 같은 법규명령은 행정청의 의사표시이므로 경우에 따라서는 취소소송의 대상으로서 처분이 될 수도 있다.

관련판례 **조례가 항고소송의 대상이 되는 행정처분에 해당하는 경우**

[1] 조례가 집행행위의 개입 없이도 그 자체로서 직접 국민의 구체적인 권리의무나 법적 이익에 영향을 미치는 등의 **법률상 효과를 발생하는 경우 그 조례는 항고소송의 대상이 되는 행정처분**에 해당하고, 이러한 조례에 대한 무효확인소송을 제기함에 있어서 행정소송법 제38조 제1항, 제13조에 의하여 피고적격이 있는 처분 등을 행한 행정청은, 행정주체인 지방자치단체 또는 지방자치단체의 내부적 의결기관으로서 지방자치단체의 의사를 외부에 표시할 권한이 없는 지방의회가 아니라, 구 지방자치법 제19조 제2항, 제92조에 의하여 지방자치단체의 집행기관으로서 조례로서의 효력을 발생시키는 공포권이 있는 지방자치단체의 장이다.

[2] 구 지방교육자치에관한법률 제14조 제5항, 제25조에 의하면 시·도의 교육·학예에 관한 사무의 집행기관은 시·도 교육감이고 시·도 교육감에게 지방교육에 관한 조례안의 공포권이 있다고 규정되어 있으므로, 교육에 관한 조례의 무효확인소송을 제기함에 있어서는 그 집행기관인 시·도 교육감을 피고로 하여야 한다(대법원 1996. 9. 20. 선고 95누8003 판결).

관련판례 **보건복지부 고시인 약제급여·비급여목록 및 급여상한금액표의 처분성**

[1] 어떠한 고시가 일반적·추상적 성격을 가질 때에는 법규명령 또는 행정규칙에 해당할 것이지만, **다른 집행행위의 매개 없이 그 자체로서 직접 국민의 구체적인 권리의무나 법률관계를 규율하는 성격을 가질 때에는 행정처분**에 해당한다.

[2] 약제급여·비급여목록 및 급여상한금액표(보건복지부 고시 제2002-46호)는 ① 특정 제약회사의 특정 약제에 대하여 국민건강보험가입자 또는 국민건강보험공단이 지급하여야 하거나 요양기관이 상환 받을 수 있는 약제비용의 구체적 한도액을 특정하여 설정하고 있는 점, ② 약제의 지급과 비용의 청구행위가 있기만 하면 달리 행정청의 특별한 집행행위의 개입 없이 이 사건 고시가 적용되는 점, ③ 특정 약제의 상한금액의 변동은 곧바로 국민건강보험가입자 또는 국민건강보험공단이 지급하여야 하거나 요양기관이 상환 받을 수 있는 약제비용을 변동시킬 수 있다는 점 등에 비추어 보면, 이 사건 고시는 다른 집행행위의 매개 없이 그 자체로서 국민건강보험가입자, 국민건강보험공단, 요양기관 등의 법률관계를 직접 규율하는 성격을 가진다고 할 것이므로, 항고소송의 대상이 되는 행정처분에 해당한다(대법원 2006. 9. 22. 선고 2005두2506 판결).

라. 일반처분

불특정 다수인에 대한 일반처분(⑩ 청소년유해매체물결정·고시 등)이나 물적 행정행위[28](⑩ 공시지가결정, 토지거래허가구역의 지정, 개발제한구역의 지정, 도로의 공용지정, 국토법상 용도지역·지구·구역의 지정 등)도 개별법령의 규정에 의하여 그것이 바로 국민의 법률상 이익을 구체적으로 규제하는 효과가 있다면 취소소송의 대상으로서 처분에 해당한다.

관련판례 **청소년유해매체물 결정 및 고시의 처분성**

구 청소년보호법에 따른 **청소년유해매체물 결정 및 고시처분은 당해 유해매체물의 소유자 등 특정인만을 대상으로 한 행정처분이 아니라 일반 불특정 다수인을 상대방으로 하여 일률적으로 표시의무, 포장의무, 청소년에 대한 판매·대여 등의 금지의무 등 각종 의무를 발생시키는 행정처분**으로서, 정보통신윤리위원회가 특정 인터넷 웹사이트를 청소년유해매체물로 결정하고 청소년보호위원회가 효력발생시기를 명시하여

---

28) 물적 행정행위는 물적 상태에 대한 규율이기는 하나 그의 간접적 효과로서 물건의 소유자 또는 사용자의 권리나 의무에 영향을 준다는 데 특징이 있는바, 독일 행정절차법은 이를 일반처분에 귀속시켜 행정행위로 보고 있다.

고시함으로써 그 명시된 시점에 효력이 발생하였다고 봄이 상당하고, 정보통신윤리위원회와 청소년보호위원회가 위 처분이 있었음을 위 웹사이트 운영자에게 제대로 통지하지 아니하였다고 하여 그 효력 자체가 발생하지 아니한 것으로 볼 수는 없다(대법원 2007. 6. 14. 선고 2004두619 판결).

> **관련판례** 횡단보도 설치행위의 처분성
> 지방경찰청장이 횡단보도를 설치하여 보행자의 통행방법 등을 규제하는 것은 행정청이 특정사항에 대하여 의무의 부담을 명하는 행위이고, 이는 국민의 권리의무에 직접 관계가 있는 행위로서 행정처분이라고 보아야 할 것이다(대법원 2000. 10. 27. 선고 98두896 판결).

> **관련판례** 개별공시지가의 처분성
> 시장, 군수, 구청장이 산정하여 한 개별토지가액의 결정은 토지초과이득세, 택지초과소유부담금 또는 개발부담금 산정 등의 기준이 되어 국민의 권리, 의무 내지 법률상 이익에 직접적으로 관계된다고 할 것이고, 따라서 이는 행정소송법 제2조 제1항 제1호 소정의 행정청이 행하는 구체적 사실에 관한 법집행으로서의 공권력행사이어서 행정소송의 대상이 되는 행정처분으로 보아야 할 것이다(대법원 1993. 1. 15. 선고 92누12407 판결).

마. 통지

통지란 특정인 또는 불특정다수인에 대하여 특정한 사실을 알리는 행위로서, 국가공무원법상 당연퇴직의 통보처럼 이미 발생한 법률관계를 단순히 알리는 행위는 상대방의 법적 지위에 변동을 일으키는 것이 아니므로 항고소송의 대상이 되는 처분이 될 수 없다(판례 ❶). 그러나 재임용을 거부하는 취지로 한 임용기간만료의 통지처럼 통지 그 자체로 일정한 법률효과를 발생시키는 경우에는 처분성이 인정된다(판례 ❷).

> **관련판례** ❶ 당연퇴직통보의 처분성을 부정한 사례
> 당연퇴직의 통보는 **법률상 당연히 발생하는 퇴직사유를 공적으로 확인하여 알려 주는 사실의 통보**에 불과한 것이지 그 통보자체가 징계파면이 직권면직과 같이 공무원의 신분을 상실시키는 새로운 형성적 행위는 아니므로 항고소송의 대상이 되는 **독립한 행정처분이 될 수는 없다**(대법원 1985. 7. 23. 선고 84누374 판결).

> **관련판례** ❷ 임용기간만료통지의 처분성을 긍정한 사례
> 기간제로 임용되어 임용기간이 만료된 국·공립대학의 조교수는 교원으로서의 능력과 자질에 관하여 합리적인 기준에 의한 공정한 심사를 받아 위 기준에 부합되면 특별한 사정이 없는 한 재임용되리라는 기대를 가지고 재임용 여부에 관하여 합리적인 기준에 의한 공정한 심사를 요구할 법규상 또는 조리상 신청권을 가진다고 할 것이니, 임용권자가 임용기간이 만료된 조교수에 대하여 **재임용을 거부하는 취지로 한 임용기간만료의 통지는 위와 같은 대학교원의 법률관계에 영향을 주는 것으로서 행정소송의 대상이 되는 처분에 해당한다**(대법원 2004. 4. 22. 선고 2000두7735 판결).

바. 반복된 행위

철거명령이 포함된 1차 계고처분을 한 후 상대방이 이에 응하지 않자 다시 2차, 3차 계고서를 발송한 경우, 행정대집행법상의 건물철거의무는 제1차 철거명령 및 계고처분으로서 발생하고 제2차, 제3차 계고처분은 대집행기한의 연기통지에 불과하므로 행정처분에 해당하지 않는다(판례 ❶). 마찬가지로 1차 공익근무요원소집통지를 한 후 다시 소집통지를 한 경우 이는

최초의 공익근무요원 소집통지에 관하여 다시 의무이행기일을 정하여 알려주는 연기통지에 불과한 것이므로 항고소송의 대상이 되는 독립한 행정처분으로 볼 수 없다(판례 ❷).

다만 거부처분의 경우에는, 신청 횟수를 제한하는 법규가 없는 이상, 동일한 내용을 수차 신청할 수 있고 그에 따라 거부처분이 수회 있을 수 있는바, 이러한 거부처분은 각각 독립된 처분으로서 항고소송의 대상이 된다(판례 ❸).

> **관련판례 ❶** 제2차 및 제3차 계고처분의 처분성 여부
>
> 건물의 소유자에게 위법건축물을 일정기간까지 철거할 것을 명함과 아울러 불이행할 때에는 대집행한다는 내용의 철거대집행 계고처분을 고지한 후 이에 불응하자 다시 제2차, 제3차 계고서를 발송하여 일정기간까지의 자진철거를 촉구하고 불이행하면 대집행을 한다는 뜻을 고지하였다면 행정대집행법상의 건물철거의무는 제1차 철거명령 및 계고처분으로서 발생하였고 제2차, 제3차의 계고처분은 새로운 철거의무를 부과한 것이 아니고 다만 대집행기한의 연기통지에 불과하므로 행정처분이 아니다(대법원 1994. 10. 28. 선고 94누5144 판결).

> **관련판례 ❷** 기일을 연기한 공익근무요원 소집통지가 독립한 행정처분인지 여부
>
> 지방병무청장이 보충역 편입처분을 받은 자에 대하여 복무기관을 정하여 공익근무요원 소집통지를 한 이상 그것으로써 공익근무요원으로서의 복무를 명하는 병역법상의 공익근무요원 소집처분이 있었다고 할 것이고, 그 후 지방병무청장이 공익근무요원 소집대상자의 원에 의하여 또는 직권으로 그 기일을 연기한 다음 다시 공익근무요원 소집통지를 하였다고 하더라도 이는 최초의 공익근무요원 소집통지에 관하여 다시 의무이행기일을 정하여 알려주는 연기통지에 불과한 것이므로, 이는 항고소송의 대상이 되는 독립한 행정처분으로 볼 수 없다(대법원 2005. 10. 28. 선고 2003두14550 판결).

> **관련판례 ❸** 동일한 내용의 거절의 의사표시가 거부처분에 해당하는지 여부
>
> 거부처분은 관할 행정청이 국민의 처분신청에 대하여 거절의 의사표시를 함으로써 성립되고, 그 이후 동일한 내용의 새로운 신청에 대하여 다시 거절의 의사표시를 한 경우에는 새로운 거부처분이 있는 것으로 보아야 할 것이다(대법원 2000. 3. 29. 선고 2000두6084 판결).

사. 입찰참가자격 제한조치

국가기관 또는 지방자치단체장의 입찰참가자격제한조치에 대해서는 처분성을 긍정하였고,[29] 공공기관의 운영에 관한 법률[30]에 입찰참가자격제한조치에 대한 근거규정이 만들어진 이후에는 공기업·준정부기관의 입찰참가자격제한조치에 대하여 처분성을 인정하고 있다.[31]

다만 공기업·준정부기관에 해당하지 않는 기타 공공기관의 입찰참가자격제한조치에 대해서는 근거법규가 없다는 이유로 처분성을 부정하고 있다.[32]

아. 행정행위의 부관

부관은 주된 행정행위의 효과를 제한 또는 보충하기 위하여 부과된 종된 규율로서, 이러한

---

[29] 대법원 1983. 12. 27. 선고 81누366 판결(조달청장); 대법원 1999. 3. 9. 선고 98두18565 판결(관악구청장)
[30] 공공기관의 운영에 관한 법률 제39조 제2항에서는 "공기업·준정부기관은 공정한 경쟁이나 계약의 적정한 이행을 해칠 것이 명백하다고 판단되는 사람·법인 또는 단체 등에 대하여 2년의 범위 내에서 일정기간 입찰참가자격을 제한할 수 있다"는 규정을 두고 있다.
[31] 대법원 2013. 9. 12. 선고 2011두10584 판결(한국토지주택공사)
[32] 대법원 2010. 11. 26. 자 2010무137 결정(수도권매립지관리공사)

부관에는 ① 행정행위의 효력의 발생 또는 소멸을 장래의 도래가 불확실한 사실의 발생에 의존시키는 부관인 '조건', ② 행정행위의 효과의 발생 또는 소멸을 도래가 확실한 장래의 사실에 의존시키는 부관인 '기한', ③ 행정청이 일정한 경우에 행정행위를 철회하여 그 효력을 소멸시킬 수 있는 권한을 유보하는 부관인 '철회권의 유보', ④ 주된 행정행위에 부수하여 상대방에게 작위·부작위·급부·수인 등의 의무를 과하는 부관인 '부담' 등이 있다.

특히, 부담은 주된 행정행위의 구성요소를 이루는 기한이나 조건과는 달리, 주된 행정행위에 추가하여 상대방에게 의무를 부과하는 규율이므로 그 자체로써 별도의 처분성이 인정된다.

> **관련판례** 부담이 다른 부관과 달리 그 자체로서 행정쟁송의 대상이 되는지 여부
> 행정행위의 부관은 행정행위의 일반적인 효력이나 효과를 제한하기 위하여 의사표시의 주된 내용에 부가되는 종된 의사표시이지 그 자체로서 직접 법적 효과를 발생하는 독립된 처분이 아니므로 현행 행정쟁송제도 아래서는 부관 그 자체만을 독립된 쟁송의 대상으로 할 수 없는 것이 원칙이나, **행정행위의 부관 중에서도 행정행위에 부수하여 그 행정행위의 상대방에게 일정한 의무를 부과하는 행정청의 의사표시인 부담의 경우에는 다른 부관과는 달리 행정행위의 불가분적인 요소가 아니고 그 존속이 본체인 행정행위의 존재를 전제로 하는 것일 뿐이므로 부담 그 자체로서 행정쟁송의 대상이 될 수 있다**(대법원 1992. 1. 2. 선고 91누1264 판결).

> **관련판례** 사용·수익허가의 기간에 대하여 독립하여 행정소송을 제기할 수 있는지 여부
> **행정행위의 부관은 부담인 경우를 제외하고는 독립하여 행정소송의 대상이 될 수 없는바**, 기부채납 받은 행정재산에 대한 사용·수익허가에서 공유재산의 관리청이 정한 사용·수익허가의 기간은 그 허가의 효력을 제한하기 위한 행정행위의 부관으로서 이러한 사용·수익허가의 기간에 대해서는 독립하여 행정소송을 제기할 수 없다(대법원 2001. 6. 15. 선고 99두509 판결).

자. 신고의 수리 및 반려행위

(1) 신고의 의의 및 종류

(가) 의 의

사인의 공법행위로서 신고란 사인이 공법적 효과의 발생을 목적으로 행정주체에 대하여 일정한 사실을 알리는 행위를 말한다.

(나) 종 류

자체완성적 신고(=수리를 요하지 않는 신고)는 행정청에 대하여 일정한 사항을 통지함으로써 의무가 끝나는 신고로서, 수리를 요하지 않으며 신고 그 자체로서 법적 효과를 발생시킨다. 이에 반해 행정요건적 신고(=수리를 요하는 신고)는 행정청에 대하여 일정한 사항을 통지하고 행정청이 이를 수리함으로써 법적 효과가 발생하는 신고를 말한다.

(2) 신고수리의 처분성 여부

(가) 자체완성적 신고의 경우

판례는 건축신고의 경우, 적법한 요건을 갖춘 신고만 하면 행정청의 수리행위 등 별다른 조치를 기다릴 필요 없이 건축을 할 수 있는 것이므로 행정청의 건축신고수리가 제3자인 인근 토지 소유자나 주민들의 구체적인 권리의무에 직접 변동을 초래하는 행정처분이라고

할 수 없다고 하여 처분성을 부정하였다(판례 ❶). 또한 골프장사업계획의 승인을 얻은 자는 착공계획서의 수리 여부에 상관없이 설치공사에 착수하면 되는 것이지 착공계획서가 수리되어야만 비로소 공사에 착수할 수 있다거나 그 밖에 착공계획서 제출 및 수리로 인하여 어떠한 권리를 설정하거나 의무를 부담케 하는 법률효과가 발생하는 것은 아니라는 이유로 착공계획서 수리행위의 처분성을 부정하였다(판례 ❷).

> **관련판례 ❶ 건축신고수리를 행정처분으로 볼 수 없다는 사례**
> 구 건축법 제9조 제1항에 의하여 신고를 함으로써 건축허가를 받은 것으로 간주되는 경우에는 건축을 하고자 하는 자가 적법한 요건을 갖춘 신고만 하면 행정청의 수리행위 등 별다른 조치를 기다릴 필요 없이 건축을 할 수 있는 것이므로, 행정청이 위 신고를 수리한 행위가 건축주는 물론이고 제3자인 인근 토지 소유자나 주민들의 구체적인 권리 의무에 직접 변동을 초래하는 행정처분이라 할 수 없다(대법원 1999. 10. 22. 선고 98두18435 판결).

> **관련판례 ❷ 착공계획서 수리를 행정처분으로 볼 수 없다는 사례**
> 구 체육시설의설치·이용에관한법률 제16조, 제34조, 같은법시행령 제16조의 규정을 종합하여 볼 때, 등록체육시설업에 대한 사업계획의 승인을 얻은 자는 규정된 기한 내에 사업시설의 착공계획서를 제출하고 그 수리 여부에 상관없이 설치공사에 착수하면 되는 것이지, **착공계획서가 수리되어야만 비로소 공사에 착수할 수 있다거나 그 밖에 착공계획서 제출 및 수리로 인하여 사업계획의 승인을 얻은 자에게 어떠한 권리를 설정하거나 의무를 부담케 하는 법률효과가 발생하는 것이 아니므로** 행정청이 사업계획의 승인을 얻은 자의 착공계획서를 수리하고 이를 통보한 행위는 그 착공계획서 제출사실을 확인하는 사실행위에 불과하고 그를 항고소송이나 행정심판의 대상이 되는 행정처분으로 볼 수 없다(대법원 2001. 5. 29. 선고 99두10292 판결).

(나) 행정요건적 신고의 경우

행정요건적 신고의 경우에는 행정청의 '수리'라는 단독적인 의사표시에 의하여 법적 효과가 발생하므로, 수리행위는 당사자의 법적지위에 변동을 가하는 행위로서 행정쟁송의 대상이 되는 처분이라 할 수 있다. 판례도 납골당설치신고를 수리를 요하는 신고로 보고 그 수리행위의 처분성을 인정하였다.

> **관련판례 수리를 요하는 신고의 수리행위의 처분성을 긍정한 사례**
> 납골당설치 신고는 이른바 '수리를 요하는 신고'라 할 것이므로, 납골당설치 신고가 구 장사법 관련 규정의 모든 요건에 맞는 신고라 하더라도 신고인은 곧바로 납골당을 설치할 수는 없고, 이에 대한 행정청의 수리처분이 있어야만 신고한 대로 납골당을 설치할 수 있다(대법원 2011. 9. 8. 선고 2009두6766 판결).

(3) 신고반려의 처분성 여부

(가) 자체완성적 신고의 경우

대법원은 건축신고가 반려된 상태에서 당해 건축물의 건축을 개시하면 시정명령, 이행강제금, 벌금의 대상이 될 우려가 있어 당사자의 법적지위가 불안정한 지위에 놓이게 되므로, 반려행위의 적법성을 다투어 그 법적 불안을 해소하고 분쟁을 조기에 근본적으로 해결하기 위하여 건축신고반려의 처분성을 긍정하였다.

관련판례 ❶ 건축신고반려의 처분성을 긍정한 사례

(구) 건축법 관련 규정의 내용 및 취지에 의하면, 건축주 등으로서는 신고제하에서도 **건축신고가 반려될 경우 당해 건축물의 건축을 개시하면 시정명령, 이행강제금, 벌금의 대상이 되거나 당해 건축물을 사용하여 행할 행위의 허가가 거부될 우려가 있어 불안정한 지위에 놓이게 된다.** 따라서 건축신고 반려행위가 이루어진 단계에서 당사자로 하여금 반려행위의 적법성을 다투어 그 법적 불안을 해소한 다음 건축행위에 나아가도록 함으로써 장차 있을지도 모르는 위험에서 미리 벗어날 수 있도록 길을 열어 주고, 위법한 건축물의 양산과 그 철거를 둘러싼 분쟁을 조기에 근본적으로 해결할 수 있게 하는 것이 법치행정의 원리에 부합한다. 그러므로 이 사건 건축신고 반려행위는 항고소송의 대상이 된다고 보는 것이 옳다(대법원 2010. 11. 18. 선고 2008두167 전원합의체 판결).

❷ 착공신려반려행위는 행정처분이라는 사례

건축주 등으로서는 착공신고가 반려될 경우, 당해 건축물의 착공을 개시하면 시정명령, 이행강제금, 벌금의 대상이 되거나 당해 건축물을 사용하여 행할 행위의 허가가 거부될 우려가 있어 불안정한 지위에 놓이게 된다. 따라서 착공신고 반려행위가 이루어진 단계에서 당사자로 하여금 반려행위의 적법성을 다투어 법적 불안을 해소한 다음 건축행위에 나아가도록 함으로써 장차 있을지도 모르는 위험에서 미리 벗어날 수 있도록 길을 열어 주고, 위법한 건축물의 양산과 철거를 둘러싼 분쟁을 조기에 근본적으로 해결할 수 있게 하는 것이 법치행정의 원리에 부합한다. 그러므로 행정청의 착공신고 반려행위는 항고소송의 대상이 된다고 보는 것이 옳다(대법원 2011. 6. 10. 선고 2010두7321 판결).

(나) 행정요건적 신고의 경우

행정요건적 신고의 경우에는 행정청의 '수리'라는 단독적인 의사표시에 의하여 법적 효과가 발생하므로, 적법 요건을 갖춘 신고가 있다 하더라도 행정청에 의해 수리되지 않으면 법적 효과가 발생하지 않는다. 따라서 행정요건적 신고에서 수리의 거부는 거부처분에 해당하여 행정소송의 대상이 된다. 판례도 주민등록전입신고를 수리를 요하는 신고로 보고, 그 수리거부의 처분성을 긍정하는 전제에서 본안판결을 하였다.

관련판례 ❶ 주민등록전입신고수리거부의 처분성을 인정한 사례

주민들의 거주지 이동에 따른 주민등록전입신고에 대하여 행정청이 이를 심사하여 그 수리를 거부할 수는 있다고 하더라도, 그러한 행위는 자칫 헌법상 보장된 국민의 거주·이전의 자유를 침해하는 결과를 가져올 수도 있으므로, 시장·군수 또는 구청장의 주민등록전입신고 수리 여부에 대한 심사는 주민등록법의 입법 목적의 범위 내에서 제한적으로 이루어져야 한다. 한편, 주민등록법의 입법 목적에 관한 제1조 및 주민등록 대상자에 관한 제6조의 규정을 고려해 보면, 전입신고를 받은 시장·군수 또는 구청장의 심사 대상은 전입신고자가 30일 이상 생활의 근거로 거주할 목적으로 거주지를 옮기는지 여부만으로 제한된다고 보아야 한다. 따라서 전입신고자가 거주의 목적 이외에 다른 이해관계에 관한 의도를 가지고 있는지 여부, 무허가 건축물의 관리, 전입신고를 수리함으로써 당해 지방자치단체에 미치는 영향 등과 같은 사유는 주민등록법이 아닌 다른 법률에 의하여 규율되어야 하고, 주민등록전입신고의 수리 여부를 심사하는 단계에서는 고려 대상이 될 수 없다(대법원 2009. 6. 18. 선고 2008두10997 판결).

관련판례 ❷ 노동조합설립신고를 행정요건적 신고로 보고 허가신청과의 심사범위의 차이를 인정한 사례

노동조합 및 노동관계조정법(이하 '노동조합법'이라 한다)이 행정관청으로 하여금 설립신고를 한 단체에 대하여 같은 법 제2조 제4호 각 목에 해당하는지를 심사하도록 한 취지가 노동조합으로서의 실질적 요건을 갖추지 못한 노동조합의 난립을 방지함으로써 근로자의 자주적이고 민주적인 단결권 행사를 보장하려는

데 있는 점을 고려하면, **행정관청은 해당 단체가 노동조합법 제2조 제4호 각 목에 해당하는지 여부를 실질적으로 심사할 수 있다.** 다만 행정관청에 광범위한 심사권한을 인정할 경우 행정관청의 심사가 자의적으로 이루어져 신고제가 사실상 허가제로 변질될 우려가 있는 점, 노동조합법은 설립신고 당시 제출하여야 할 서류로 설립신고서와 규약만을 정하고 있고(제10조 제1항), 행정관청으로 하여금 보완사유나 반려사유가 있는 경우를 제외하고는 설립신고서를 접수받은 때로부터 3일 이내에 신고증을 교부하도록 정한 점(제12조 제1항) 등을 고려하면, **행정관청은 일단 제출된 설립신고서와 규약의 내용을 기준으로 노동조합법 제2조 제4호 각 목의 해당 여부를 심사하되, 설립신고서를 접수할 당시 그 해당 여부가 문제된다고 볼 만한 객관적인 사정이 있는 경우에 한하여 설립신고서와 규약 내용 외의 사항에 대하여 실질적인 심사를 거쳐 반려 여부를 결정할 수 있다**(대법원 2014. 4. 10 선고 2011두 6998 판결).

차. 변경처분

처분청이 종전처분을 변경하는 처분을 한 경우 소의 대상이 무엇인지 문제된다. 이에 대해 판례는 후속처분이 종전처분을 완전히 대체하는 것이거나 주요 부분을 실질적으로 변경하는 내용인 경우에는 특별한 사정이 없는 한 종전처분은 효력을 상실하고 후속처분만이 항고소송의 대상이 되지만, 후속처분의 내용이 종전처분의 유효를 전제로 내용 중 일부만을 추가·철회·변경하는 것이고 추가·철회·변경된 부분이 내용과 성질상 나머지 부분과 불가분적인 것이 아닌 경우에는, 후속처분에도 불구하고 종전처분이 여전히 항고소송의 대상이 된다고 한다.

> **관련판례** 변경처분의 경우 소의 대상
>
> [1] 기존의 행정처분을 변경하는 내용의 행정처분이 뒤따르는 경우, **후속처분이 종전처분을 완전히 대체하는 것이거나 주요 부분을 실질적으로 변경하는 내용인 경우에는 특별한 사정이 없는 한 종전처분은 효력을 상실하고 후속처분만이 항고소송의 대상이 되지만, 후속처분의 내용이 종전처분의 유효를 전제로 내용 중 일부만을 추가·철회·변경하는 것이고 추가·철회·변경된 부분이 내용과 성질상 나머지 부분과 불가분적인 것이 아닌 경우에는, 후속처분에도 불구하고 종전처분이 여전히 항고소송의 대상이 된다.**
>
> [2] 원심판결 이유 및 기록에 의하면, 피고 동대문구청장은 2012. 11. 14. 원고 롯데쇼핑 주식회사, 주식회사 에브리데이리테일, 주식회사 이마트, 홈플러스 주식회사, 홈플러스스토어즈 주식회사(변경 전 상호: 홈플러스테스코 주식회사, 이하 같다)에 대하여 그들이 운영하는 서울특별시 동대문구 내 대형마트 및 준대규모점포의 영업제한 시간을 오전 0시부터 **오전 8시**까지로 정하고(이하 '영업시간 제한 부분'이라 한다) 매월 둘째 주와 넷째 주 일요일을 의무휴업일로 지정하는(이하 '의무휴업일 지정 부분'이라 한다) 내용의 처분을 한 사실, 위 처분의 취소를 구하는 소송이 이 사건 원심에 계속 중이던 2014. 8. 25. 위 피고는 위 원고들을 상대로 영업시간 제한 부분의 시간을 '오전 0시부터 오전 10시'까지로 변경하되, 의무휴업일은 종전과 동일하게 유지하는 내용의 처분(이하 '2014. 8. 25. 자 처분'이라 한다)을 한 사실을 알 수 있다. 이러한 사실관계를 앞서 본 법리에 비추어 보면, **2014. 8. 25. 자 처분은 종전처분 전체를 대체하거나 그 주요 부분을 실질적으로 변경하는 내용이 아니라, 의무휴업일 지정 부분을 그대로 유지한 채 영업시간 제한 부분만을 일부 변경하는 것으로서,** 2014. 8. 25. 자 처분에 따라 추가된 영업시간 제한 부분은 그 성질상 종전처분과 가분적인 것으로 여겨진다. 따라서 2014. 8. 25. 자 처분으로 종전처분이 소멸하였다고 볼 수는 없고, 종전처분과 그 유효를 전제로 한 2014. 8. 25. 자 처분이 병존하면서 위 원고들에 대한 규제 내용을 형성한다고 할 것이다(대법원 2015. 11. 19. 선고 2015두295 전원합의체 판결).

카. 경정처분

(1) 감액경정처분의 경우

판례는 감액경정처분은 당초처분의 일부취소에 불과하므로, 소송의 대상은 경정처분으로 인하여 감액되고 남은 당초처분이 된다고 판시하고 있으며(일부취소설), 제소기간의 준수 여부도 당초의 처분을 기준으로 판단하고 있다. 단, 국세기본법에는 제소기간의 기산점과 관련된 특례규정이 존재하므로(국세기본법 제56조 제2항, 제3항) 제소기간의 기산점은 심사청구 또는 심판청구에 대한 결정의 통지를 받은 날이 된다.

> **관련판례** 감액경정처분이 있은 경우 항고소송의 대상
>
> 과세관청이 조세부과처분을 한 뒤에 그 불복절차과정에서 국세청장이나 국세심판소장으로부터 그 일부를 취소하도록 하는 결정을 받고 이에 따라 당초 부과처분의 일부를 취소, 감액하는 내용의 경정결정을 한 경우 위 경정처분은 당초 부과처분과 별개 독립의 과세처분이 아니라 그 실질은 당초 부과처분의 변경이고, 그에 의하여 세액의 일부 취소라는 납세자에게 유리한 효과를 가져오는 처분이라 할 것이므로 그 경정결정으로도 아직 취소되지 않고 남아 있는 부분이 위법하다고 하여 다투는 경우에는 **항고소송의 대상이 되는 것은 당초의 부과처분 중 경정결정에 의하여 취소되지 않고 남은 부분**이 된다 할 것이고, 경정결정이 항고소송의 대상이 되는 것은 아니라 할 것이므로, 이 경우 **제소기간을 준수하였는지 여부도 당초처분을 기준으로 하여 판단하여야 할 것이다**(대법원 1991. 9. 13. 선고 91누391 판결).

(2) 증액경정처분의 경우

판례는 증액경정의 경우에는 당초처분에서의 과세표준과 세액을 포함하여 전체로서의 과세표준과 세액을 결정하는 것이므로, 당초처분은 증액경정처분에 흡수되어 소멸하고 증액경정처분만이 소송의 대상이 된다고 판시하고 있으며(흡수설), 이에 따라 제소기간의 준수 여부도 증액경정처분을 기준으로 판단하고 있다.

따라서 당초처분에 대한 소송 계속 중 증액경정처분이 있게 되면 당초처분은 소송의 대상이 될 수 없으므로 청구취지를 변경하여 경정처분을 소송의 대상으로 하여야 하며,[33] 당초처분이 불복기간의 경과로 확정되었다 하더라도 증액경정처분에 대한 소송절차에서 증액경정처분으로 증액된 세액에 관한 부분뿐만 아니라 당초처분으로 결정된 세액에 대해서도 그 위법 여부를 다툴 수 있다고 한다.

> **관련판례** 증액경정처분이 있은 경우 항고소송의 대상
>
> 증액경정처분은 당초 신고하거나 결정된 세액을 그대로 둔 채 탈루된 부분만을 추가하는 것이 아니라 증액되는 부분을 포함시켜 전체로서 하나의 세액을 다시 결정하는 것인 점, 부과처분취소소송 또는 경정거부처분취소소송의 소송물은 과세관청이 결정하거나 과세표준신고서에 기재된 세액의 객관적 존부로서 청구취지만으로 그 동일성이 특정되므로 개개의 위법사유는 자기의 청구가 정당하다고 주장하는 공격방어방법에 불과한 점과 국세기본법 제22조의2제1항의 주된 입법 취지는 증액경정처분이 있더라도 불복기간의 경과 등으로 확정된 당초 신고 또는 결정에서의 세액만큼은 그 불복을 제한하려는 데 있는 점 등을 종합하여 볼 때, 국세기본법 제22조의2의 시행 이후에도 **증액경정처분이 있는 경우 당초 신고나 결정은 증액경정처분에 흡수됨으로써 독립된 존재가치를 잃게 된다**고 보아야 할 것이므로, 원칙적으로는 당초 신고나 결정에 대한

---

[33] 이때 만약 소변경을 하지 아니한다면 당초처분에 대한 소는 대상이 없어 부적법 각하된다.

불복기간의 경과 여부 등에 관계없이 **증액경정처분만이 항고소송의 심판대상이 되고, 납세의무자는 그 항고소송에서 당초 신고나 결정에 대한 위법사유도 함께 주장할 수 있다**고 해석함이 타당하다(대법원 2009. 5. 14. 선고 2006두17390 판결).

❖ 기타 처분성을 긍정한 예

1. 국가인권위원회의 성희롱결정과 이에 따른 시정조치의 권고

구 남녀차별금지및구제에관한법률 28조에 의하면, 국가인권위원회의 성희롱결정과 이에 따른 시정조치의 권고는 불가분의 일체로 행하여지는 것인데 국가인권위원회의 이러한 결정과 시정조치의 권고는 **성희롱 행위자로 결정된 자의 인격권에 영향을 미침과 동시에 공공기관의 장 또는 사용자에게 일정한 법률상의 의무를 부담시키는 것이므로** 국가인권위원회의 성희롱결정 및 시정조치권고는 행정소송의 대상이 되는 행정처분에 해당한다고 보지 않을 수 없다(대법원 2005. 7. 8. 선고 2005두487 판결).

2. 행정재산의 목적외 사용

국유재산 등의 관리청이 하는 행정재산의 사용·수익에 대한 허가는 순전히 사경제주체로서 행하는 사법상의 행위가 아니라 관리청이 공권력을 가진 우월적 지위에서 행하는 행정처분으로서 특정인에게 행정재산을 사용할 수 있는 권리를 설정하여 주는 **강학상 특허에 해당**한다(대법원 2006. 3. 9. 선고 2004다31074 판결).

3. 변상금 부과행위

국유재산법 51조 1항에 의한 국유재산의 무단점유자에 대한 변상금부과는 대부나 사용, 수익허가 등을 받은 경우에 납부하여야 할 대부료 또는 사용료 상당액 외에도 **그 징벌적 의미에서 국가측이 일방적으로 그 2할 상당액을 추가하여 변상금을 징수토록** 하고 있으며 **그 체납시에는 국세징수법에 의하여 강제징수토록** 하고 있는 점 등에 비추어 보면 그 부과처분은 관리청이 공권력을 가진 우월적 지위에서 행하는 것으로서 행정처분이라고 보아야 하고, 그 부과처분에 의한 변상금징수권은 공법상의 권리로서 사법상의 채권과는 그 성질을 달리하므로 국유재산의 무단점유자에 대하여 국가가 민법상의 부당이득금반환청구를 하는 경우 국유재산법 51조 1항이 적용되지 않는다(대법원 1992. 4. 14. 선고 91다42197 판결).

4. 세무조사결정

부과처분을 위한 과세관청의 질문조사권이 행해지는 세무조사결정이 있는 경우 **납세의무자는 세무공무원의 과세자료 수집을 위한 질문에 대답하고 검사를 수인하여야 할 법적 의무를 부담하게 되는 점**, 세무조사는 기본적으로 적정하고 공평한 과세의 실현을 위하여 필요한 최소한의 범위 안에서 행하여져야 하고, 더욱이 동일한 세목 및 과세기간에 대한 재조사는 납세자의 영업의 자유 등 권익을 심각하게 침해할 뿐만 아니라 과세관청에 의한 자의적인 세무조사의 위험마저 있으므로 조세공평의 원칙에 현저히 반하는 예외적인 경우를 제외하고는 금지될 필요가 있는 점, 납세의무자로 하여금 개개의 과태료 처분에 대하여 불복하거나 조사 종료 후의 과세처분에 대하여만 다툴 수 있도록 하는 것보다는 **그에 앞서 세무조사결정에 대하여 다툼으로써 분쟁을 조기에 근본적으로 해결할 수 있는 점** 등을 종합하면, 세무조사결정은 납세의무자의 권리·의무에 직접 영향을 미치는 공권력의 행사에 따른 행정작용으로서 항고소송의 대상이 된다(대법원 2011. 3. 10. 선고 2009두23617,23624 판결).

5. 과세관청의 소득처분에 따른 소득금액변동통지

과세관청의 소득처분과 그에 따른 소득금액변동통지가 있는 경우 원천징수의무자인 법인은 소득금액변동통지서를 받은 날에 그 통지서에 기재된 소득의 귀속자에게 당해 소득금액을 지급한 것으로 의제되어 그 때 원천징수하는 소득세의 납세의무가 성립함과 동시에 확정되고, 원천징수의무자인 법인으로서는 소득금액변동통지서에 기재된 소득처분의 내용에 따라 원천징수세액을 그 다음달 10일까지 관할 세무서장 등에게 납부하여야 할 의무를 부담하며, 만일 이를 이행하지 아니하는 경우에는 가산세의 제재를 받게 됨은 물론이고 형사처벌까지 받도록 규정되어 있는 점에 비추어 보면, 소득금액변동통지는 **원천징수의무자인 법인의 납세의무에 직접 영향을 미치는 과세관청의 행위**로서, 항고소송의 대상이 되는 조세행정처분이라고 봄이 상당하다(대법원 2006. 4. 20. 선고 2002두1878 전원합의체 판결).

6. 건축법상 이행강제금 부과처분

이행강제금 제도는 건축법이나 건축법에 따른 명령이나 처분을 위반한 건축물의 방치를 막고자 행정청이 시정조치를 명하였음에도 건축주 등이 이를 이행하지 아니한 경우에 행정명령의 실효성을 확보하기 위하여 시정명령 이행 시까지 지속해서 부과함으로써 건축물의 안전과 기능, 미관을 높여 공공복리의 증진을 도모하는 데 입법 취지가 있고, 위반 건축물의 소유자 등이 위반행위자가 아니더라도 행정청은 그에 대하여 시정명령을 할 수 있는 점, **건축법의 전부 개정으로 개정 건축법 부칙 제6조가 실효되더라도 시정명령을 위반한 때의 건축법령에 따른 처분을 할 수 있으므로** 법률상 공백상태가 발생한다고 볼 수도 없는 점 등 제반 사정을 종합적으로 고려하면, 기존의 위반 건축물에 관한 경과규정인 개정 건축법 부칙 제6조가 실효되지 않고 계속 적용된다고 보아야 할 특별한 사정이 없어 그 경과규정은 건축법 전부 개정으로 실효되었다. 따라서 위반 건축물이 개정 건축법 시행 이전에 건축된 것일지라도 행정청이 개정된 건축법시행 이후에 시정명령을 하고, 건축물의 소유자 등이 시정명령에 응하지 않은 경우에는 행정청은 현행 건축법에 따라 이행강제금을 부과할 수 있다. 이 사건 건물이 개정 건축법 시행 전의 위반 건축물이지만 현재까지 위법 상태가 계속되고 있어 행정청인 피고가 그 소유자인 원고에게 원상회복의 시정명령을 하였음에도 원고가 이에 응하지 아니하자, **피고가 현행 건축법을 적용하여 이 사건 이행강제금 부과처분을 한 것이 적법하다**(대법원 2012. 3. 29. 선고 2011두27919 판결).

7. 선거관리위원회의 주민소환투표청구 수리결정

주민소환투표청구에 대하여 선거관리위원회가 하는 수리결정은, 일반 선거 또는 투표 절차와는 달리 주민소환투표안의 공고시까지의 주민소환투표청구 및 그 심사결정 단계, 즉 투표청구요건 심사결정 단계와 주민소환투표의 실시 단계의 2단계로 구성되는 주민소환투표절차의 전단계를 실질적으로 마무리하는 행위로서(주민소환투표안의 공고는 위 수리결정에 수반되는 후속절차로서 별개 결정으로서의 의미를 갖는다고 보기 어렵다) **행정청인 선거관리위원회가 우월한 공권력 행사자의 지위에서 주민소환투표청구의 유·무효라는 구체적 사실에 관한 법집행으로서 행하는 공권력의 행사이고, 그로 인하여 주민소환투표청구대상자의 구체적인 권리의무에 직접적인 변동을 초래하는 법적인 행위로서** 항고소송의 대상이 되는 행정처분에 해당한다(수원지방법원 2007. 9. 13. 선고 2007구합7360 판결).

8. 고시된 도시계획결정

도시계획법 제12조 소정의 고시된 도시계획결정은 **특정 개인의 권리 내지 법률상의 이익을 개별적이고 구체적으로 규제하는 효과를 가져오게 하는 행정청의 처분**이라 할 것이고, 이는 행정소송의 대상이 된다(대법원 1982. 3. 9. 선고 80누105 판결).

9. 표준지공시지가결정

지가공시및토지등의평가에관한법률 제4조 제1항에 의하여 표준지로 선정되어 공시지가가 공시된 토지의 공시지가에 대하여 불복을 하기 위하여는 같은 법 제8조 제1항 소정의 이의절차를 거쳐 처분청인 건설부장관을 피고로 하여 **위 공시지가 결정의 취소를 구하는 행정소송을 제기하여야 한다**(대법원 1994. 3. 8. 선고 93누10828 판결).

10. 개별공시지가결정

토지초과이득세법, 택지소유상한에관한법률, 개발이익환수에관한법률 및 각 그 시행령이 각 그 소정의 토지초과이득세, 택지초과소유부담금 또는 개발부담금을 산정함에 있어서 기초가 되는 각 토지의 가액을 시장, 군수, 구청장이 지가공시및토지등의평가에관한법률 및 같은법시행령에 의하여 정하는 개별공시지가를 기준으로 하여 산정한 금액에 의하도록 규정하고 있고, 시장, 군수, 구청장은 같은 법 제10조 제1항 제6호, 같은법시행령 제12조 제1, 2호의 규정에 의하여 각개 토지의 지가를 산정할 의무가 있다고 할 것이므로 **시장, 군수, 구청장이 산정하여 한 개별토지가액의 결정은 토지초과이득세, 택지초과소유부담금 또는 개발부담금 산정 등의 기준이 되어 국민의 권리, 의무 내지 법률상 이익에 직접적으로 관계된다**고 할 것이고, 따라서 이는 행정소송법 제2조 제1항 제1호 소정의 행정청이 행하는 구체적 사실에 관한 법집행으로서의 공권력행사이어서 행정소송의 대상이 되는 행정처분으로 보아야 할 것이다(대법원 1993. 1. 15. 선고 92누12407 판결).

11. 토지거래허가구역의 지정

국토의 계획 및 이용에 관한 법률의 규정에 의하면, 같은 법에 따라 토지거래계약에 관한 허가구역으로 지정되는 경우, 허가구역 안에 있는 토지에 대하여 소유권이전 등을 목적으로 하는 거래계약을 체결하고자 하는 당사자는 공동으로 행정관청으로부터 허가를 받아야 하는 등 일정한 제한을 받게 되고, 허가를 받지 아니하고 체결한 토지거래계약은 그 효력이 발생하지 아니하며, 토지거래계약허가를 받은 자는 5년의 범위 이내에서 대통령령이 정하는 기간 동안 그 토지를 허가받은 목적대로 이용하여야 하는 의무도 부담하며, 같은 법에 따른 토지이용의무를 이행하지 아니하는 경우 이행강제금을 부과당하게 되는 등 토지거래계약에 관한 허가구역의 지정은 **개인의 권리 내지 법률상의 이익을 구체적으로 규제하는 효과를 가져오게 하는 행정청의 처분**에 해당하고, 따라서 이에 대하여는 원칙적으로 항고소송을 제기할 수 있다(대법원 2006. 12. 26. 선고 2006두12883 판결).

12. 방산물자의 지정취소

방위사업법 제35조 제1항에서 방산업체로 지정되기 위해서는 방산물자를 생산하고자 하는 자이어야 한다고 규정하고 있고, 같은 법 시행령 제42조에서 방산업체의 시설기준에 관하여 방산물자의 생산에 필요한 일반시설 및 특수시설, 품질검사시설, 기술인력 등의 인적, 물적 시설을 갖출 것을 요건으로 하고 있는 점에 비추어, 방산물자 지정이 취소되는 경우 당해 물자에 대한 방산업체 지정도 취소될 수밖에 없다고 보아야 한다. 그렇게 되면 방위사업법에서 규정하는 방산물자 등에 대한 수출지원(제44조)을 받을 수 없을 뿐 아니라 방산업체로서 방위사업법에 따라 누릴 수 있는 각종 지원과 혜택을 상실하게 되고, 국가를 당사자로 하는 계약에 관한 법률 시행령 제26조 제1항 제6호 (다)목에서 규정한 '방위사업법에 의한 방산물자를 방위산업체로부터 제조·구매하는 경우' 수의계약에 의할 수 있는 지위도 상실하게 되므로, 결국 **방산물자 지정취소는 당해 방산물자에 대하여 방산업체로 지정되어 이를 생산하는 자의 권리의무에 직접 영향을 미치는 행위로서 항고소송의 대상이 되는 행정처분**에 해당한다(대법원 2009. 12. 24. 선고 2009두12853 판결).

13. 친일반민족행위자재산조사위원회의 재산조사개시결정

친일반민족행위자재산조사위원회의 재산조사개시결정이 있는 경우 조사대상자는 위 위원회의 보전처분 신청을 통하여 재산권행사에 실질적인 제한을 받게 되고, 위 위원회의 자료제출요구나 출석요구 등의 조사행위에 응하여야 하는 법적 의무를 부담하게 되는 점, '친일반민족행위자 재산의 국가귀속에 관한 특별법'에서 인정된 재산조사결정에 대한 이의신청절차만으로는 조사대상자에 대한 권리구제 방법으로 충분치 아니한 점, 조사대상자로 하여금 개개의 과태료 처분에 대하여 불복하거나 조사 종료 후의 국가귀속결정에 대하여만 다툴 수 있도록 하는 것보다는 그에 앞서 재산조사개시결정에 대하여 다툼으로써 분쟁을 조기에 근본적으로 해결할 수 있는 점 등을 종합하면, 친일반민족행위자재산조사위원회의 재산조사개시결정은 **조사대상자의 권리·의무에 직접 영향을 미치는 독립한 행정처분**으로서 항고소송의 대상이 된다고 봄이 상당하다(대법원 2009. 10. 15. 선고 2009두6513 판결).

14. 통행료 부과처분

대법원은 자동기기를 통한 통행료 부과처분을 취소소송의 대상으로 보는 것을 전제로 본안판단을 한 바 있다(대법원 2005. 6. 24. 선고 2003두6641 판결).

15. 교도소장의 수형자에 대한 참여대상자 지정행위

교도소장이 수형자 갑을 '접견내용 녹음·녹화 및 접견 시 교도관 참여대상자'로 지정한 사안에서, 위 지정행위는 수형자의 구체적 권리의무에 직접적 변동을 가져오는 행정청의 공법상 행위로서 항고소송의 대상이 되는 '처분'에 해당한다(대법원 2014. 2. 13. 선고 2013두20899 판결).

16. 산업재해보상보험법상 장해보상금결정의 기준이 되는 장해등급결정(대법원 2004. 3. 12. 선고 2003두12646 판결)

17. '민주화운동관련자 명예회복 및 보상 심의위원회'의 보상금 등의 지급신청에 관하여 전부 또는 일부를 기각하는 결정

민주화운동관련자 명예회복 및 보상 등에 관한 법률 제17조는 보상금등의 지급에 관한 소송의 형태를 규정하고 있지 않지만, 위 규정 전단에서 말하는 보상금 등의 지급에 관한 소송은 민주화운동관련자 명예회복 및 보상 심의위원회의 보상금 등의 지급신청에 관하여 전부 또는 일부를 기각하는 결정에 대한 불복을 구하는 소송이므로 취소소송을 의미한다고 보아야 하며, 후단에서 보상금 등의 지급신청을 한 날부터 90일을 경과한 때에는 그 결정을 거치지 않고 위 소송을 제기할 수 있도록 한 것은 관련자 등에 대한 신속한 권리구제를 위하여 위 기간 내에 보상금 등의 지급 여부 등에 대한 결정을 받지 못한 때에는 지급 거부 결정이 있는 것으로 보아 곧바로 법원에 심의위원회를 상대로 그에 대한 취소소송을 제기할 수 있다고 규정한 취지라고 해석될 뿐, 위 규정이 보상금 등의 지급에 관한 처분의 취소소송을 제한하거나 또는 심의위원회에 의하여 관련자 등으로 결정되지 아니한 신청인에게 국가를 상대로 보상금 등의 지급을 구하는 이행소송을 직접 제기할 수 있도록 허용하는 취지라고 풀이할 수는 없다(대법원 2008. 4. 17. 선고 2005두16185 판결).

18. 진실·화해를 위한 과거사정리위원회의 진실규명결정

진실·화해를 위한 과거사정리 기본법 제26조에 따른 진실·화해를 위한 과거사정리위원회의 진실규명결정은 **국민의 권리의무에 직접적으로 영향을 미치는 행위로서 항고소송의 대상이 되는 행정처분이라고 보는 것이 타당하다**(대법원 2013. 1. 16. 선고 2010두22856 판결).

19. 공정거래위원회의 표준약관 사용권장행위

공정거래위원회의 '표준약관 사용권장행위'는 그 통지를 받은 해당 사업자 등에게 표준약관과 다른 약관을 사용할 경우 표준약관과 다르게 정한 주요내용을 **알기 쉽게 고객에게 표시하여야 할 의무를 부과하고, 그 불이행에 대해서는 과태료에 처하도록** 되어 있으므로, 이는 사업자 등의 권리·의무에 직접 영향을 미치는 행정처분으로서 항고소송의 대상이 된다(대법원 2010. 10. 14. 선고 2008두23184 판결).

20. 공정거래위원회의 경고의결

구 표시·광고의 공정화에 관한 법률(2011. 9. 15. 법률 제11050호로 개정되기 전의 것) 위반을 이유로 한 공정거래위원회의 경고의결은 당해 표시·광고의 위법을 확인하되 구체적인 조치까지는 명하지 않는 것으로 **사업자가 장래 다시 표시·광고의 공정화에 관한 법률 위반행위를 할 경우 과징금 부과 여부나 그 정도에 영향을 주는 고려사항이 되어** 사업자의 자유와 권리를 제한하는 행정처분에 해당한다(대법원 2013. 12. 26. 선고 2011두4930 판결).

21. 금융기관의 임원에 대한 금융감독원장의 문책경고

금융기관의 임원에 대한 금융감독원장의 문책경고는 **그 상대방에 대한 직업선택의 자유를 직접 제한하는 효과를 발생하게 하는 등 상대방의 권리의무에 직접 영향을 미치는 행위로서 항고소송의 대상이 되는 행정처분에 해당한다고 한 사례**(대법원 2005. 2. 17. 선고 2003두14765 판결).

22. 수리를 요하는 신고의 수리처분

납골당설치 신고는 이른바 '수리를 요하는 신고'라 할 것이므로, 납골당설치 신고가 구 장사법 관련 규정의 모든 요건에 맞는 신고라 하더라도 신고인은 곧바로 납골당을 설치할 수는 없고, **이에 대한 행정청의 수리처분이 있어야만** 신고한 대로 납골당을 설치할 수 있다(대법원 2011. 9. 8. 선고 2009두6766 판결).

23. 건축신고반려

(구) 건축법 관련 규정의 내용 및 취지에 의하면, 건축주 등으로서는 신고제하에서도 **건축신고가 반려될 경우 당해 건축물의 건축을 개시하면 시정명령, 이행강제금, 벌금의 대상이 되거나 당해 건축물을 사용하여 행할 행위의 허가가 거부될 우려가 있어 불안정한 지위에 놓이게 된다.** 따라서 건축신고 반려행위가 이루어진 단계에서 당사자로 하여금 반려행위의 적법성을 다투어 그 법적 불안을 해소한 다음 건축행위에 나아가도록 함으로써 장차 있을지도 모르는 위험에서 미리 벗어

날 수 있도록 길을 열어 주고, 위법한 건축물의 양산과 그 철거를 둘러싼 분쟁을 조기에 근본적으로 해결할 수 있게 하는 것이 법치행정의 원리에 부합한다. 그러므로 이 사건 건축신고 반려행위는 항고소송의 대상이 된다고 보는 것이 옳다(대법원 2010. 11. 18. 선고 2008두167 전원합의체 판결).

24. 착공신고반려
구 건축법의 관련 규정에 따르면, 건축주 등으로서는 **착공신고가 반려될 경우, 당해 건축물의 착공을 개시하면 시정명령, 이행강제금, 벌금의 대상이 되거나 당해 건축물을 사용하여 행할 행위의 허가가 거부될 우려가 있어 불안정한 지위에 놓이게 된다.** 따라서 착공신고 반려행위가 이루어진 단계에서 당사자로 하여금 반려행위의 적법성을 다투어 법적 불안을 해소한 다음 건축행위에 나아가도록 함으로써 장차 있을지도 모를 위험에서 미리 벗어날 수 있도록 길을 열어 주고, 위법한 건축물의 양산과 철거를 둘러싼 분쟁을 조기에 근본적으로 해결할 수 있게 하는 것이 법치행정의 원리에 부합한다. 그러므로 행정청의 착공신고 반려행위는 항고소송의 대상이 된다고 보는 것이 옳다(대법원 2011. 6. 10. 선고 2010두7321 판결).

25. 부담인 부관
행정행위의 부관은 행정행위의 일반적인 효력이나 효과를 제한하기 위하여 의사표시의 주된 내용에 부가되는 종된 의사표시이지 그 자체로서 직접 법적 효과를 발생하는 독립된 처분이 아니므로 현행 행정쟁송제도 아래서는 부관 그 자체만을 독립된 쟁송의 대상으로 할 수 없는 것이 원칙이나, **행정행위의 부관 중에서도 행정행위에 부수하여 그 행정행위의 상대방에게 일정한 의무를 부과하는 행정청의 의사표시인 부담의 경우에는 다른 부관과는 달리 행정행위의 불가분적인 요소가 아니고 그 존속이 본체인 행정행위의 존재를 전제로 하는 것일 뿐이므로 부담 그 자체로서 행정쟁송의 대상이 될 수 있다**(대법원 1992. 1. 2. 선고 91누1264 판결).

26. 행정청이 건축물대장을 직권 말소한 행위
건축물대장은 건축물의 소유권을 제대로 행사하기 위한 전제요건으로서 건축물 소유자의 실체적 권리관계에 밀접하게 관련되어 있으므로, 이러한 건축물대장을 직권말소한 행위는 국민의 권리관계에 영향을 미치는 것으로서 항고소송의 대상이 되는 행정처분에 해당한다(대법원 2010. 5. 27. 선고 2008두22655 판결).

27. 지적공부 소관청의 토지대장 직권 말소행위
토지대장은 토지에 대한 공법상의 규제, 개발부담금의 부과대상, 지방세의 과세대상, 공시지가의 산정, 손실보상가액의 산정 등 토지행정의 기초자료로서 공법상의 법률관계에 영향을 미칠 뿐만 아니라, 토지에 관한 소유권보존등기 또는 소유권이전등기를 신청하려면 이를 등기소에 제출해야 하는 점 등을 종합해 보면, **토지대장은 토지의 소유권을 제대로 행사하기 위한 전제요건으로서 토지 소유자의 실체적 권리관계에 밀접하게 관련**되어 있으므로, 이러한 토지대장을 직권으로 말소한 행위는 국민의 권리관계에 영향을 미치는 것으로서 항고소송의 대상이 되는 행정처분에 해당한다(대법원 2013. 10. 24. 선고 2011두13286 판결).

28. 건축협의 취소
구 건축법(2011. 5. 30. 법률 제10755호로 개정되기 전의 것) 제29조 제1항, 제2항, 제11조 제1항 등의 규정 내용에 의하면, **건축협의의 실질은 지방자치단체 등에 대한 건축허가와 다르지 않으므로**, 지방자치단체 등이 건축물을 건축하려는 경우 등에는 미리 건축물의 소재지를 관할하는 허가권자인 지방자치단체의 장과 건축협의를 하지 않으면, 지방자치단체라 하더라도 건축물을 건축할 수 없다. 그리고 구 지방자치법 등 관련 법령을 살펴보아도 **지방자치단체의 장이 다른 지방자치단체를 상대로 한 건축협의 취소에 관하여 다툼이 있는 경우에 법적 분쟁을 실효적으로 해결할 구제수단을 찾기도 어렵다.** 따라서 건축협의 취소는 상대방이 다른 지방자치단체 등 행정주체라 하더라도 '행정청이 행하는 구체적 사실에 관한 법집행으로서의 공권력 행사'(행정소송법 제2조 제1항 제1호)로서 처분에 해당한다고 볼 수 있고, 지방자치단체인 원고가 이를 다툴 실효적 해결 수단이 없는 이상, 원고는 건축물 소재지 관할 허가권자인 지방자치단체의 장을 상대로 항고소송을 통해 건축협의 취소의 취소를 구할 수 있다(대법원 2014. 2. 27. 선고 2012두22980 판결).

29. 불문경고조치

공무원에 대한 불문경고조치는 행정규칙에 불과한 공무원징계양정에 관한 규칙에 근거하여 이루어지는 행위로서, 이런 행정규칙에 의한 불문경고조치는 비록 법률상의 징계처분은 아니지만 위 처분을 받지 아니하였다면 차후 다른 징계처분이나 경고를 받게 될 경우 징계감경사유로 사용될 수 있었던 **표창공적의 사용가능성을 소멸시키는 효과**와 1년 동안 인사기록카드에 등재됨으로써 **그 동안은 장관표창 대상자에서 제외시키는 효과** 등이 있으므로 항고소송의 대상이 되는 행정처분에 해당한다(대법원 2002. 7. 26. 선고 2001두3532 판결).

30. 서울교육대학장의 학생에 대한 퇴학처분

행정소송의 대상이 되는 행정처분이란 행정청이 행하는 구체적 사실에 관한 법집행으로서의 공권력의 행사 또는 그 거부와 그 밖에 이에 준하는 행정작용을 말하는 것인바, 국립 교육대학 학생에 대한 퇴학처분은, 국가가 설립·경영하는 교육기관인 동 대학의 교무를 통할하고 학생을 지도하는 지위에 있는 학장이 교육목적실현과 학교의 내부질서유지를 위해 학칙 위반자인 재학생에 대한 **구체적 법집행으로서 국가공권력의 하나인 징계권을 발동하여 학생으로서의 신분을 일방적으로 박탈하는 국가의 교육행정에 관한 의사를 외부에 표시한 것**이므로, 행정처분임이 명백하다(대법원 1991. 11. 22. 선고 91누2144 판결).

31. 농지개량조합 임직원의 근무관계

농지개량조합의 직원에 대한 징계처분을 함에 있어서 어떠한 징계처분을 할 것인가는 원칙적으로 징계권자의 재량에 맡기어져 있지만, 징계권자가 한 징계처분이 사회통념상 현저하게 타당성을 잃은 경우에는 재량권을 남용한 것으로 인정될 수 있고, 이와 같은 재량권의 남용 여부를 판단함에 있어서는 내부적으로 정한 징계양정의 기준을 참작하여야 할 것이지만 그것만에 의할 것이 아니라 그 징계의 원인이 된 비위사실의 내용과 성질, 징계에 의하여 달성하려고 하는 직무규율상의 목적 등 구체적인 사안에서 나타난 제반 사정을 모두 참작하여야만 한다(대법원 1998. 10. 9. 선고 97누1198 판결).

32. 사업인정

구 도시계획법(1991.12.14. 법률 제4427호로 개정되기 전의 것) 제30조 제2항은 도시계획사업 실시계획의 인가를 토지수용법 제14조의 규정에 의한 사업인정으로 보도록 규정하고 있는바, **이와 같은 사업**

인정은 그 후 일정한 절차를 거칠 것을 조건으로 하여 일정한 내용의 수용권을 설정하여 주는 **행정처분의 성격**을 띠는 것으로서 독립하여 행정소송의 대상이 되고, 그 사업인정을 받음으로써 수용할 목적물의 범위가 확정되고 수용권으로 하여금 목적물에 관한 현재 및 장래의 권리자에게 대항할 수 있는 일종의 공법상의 권리로서의 효력을 발생시킨다(대법원 1994. 5. 24. 선고 93누24230 판결).

33. 이주대책대상자 확인·결정
공익사업을 위한 토지 등의 취득 및 보상에 관한 법률상의 공익사업시행자가 하는 이주대책대상자 확인·결정은 **구체적인 이주대책상의 수분양권을 부여하는 요건이 되는 행정작용으로서의 처분**이지 이를 단순히 절차상의 필요에 따른 사실행위에 불과한 것으로 평가할 수는 없다. 따라서 수분양권의 취득을 희망하는 이주자가 소정의 절차에 따라 이주대책대상자 선정신청을 한 데 대하여 사업시행자가 이주대책대상자가 아니라고 하여 **위 확인·결정 등의 처분을 하지 않고 이를 제외시키거나 거부조치한 경우**에는, 이주자로서는 사업시행자를 상대로 항고소송에 의하여 제외처분이나 거부처분의 취소를 구할 수 있다. 나아가 이주대책의 종류가 달라 각 그 보장하는 내용에 차등이 있는 경우 이주자의 희망에도 불구하고 사업시행자가 요건 미달 등을 이유로 그중 더 이익이 되는 내용의 이주대책대상자로 선정하지 않았다면 이 또한 이주자의 권리의무에 직접적 변동을 초래하는 행위로서 항고소송의 대상이 된다(대법원 2014. 2. 27. 선고 2013두10885 판결).

34. 부지사전승인제도
이 사건 부지사전승인처분의 근거 법률인 구 원자력법(1996. 12. 30. 법률 제5233호로 개정되어 1997. 7. 1.부터 시행되기 전의 법률) 제11조 제3항에 근거한 원자로 및 관계 시설의 부지사전승인처분은 원자로 등의 건설허가 전에 그 원자로등 건설예정지로 계획중인 부지가 원자력법의 관계 규정에 비추어 적법성을 구비한 것인지 여부를 심사하여 행하는 **사전적 부분 건설허가처분의 성격**을 가지고 있는 것이므로, 원자력법 제12조 제2호, 제3호로 규정한 원자로 및 관계 시설의 허가기준에 관한 사항은 건설허가처분의 기준이 됨은 물론 부지사전승인처분의 기준으로도 된다(대법원 1998. 9. 4. 선고 97누19588 판결).

35. 폐기물관리법상 폐기물처리업의 허가를 위한 사업계획에 대한 부적정통보
폐기물처리업 허가전의 사업계획에 대한 부적정통보는 허가신청 자체를 제한하는 등 개인의 권리 내지 법률상의 이익을 개별적이고 구체적으로 규제하고 있어 행정처분에 해당하며, 사업계획전에 행해지는 사업계획에 대한 적정통보가 있게 되면 나중에 허가단계에서는 나머지 허가요건만을 심사한다(대법원 1998. 4. 28. 선고 97누21086 판결).

36. 산업단지관리공단 입주변경계약취소
구 산업집적활성화 및 공장설립에 관한 법률(2013. 3. 23. 법률 제11690호로 개정되기 전의 것) 제13조 제1항, 제2항 제2호, 제30조 제1항 제2호, 제2항 제3호, 제38조 제1항, 제2항, 제40조, 제40조의2, 제42조 제1항 제4호, 제5호, 제2항, 제5항, 제43조, 제43조의3, 제52조 제2항 제5호, 제6호, 제53조 제4호, 제55조 제1항 제4호, 제2항 제9호 규정들에서 알 수 있는 산업단지관리공단의 지위, 입주계약 및 변경계약의 효과, 입주계약 및 변경계약 체결 의무와 그 의무를 불이행한 경우의 형사적 내지 행정적 제재, 입주계약해지의 절차, 해지통보에 수반되는 법적 의무 및 그 의무를 불이행한 경우의 형사적 내지 행정적 제재 등을 종합적으로 고려하면, 입주변경계약 취소는 행정청인 관리권자로부터 관리업무를 위탁받은 산업단지관리공단이 우월적 지위에서 입주기업체들에게 일정한 법률상 효과를 발생하게 하는 것으로서 항고소송의 대상이 되는 행정처분에 해당한다(대법원 2017. 6. 15. 선고 2014두46843 판결).

37. 공정거래위원회의 감면기각처분
구 독점규제 및 공정거래에 관한 법률(2016. 3. 29. 법률 제14137호로 개정되기 전의 것, 이하 '공정거래법'이라 한다) 제22조의2 제1항, 제3항, 구 독점규제 및 공정거래에 관한 법률 시행령(2016. 9. 29. 대통령령 제27529호로 개정되기 전의 것, 이하 '공정거래법 시행령'이라 한다) 제35조 제1항, 제3항, 제4항, 구 부당한 공동행위 자진신고자 등에 대한 시정조치 등 감면제도 운영고시(2015. 1. 2. 공정거래위원회 고시 제2014-19호로 개정되기 전의 것) 제12조 제1항의 취지와 공정거래위원회의 시정명령 및 과징금 부과처분(이하 통칭하여 '과징금 등 처분'이라 한다)과 자진신고 등에 따른 감면신청에 대한 감면기각처분은 근거조항이 엄격히 구분되고, 자진신고 감면인정 여부에 대한 결정은 공정거래법령이 정한 시정조치의 내용과 과징금산정 과정에 따른 과징금액이 결정된 이후, 자진신고 요건 충족 여부에 따라 결정되므로, 과징금 등 처분과 자진신고 감면요건이 구별되는 점, 이에 따라 공정거래위원회로서는 자진신고가 있는 사건에서 시정명령 및 과징금 부과의 요건과 자진신고 감면 요건 모두에 대하여 심리·의결할 의무를 부담하는 점, 감면기각처분은 자진신고 사업자의 감면신청에 대한 거부처분의 성격을 가지는 점 등을 종합하면, 공정거래위원회가 시정명령 및 과징금 부과와 감면 여부를 분리 심리하여 별개로 의결한 후 과징금 등 처분과 별도의 처분서로 감면기각처분을 하였다면, 원칙적으로 2개의 처분, 즉 과징금 등 처분과 감면기각처분이 각각 성립한 것이고, 처분의 상대방으로서는 각각의 처분에 대하여 함께 또는 별도로 불복할 수 있다. 따라서 과징금 등 처분과 동시에 감면기각처분의 취소를 구하는 소를 함께 제기했더라도, 특별한 사정이 없는 한 감면기각처분의 취소를 구할 소의 이익이 부정된다고 볼 수 없다(대법원 2016. 12. 27. 선고 2016두43282 판결).

38. 나라장터 종합쇼핑몰 거래정지조치
갑 주식회사가 조달청과 물품구매계약을 체결하고 국가종합전자조달시스템인 나라장터 종합쇼핑몰 인터넷 홈페이지를 통해 요구받은 제품을 수요기관에 납품하였는데, 조달청이 계약이행내역 점검 결과 일부 제품이 계약 규격과 다르다는 이유로 물품구매계약 추가특수조건 규정에 따라 갑 회사에 대하여 6개월의 나라장터 종합쇼핑몰 거래정지 조치를 한 사안에서, 조달청이 계약상대자에 대하여 나라장터 종합쇼핑몰에서의 거래를 일정기간 정지하는 조치는 전자조달의 이용 및 촉진에 관한 법률, 조달사업에 관한 법률 등에 의하여 보호되는 계약상대자의 직접적이고 구체적인 법률상 이익인 나라장터를 통하여 수요기관의 전자입찰에 참가하거나 나라장터 종합쇼핑몰에서 등록된 물품을 수요기관에 직접 판매할 수 있는 지위를 직접 제한하거나 침해하는 행위에 해당하는 점 등을 종합하면, 위 거래정지 조치는 비록 추가특수조건이라는 사법상 계약에 근거한 것이지만 행정청인 조달청이 행하는 구체적 사실에 관한 법집행으로서의 공권력의 행사로서 그 상대방인 갑 회사의 권리·의무에 직접 영향을 미치므로 항고소송의 대상이 되는 행정처분에 해당한다(대법원 2018. 11. 29. 선고 2015두52395 판결).

39. 신문등록
신문을 발행하려는 자는 신문의 명칭 등을 주사무소 소재지를 관할하는 시·도지사에게 등록하여야 하고, 등록을 하지 않고 신문을 발행한 자에게는 2천만 원 이하의 과태료가 부과된다(신문 등의 진흥에 관한 법률 제9조 제1항, 제39조 제1항 제1호). 따라서 등록관청이 하는 신문의 등록은 신문을 적법하게 발행할 수 있도록 하는 행정처분에 해당한다(대법원 2019. 8. 30. 선고 2018두47189 판결).

40. 동순위 또는 차순위 유족의 유족연금수급권 이전 청구에 대한 국방부장관의 결정

선순위 유족이 유족연금수급권을 상실함에 따라 동순위 또는 차순위 유족이 상실 시점에서 유족연금수급권을 법률상 이전받더라도 동순위 또는 차순위 유족은 구 군인연금법 시행령 제56조에서 정한 바에 따라 국방부장관에게 '유족연금수급권 이전 청구서'를 제출하여 심사·판단받는 절차를 거쳐야 비로소 유족연금을 수령할 수 있게 된다. 이에 관한 국방부장관의 결정은 선순위 유족의 수급권 상실로 청구인에게 유족연금수급권 이전이라는 법률효과가 발생하였는지를 '확인'하는 행정행위에 해당하고, 이는 월별 유족연금액 지급이라는 후속 집행행위의 기초가 되므로, '행정청이 행하는 구체적 사실에 관한 법 집행으로서의 공권력의 행사 또는 그 거부'로서 항고소송의 대상인 처분에 해당한다고 보아야 한다(대법원 2019. 12. 27. 선고 2018두46780 판결).

41. 법무사의 사무원 채용승인 신청에 대하여 소속 지방법무사회가 채용승인을 거부하는 조치 또는 채용승인을 취소하는 조치

법무사의 사무원 채용승인 신청에 대하여 소속 지방법무사회가 '채용승인을 거부'하는 조치 또는 일단 채용승인을 하였으나 법무사규칙 제37조 제6항을 근거로 '채용승인을 취소'하는 조치는 공법인인 지방법무사회가 행하는 구체적 사실에 관한 법집행으로서 공권력의 행사 또는 그 거부에 해당하므로 항고소송의 대상인 '처분'이라고 보아야 한다. 구체적인 이유는 다음과 같다. 법무사가 사무원을 채용하기 위하여 지방법무사회의 승인을 받도록 한 것은, 그 사람이 법무사법 제23조 제2항 각호에서 정한 결격사유에 해당하는지 여부를 미리 심사함으로써 법무사 사무원의 비리를 예방하고 법무사 직역에 대한 일반국민의 신뢰를 확보하기 위함이다. 법무사 사무원 채용승인은 본래 법무사에 대한 감독권한을 가지는 소관 지방법원장에 의한 국가사무였다가 지방법무사회로 이관되었으나, 이후에도 소관 지방법원장은 지방법무사회로부터 채용승인 사실의 보고를 받고 이의신청을 직접 처리하는 등 지방법무사회의 업무수행 적정성에 대한 감독을 하고 있다. 또한 법무사가 사무원 채용에 관하여 법무사법이나 법무사규칙을 위반하는 경우에는 소관 지방법원장으로부터 징계를 받을 수 있으므로, 법무사에 대하여 지방법무사회로부터 채용승인을 얻어 사무원을 채용할 의무는 법무사법에 의하여 강제되는 공법적 의무이다. 이러한 법무사 사무원 채용승인 제도의 법적 성질 및 연혁, 사무원 채용승인 거부에 대한 불복절차로서 소관 지방법원장에게 이의신청을 하도록 제도를 규정한 점 등에 비추어 보면, 지방법무사회의 법무사 사무원 채용승인은 단순히 지방법무사회와 소속 법무사 사이의 내부 법률문제라거나 지방법무사회의 고유사무라고 볼 수 없고, 법무사 감독이라는 국가사무를 위임받아 수행하는 것이라고 보아야 한다. 따라서 지방법무사회는 법무사 감독 사무를 수행하기 위하여 법률에 의하여 설립과 법무사의 회원 가입이 강제된 공법인으로서 법무사 사무원 채용승인에 관한 한 공권력 행사의 주체라고 보아야 한다(대법원 2020. 4. 9. 선고 2015다34444 판결).

42. 우선협상대상자 선정행위 및 우선협상대상자 지위배제행위

공유재산 및 물품관리법(이하 '공유재산법'이라 한다) 제2조 제1호, 제7조 제1항, 제20조 제1항, 제2항 제2호의 내용과 체계에 관련 법리를 종합하면, 지방자치단체의 장이 공유재산법에 근거하여 기부채납 및 사용·수익허가 방식으로 민간투자사업을 추진하는 과정에서 사업시행자를 지정하기 위한 전 단계에서 공모제안을 받아 일정한 심사를 거쳐 우선협상대상자를 선정하는 행위와 이미 선정된 우선협상대상자를 그 지위에서 배제하는 행위는 민간투자사업의 세부내용에 관한 협상을 거쳐 공유재산법에 따른 공유재산의 사용·수익허가를 우선적으로 부여받을 수 있는 지위를 설정하거나 또는 이미 설정한 지위를 박탈하는 조치이므로 모두 항고소송의 대상이 되는 행정처분으로 보아야 한다(대법원 2020. 4. 29. 선고 2017두31064 판결).

43. 검사에 대한 경고조치

검사에 대한 경고조치 관련 규정을 위 법리에 비추어 살펴보면, 검찰총장이 사무검사 및 사건평정을 기초로 대검찰청 자체감사규정 제23조 제3항, 검찰공무원의 범죄 및 비위 처리지침 제4조 제2항 제2호 등에 근거하여 검사에 대하여 하는 '경고조치'는 일정한 서식에 따라 검사에게 개별 통지를 하고 이의신청을 할 수 있으며, 검사가 검찰총장의 경고를 받으면 1년 이상 감찰관리 대상자로 선정되어 특별관리를 받을 수 있고, 경고를 받은 사실이 인사자료로 활용되어 복무평정, 직무성과금 지급, 승진·전보인사에서도 불이익을 받게 될 가능성이 높아지며, 향후 다른 징계사유로 징계처분을 받게 될 경우에 징계양정에서 불이익을 받게 될 가능성이 높아지므로, 검사의 권리 의무에 영향을 미치는 행위로서 항고소송의 대상이 되는 처분이라고 보아야 한다(대법원 2021. 2. 10. 선고 2020두47564 판결).

❖ 기타 처분성을 부정한 예

1. 국가공무원법상 당연퇴직통보

국가공무원법 69조에 의하면 공무원이 33조 각 호의 1에 해당할 때에는 당연히 퇴직한다고 규정하고 있으므로, 국가공무원법상 당연퇴직은 결격사유가 있을 때 법률상 당연히 퇴직하는 것이지 공무원관계를 소멸시키기 위한 별도의 행정처분을 요하는 것이 아니며, **당연퇴직의 인사발령은 법률상 당연히 발생하는 퇴직사유를 공적으로 확인하여 알려주는 이른바 관념의 통지에 불과**하고 공무원의 신분을 상실시키는 새로운 형성적 행위가 아니므로 행정소송의 대상이 되는 독립한 행정처분이라고 할 수 없다(대법원 1995. 11. 14. 선고 95누2036 판결).

2. 검사의 공소

형사소송법에 의하면 검사가 공소를 제기한 사건은 기본적으로 법원의 심리대상이 되고 피의자 및 피고인은 수사의 적법성 및 공소사실에 대하여 형사소송절차를 통하여 불복할 수 있는 절차와 방법이 따로 마련되어 있으므로 검사의 공소제기가 적법절차에 의하여 정당하게 이루어진 것이냐의 여부에 관계없이 검사의 공소에 대하여는 **형사소송절차에 의하여서만 이를 다툴 수 있고** 행정소송의 방법으로 공소의 취소를 구할 수는 없다(대법원 2000. 3. 28. 선고 99두11264 판결).

3. 통고처분

도로교통법 118조에서 규정하는 경찰서장의 통고처분은 **행정소송의 대상이 되는 행정처분이 아니므로** 그 처분의 취소를 구하는 소송은 부적법하고, 도로교통법상의 통고처분을 받은 자가 그 처분에 대하여 이의가 있는 경우에는 통고처분에 따른 범칙금의 납부를 이행하지 아니함으로써 **경찰서장의 즉결심판청구에 의하여 법원의 심판을 받을 수 있게 될 뿐**이다(대법원 1995. 6. 29. 선고 95누4674 판결).

4. 벌 점

운전면허 행정처분처리대장상 벌점의 배점은 도로교통법규 위반행위를 단속하는 기관이 도로교통법시행규칙 별표 16의 정하는 바에 의하여 도로교통법규 위반의 경중, 피해의 정도 등에 따라 배정하는 점수를 말하는 것으로 자동차운전면허의 취소, 정지처분의 기초자료로 제공하기 위한 것이고 **그 배점 자체만으로는 아직 국민에 대하여 구체적으로 어떤 권리를 제한하거나 의무를 명하는 등 법률적 규제를 하는 효과를 발생하는 요건을 갖춘 것이 아니어서** 그 무효확인 또는 취소를 구하는 소송의 대상이 되는 행정처분이라고 할 수 없다(대법원 1994. 8. 12. 선고 94누2190 판결).

5. 질서위반행위규제법상 과태료부과행위

수도조례 및 하수도사용조례에 기한 과태료의 부과 여부 및 그 당부는 **최종적으로 질서위반행위규제법에 의한 절차에 의하여 판단되어야 한다**고 할 것이므로, 그 과태료 부과처분은 행정청을 피고로 하는 행정소송의 대상이 되는 행정처분이라고 볼 수 없다(대법원 2012. 10. 11. 선고 2011두19369 판결).

6. 원천징수행위

원천징수하는 소득세에 있어서는 납세의무자의 신고나 과세관청의 부과결정이 없이 법령이 정하는 바에 따라 그 세액이 자동적으로 확정되고, 원천징수의무자는 소득세법 제142조 및 제143조의 규정에 의하여 이와 같이 자동적으로 확정되는 세액을 수급자로부터 징수하여 과세관청에 납부하여야 할 의무를 부담하고 있으므로, 원천징수의무자가 비록 과세관청과 같은 행정청이더라도 그의 원천징수행위는 법령에서 규정된 징수 및 납부의무를 이행하기 위한 것에 불과한 것이지, 공권력의 행사로서의 행정처분을 한 경우에 해당되지 아니한다(대법원 1990. 3. 23. 선고 89누4789 판결).

7. 국세환급금결정 및 환급거부결정

구 국세기본법 제51조 제1항, 제52조 등의 규정은 **환급청구권이 확정된 국세환급금 및 가산금에 대한 내부적 사무처리절차로서 과세관청의 환급절차를 규정한 것일 뿐, 그 규정에 의한 국세환급금(가산금 포함) 결정에 의하여 비로소 환급청구권이 확정되는 것은 아니므로**, 국세환급금 결정이나 이 결정을 구하는 신청에 대한 환급거부결정 등은 납세의무자가 갖는 환급청구권의 존부나 범위에 구체적이고 직접적인 영향을 미치는 처분이 아니어서 항고소송의 대상이 되는 처분이라고 볼 수 없다(대법원 2002. 11. 8. 선고 2001두8780 판결).

8. 신고납부방식에서 과세관청의 수납행위

특별소비세는 원칙적으로 신고에 의하여 그 과세표준과 세액이 확정되는 신고납세방식에 의하는 조세이고, 다만 납세의무자가 법정기한내에 자진신고납부를 하지 아니하거나 납부세액이 납부하여야 할 세액에 미달하는 경우에 비로소 부과납세방식에 의한 조세로 볼 수 있다 할 것이므로, 납세의무자가 특별소비세 및 방위세를 자진신고납세방식에 의하여 납부하였다면 **과세관청이 이를 수령한 행위는 단순한 사실행위에 불과하고 확인적 과세처분으로 볼 수 없다**(대법원 1990. 2. 27. 선고 88누1837 판결).

9. 당초 과세처분에 대한 감액경정처분

감액경정처분은 당초의 신고 또는 부과처분과 별개인 독립의 과세처분이 아니라 그 실질은 당초의 신고 또는 부과처분의 변경이고 그에 의하여 세액의 일부 취소라는 납세자에게 유리한 효과를 주는 처분이므로, 그 경정결정으로도 아직 취소되지 않고 남아 있는 부분이 위법하다 하여 다투는 경우에 항고소송의 대상은 당초 신고나 부과처분 중 경정결정에 의하여 취소되지 않고 남은 부분이며, **감액경정결정이 항고소송의 대상이 되지는 아니한다** 할 것이다(대법원 1996. 11. 15. 선고 95누8904 판결).

10. 법인세 과세표준의 결정

법인세 과세표준 결정이나 손금불산입 처분은 **법인세 과세처분에 앞선 결정으로서 그로 인하여 바로 과세처분의 효력이 발생하는 것이 아니고** 또 후일에 이에 의한 법인세 과세처분이 있을 때에 그 부과처분을 다툴 수 있는 방법이 없는 것도 아니므로, 법인세 과세표준 결정이나 손금불산입 처분은 항고소송의 대상이 되는 행정처분이라고는 할 수 없다(대법원 1996. 9. 24. 선고 95누12842 판결).

11. 세무당국의 주류거래 일정기간 중지요청행위

항고소송의 대상이 되는 행정처분은 행정청의 공법상의 행위로서 상대방 또는 기타 관계자들의 법률상 지위에 직접적으로 법률적인 변동을 일으키는 행위를 말하는 것이므로 세무당국이 소외 회사에 대하여 원고와의 주류거래를 일정기간 중지하여 줄 것을 요청한 행위는 **권고 내지 협조를 요청하는 권고적 성격의 행위**로서 소외 회사나 원고의 법률상의 지위에 직접적인 법률상의 변동을 가져오는 행정처분이라고 볼수 없는 것이므로 항고소송의 대상이 될 수 없다(대법원 1980. 10. 27. 선고 80누395 판결).

12. 국유림 대부행위

국유재산법 제31조, 제32조 제3항, 산림법 제75조 제1항의 규정 등에 의하여 국유의 일반재산(구 잡종재산)에 관한 관리처분의 권한을 위임받은 기관이 일반재산을 대부하는 행위는 **국가가 사경제 주체로서 상대방과 대등한 위치에서 행하는 사법상의 계약**이고, 행정청이 공권력의 주체로서 상대방의 의사 여하에 불구하고 일방적으로 행하는 행정처분이라고 볼 수 없으며, **국유의 일반재산(구 잡종재산)에 관한 대부료의 납부고지 역시** 사법상의 이행청구에 해당하고, 이를 행정처분이라고 할 수 없다(대법원 2000. 2. 11. 선고 99다61675 판결).

13. 4대강 살리기 마스터플랜

국토교통부, 환경부, 문화체육관광부, 농림수산부, 식품부가 합동으로 2009. 6. 8. 발표한 '4대강 살리기 마스터플랜' 등은 4대강 정비사업과 주변 지역의 관련 사업을 체계적으로 추진하기 위하여 수립한 종합계획이자 '4대강 살리기 사업'의 기본방향을 제시하는 계획으로서, **행정기관 내부에서 사업의 기본방향을 제시하는 것일 뿐**, 국민의 권리·의무에 직접 영향을 미치는 것이 아니어서 행정처분에 해당하지 않는다고 한 사례(대법원 2011. 4. 21. 자 2010무111 전원합의체 결정).

14. 알선·권유

항고소송의 대상이 되는 행정처분이라 함은 행정청의 공법상 행위로서 특정사항에 대하여 법규에 의한 권리의 설정 또는 의무의 부담을 명하며 기타 법률상 효과를 발생케 하는 등 국민의 구체적 권리의무에 직접적 변동을 초래하는 행위를 말하고 행정권 내부에서의 행위나 알선, 권유, 사실상의 통지 등과 같이 **상대방 또는 기타 관계자들의 법률상 지위에 직접적인 법률적 변동을 일으키지 아니하는 행위**는 항고소송의 대상이 될 수 없다(대법원 1993. 10. 26. 선고 93누6331 판결).

15. 시험승진후보자명부 삭제행위

구 경찰공무원법 제11조 제2항, 제13조 제1항, 제2항, 경찰공무원승진임용규정 제36조 제1항, 제2항에 의하면, 경정 이하 계급에의 승진에 있어서는 승진심사와 함께 승진시험을 병행할 수 있고, 승진시험에 합격한 자는 시험승진후보자명부에 등재하여 그 등재순위에 따라 승진하도록 되어 있으며, 같은 규정 제36조 제3항에 의하면 시험승진후보자명부에 등재된 자가 승진임용되기 전에 감봉 이상의 징계처분을 받은 경우에는 임용권자 또는 임용제청권자가 위 징계처분을 받은 자를 시험승진후보자명부에서 삭제하도록 되어 있는바, 이처럼 시험승진후보자명부에 등재되어 있던 자가 그 명부에서 삭제됨으로써 승진임용의 대상에서 제외되었다 하더라도, 그와 같은 시험승진후보자명부에서의 삭제행위는 **결국 그 명부에 등재된 자에 대한 승진 여부를 결정하기 위한 행정청 내부의 준비과정에 불과**하고, 그 자체가 어떠한 권리나 의무를 설정하거나 법률상 이익에 직접적인 변동을 초래하는 별도의 행정처분이 된다고 할 수 없다(대법원 1997. 11. 14. 선고 97누7325 판결).

16. 공정거래위원회의 고발조치

이른바 고발은 수사의 단서에 불과할 뿐 그 자체 국민의 권리의무에 어떤 영향을 미치는 것이 아니고, 특히 독점규제및공정거래에관한법률 제71조는 공정거래위원회의 고발을 위 법률위반죄의 소추요건으로 규정하고 있어 공정거래위원회의 고발조치는 **사직 당국에 대하여 형벌권 행사를 요구하는 행정기관 상호간의 행위에 불과**하여 항고소송의 대상이 되는 행정처분이라 할 수 없으며, 더욱이 공정거래위원회의 고발 의결은 행정청 내부의 의사결정에 불과할 뿐 최종적인 처분은 아닌 것이므로 이 역시 항고소송의 대상이 되는 행정처분이 되지 못한다(대법원 1995. 5. 12. 선고 94누13794 판결).

17. 병역법상 신체등위판정

병역법상 신체등위판정은 **행정청이라고 볼 수 없는 군의관이 하도록 되어 있으며, 그 자체만으로 바로 병역법상의 권리의무가 정하여지는 것이 아니라** 그에 따라 지방병무청장이 병역처분을 함으로써 비로소 병역의무의 종류가 정하여지는 것이므로 항고소송의 대상이 되는 행정처분이라 보기 어렵다(대법원 1993. 8. 27. 선고 93누3356 판결).

18. 혁신도시 최종입지 선정 행위

법과 법시행령 및 이 사건 지침에는 공공기관의 지방이전을 위한 정부 등의 조치와 공공기관이 이전할 혁신도시 입지선정을 위한 사항 등을 규정하고 있을 뿐 **혁신도시입지 후보지에 관련된 지역 주민 등의 권리의무에 직접 영향을 미치는 규정을 두고 있지 않으므로**, 피고가 원주시를 혁신도시 최종입지로 선정한 행위는 항고소송의 대상이 되는 행정처분으로 볼 수 없다고 판단하였다(대법원 2007. 11. 15. 선고 2007두10198 판결).

19. 시장·군수 또는 구청장의 공장입지기준확인

공장입지기준확인은 **공장을 설립하고자 하는 사람이 공장설립승인신청 등 공장설립에 필요한 각종 절차를 밟기 전에 어느 토지 위에 공장설립이 가능한지 여부를 손쉽게 확인할 수 있도록 편의를 도모하기 위하여 마련된 절차로서 그 확인으로 인하여 신청인 등 이해관계인의 지위에 영향을 주는 법률상의 효과가 발생하지 아니하므로, 공장입지기준확인 그 자체는 항고소송의 대상이 될 수 없다(대법원 2003. 2. 11. 선고 2002두10735 판결).

20. 어업권면허에 선행하는 우선순위결정

어업권면허에 선행하는 우선순위결정은 **행정청이 우선권자로 결정된 자의 신청이 있으면 어업권면허처분을 하겠다는 것을 약속하는 행위로서 강학상 확약에 불과**하고 행정처분은 아니므로, 우선순위결정에 공정력이나 불가쟁력과 같은 효력은 인정되지 아니하며, 따라서 우선순위결정이 잘못되었다는 이유로 종전의 어업권면허처분이 취소되면 행정청은 종전의 우선순위결정을 무시하고 다시 우선순위를 결정한 다음 새로운 우선순위결정에 기하여 새로운 어업권면허를 할 수 있다(대법원 1995. 1. 20. 선고 94누6529 판결).

21. 상급행정기관의 하급행정기관에 대한 승인

상급행정기관의 하급행정기관에 대한 승인·동의·지시 등은 **행정기관 상호간의 내부행위**로서 국민의 권리·의무에 직접 영향을 미치는 것이 아니므로 항고소송의 대상이 되는 행정처분에 해당한다고 볼 수 없다(대법원 1997. 9. 26. 선고 97누8540 판결).

22. 부담 아닌 부관

행정행위의 부관은 부담인 경우를 제외하고는 독립하여 행정소송의 대상이 될 수 없는바, 기부채납 받은 행정재산에 대한 사용·수익허가에서 공유재산의 관리청이 정한 **사용·수익허가의 기간**은 그 허가의 효력을 제한하기 위한 행정행위의 부관으로서 이러한 사용·수익허가의 기간에 대해서는 독립하여 행정소송을 제기할 수 없다(대법원 2001. 6. 15. 선고 99두509 판결).

23. 건축신고수리

구 건축법 제9조 제1항에 의하여 신고를 함으로써 건축허가를 받은 것으로 간주되는 경우에는 건축을 하고자 하는 자가 적법한 요건을 갖춘 신고만 하면 행정청의 수리행위 등 별다른 조치를 기다릴 필요 없이 건축을 할 수 있는 것이므로, 행정청이 위 신고를 수리한 행위가 건축주는 물론이고 제3자인 인근 토지 소유자나 주민들의 구체적인 권리 의무에 직접 변동을 초래하는 행정처분이라 할 수 없다(대법원 1999. 10. 22. 선고 98두18435 판결).

24. 착공계획서 수리

구 체육시설의설치·이용에관한법률 제16조, 제34조, 같은법시행령 제16조의 규정을 종합하여 볼 때, 등록체육시설업에 대한 사업계획의 승인을 얻은 자는 규정된 기한 내에 사업시설의 **착공계획서를 제출하고 그 수리 여부에 상관없이 설치공사에 착수하면 되는 것이지**, 착공계획서가 수리되어야만 비로소 공사에 착수할 수 있다거나 그 밖에 착공계획서 제출 및 수리로 인하여 사업계획의 승인을 얻은 자에게 어떠한 권리를 설정하거나 의무를 부담케 하는 법률효과가 발생하는 것이 아니므로 행정청이 사업계획의 승인을 얻은 자의 착공계획서를 수리하고 이를 통보한 행위는 그 착공계획서 제출사실을 확인하는 사실행위에 불과하고 그를 항고소송이나 행정심판의 대상이 되는 행정처분으로 볼 수 없다(대법원 2001. 5. 29. 선고 99두10292 판결).

25. 항만 명칭결정

해양수산부장관의 항만 명칭결정은 **국민의 권리의무나 법률상 지위에 직접적인 법률적 변동을 일으키는 행위가 아니므로** 항고소송의 대상이 되는 행정처분이 아니라고 한 사례(대법원 2008. 5. 29. 선고 2007두23873 판결).

26. 한국마사회의 기수에 대한 징계처분

한국마사회가 조교사 또는 기수의 면허를 부여하거나 취소하는 것은 경마를 독점적으로 개최할 수 있는 지위에서 우수한 능력을 갖추었다고 인정되는 사람에게 경마에서의 일정한 기능과 역할을 수행할 수 있는 자격을 부여하거나 이를 박탈하는 것에 지나지 아니하므로, **이는 국가 기타 행정기관으로부터 위탁받은 행정권한의 행사가 아니라 일반 사법상의 법률관계에서 이루어지는 단체 내부에서의 징계 내지 제재처분**이다(대법원 2008. 1. 31. 선고 2005두8269 판결).

27. 공무원 및 사립학교교직원 의료보험관리공단 직원의 근무관계

공무원및사립학교교직원의료보험법 등 관계법령의 규정내용에 비추어 보면, 피고 공단 직원의 근무관계는 공법관계가 아니라 **사법관계**라고 본 원심의 판단은 정당한 것으로 수긍이 된다(대법원 1993. 11. 23. 선고 93누15212 판결).

28. 구 도시계획법상 도시기본계획

구 도시계획법(1999. 2. 8. 법률 제5898호로 개정되기 전의 것) 제10조의2, 제16조의2, 같은법시행령(1999. 6. 16. 대통령령 제16403호로 개정되기 전의 것) 제7조, 제14조의2의 각 규정을 종합하면, 도시기본계획은 도시의 기본적인 공간구조와 장기발전방향을 제시하는 종합계획으로서 그 계획에는 토지이용계획, 환경계획, 공원녹지계획 등 장래의 도시개발의 일반적인 방향이 제시되지만, **그 계획은 도시계획입안의 지침이 되는 것에 불과하여 일반 국민에 대한 직접적인 구속력은 없는 것이므로**, 도시기본계획을 입안함에 있어 토지이용계획에는 세부적인 내용을 기재하지 아니하고 다소 포괄적으로 기재하였다 하더라도 기본구상도상에 분명하게 그 내용을 표시한 이상 도시기본계획으로서 입안된 것이라고 봄이 상당하고, 또 공청회 등 절차에서 다른 자료에 의하여 그 내용이 제시된 다음 관계법령이 정하는 절차에 따라 건설교통부장관의 승인을 받아 공람공고까지 되었다면 도시기본계획으로서 적법한 효력이 있는 것이다(대법원 2002. 10. 11. 선고 2000두8226 판결).

29. 도시개발법 제27조의 환지계획

토지구획정리사업법 제57조, 제62조 등의 규정상 환지예정지 지정이나 환지처분은 그에 의하여 직접 토지소유자 등의 권리의무가 변동되므로 이를 항고소송의 대상이 되는 처분이라고 볼 수 있으나, **환지계획은 위와 같은 환지예정지 지정이나 환지처분의 근거가 될 뿐 그 자체가 직접 토지소유자 등의 법률상의 지위를 변동시키거나 또는 환지예정지 지정이나 환지처분과는 다른 고유한 법률효과를 수반하는 것이 아니어서 이를 항고소송의 대상이 되는 처분에 해당한다고 할 수가 없다**(대법원 1999. 8. 20. 선고 97누6889 판결).

30. 금융감독위원회의 파산신청

구 금융산업의 구조개선에 관한 법률(2002. 12. 26. 법률 제6807호로 개정되기 전의 것) 제16조 제1항 및 구 상호저축은행법(2003. 12. 11. 법률 제6992호로 개정되기 전의 것) 제24조의13에 의하여 금융감독위원회는 부실금융기관에 대하여 파산을 신청할 수 있는 권한을 보유하고 있는바, **위 파산신청은 그 성격이 법원에 대한 재판상 청구로서 그 자체가 국민의 권리·의무에 어떤 영향을 미치는 것이 아닐 뿐만 아니라**, 위 파산신청으로 인하여 당해 부실금융기관이 파산절차 내에서 여러 가지 법률상 불이익을 입는다 할지라도 **파산법원이 관할하는 파산절차 내에서 그 신청의 적법 여부 등을 다투어야 할 것이므로**, 위와 같은 금융감독위원회의 파산신청은 행정소송법상 취소소송의 대상이 되는 행정처분이라 할 수 없다(대법원 2006. 7. 28. 선고 2004두13219 판결).

31. 참모총장이 명예수당지급대상자 결정절차에서 수당지급대상자를 추천하거나 신청자 중 일부를 추천하지 아니하는 행위

군인사법 제53조의2 제6항의 위임을 받은 군인 명예전역수당지급 규정 제6조 제1항, 제3항의 각 규정에 의하면, 각 군 참모총장은 군인 명예전역수당 지급신청을 받아 이를 심사하고 수당지급대상자를 선정하여 국방부장관에게 추천하며, 국방부장관은 각 군 참모총장으로부터 수당지급대상자의 추천을 받아 수당지급대상자를 최종적으로 심사·결정하도록 규정되어 있다. 이 규정에 따라 각 군 참모총장이 수당지급대상자 결정절차에 대하여 수당지급대상자를 추천하거나 신청자 중 일부를 추천하지 아니하는 행위는 **행정기관 상호간의 내부적인 의사결정과정의 하나일 뿐** 그 자체만으로는 직접적으로 국민의 권리·의무가 설정, 변경, 박탈되거나 그 범위가 확정되는 등 기존의 권리상태에 어떤 변동을 가져오는 것이 아니므로 이를 항고소송의 대상이 되는 처분이라고 할 수는 없다(대법원 2009. 12. 10. 선고 2009두14231 판결).

32. 법무법인의 공정증서 작성행위

행정소송 제도는 행정청의 위법한 처분, 그 밖에 공권력의 행사·불행사 등으로 인한 국민의 권리 또는 이익의 침해를 구제하고 공법상 권리관계 또는 법률 적용에 관한 다툼을 적정하게 해결함을 목적으로 하는 것이므로, 항고소송의 대상이 되는 행정처분에 해당하는지는 행위의 성질·효과 이외에 행정소송 제도의 목적이나 사법권에 의한 국민의 권익보호 기능도 충분히 고려하여 합목적적으로 판단해야 한다. 이러한 행정소송 제도의 목적 및 기능 등에 비추어 볼 때, **행정청이 한 행위가 단지 사인 간 법률관계의 존부를 공적으로 증명하는 공증행위에 불과하여 그 효력을 둘러싼 분쟁의 해결이 사법원리에 맡겨져 있거나 행위의 근거 법률에서 행정소송 이외의 다른 절차에 의하여 불복할 것을 예정하고 있는 경우에는** 항고소송의 대상이 될 수 없다고 보는 것이 타당하다(대법원 2012. 6. 14. 선고 2010두19720 판결).

33. 민원사무처리법이 규정하는 사전심사결과 통보

구 민원사무 처리에 관한 법률(2012. 10. 22. 법률 제11492호로 개정되기 전의 것, 이하 '구 민원사무처리법'이라 한다) 제19조 제1항, 제3항, 구 민원사무 처리에 관한 법률 시행령(2012. 12. 20. 대통령령 제24235호로 개정되기 전의 것) 제31조 제3항의 내용과 체계에다가 사전심사청구제도는 민원인이 대규모의 경제적 비용이 수반되는 민원사항에 대하여 간편한 절차로써 미리 행정청의 공적 견해를 받아볼 수 있도록 하여 민원행정의 예측 가능성을 확보하게 하는 데에 취지가 있다고 보이고, 민원인이 희망하는 특정한 견해의 표명까지 요구할 수 있는 권리를 부여한 것으로 보기는 어려운 점, 행정청은 사전심사결과 가능하다는 통보를 한 때에도 구 민원사무처리법 제19조 제3항에 의한 제약이 따르기는 하나 반드시 민원사항을 인용하는 처분을 해야 하는 것은 아닌 점, 행정청은 **사전심사결과 불가능하다고 통보하였더라도 사전심사결과에 구애되지 않고 민원사항을 처리할 수 있으므로 불가능하다는 통보가 민원인의 권리의무에 직접적 영향을 미친다고 볼 수 없고**, 통보로 인하여 민원인에게 어떠한 법적 불이익이 발생할 가능성도 없는 점 등 여러 사정을 종합해 보면, 구 민원사무처리법이 규정하는 사전심사결과 통보는 항고소송의 대상이 되는 행정처분에 해당하지 아니한다(대법원 2014. 4. 24. 선고 2013두7834 판결).

34. 법무부장관의 입국금지결정

병무청장이 법무부장관에게 '가수 갑이 공연을 위하여 국외여행허가를 받고 출국한 후 미국 시민권을 취득함으로써 사실상 병역의무를 면탈하였으므로 재외동포 자격으로 재입국하고자 하는 경우 국내에서 취업, 가수활동 등 영리활동을 할 수 없도록 하고, 불가능할 경우 입국 자체를 금지해 달라'고 요청함에 따라 법무부장관이 갑의 입국을 금지하는 결정을 하고, 그 정보를 내부전산망인 '출입국관리정보시스템'에 입력하였으나, 갑에게는 통보하지 않은 사안에서, 행정청이 행정의사를 외부에 표시하여 행정청이 자유롭게 취소·철회할 수 없는 구속을 받기 전에는 '처분'이 성립하지 않으므로 법무부장관이 출입국관리법 제11조 제1항 제3호 또는 제4호, 출입국관리법 시행령 제14조 제1항, 제2항에 따라 위 입국금지결정을 했다고 해서 '처분'이 성립한다고 볼 수는 없고, 위 입국금지결정은 법무부장관의 의사가 공식적인 방법으로 외부에 표시된 것이 아니라 단지 그 정보를 내부전산망인 '출입국관리정보시스템'에 입력하여 관리한 것에 지나지 않으므로, 위 입국금지결정은 항고소송의 대상이 될 수 있는 '처분'에 해당하지 않는다(대법원 2019. 7. 11. 선고 2017두38874 판결).[34]

---

[34] 다만, 대법원은 법무부장관의 입국금지결정을 바탕으로 재외공관장이 한 재외동포(F-4) 체류자격의 사증발급을 신청에 대한 '사증발급 거부처분'의 처분성은 긍정하였다(이른바 '스티브 유' 사건).
병무청장이 법무부장관에게 '가수 갑이 공연을 위하여 국외여행허가를 받고 출국한 후 미국 시민권을 취득함으로써 사실상 병역의무를 면탈하였다'는 이유로 입국 금지를 요청함에 따라 법무부장관이 갑의 입국금지결정을 하였는데, 갑이 재외공관의 장에게 재외동포(F-4) 체류자격의 사증발급을 신청하자 재외공관장이 처분이유를 기재한 사증발급 거부처분서를 작성해 주지 않은 채 갑의 아버지에게 전화로 사증발급이 불허되었다고 통보한 사안에서, 갑의 재외동포(F-4) 체류자격 사증발급 신청에 대하여 재외공관장이 6일 만에 한 사증발급 거부처분이 문서에 의한 처분 방식의 예외로 행정절차법 제24조 제1항 단서에서 정한 '신속히 처리할 필요가 있거나 사안이 경미한 경우'에 해당한다고 볼 수도 없으므로 사증발급 거부처분에는 행정절차법 제24조 제1항을 위반한 하자가 있음에도, 외국인의 사증발급 신청에 대한 거부처분이 성질상 행정절차를 거치기 곤란하거나 불필요하다고 인정되는 처분에 해당하여 행정절차법의 적용이 배제된다고 판단하고, 재외공관장이 자신에게 주어진 재량권을 전혀 행사하지 않고 오로지 13년 7개월 전에 입국금지결정이 있었다는 이유만으로 그에 구속되어 사증발급 거부처분을 한 것이 비례의 원칙에 반하는 것인지 판단했어야 함에도, 입국금지결정에 따라 사증발급 거부처분을 한 것이 적법하다고 본 원심판단에 법리를 오해한 잘못이 있다고 한 사례(대법원 2019. 7. 11. 선고 2017두38874 판결).

Ⅱ. 부작위

1. 부작위의 의의

행정소송법상 부작위란 행정청이 당사자의 신청에 대하여 상당한 기간 내에 일정한 처분을 하여야 할 법률상 의무가 있음에도 불구하고 이를 하지 아니하는 것을 말한다(행정소송법 제2조 제1항 제2호).

2. 부작위의 성립요건

가. 당사자의 신청

신청의 대상은 행정소송의 대상으로서 처분이어야 한다. 문제는 이러한 부작위의 성립단계에서 당사자에게 법규상 또는 조리상의 신청권이 인정되어야 하는지 여부이다. 일설은 신청권이 인정된 자만이 원고적격을 갖는다고 하여 신청권을 원고적격 단계에서 검토하고자 하나, 판례는 부작위의 성립단계에서 당사자의 신청권의 존부를 심사하고 있다.[35]

나. 상당한 기간이 경과할 것

법령에서 신청에 대한 처리기간을 정하고 있는 경우에는 그 처리기간이 경과하면 특별한 사정이 없는 한 상당한 기간이 경과하였다고 보아야 할 것이다.

다. 처분의무의 존재

기속행위의 경우에는 특정처분을 할 의무가 될 것이며 재량행위의 경우에는 재량의 하자없는 처분을 할 의무가 될 것이다.

라. 처분의 부작위

(1) 처분의 '부작위' : 묵시적 거부의 문제

법령이 일정한 상태에서의 부작위를 거부처분으로 의제하고 있는 경우나, 경원자관계에서 인용처분을 받지 못한 경우에는 외형상 부작위로 보여도 이를 거부처분으로 간주하여야 할 것이다. 이와 관련하여 판례는 "검사지원자 중 한정된 수의 임용대상자에 대한 임용결정은 한편으로는 그 임용대상에서 제외한 자에 대한 임용거부결정이라는 양면성을 지니는 것이므로 임용대상자에 대한 임용의 의사표시는 동시에 임용대상에서 제외한 자에 대한 임용거부의 의사표시를 포함한 것으로 볼 수 있다[36]"고 판시하여 임용대상에서 제외된 자에게 부작위위법확인소송이 아니라 거부처분취소소송을 제기할 것을 요구한 바 있다.

(2) '처분'의 부작위

판례는 검사의 압수물환부결정(판례 ❶)이나 행정입법(판례 ❷)은 행정소송법상 처분에 해당하지 않으므로 이에 대한 부작위도 부작위위법확인소송의 대상에 해당하지 않는다고 판시한 바 있다.

---

[35] 대법원 2009. 7. 23. 선고 2008두10560 판결
[36] 대법원 1991. 2. 12. 선고 90누5825 판결

관련판례 ❶ 검사가 압수 해제된 것으로 간주된 압수물의 환부신청에 대하여 아무런 결정·통지도 하지 아니한 경우, 부작위위법확인소송의 대상이 되는지 여부

형사본안사건에서 무죄가 선고되어 확정되었다면 형사소송법 제332조 규정에 따라 검사가 압수물을 제출자나 소유자 기타 권리자에게 환부하여야 할 의무가 당연히 발생한 것이고, 권리자의 환부신청에 대한 검사의 환부결정 등 어떤 처분에 의하여 비로소 환부의무가 발생하는 것은 아니므로 압수가 해제된 것으로 간주된 압수물에 대하여 피압수자나 기타 권리자가 민사소송으로 그 반환을 구함은 별론으로 하고 **검사가 피압수자의 압수물 환부신청에 대하여 아무런 결정이나 통지도 하지 아니하고 있다고 하더라도 그와 같은 부작위는 현행 행정소송법상의 부작위위법확인소송의 대상이 되지 아니한다**(대법원 1995. 3. 10. 선고 94누14018 판결).

관련판례 ❷ 행정입법부작위가 부작위위법확인소송의 대상이 되는지 여부

행정소송은 구체적 사건에 대한 법률상 분쟁을 법에 의하여 해결함으로써 법적 안정을 기하자는 것이므로 부작위위법확인소송의 대상이 될 수 있는 것은 구체적 권리의무에 관한 분쟁이어야 하고 추상적인 법령에 관하여 제정의 여부 등은 그 자체로서 국민의 구체적인 권리의무에 직접적 변동을 초래하는 것이 아니어서 그 소송의 대상이 될 수 없다(대법원 1992. 5. 8. 선고 91누11261 판결).

01 (2023년 기출)

판례상 항고소송의 대상에 해당하는 것을 모두 고른 것은?

ㄱ. 도지사가 지방의료원을 폐업하겠다는 결정
ㄴ. 국가인권위원회의 성희롱결정 및 시정조치권고
ㄷ. 5개 중앙부처가 합동으로 발표한 '4대강 살리기 마스터플랜'
ㄹ. 공공기관이 공개청구의 대상이 된 정보를 청구인이 신청한 공개방법 이외의 방법으로 공개하기로 하는 결정

① ㄱ, ㄷ   ② ㄱ, ㄹ   ③ ㄴ, ㄷ   ④ ㄱ, ㄴ, ㄹ   ⑤ ㄴ, ㄷ, ㄹ

/해 설/

ㄱ. (○) 갑 도지사가 도에서 설치·운영하는 을 지방의료원을 폐업하겠다는 결정을 발표하고 그에 따라 폐업을 위한 일련의 조치가 이루어진 후 을 지방의료원을 해산한다는 내용의 조례를 공포하고 을 지방의료원의 청산절차가 마쳐진 사안에서, 지방의료원의 설립·통합·해산은 지방자치단체의 조례로 결정할 사항이므로, 도가 설치·운영하는 을 지방의료원의 폐업·해산은 도의 조례로 결정할 사항인 점 등을 종합하면, 갑 도지사의 폐업결정은 행정청이 행하는 구체적 사실에 관한 법집행으로서의 공권력 행사로서 입원환자들과 소속 직원들의 권리·의무에 직접 영향을 미치는 것이므로 항고소송의 대상에 해당한다(대법원 2016. 8. 30. 선고 2015두60617 판결).

ㄴ. (○) 교재 30P (1. 국가인권위원회의 성희롱결정과 이에 따른 시정조치의 권고)

ㄷ. (×) 교재 21P (나. (2) 판례)

ㄹ. (○) 공공기관이 공개청구의 대상이 된 정보를 공개는 하되, 청구인이 신청한 공개방법 이외의 방법으로 공개하기로 하는 결정을 하였다면, 이는 정보공개청구 중 정보공개방법에 관한 부분에 대하여 일부 거부처분을 한 것이고, 청구인은 그에 대하여 항고소송으로 다툴 수 있다(대법원 2016. 11. 10. 선고 2016두44674 판결).

[정답] ④

02 (2024년 기출)

항고소송의 대상이 될 수 있는 것을 모두 고른 것은? (다툼이 있으면 판례에 따름)

ㄱ. 세무조사의 결정	ㄴ. 공매의 통지
ㄷ. 과세관청의 소득금액변동 통지	ㄹ. 국세환급금의 결정
ㅁ. 과세관청의 결손금 감액경정 통지	

① ㄱ, ㄴ ② ㄴ, ㅁ ③ ㄱ, ㄷ, ㄹ ④ ㄱ, ㄷ, ㅁ ⑤ ㄴ, ㄹ, ㅁ

/해 설/

ㄱ. (○) 교재 31P (4. 세무조사결정)

ㄴ. (×) 한국자산공사가 당해 부동산을 인터넷을 통하여 재공매(입찰)하기로 한 결정 자체는 내부적인 의사결정에 불과하여 항고소송의 대상이 되는 행정처분이라고 볼 수 없고, 또한 한국자산공사가 공매통지는 공매의 요건이 아니라 공매사실 자체를 체납자에게 알려주는 데 불과한 것으로서, 통지의 상대방의 법적 지위나 권리·의무에 직접 영향을 주는 것이 아니라고 할 것이므로 이것 역시 행정처분에 해당한다고 할 수 없다(대법원 2007. 7. 27. 선고 2006두8464 판결).

ㄷ. (○) 원천징수의무자인 법인에 대한 소득금액변동통지는 원천징수의무자인 법인의 납세의무에 직접 영향을 미치는 조세행정처분이다(대법원 2021. 4. 29. 선고 2020두52689 판결).

ㄹ. (×) 국세기본법 제51조 및 제52조 국세환급금 및 국세가산금결정에 관한 규정은 이미 납세의무자의 환급청구권이 확정된 국세환급금 및 가산금에 대하여 내부적 사무처리절차로서 과세관청의 환급절차를 규정한 것에 지나지 않고 그 규정에 의한 국세환급금(가산금 포함)결정에 의하여 비로소 환급청구권이 확정되는 것은 아니므로, 국세환급금결정이나 이 결정을 구하는 신청에 대한 환급거부결정 등은 납세의무자가 갖는 환급청구권의 존부나 범위에 구체적이고 직접적인 영향을 미치는 처분이 아니어서 항고소송의 대상이 되는 처분이라고 볼 수 없다(대법원 1989. 6. 15. 선고 88누6436 전원합의체 판결).

ㅁ. (○) 과세관청의 결손금 감액경정은 이후 사업연도의 이월결손금 공제와 관련하여 법인세 납세의무자인 법인의 납세의무에 직접 영향을 미치는 과세관청의 행위로서, 항고소송의 대상이 되는 행정처분이라고 봄이 타당하다(대법원 2020. 7. 9. 선고 2017두63788 판결).

[정답] ④

제3조　행정소송의 종류

> 제3조(행정소송의 종류) 행정소송은 다음의 네 가지로 구분한다.
> 1. 항고소송: 행정청의 처분등이나 부작위에 대하여 제기하는 소송
> 2. 당사자소송: 행정청의 처분등을 원인으로 하는 법률관계에 관한 소송 그 밖에 공법상의 법률관계에 관한 소송으로서 그 법률관계의 한쪽 당사자를 피고로 하는 소송
> 3. 민중소송: 국가 또는 공공단체의 기관이 법률에 위반되는 행위를 한 때에 직접 자기의 법률상 이익과 관계없이 그 시정을 구하기 위하여 제기하는 소송
> 4. 기관소송: 국가 또는 공공단체의 기관상호간에 있어서의 권한의 존부 또는 그 행사에 관한 다툼이 있을 때에 이에 대하여 제기하는 소송. 다만, 헌법재판소법 제2조의 규정에 의하여 헌법재판소의 관장사항으로 되는 소송은 제외한다.

1. 내용에 따른 분류

행정소송법은 행정소송을 내용에 따라 항고소송·당사자소송·민중소송·기관소송으로 각 구분하고 있다(행정소송법[이하 '법'이라 합니다] 제3조). 항고소송과 당사자소송은 개인의 주관적 권익의 보호를 직접 목적으로 하는 소송인 반면, 민중소송과 기관소송은 공익실현 또는 행정의 적법성보장을 직접 목적으로 하는 객관적 소송이다.

가. 항고소송

(1) 의 의

항고소송은 행정청의 처분 등이나 부작위에 대하여 제기하는 소송, 즉 행정청의 적극적 또는 소극적인 공권력행사에 의하여 발생한 행정법상의 위법한 법상태를 제거하여 권리나 이익의 보호를 목적으로 하는 소송을 의미한다.

(2) 종 류

항고소송에는 행정소송법에 의해 명시적으로 인정되고 있는 법정(法定) 항고소송과 행정소송법에 정해지지는 않았지만 해석상 인정여부가 논의되고 있는 법정외(法定外) 항고소송[37]이 있다.
법정 항고소송에는 행정청의 위법한 처분 등을 취소 또는 변경하는 취소소송(법 제4조 제1호), 행정청의 처분 등의 효력 유무 또는 존재여부를 확인하는 무효등확인소송(법 제4조 제2호), 행정청의 부작위가 위법하다는 것을 확인하는 부작위위법확인소송(법 제4조 제3호) 등이 있다.
한편 법정외 항고소송으로는 의무이행소송, 예방적 금지소송 등이 논의되고 있는바, 판례는 소송의 종류에 대해 정원제(定員制)를 고수하여 현행 항고소송의 종류를 열거적(한정적)인 것으로 이해하고 있다. 따라서 판례는 의무이행소송(후술), 적극적 형성소송(판례 ❶), 작위의무확인소송(판례 ❷), 예방적 금지소송(후술)을 인정하지 않고 있다.

---

[37] 법정외 항고소송을 무명(無名)항고소송이라고도 한다.

> **관련판례 ❶ 행정소송법상 이행판결이나 형성판결을 구하는 소송이 허용되는지 여부(소극)**
> 현행 행정소송법상 행정청으로 하여금 일정한 행정처분을 하도록 명하는 이행판결을 구하는 소송이나 법원으로 하여금 행정청이 일정한 행정처분을 행한 것과 같은 효과가 있는 행정처분을 직접 행하도록 하는 형성판결을 구하는 소송은 허용되지 아니한다(대법원 1997.09.30. 선고 97누3200 판결).

> **관련판례 ❷ 작위의무확인청구가 항고소송의 대상이 되는지 여부(소극)**
> 단순한 부작위 위법확인이 아닌 작위의무확인청구는 항고소송의 대상이 되지 아니한다(대법원 1989.01.24. 선고 88누3314 판결).

(3) 의무이행소송

의무이행소송은 행정청에 대하여 일정한 행정처분을 신청하였는데 거부된 경우나 아무런 응답이 없는 경우에 그 이행을 청구하는 것을 내용으로 하는 행정소송이다.

판례는 "행정청에 대하여 행정상 처분의 이행을 구하는 청구는 특별한 규정이 없는 한 행정소송의 대상이 될 수 없다"고 판시하여 의무이행소송의 인정을 부정하고 있다.[38]

(4) 예방적 금지소송

예방적 금지소송은 행정청의 공권력 행사에 의해 국민의 권익이 침해될 것이 예상되는 경우에 미리 그 예상되는 침익적 처분을 저지하는 것을 목적으로 제기하는 소송을 말하며, 예방적 부작위청구소송이라고도 한다.

판례는 "건축물의 준공처분을 하여서는 아니된다는 내용의 부작위를 구하는 청구는 행정소송에서 허용되지 않는다"라고 하여 예방적 금지소송을 부정하고 있다.[39]

나. 당사자소송

당사자소송이란 "행정청의 처분 등을 원인으로 하는 법률관계에 관한 소송 그 밖에 공법상의 법률관계에 관한 소송으로서 그 법률관계의 한쪽 당사자를 피고로 하는 소송"을 말한다(법 제3조 제2호). 당사자소송에는 행정주체의 일정한 작위, 부작위, 수인을 구하는 이행소송과 공법상의 법률관계의 존부를 다투는 확인소송이 있다.

다. 민중소송

민중소송이란 국가 또는 공공단체의 기관이 법률에 위배되는 행위를 한 때에, 개인이 직접 자기의 법률상 이익과 관계없이 그 시정을 구하기 위한 소송을 의미한다(법 제3조 제3호). 민중소송은 자신의 구체적인 권리나 이익의 침해와는 무관하게 단지 행정법규의 적정한 적용을 확보하기 위한 소송이라는 점에서 객관적 소송에 해당하며, 법률에 명시적인 규정이 있는 경우에 허용된다.

라. 기관소송

기관소송이란 국가 또는 공공단체의 기관 상호간에 있어서의 권한의 존부 또는 그 행사에 관한 다툼이 있을 때에 이에 대하여 제기하는 소송을 말한다. 다만 헌법재판소법 제2조의

---

[38] 대법원 1997. 9. 30. 선고 97누3200 판결
[39] 대법원 1987. 3. 24. 선고 86누182 판결

규정에 의하여 헌법재판소의 관장사항으로 되는 소송은 제외한다. 현행법상 이러한 기관소송 역시 민중소송과 같이 행정법규의 적정성을 확보하기 위하여 인정되고 있으며, 법률의 명시적인 규정이 있는 경우에만 허용되고 있다(법 제3조 제4호).

2. 성질에 따른 분류

행정소송은 그 성질에 따라 형성의 소, 이행의 소, 확인의 소로 구분할 수 있다.

가. 형성의 소

형성의 소라 함은 행정법상의 법률관계를 발생·변경 또는 소멸시키는 판결을 구하는 소송이다. 항고소송 중 취소소송은 행정청의 위법한 처분 등의 취소·변경을 구하는 소송이므로 형성의 소에 속한다.

나. 이행의 소

이행의 소라 함은 피고에 대하여 특정한 이행청구권의 존재를 주장하고 이에 근거하여 이행명령을 구하는 소송이다. 이 소송은 다툼이 있거나 불확실한 권리를 확정 받음과 동시에 피고에 대한 이행명령의 선고를 받아 확정된 권리를 실현시키는 명령형의 소송이다. 의무이행소송이나 예방적 금지소송 그리고 이행명령을 구하는 당사자소송이 이행의 소에 해당한다.

다. 확인의 소

확인의 소는 특정한 권리 또는 법률관계의 존재 또는 부존재를 주장하여 이를 확인하는 판결을 구하는 소송이다. 항고소송 중 무효등확인소송·부작위위법확인소송이나 공법상의 법률관계의 존부를 확인받기 위한 당사자소송은 확인의 소에 해당한다.

---

01 (2023년 기출)

행정소송법상 소송의 종류에 해당하지 않는 것은?

① 항고소송 ② 당사자소송 ③ 민중소송 ④ 기관소송 ⑤ 예방적부작위청구소송

/해 설/

① (○) 행정소송법 제3조 제1호

② (○) 행정소송법 제3조 제2호

③ (○) 행정소송법 제3조 제3호

④ (○) 행정소송법 제3조 제4호

⑤ (×) 행정소송법 조문에 해당 소송은 명시되어 있지 않다.

정답 ⑤

제4조　　항고소송

> 제4조(항고소송)　항고소송은 다음과 같이 구분한다.
> 1. 취소소송: 행정청의 위법한 처분등을 취소 또는 변경하는 소송
> 2. 무효등확인소송: 행정청의 처분등의 효력 유무 또는 존재여부를 확인하는 소송
> 3. 부작위위법확인소송: 행정청의 부작위가 위법하다는 것을 확인하는 소송

Ⅰ. 취소소송

1. 의의 및 성질

취소소송이란 "행정청의 위법한 처분 등을 취소 또는 변경하는 소송"(법 제4조 제1호)을 말한다. 본래 행정처분은 행정법관계의 안정과 행정의 원활한 운영을 도모하기 위하여 그것이 비록 위법하다 하더라도 당연무효가 아닌 이상, 정당한 권한을 가진 기관(처분청 및 감독청, 행정심판위원회, 취소소송을 제기 받은 행정법원)이 취소하기 전까지는 일단 유효한 것으로 취급되는 특수한 효력(이른바 공정력)을 가지는 바, 취소소송은 이러한 행정행위의 공정력을 공적으로 배제하기 위하여 고안된 제도이다.

행정처분에 대하여 취소소송이 제기되어 취소판결이 선고되면 피고의 별다른 후속조치 없이 취소의 소급효에 의하여 원래의 상태가 회복한다. 그렇기 때문에 취소소송은 기본적으로 형성소송적 성격을 갖는다.[40] 또한 취소소송은 개인적 권리구제를 목적으로 한다는 점에서 주관적 소송에 해당한다.

2. 취소소송의 구조

가. 소송요건심리(소 제기의 적법성 판단)

취소소송을 제기하여 자신의 청구에 대한 법원의 본안판결을 받기 위해서는 일정한 소송요건을 갖추어야 한다. 소송요건이란 본안심리를 하기 위하여 갖추어야 하는 요건을 말한다. 소송요건이 충족된 소송을 적법한 소송이라 하고 이 경우 본안심리로 넘어 간다. 소송요건이 결여된 소송은 부적법한 소송이라 하며 이 경우 법원은 각하판결을 내린다. 다만 소송요건의 심사는 본안심리 전에만 하는 것은 아니며 본안심리 중에도 소송요건의 결여가 판명되면 법원은 소를 부적법 각하하여야 한다.

소제기의 적법성은 법원의 직권조사사항이므로 원고가 소제기가 적법하다고 주장할 필요는 없다. 다만 피고가 원고의 소제기가 부적법하다는 취지의 본안전 항변을 하는 경우, 원고는 소제기가 적법하다는 것을 증명하여야 한다.

---

[40] 다만 박정훈 교수는 우리 행정소송의 구조가 독일의 제도와 상당한 차이가 있다는 점을 강조하면서, 취소소송이 객관소송으로서 확인소송의 성격을 갖는다고 보고 있다. 이렇게 취소소송을 바라보면 처분성을 법규명령, 행정규칙, 사실행위 등으로 확대할 수 있는 이론적 기반이 마련될 수 있다고 한다. 자세한 설명은 박정훈, 행정소송의 구조와 기능, 박영사, 2006, 152면 이하.

취소소송의 소송요건으로는 ① 대상적격(법 제19조), ② 원고적격(법 제12조 제1문), ③ 협의의 소의 이익(법 12조 제2문), ④ 피고적격(법 제13조), ⑤ 관할법원(법 제9조), ⑥ 제소기간(법 제20조), ⑦ 전심절차(법 제18조) 등이 검토되고 있다.

나. 본안심리(원고 주장의 이유유무)

(1) 개 설

취소소송의 소제기가 적법한 경우, 즉 소송요건을 모두 충족하고 있는 경우에는 법원은 본안심리에 들어간다.

본안심리는 소송요건의 구비를 전제로 청구의 당부에 관한 실체적 사항에 관한 심리이다. 취소소송의 소제기가 적법한 경우, 즉 소송요건을 모두 충족하고 있는 경우에는 법원은 본안심리에 들어간다. 그러나 본안심리 중에도 소송요건의 흠결이 발견되는 경우에는 그에 관하여 판단하여 각하판결을 내릴 수 있다.

법원은 원고의 주장에 따라 먼저 계쟁처분[41]의 위법여부를 심리하며 그 위법성이 인정되는 경우에는 그 처분의 취소여부를 심리한다. 처분의 위법성이 인정되지 않는 경우에는 법원은 기각판결을 하며, 처분의 위법성이 인정되는 경우에는 법원은 원칙적으로 인용판결로서 취소판결을 한다. 다만 처분의 위법성은 인정되나 처분을 취소하는 것이 현저히 공공복리에 적합하지 않다고 인정하는 때에는 사정판결을 한다(법 제28조).

(2) 위법사유

(가) 주체위법

처분은 정당한 권한을 가진 행정청에 의하여 권한의 범위 내에서 발하여져야 하는바, 이를 위반한 경우에는 주체위법이 인정된다.

(나) 절차위법

처분에 대하여 일정한 절차가 요구되는 경우에는 그에 관한 절차를 거쳐야 한다. 특히 행정절차법은 상대방에게 의무를 부과하거나 권익을 제한하는 처분을 하는 경우에는 사전통지(행정절차법 제21조), 청문·공청회·의견제출 등 의견청취(행정절차법 제22조) 등의 절차를 거치도록 하고 있는바, 이를 위반한 경우에는 절차위법이 인정된다.

(다) 형식위법

행정절차법은 행정청이 처분을 하는 때에는 다른 법령 등에 특별한 규정이 있는 경우를 제외하고는 문서로 하도록 하고 있으며(행정절차법 제24조), 행정청이 처분을 하는 경우에 원칙적으로 그 근거와 이유를 제시하도록 하고 있는바(행정절차법 제23조), 이를 위반한 경우에는 형식위법이 인정된다.

(라) 내용위법

행정의 법률적합성의 원칙에 따라 처분은 그 내용이 법에 적합하여야 한다. 즉 처분은 법률우위의 원칙에 따라 헌법을 비롯한 모든 관련된 법규범에 적합하여야 하며, 법률유보의

---

[41] 계쟁처분이란 분쟁의 대상이 된, 즉 소송의 대상이 된 처분을 의미한다.

원칙이 적용되는 범위에서는 법률의 근거가 있어야 하는바, 이를 위반한 경우에는 내용위법이 인정된다.

다. 판 결

(1) 각하판결

각하판결은 소송요건을 갖추지 못한 소(訴)에 대하여 본안심리를 거절하는 판결을 말한다. 소송요건이 결여된 경우는 예를 들어 당사자적격이 없는 경우, 제소기간이 경과된 경우, 행정심판의 전치가 요구됨에도 불구하고 행정심판을 거치지 않은 경우, 소송의 목적인 처분이 소멸된 경우 등을 들 수 있다. 각하판결은 취소소송의 본안에 해당하는 부분인 처분의 위법여부에 대해서는 기판력이 발생하지 않지만, 소송요건이 흠결되었다는 점에서는 기판력이 발생한다.

> **관련판례** 소송판결의 기판력은 그 판결에서 확정한 소송요건의 흠결에 관하여 미친다
>
> 소송판결의 기판력은 그 판결에서 확정한 소송요건의 흠결에 관하여 미치며(대법원 1996. 11. 15. 선고 96다31406 판결, 대법원 1997. 12. 9. 선고 97다25521 판결 등 참조), 확정된 종국판결의 사실심 변론종결 이전에 발생하고 제출할 수 있었던 사유에 기인한 주장이나 항변은 확정판결의 기판력에 의하여 차단되므로 당사자가 그와 같은 사유를 원인으로 확정판결의 내용에 반하는 주장을 새로이 하는 것은 허용되지 아니한다(대법원 2015. 10. 29. 선고 2015두44288 판결).

(2) 기각판결

(가) (보통의) 기각판결

법원이 원고의 취소청구가 이유없다고 인정하여, 즉 행정청의 처분이 적법하다고 판단하여 원고의 청구를 배척하는 판결을 말한다.

(나) 사정판결

원고의 취소청구가 이유 있다고 인정하는 경우에도 당해 처분 등을 취소·변경함이 현저히 공공복리에 적합하지 아니하다고 인정하는 때에는 법원은 원고의 청구를 기각할 수 있는 바, 이를 사정판결이라고 한다(법 제28조).

(3) 인용판결(취소판결)

취소소송의 인용판결은 원고의 청구가 이유 있다 하여 그 전부 또는 일부를 인용하는 형성판결이다.

보통은 처분의 전부를 취소하는 판결을 하지만, 외형상 하나의 처분이라 하더라도 가분성이 있거나 그 처분대상의 일부가 특정될 수 있다면 그 일부만의 취소도 가능하다.

II. 무효등확인소송

1. 의 의

무효등확인소송은 "행정청의 처분 등의 효력유무 또는 존재 여부를 확인하는 소송"을 말한다(법

제4조 제2호). 여기에는 처분 등의 무효확인소송, 유효확인소송, 존재확인소송, 부존재확인소송 및 실효확인소송이 이에 포함되는바, 실무에서는 주로 처분무효확인소송이 많이 활용되고 있다.

2. 필요성

처분이 무효인 경우에도 처분으로서의 외관이 존재하며, 또한 처분의 무효원인과 취소원인의 구별은 상대적이기 때문에 무효인 처분도 행정청에 의하여 집행될 우려가 있다. 이에 따라서 무효인 처분의 상대방이나 이해관계인은 그 무효임을 공적으로 확인받을 필요가 있으며, 여기에 무효확인소송 그 자체를 독립된 하나의 소송형태로 인정할 의의가 있다고 하겠다.

Ⅲ. 부작위위법확인소송

1. 의 의

부작위위법확인소송이란 행정청이 당사자의 신청에 대하여 상당한 기간 내에 일정한 처분을 하여야 할 법률상 의무가 있음에도 불구하고 이를 하지 않는 경우에, 이러한 행정청의 부작위가 위법하다는 것을 확인하는 소송을 말한다(법 제2조 제1항 제2호, 제4조 제3호).

2. 제도적 취지 및 한계

행정청의 부작위에 대한 행정소송의 대표적인 형태로는 독일의 의무이행소송이나 영·미의 직무집행명령소송 등을 들 수 있다. 그러나 우리 행정소송법은 권력분립적 고려, 행정권의 1차적 판단권의 존중 및 법원의 부담 등을 이유로 이러한 이행소송을 받아들이지 않고, 대신 부작위위법확인소송을 규정하고, 그 실효성을 담보하기 위하여 인용판결이 있는 경우에는 재처분의무(법 제30조 제2항·제38조 제2항)와 간접강제(법 제34조·제38조 제2항)를 인정하고 있다.

그러나 행정청의 부작위에 대하여 우회적인 방법으로 권리구제를 도모하는 현행법상의 부작위위법확인소송은 포괄적이고 효과적인 권리구제제도를 본질적인 요소로 하는 오늘날의 실질적 법치국가에 있어서 설득력을 상실하고 있다. 이에 따라 의무이행소송의 도입이 강하게 주장되고 있다.

제5조   국외에서의 기간

제5조(국외에서의 기간) 이 법에 의한 기간의 계산에 있어서 국외에서의 소송행위 추완에 있어서는 그 기간을 14일에서 30일로, 제3자에 의한 재심청구에 있어서는 그 기간을 30일에서 60일로, 소의 제기에 있어서는 그 기간을 60일에서 90일로 한다.

제6조   명령·규칙의 위헌판결등 공고

제6조(명령·규칙의 위헌판결등 공고) ① 행정소송에 대한 대법원판결에 의하여 명령·규칙이 헌법 또는 법률에 위반된다는 것이 확정된 경우에는 대법원은 지체 없이 그 사유를 행정안전부장관에게 통보하여야 한다.
② 제1항의 규정에 의한 통보를 받은 행정안전부장관은 지체없이 이를 관보에 게재하여야 한다.

01 (2024년 기출)

행정소송법 제6조의 내용으로 ( )에 들어갈 용어로 옳은 것은?

> 행정소송에 대한 (ㄱ)에 의하여 (ㄴ)이 헌법 또는 법률에 위반된다는 것이 확정된 경우에는 대법원은 지체없이 그 사유를 (ㄷ)에게 통보하여야 한다.

① ㄱ: 판결,   ㄴ: 명령·규칙,   ㄷ: 법제처장
② ㄱ: 판결,   ㄴ: 대통령령,   ㄷ: 행정안전부장관
③ ㄱ: 대법원판결, ㄴ: 명령·규칙,   ㄷ: 행정안전부장관
④ ㄱ: 대법원판결, ㄴ: 명령·규칙,   ㄷ: 법제처장
⑤ ㄱ: 대법원판결, ㄴ: 대통령령,   ㄷ: 행정안전부장관

정답 ③

제7조　사건의 이송

> 제7조(사건의 이송) 민사소송법 제34조제1항의 규정은 원고의 고의 또는 중대한 과실없이 행정소송이 심급을 달리하는 법원에 잘못 제기된 경우에도 적용한다.
>
> 민사소송법 제34조(관할위반에 따른 이송) ① 법원은 소송의 전부 또는 일부에 대하여 관할권이 없다고 인정하는 경우에는 결정으로 이를 관할법원에 이송한다.

법원은 소송의 전부 또는 일부에 대하여 관할권이 없다고 인정하는 경우에는 결정으로 이를 관할법원에 이송한다. 이는 행정소송법 제7조에 따라 민사소송법 제34조 제1항의 규정을 적용한 것이다. 따라서 관할위반을 이유로 한 소송의 이송은 원고의 신청이 있어야 하는 것은 아니다.

제8조　법적용예

> 제8조(법적용예) ① 행정소송에 대하여는 다른 법률에 특별한 규정이 있는 경우를 제외하고는 이 법이 정하는 바에 의한다.
> ② 행정소송에 관하여 이 법에 특별한 규정이 없는 사항에 대하여는 법원조직법과 민사소송법 및 민사집행법의 규정을 준용한다.
>
> 행정소송규칙 제1조(목적) 이 규칙은 「행정소송법」(이하 "법"이라 한다)에 따른 행정소송절차에 관하여 필요한 사항을 규정함을 목적으로 한다.
> 제4조(준용규정) 행정소송절차에 관하여는 법 및 이 규칙에 특별한 규정이 있는 경우를 제외하고는 그 성질에 반하지 않는 한 「민사소송규칙」 및 「민사집행규칙」의 규정을 준용한다.

01 (2024년 기출)

행정소송에 관하여 적용·준용되지 않는 것은?

① 행정소송규칙　② 행정심판법　③ 민사소송법
④ 민사집행법　⑤ 법원조직법

/해 설/
① (○) 행정소송규칙 제1조, 제4조
② (×) 행정심판법은 행정소송에 적용 및 준용되지 않는다.
③ (○), ④ (○), ⑤ (○) 행정소송법 제8조 제2항

정답 ②

제 2 장

취소소송

제1절 취소소송

제9조 재판관할

> 제9조(재판관할) ① 취소소송의 제1심관할법원은 피고의 소재지를 관할하는 행정법원으로 한다.
> ② 제1항에도 불구하고 다음 각 호의 어느 하나에 해당하는 피고에 대하여 취소소송을 제기하는 경우에는 대법원소재지를 관할하는 행정법원에 제기할 수 있다.
>   1. 중앙행정기관, 중앙행정기관의 부속기관과 합의제행정기관 또는 그 장
>   2. 국가의 사무를 위임 또는 위탁받은 공공단체 또는 그 장
> ③ 토지의 수용 기타 부동산 또는 특정의 장소에 관계되는 처분등에 대한 취소소송은 그 부동산 또는 장소의 소재지를 관할하는 행정법원에 이를 제기할 수 있다.
>
> 제38조(준용규정) ① 제9조, 제10조, 제13조 내지 제17조, 제19조, 제22조 내지 제26조, 제29조 내지 제31조 및 제33조의 규정은 무효등 확인소송의 경우에 준용한다.
> ② 제9조, 제10조, 제13조 내지 제19조, 제20조, 제25조 내지 제27조, 제29조 내지 제31조, 제33조 및 제34조의 규정은 부작위위법확인소송의 경우에 준용한다.
>
> 제40조(재판관할) 제9조의 규정은 당사자소송의 경우에 준용한다. 다만, 국가 또는 공공단체가 피고인 경우에는 관계행정청의 소재지를 피고의 소재지로 본다.

우리 헌법은 사법권(司法權)은 법관으로 구성된 법원(法院)에 속하고(헌법 제101조 제1항) 법원은 최고법원인 대법원과 각급법원으로 조직된다고 규정하고 있으므로(헌법 제101조 제2항), 행정사건도 민사, 형사사건과 마찬가지로 헌법과 법률이 정한 법관으로 구성된 일반법원의 권한에 속하고, 최고법원인 대법원이 최종심이 된다.

그러나 우리 헌법상으로도 대법원 산하 각급법원의 일종으로 행정사건만을 전담하는 법원의 설치는 가능하므로 1998. 3. 1.부터 시행된 개정 행정소송법은 일반법원의 하나로 행정법원을 설치하여, 행정법원은 행정소송법에서 정한 행정사건과 다른 법률에 따라 행정법원의 권한에 속하는 사건을 제1심으로 심판하도록 하였다(법원조직법 제40조의4).[42] 다만, 행정법원이 설치되지 아니한 지역에서는 행정법원이 설치될 때까지 해당 지방법원 본원 및 춘천지방법원 강릉지원이 행정법원의 권한에 속하는 사건을 담당하도록 되어있다(법원조직법 부칙[1994. 7. 27.] 제2조).

---

[42] 법원실무제요(행정), 법원행정처(2016), 24면.

Ⅰ. 관할의 의의

관할이란 각 법원에 대한 재판권의 배분 즉 특정법원이 특정사건을 재판할 수 있는 권한을 말한다. 관할에는 배타성 여부에 의한 구분(전속관할과 임의관할), 지역적 차이에 의한 구분(토지관할), 사건의 경중에 의한 구별(사물관할) 및 제1심·항소심·상고심과 같은 심급상의 구별(심급관할) 등이 있다. 관할권의 존재는 소송요건이므로 법원의 직권조사사항이다.

취소소송의 재판관할 규정은 취소소송 이외의 항고소송인 무효등확인소송과 부작위위법확인소송에도 각 준용된다(법 제9조, 제38조).

Ⅱ. 전속관할과 임의관할

1. 의 의

전속관할이란 어느 사건에 관하여 특정 법원만 배타적으로 갖는 경우의 관할로서, 재판의 적정·공평 등 고도의 공익적 요구 때문에 인정되는 것이다.

이에 반해 임의관할이란 전속관할이 아닌 나머지의 법정관할을 말하고, 이 경우 당사자의 편의와 공평이라는 사익 보호적인 관점에서 당사자의 합의(합의관할)나 상대방의 변론(변론관할 또는 응소관할)에 의하여 다른 관할이 생기는 것이 허용된다. 즉 당사자가 합의하면 원고 소재지 관할법원 등을 제1심 관할법원으로 할 수 있고(합의관할), 관할 없는 법원에 소가 잘못 제기되었더라도 피고가 항변하지 않고 본안변론을 하는 경우 당해 법원에 관할권이 발생한다(변론관할, 민사소송법 30조).

전속관할이 정해진 경우에는 합의 또는 변론에 의하여 다른 법원에 관할권이 생길 수 없으므로 관할이 경합될 여지가 없으나, 임의관할의 경우에는 하나의 사건이 여러 법원의 관할에 해당할 수 있다. 따라서 임의관할의 경우에는 관할이 경합될 때에는 편의 또는 법원의 재량에 의하여 소송을 다른 법원에 이송할 수 있다.

2. 전속관할 위반의 문제

행정소송법에는 행정사건이 행정법원의 전속관할에 속한다는 것을 밝히는 규정이 없어 논란의 여지가 있으나, 성질상 행정사건은 행정법원의 전속관할에 속한다고 보는 것이 타당하므로 행정사건을 지방법원이나 가정법원에 제기하면 전속관할 위반이 된다. 다만 행정법원이 설치되지 아니하여 지방법원 본원이 행정법원의 역할까지 하는 지역의 경우에는 관할위반의 문제는 발생하지 않는다.

한편 판례는 민사소송은 지방법원의 전속관할에 속하는 것이 아니라는 취지에서, 민사소송이 행정법원에 제기되었는데도 피고가 관할위반의 항변을 하지 아니하고 본안에 대하여 변론한 경우, 변론관할이 생긴다고 판시하였다.

> **관련판례** 민사소송이 행정법원에 제기되었는데도 수소법원에 관할이 생기는 경우
> 구 공익사업을 위한 토지 등의 취득 및 보상에 관한 법률 제91조에 규정된 환매권은 상대방에 대한 의사표시

를 요하는 형성권의 일종으로서 재판상이든 재판 외이든 위 규정에 따른 기간 내에 행사하면 매매의 효력이 생기는 바, 이러한 환매권의 존부에 관한 확인을 구하는 소송 및 구 공익사업법 제91조 제4항에 따라 환매금액의 증감을 구하는 소송 역시 민사소송에 해당한다. 기록에 의하면, 이 사건 소 중 주위적 청구는 구 공익사업법 제91조에 따라 환매권의 존부 확인을 구하는 소송이고, 예비적 청구는 같은 조 제4항에 따라 환매대금 증액을 구하는 소송임을 알 수 있으므로, 위 각 소송은 모두 민사소송에 해당한다고 보아야 한다. **따라서 원심이 위 각 소송을 모두 행정소송법 제3조 제2호에 규정된 당사자소송이라고 판단한 부분에는 공법상 당사자소송에 관한 법리를 오해한 잘못이 있다.**

그런데 기록에 의하면, 민사소송인 이 사건 소가 서울행정법원에 제기되었는데도 피고는 제1심법원에서 관할위반이라고 항변하지 아니하고 본안에 대하여 변론을 한 사실을 알 수 있는바, 공법상의 당사자소송 사건인지 민사사건인지 여부는 이를 구별하기가 어려운 경우가 많고 행정사건의 심리절차에 있어서는 행정소송의 특수성을 감안하여 행정소송법이 정하고 있는 특칙이 적용될 수 있는 점을 제외하면 심리절차면에서 민사소송절차와 큰 차이가 없는 점 등에 비추어 보면, 행정소송법 제8조 제2항, 민사소송법 제30조에 의하여 제1심법원에 변론관할이 생겼다고 봄이 상당하다(대법원 2013. 2. 28. 선고 2010두22368 판결).

Ⅲ. 토지관할

1. 의 의

토지관할은 있는 곳을 달리하는 같은 종류의 법원 사이에 같은 종류의 직분을 어떻게 배분할 것인지를 정하는 기준을 말한다. 토지관할은 사건이 어느 법원의 관할구역 내의 일정한 지점과 인적 또는 물적으로 관련되어 있는 경우 그 지점을 기준으로 정해진다. 행정소송도 민사소송과 마찬가지로 토지관할은 임의관할이다.[43]

2. 보통재판적

가. 항고소송의 경우

보통재판적이란 특정인에 대한 일체의 소송사건에 관해서 일반적으로 인정되는 토지관할이다. 행정소송법 제9조 제1항에서는 취소소송의 제1심 관할법원을 '피고의 소재지를 관할하는 행정법원'으로 규정하고 있고, 이를 다른 항고소송에 준용하고 있다(법 제38조).

다만 ① 중앙행정기관, 중앙행정기관의 부속기관, 합의제행정기관 또는 그 장이 피고가 되거나 ② 국가의 사무를 위임 또는 위탁받은 공공단체 또는 그 장이 피고가 되는 경우에는 피고의 소재지를 관할하는 행정법원 뿐만 아니라 대법원소재지를 관할하는 행정법원(즉 서울행정법원)에 항고소송을 제기할 수 있다(법 제9조 제2항, 제38조).[44]

나. 당사자소송의 경우

행정소송법 제9조의 취소소송의 재판관할에 관한 규정은 당사자소송에 준용되므로(법 제40조

---

43) 대법원 1994. 1. 25. 선고 93누18655 판결.
44) 이는 최근 상당수의 중앙행정기관이나 공공단체가 서울이나 과천을 떠나 세종시 기타 다른 지역으로 이전하였으므로 이들을 피고로 하는 소송을 서울행정법원 뿐만 아니라 이들의 소재지를 관할 하는 행정법원(즉 지방법원 법원)에 선택적으로 제기할 수 있도록 하기 위한 것이다.

제1문) 당사자소송의 제1심 관할법원도 피고의 소재지를 관할하는 행정법원 또는 지방법원 본원이 된다. 다만 당사자소송은 항고소송과는 달리 국가 또는 공공단체 그 밖의 권리주체가 피고가 되므로 피고가 국가나 공공단체인 경우 피고의 소재지를 특정하기가 곤란한 경우가 많다. 따라서 행정소송법은 당사자소송의 피고가 국가 또는 공공단체인 경우에는 관계행정청의 소재지를 피고의 소재지로 보고 있다(법 제40조 제2문).

3. 특별재판적

특별재판적은 한정된 종류의 사건에 인정되는 토지관할을 말하는바, 행정소송법 제9조 제3항에서는 "토지의 수용 기타 부동산 또는 특정의 장소에 관계되는 처분 등에 대한 취소소송은 그 부동산 또는 장소의 소재지 행정법원에 제기할 수 있다"고 하여 특별재판적에 관한 규정을 두고 있다.

특별재판적은 보통재판적과 경합하는 임의관할이기 때문에 당사자는 경합하는 재판적 중 하나를 편의에 따라 선택할 수 있게 된다.

Ⅳ. 사물관할

사물관할이라 함은 제1심 법원의 단독판사와 합의부 사이에서 제1심 소송사건의 분담을 정한 것을 말한다. 행정사건은 원칙적으로 판사 3인으로 구성된 합의부에서 재판하여야 하는 합의부 관할사건이다(법원조직법 제7조 제3항). 다만 '재정단독사건'이라고 하여 합의부가 단독판사가 재판할 것으로 결정한 사건에 대해서는 단독판사가 재판할 수 있다(법원조직법 제7조 제3항 단서).[45]

Ⅴ. 심급관할

심급관할은 상소제도 때문에 나타나는 것인데, 하급법원의 재판에 대하여 불복한 경우 심판할 상급법원을 정하는 관할을 말하는바, 법원 사이의 심판의 순서, 상하관계를 정하는 것이 여기에 해당한다.

1998. 3. 1. 개정되기 전의 행정소송법과 법원조직법은 필요적 심판전치주의를 취하되 행정소송을 2심제로 규정하고 있었다. 그러나 현행 행정소송법과 법원조직법은 임의적 심판전치주의로 전환함과 동시에 행정소송을 3심제로 하면서, 지방법원급인 행정법원을 설치하여 행정소송법상 항고소송과 당사자소송 및 다른 법률에 의하여 행정법원의 권한에 속하는 사건의 제1심을 담당하도록 하고, 항소심을 고등법원, 상고심을 대법원이 담당하도록 하고 있다.

다만, 개별법령상 아직 서울고등법원을 제1심으로 규정하여 2심제로 행정소송을 운영하는 경우도 있다. 예를 들어 독점규제 및 공정거래에 관한 법률 제55조에 따르면 이 법에 따른 공정거래위원회의 처분에 대하여 불복하는 소를 제기하는 경우에는 공정거래위원회의 소재지를 관할하는 서울고등법원을 전속관할로 한다고 규정하고 있다.

---

[45] 서울행정법원의 실무에 의하면 운전면허관련처분, 업무상재해관련처분, 양도소득세부과처분 등에 대한 행정소송은 단독판사가 담당하고 있다.

Ⅵ. 사건의 이송

1. 의 의

이송(移送)은 어느 법원에 일단 계속된 소송을 그 법원의 재판에 의하여 다른 법원의 관할로 이전하는 것을 말한다. 어떠한 사건에 관하여 관할위반이 있더라도 바로 소를 각하함으로써 다시 소를 제기하게 하는 것보다는 관할권이 있는 법원에 이송하는 편이 당사자의 시간·노력·비용을 절감시키는 것이므로 당사자에게 유리하다. 또한 관할위반이 아니더라도 편리한 법원으로 옮겨 재판을 하는 것이 소송촉진과 소송경제의 입장에서 좋을 수가 있다. 이러한 이유에서 이송제도가 인정되는 것이다.

다만, 이송은 법원 사이의 사건의 이전을 의미하므로 같은 법원 내에서 담당재판부를 바꾸는 것, 즉 이부(移部)는 이송에 속하지 않는다. 즉 행정법원이 아직 설치되지 않은 지역에서 지방법원이 행정법원의 역할을 겸하는 경우 그 법원 내에서의 민사부와 행정부의 관계는 사무분담의 관계로서 이부의 문제일 뿐 이송의 문제는 아니다.

2. 관할위반으로 인한 이송

가. 의 의

행정소송에서 관할위반의 제소를 부적법하다고 각하한다면 제소기간이 도과하는 등의 문제로 다시 소를 제기할 수 없는 결과가 발생할 수도 있기 때문에 행정소송의 경우에는 민사소송의 경우보다 관할위반의 사건을 관할이 있는 법원으로 이송하여 줄 필요성이 크다.

나. 심급을 달리하는 경우의 이송

행정소송법 제7조는 "민사소송법 제34조 제1항의 규정은 원고의 고의 또는 중대한 과실 없이 행정소송이 심급을 달리하는 법원에 잘못 제기된 경우에도 적용한다"고 규정하고 있다.

다. 행정사건으로 제기할 사건을 민사사건으로 제기한 경우

수소법원은 만약 그 행정소송에 대한 관할도 동시에 가지고 있다면 이를 행정소송으로 심리·판단하여야 하고, 그 행정소송에 대한 관할을 가지고 있지 않다면 이를 각하할 것이 아니라 관할법원에 이송하여야 한다.

3. 편의에 의한 이송

가. 민사소송법 제35조의 준용에 의한 이송

민사소송법 제35조는 전속관할이 정해진 소를 제외하고는 법원은 소송에 대하여 관할권이 있는 경우라도 현저한 손해 또는 지연을 피하기 위하여 필요하면 직권 또는 당사자의 신청에 따른 결정으로 소송의 전부 또는 일부를 다른 법원에 이송할 수 있도록 하고 있는바, 행정소송에서도 민사소송법 제35조가 준용되어 관할이 경합된 경우 현저한 손해 또는 지연을 피하기 위하여 직권 또는 당사자의 신청에 따른 결정을 소송의 전부 또는 일부를 다른 법원에 이송할 수 있다(법 제8조 2항).

나. 관련청구소송의 이송

관련청구소송의 이송이라 함은 취소소송 등과 관련청구소송이 각각 다른 법원에 계속되고 있는 경우에 관련청구소송이 계속(係屬)된 법원이 상당하다고 인정하는 때에 이를 취소소송이 계속된 법원으로 이송하는 제도를 말한다(법 제10조 제1항). 이 규정은 행정소송법 제38조와 제44조에 의하여 무효등확인소송 및 부작위위법확인소송 그리고 당사자소송에 준용된다.

01 (2022년 기출)

행정소송법상 재판관할에 관한 설명으로 옳지 않은 것은?

① 국가의 사무를 위탁받은 공공단체를 피고로 하여 취소소송을 제기하는 경우 대법원소재지를 관할하는 행정법원에 제기할 수 있다.
② 중앙행정기관을 피고로 하여 취소소송을 제기하는 경우 대법원소재지를 관할하는 행정법원에 제기할 수 있다.
③ 취소소송의 제1심관할법원은 원고의 소재지를 관할하는 행정법원으로 한다.
④ 중앙행정기관의 부속기관을 피고로 하여 취소소송을 제기하는 경우 대법원소재지를 관할하는 행정법원에 제기할 수 있다.
⑤ 취소소송의 재판관할에 관한 규정을 당사자소송에 준용하는 경우, 국가 또는 공공단체가 피고인 때에는 관계행정청의 소재지를 피고의 소재지로 본다.

/해 설/
① (○), ② (○), ③ (×), ④ (○) 행정소송법 제9조 제1항, 제2항
⑤ (○) 행정소송법 제40조

정답 ③

제10조 관련청구소송의 이송 및 병합

> 제10조(관련청구소송의 이송 및 병합) ① 취소소송과 다음 각 호의 1에 해당하는 소송(이하 "관련청구소송"이라 한다)이 각각 다른 법원에 계속되고 있는 경우에 관련청구소송이 계속된 법원이 상당하다고 인정하는 때에는 당사자의 신청 또는 직권에 의하여 이를 취소소송이 계속된 법원으로 이송할 수 있다.
>   1. 당해 처분등과 관련되는 손해배상·부당이득반환·원상회복등 청구소송
>   2. 당해 처분등과 관련되는 취소소송
> ② 취소소송에는 사실심의 변론종결시까지 관련청구소송을 병합하거나 피고외의 자를 상대로 한 관련청구소송을 취소소송이 계속된 법원에 병합하여 제기할 수 있다.
>
> 제38조(준용규정) ① 제9조, 제10조, 제13조 내지 제17조, 제19조, 제22조 내지 제26조, 제29조 내지 제31조 및 제33조의 규정은 무효등 확인소송의 경우에 준용한다.
> ② 제9조, 제10조, 제13조 내지 제19조, 제20조, 제25조 내지 제27조, 제29조 내지 제31조, 제33조 및 제34조의 규정은 부작위위법확인소송의 경우에 준용한다.
>
> 제44조(준용규정) ② 제10조의 규정은 당사자소송과 관련청구소송이 각각 다른 법원에 계속되고 있는 경우의 이송과 이들 소송의 병합의 경우에 준용한다.

1. 의의 및 제도의 취지

취소소송과 이와 관련되는 수개의 청구를 병합하여 하나의 소송절차에서 통일적으로 심판하게 되면 심리의 중복이나 재판의 모순·저촉을 피하고 당사자나 법원의 부담을 경감할 수 있는바, 이러한 취지에서 행정소송법은 관련청구소송의 이송과 병합을 인정하고 있다(법 제10조).

본조는 무효확인소송이나 부작위위법확인소송과 같은 항고소송은 물론이고(법 제38조), 당사자소송과 관련청구소송이 각각 다른 법원에 계속되고 있는 경우의 이송과 병합의 경우에도 준용되고 있다(법 제44조 제2항).

2. 관련청구소송의 범위

가. 해당 처분 등과 관련되는 손해배상 등 청구소송

여기서 '처분 등과 관련되는 손해배상·부당이득반환·원상회복 등의 청구'란 청구의 내용 또는 발생원인이 행정소송의 대상인 처분 등과 법률상 또는 사실상 공통되는 관계에 있는 청구를 말한다. 예를 들면 처분에 대한 취소소송에 당해 처분으로 인한 손해에 대한 국가배상청구소송을, 조세부과처분취소소송에 조세과오납금환급청구소송을, 압류처분취소소송에 압류등기말소청구소송을 병합하는 경우가 이에 해당한다.

나. 해당 처분 등과 관련되는 취소소송

'처분 등과 관련되는 취소소송'에는 ① 원처분에 대한 소송에 병합하여 제기하는 재결의 취소소송[46], ② 대집행절차에 있어서 계고처분과 대집행영장에 의한 통지와 같이 당해 처분과

함께 하나의 절차를 구성하는 행위의 취소소송, ③ 경원자관계에서 수익적 처분을 받지 못한 자가 제기한 자신에 대한 거부처분의 취소청구와 상대방에 대한 면허처분의 취소청구를 병합 제기하는 경우 등이 이에 해당한다.

3. 관련청구소송의 이송

가. 의 의

관련청구소송의 이송이라 함은 취소소송 등과 관련청구소송이 각각 다른 법원에 계속되고 있는 경우에 관련청구소송이 계속(係屬)된 법원이 상당하다고 인정하는 때에 이를 취소소송이 계속된 법원으로 이송하는 제도를 말한다(법 제10조 제1항).

나. 요 건

(1) 주된 소송과 관련청구소송이 각각 다른 법원에 계속되어 있을 것

관련청구소송을 이송하기 위해서는 주된 소송과 관련청구소송이 서로 다른 사실심 법원에 계속 중이어야 한다. 예를 들어 처분 등의 취소를 구하는 취소소송이 서울행정법원에 계속 중인 경우에 당해 처분과 관계되는 손해배상청구소송이 서울지방법원에 계속된 경우가 이에 해당한다.

(2) 이송의 상당성

관련청구소송이 계속된 법원이 상당하다고 인정하는 때에, 즉 병합심리의 필요성을 인정하는 경우에만 이송이 가능하고, 관련청구이면 당연히 이송되는 것은 아니다.

(3) 당사자의 신청 또는 법원의 직권에 의한 결정

관련청구소송의 이송은 당사자의 '신청'이나 법원의 직권으로 할 수 있다. 이 경우 이송신청을 할 수 있는 자는 당해 관련청구소송의 원고·피고는 물론 참가인도 포함된다.

(4) 관련청구소송의 주된 소송 계속 법원으로의 이송

민사사건 등 관련청구소송을 행정사건이 계속 중인 관할법원으로 이송하여야 한다. 행정사건을 관련청구소송이 계속 중인 민사법원으로 이송하면 전속관할을 위반하는 문제가 발생할 수 있다.

(5) 이송받을 법원에 관련청구소송에 대한 관할권이 있어야 하는지 여부

관련청구소송의 이송제도는 원래 행정법원에 관할이 없는 민사사건까지 소송경제와 판결의 저촉방지를 위하여 주된 소송이 계속 중이 행정법원에 이송할 수 있도록 하는 것이므로, 이송받을 법원이 반드시 관련청구소송의 관할권까지 가지고 있어야 하는 것은 아니다.

---

46) 이런 경우로는 행정심판의 제기요건을 갖추었음에도 불구하고 각하재결을 받은 경우를 들 수 있다. 이때에는 원처분에도 위법이 존재한다고 할 수 있고, 재결에도 위법이 존재한다고 할 수 있다.

다. 이송의 효과

(1) 이송결정의 기속력

이송결정이 확정되면 그 결정은 이송받는 법원을 구속하므로, 소송을 이송받은 법원은 이송결정에 따라야 하고 사건을 다시 다른 법원에 이송하지 못한다(민사소송법 제38조). 이를 이송결정의 기속력이라 하는바, 이는 당사자에게 이송결정에 대한 불복방법으로서 즉시항고[47]가 마련되어 있는 점, 이송의 반복에 의한 소송지연을 피해야 할 공익적 요청이 있는 점을 고려하여 마련된 것이다.

(2) 소송계속의 유지

이송결정이 확정되면 소송은 처음부터 이송받은 법원에 계속된 것으로 본다(민사소송법 제40조 제1항). 따라서 소제기에 의한 시효중단이나 법률상 기간준수의 효력은 그대로 유지된다.

4. 관련청구소송의 병합

가. 의 의

관련청구소송의 병합이라 함은 주된 청구인 행정소송에 해당 주된 청구와 관련이 있는 청구(이른바 관련청구소송)를 병합하여 행정법원에 제기하는 것을 말한다(법 제10조 제2항, 제38조, 제44조 제2항). 관련청구소송의 병합은 심리의 중복이나 모순을 피하고, 당사자의 과도한 소제기로 인한 부담을 경감하기 위한 제도로서, 특히 관련청구가 국가배상청구소송이나 부당이득반환청구소송과 같은 실무상 민사소송으로 취급되는 소송인 경우, 행정법원에게 민사소송의 관할권을 창설하여 준다는 점에서 그 제도적 취지가 있다.

나. 요 건

(1) 주된 청구인 행정사건에 관련청구를 병합할 것

관련청구소송의 병합은 행정사건를 주된 청구로 하여 그 주된 청구에 관련청구로서 민사사건이나 행정사건을 병합하여 주된 청구를 관할하는 행정법원에 제기하는 것을 말한다. 따라서 민사사건을 주된 청구로 하여 관련 행정사건을 병합하여 민사법원에 제기하는 것은 허용되지 않는다. 다만 행정소송 상호간에는 어느 쪽을 주된 청구로 해도 무방하다.

(2) 주된 청구가 적법할 것

주된 청구가 소송요건을 갖춘 적법한 소송이어야 관련청구소송을 병합할 수 있다. 판례도 관련청구소송의 병합은 본래의 항고소송이 적법할 것을 요건으로 한다고 판시하여 주된 청구가 적법할 것을 요구하고 있다.

(3) 사실심 변론종결 이전일 것

또한 관련청구의 병합은 사실심의 변론종결 이전에 하여야 하는 바(법 제10조 제2항), 사실심의

---

[47] 이송에 관한 재판은 민사소송법의 적용(법 제8조 제2항)을 받는다. 따라서 이송결정 또는 이송신청기각결정에 대하여는 즉시항고할 수 있다(민사소송법 제39조).

변론종결 이전이면 원시적 병합이든 추가적 병합이든 문제가 되지 않고, 소송계속 중에도 가능하다.

다. 형 태

(1) 당사자의 이동(異同)에 따른 구분

하나의 원고·피고간의 복수청구의 병합을 객관적 병합이라 하고, 피고 외의 자를 상대로 하는 병합을 주관적 병합이라고 한다.

(2) 병합의 시기에 따른 구분

취소소송의 제기 시에 병합하여 제기하는 경우를 원시적 병합이라 하고, 계속 중인 취소소송에 사후적으로 병합하는 것을 추가적(후발적) 병합이라 한다.

라. 구체적 사례

(1) 주된 청구가 부적법 각하된 경우 법원의 처리

판례는 주된 청구가 부적법 각하되면 그에 병합된 관련청구소송도 소송요건을 흠결하여 부적합하다고 보고 각하시키고 있다.

> **관련판례** 주된 청구가 부적법 각하되는 경우 관련청구소송도 부적합하여 각하되어야 하는지 여부
> 택지개발사업지구 내 비닐하우스에서 화훼소매업을 하던 갑과 을이 재결절차를 거치지 않고 사업시행자를 상대로 주된 청구인 영업손실보상금 청구에 생활대책대상자 선정 관련청구소송을 병합하여 제기한 사안에서, 영업손실보상금청구의 소가 재결절차를 거치지 않아 부적법하여 각하되는 이상, 이에 병합된 생활대책대상자 선정 관련청구소송 역시 소송요건을 흠결하여 부적법하므로 각하되어야 한다고 한 사례(대법원 2011. 9. 29. 선고 2009두10963 판결).

(2) 병합된 부당이득반환청구가 인용되기 위하여 당해 처분의 취소가 확정되어야 하는지 여부

판례는 취소소송에 부당이득반환청구가 병합되어 제기된 경우, 부당이득반환청구가 인용되기 위해서는 그 소송절차에서 당해 처분이 취소되면 충분하고 그 처분의 취소가 확정되어야 하는 것은 아니라고 보고있다.

> **관련판례** 부당이득반환청구가 인용되기 위하여 처분의 취소가 확정되어야 하는지 여부
> 행정소송법 제10조는 처분의 취소를 구하는 취소소송에 당해 처분과 관련되는 부당이득반환소송을 관련청구로 병합할 수 있다고 규정하고 있는바, 이 조항을 둔 취지에 비추어 보면, 취소소송에 병합할 수 있는 당해 처분과 관련되는 부당이득반환소송에는 당해 처분의 취소를 선결문제로 하는 부당이득반환청구가 포함되고, 이러한 부당이득반환청구가 인용되기 위해서는 그 소송절차에서 판결에 의해 당해 처분이 취소되면 충분하고 그 처분의 취소가 확정되어야 하는 것은 아니라고 보아야 한다(대법원 2009. 4. 9. 선고 2008두23153 판결).

01 (2024년 기출)

행정소송법상 취소소송과 그 관련청구소송의 이송에 관한 설명으로 옳지 않은 것은?

① 취소소송과 관련청구소송이 각각 다른 법원에 계속되어야 한다.
② 관련청구소송이 계속된 법원이 이송이 상당하다고 인정하여야 한다.
③ 당사자의 신청 또는 법원의 직권에 의해 이송결정이 있어야 한다.
④ 이송받은 법원은 이를 다시 다른 법원에 이송할 수 없다.
⑤ 취소소송을 관련청구소송이 계속된 법원으로 이송할 수 있다.

/해 설/

① (○), ② (○), ③ (○) 행정소송법 제10조
④ (○) 행정소송법 제8조 제2항, 민사소송법 제38조 제2항
⑤ (×) 관련청구소송의 이송은 관련청구소송을 취소소송이 진행되는 법원으로 이송하는 것이다.

정답 ⑤

제11조   선결문제

제11조(선결문제) ① 처분등의 효력 유무 또는 존재 여부가 민사소송의 선결문제로 되어 당해 민사소송의 수소법원이 이를 심리·판단하는 경우에는 제17조(행정청의 소송참가), 제25조(행정심판기록의 제출명령), 제26조(직권심리) 및 제33조(소송비용에 관한 재판의 효력)의 규정을 준용한다.
② 제1항의 경우 당해 수소법원은 그 처분등을 행한 행정청에게 그 선결문제로 된 사실을 통지하여야 한다.

제2절   당사자

제12조   원고적격

> 제12조(원고적격) 취소소송은 처분등의 취소를 구할 법률상의 이익이 있는 자가 제기할 수 있다. 처분등의 효과가 기간의 경과, 처분등의 집행 그 밖의 사유로 인하여 소멸된 뒤에도 그 처분등의 취소로 인하여 회복되는 법률상 이익이 있는 자의 경우에는 또한 같다.

Ⅰ. 원고적격

1. 의 의

원고적격이란 구체적인 소송에서 원고로서 소송을 수행하여 본안판결을 받을 수 있는 자격을 말하는 것으로서, 행정소송법 제12조 1문은 "취소소송은 처분 등의 취소를 구할 법률상의 이익이 있는 자가 제기할 수 있다"라고 하여 취소소송의 원고적격을 규정하고 있다.

원고적격은 소송요건으로서 법원의 직권조사사항이다. 또한 그에 대한 심사는 본안심리 전에만 하는 것은 아니며 본안심리 중에도 소송요건의 결여가 판명되면 법원은 소를 부적법 각하하여야 한다. 따라서 상고심에서도 원고적격은 존속하여야 한다.[48]

2. 법률상 이익의 의미

대법원은 법률상 이익이란 처분의 근거 법규 및 관련 법규에 의하여 보호되는 개별적·직접적·구체적 이익을 말하고, 공익보호의 결과로 국민 일반이 공통적으로 가지는 일반적·간접적·추상적 이익은 여기에 포함되지 않는다고 판시하고 있다(판례 ❶). 이때 처분의 근거법규의 성질이 재량규정인지, 기속규정인지는 문제되지 않는다.

다만 헌법재판소는 "국세청장의 지정행위의 근거규범인 이 사건 조항들이 단지 공익만을 추구할 뿐 청구인 개인의 이익을 보호하려는 것이 아니라는 이유로 청구인에게 취소소송을 제기할 법률상 이익을 부정한다고 하더라도, 청구인의 기본권인 경쟁의 자유가 바로 행정청의 지정행위의 취소를 구할 법률상 이익이 된다"고 판시하여, 제3자효 행정행위에 대한 취소소송에서 헌법상의 자유권을 고려하여 원고적격 유무를 판단한 바 있다(판례 ❷).

> **관련판례 ❶ 행정소송법 제12조 제1문의 법률상 이익**
> 행정처분의 직접 상대방이 아닌 제3자라 하더라도 당해 행정처분으로 인하여 법률상 보호되는 이익을 침해당한 경우에는 취소소송을 제기하여 그 당부의 판단을 받을 자격이 있다 할 것이나, 여기에서 말하는 **법률상 보호되는 이익이라 함은 당해 처분의 근거법규 및 관련법규에 의하여 보호되는 개별적·직접적·구체적 이익이 있는 경우를 말하고**, 당해 처분의 근거법규 및 관련법규에 의하여 보호되는 법률상 이익이라 함은 당해

---
[48] 대법원 2007. 4. 12. 선고 2004두7924 판결

처분의 근거법규(근거법규가 다른 법규를 인용함으로 인하여 근거법규가 된 경우까지를 아울러 포함한다)의 명문규정에 의하여 보호받는 법률상 이익, 당해 처분의 근거법규에 의하여 보호되지는 아니하나 당해 처분의 행정목적을 달성하기 위한 일련의 단계적인 관련처분들의 근거법규에 의하여 명시적으로 보호받는 법률상 이익, 당해 처분의 근거법규 또는 관련법규에서 명시적으로 당해 이익을 보호하는 명문의 규정이 없더라도 근거법규 및 관련법규의 합리적 해석상 그 법규에서 행정청을 제약하는 이유가 순수한 공익의 보호만이 아닌 개별적·직접적·구체적 이익을 보호하는 취지가 포함되어 있다고 해석되는 경우까지를 말한다(대법원 2004. 8. 16. 선고 2003두2175 판결).

> **관련판례** ❷ 헌법상의 기본권인 경쟁의 자유가 행정청의 지정행위의 취소를 구할 법률상 이익이 될 수 있는지 여부
>
> 행정처분의 직접 상대방이 아닌 제3자라도 당해처분의 취소를 구할 법률상 이익이 있는 경우에는 행정소송을 제기할 수 있다. 이 사건에서 보건대, 설사 국세청장의 지정행위의 근거규범인 이 사건 조항들이 단지 공익만을 추구할 뿐 청구인 개인의 이익을 보호하려는 것이 아니라는 이유로 청구인에게 취소소송을 제기할 법률상 이익을 부정한다고 하더라도, **청구인의 기본권인 경쟁의 자유가 바로 행정청의 지정행위의 취소를 구할 법률상 이익이 된다 할 것이다**(헌법재판소 1998. 4. 30. 자 97헌마141 결정).

3. 개별적 검토

가. 공법인 및 국가기관

(1) 국가의 원고적격

국가가 지방자치단체의 처분에 대하여 항고소송을 제기할 수 있을지가 문제된다. 국가는 공법인으로서 법주체에 해당하므로 법률상 이익이 있는 '자'로서 항고소송의 원고적격을 가질 수 있다. 다만, 국가는 지방자치단체의 자치사무나 단체위임사무에 대해서는 시정명령 및 취소·정지를 통해서(지방자치법 제188조), 기관위임사무에 대해서는 직무이행명령과 대집행(지방자치법 제189조) 등 감독권을 행사하여 자신의 의사를 관철시킬 수 있으므로 굳이 항고소송을 제기할 필요가 없는 경우가 많을 것이다.

> **관련판례** 국가의 취소소송의 원고적격을 부정한 사례
>
> 건설교통부장관은 지방자치단체의 장이 기관위임사무인 국토이용계획 사무를 처리함에 있어 자신과 의견이 다를 경우 **행정협의조정위원회에 협의·조정** 신청을 하여 그 협의·조정 결정에 따라 의견불일치를 해소할 수 있고, 법원에 의한 판결을 받지 않고서도 행정권한의 위임 및 위탁에 관한 규정이나 구 지방자치법에서 정하고 있는 **지도·감독**을 통하여 직접 지방자치단체의 장의 사무처리에 대하여 시정명령을 발하고 그 사무처리를 취소 또는 정지할 수 있으며, 지방자치단체의 장에게 기간을 정하여 **직무이행명령**을 하고 지방자치단체의 장이 이를 이행하지 아니할 때에는 직접 필요한 조치를 할 수도 있으므로, 국가가 **국토이용계획과 관련한 지방자치단체의 장의 기관위임사무의 처리에 관하여 지방자치단체의 장을 상대로 취소소송을 제기하는 것은 허용되지 않는다**(대법원 2007. 9 .20. 선고 2005두6935 판결).

(2) 지방자치단체의 원고적격

지방자치단체는 공법인으로서 법주체에 해당하므로 법률상 이익이 있는 '자'로서 항고소송의 원고적격을 가질 수 있다.

| 관련판례 | 지방자치단체의 취소소송의 원고적격을 긍정한 사례

근로복지공단이 갑 지방자치단체에 고용보험료 부과처분을 하자, **갑 지방자치단체가** 구 고용보험 및 산업재해보상보험의 보험료징수 등에 관한 법률 제4조 등에 따라 **국민건강보험공단을 상대로 위 처분의 무효확인 및 취소를 구한** 사안에서, 근로복지공단이 갑 지방자치단체에 대하여 고용보험료를 부과고지하는 처분을 한 후, 국민건강보험공단이 위 법 제4조에 따라 종전 근로복지공단이 수행하던 보험료의 고지 및 수납 등의 업무를 수행하게 되었고, 위 법 부칙 제5조가 '위 법 시행 전에 종전의 규정에 따른 근로복지공단의 행위는 국민건강보험공단의 행위로 본다'고 규정하고 있어, 갑 지방자치단체에 대한 근로복지공단의 고용보험료 부과처분에 관계되는 권한 중 적어도 보험료의 고지에 관한 업무는 **국민건강보험공단이 그 명의로 고용노동부장관의 위탁을 받아서 한 것으로 보아야 하므로, 위 처분의 무효확인 및 취소소송의 피고는 국민건강보험공단이 되어야 함에도**, 이와 달리 위 처분의 주체는 여전히 근로복지공단이라고 본 원심판결에 고용보험료 부과고지권자와 항고소송의 피고적격에 관한 법리를 오해한 위법이 있다고 한 사례(대법원 2013. 2. 28. 선고 2012두22904 판결).

| 관련판례 | 건축협의취소처분취소소송에서 지방자치단체의 원고적격을 인정한 사례

건축협의 취소는 상대방이 다른 지방자치단체 등 행정주체라 하더라도 '행정청이 행하는 구체적 사실에 관한 법집행으로서의 공권력 행사'로서 처분에 해당한다고 볼 수 있고, **지방자치단체인 원고가 이를 다툴 실효적 해결 수단이 없는 이상, 원고는 건축물 소재지 관할 허가권자인 지방자치단체의 장을 상대로 항고소송을 통해 건축협의 취소의 취소를 구할 수 있다**(대법원 2014. 2. 27. 선고 2012두22980 판결).

(3) 행정기관의 원고적격

법률상 이익이 있는 '자'는 법인격 주체를 의미하므로, 독립된 법인격이 없는 행정기관은 취소소송의 원고적격을 인정받을 수 없는 것이 원칙이다. 다만, 판례는 행정기관에 대한 제재적 조치를 기관소송이나 권한쟁의심판을 통하여 다툴 수 없다면 그러한 제재적 조치는 상대방 행정기관에 대한 공권력 행사로서 항고소송을 통한 주관적 구제대상이 되고, 이러한 경우에는 예외적으로 그 제재적 조치의 상대방인 행정기관에게 항고소송 원고로서의 당사자능력과 원고적격을 인정할 수 있다고 보고 있다.

| 관련판례 | 행정기관에게 예외적으로 취소소송의 원고적격을 인정한 사례 (1)

갑이 국민권익위원회에 부패방지 및 국민권익위원회의 설치와 운영에 관한 법률(이하 '국민권익위원회법'이라 한다)에 따른 신고와 신분보장조치를 요구하였고, **국민권익위원회(피고)가** 갑의 소속기관 장인 **경기도선거관리위원회 위원장(원고, 이하 을)에게 '갑에 대한 중징계요구를 취소하고 향후 신고로 인한 신분상 불이익처분 및 근무조건상의 차별을 하지 말 것을 요구'하는 내용의 조치요구를 한** 사안에서, 국가기관 일방의 조치요구에 불응한 상대방 국가기관에 국민권익위원회법상의 제재규정과 같은 중대한 불이익을 직접적으로 규정한 다른 법령의 사례를 찾아보기 어려운 점, 그럼에도 **을이 국민권익위원회의 조치요구를 다툴 별다른 방법이 없는 점** 등에 비추어 보면, 처분성이 인정되는 위 조치요구에 불복하고자 하는 을로서는 조치요구의 취소를 구하는 항고소송을 제기하는 것이 유효·적절한 수단이므로 비록 을이 국가기관이더라도 당사자능력 및 원고적격을 가진다고 보는 것이 타당하고, 을이 위 조치요구 후 갑을 파면하였다고 하더라도 조치요구가 곧바로 실효된다고 할 수 없고 을은 여전히 조치요구를 따라야 할 의무를 부담하므로 을에게는 위 조치요구의 취소를 구할 **법률상 이익도 있다**고 본 원심판단을 정당하다고 한 사례(대법원 2013. 7. 25. 선고 2011두1214 판결).

> **관련판례** 행정기관에게 예외적으로 취소소송의 원고적격을 인정한 사례 (2)
>
> [1] 국가기관 등 행정기관(이하 '행정기관 등'이라 한다) 사이에 권한의 존부와 범위에 관하여 다툼이 있는 경우에 이는 통상 내부적 분쟁이라는 성격을 띠고 있어 상급관청의 결정에 따라 해결되거나 법령이 정하는 바에 따라 '기관소송'이나 '권한쟁의심판'으로 다루어진다. 그런데 법령이 특정한 행정기관 등으로 하여금 다른 행정기관을 상대로 제재적 조치를 취할 수 있도록 하면서, 그에 따르지 않으면 그 행정기관에 대하여 과태료를 부과하거나 형사처벌을 할 수 있도록 정하는 경우가 있다. 이러한 경우에는 단순히 국가기관이나 행정기관의 내부적 문제라거나 권한 분쟁에 관한 분쟁으로만 볼 수 없다. 행정기관의 제재적 조치의 내용에 따라 '구체적 사실에 대한 법집행으로서 공권력의 행사'에 해당할 수 있고, 그러한 조치의 상대방인 행정기관이 입게 될 불이익도 명확하다. 그런데도 그러한 제재적 조치를 기관소송이나 권한쟁의심판을 통하여 다툴 수 없다면, 제재적 조치는 그 성격상 단순히 행정기관 등 내부의 권한 행사에 머무는 것이 아니라 상대방에 대한 공권력 행사로서 항고소송을 통한 주관적 구제대상이 될 수 있다고 보아야 한다. 기관소송 법정주의를 취하면서 제한적으로만 이를 인정하고 있는 현행 법령의 체계에 비추어 보면, 이 경우 항고소송을 통한 구제의 길을 열어주는 것이 법치국가 원리에도 부합한다. 따라서 이러한 권리구제나 권리보호의 필요성이 인정된다면 예외적으로 그 제재적 조치의 상대방인 행정기관 등에게 항고소송 원고로서의 당사자능력과 원고적격을 인정할 수 있다.
>
> [2] 국민권익위원회가 소방청장에게 인사와 관련하여 부당한 지시를 한 사실이 인정된다며 이를 취소할 것을 요구하기로 의결하고 그 내용을 통지하자 소방청장이 국민권익위원회 조치요구의 취소를 구하는 소송을 제기한 사안에서, 행정기관인 국민권익위원회가 행정기관의 장에게 일정한 의무를 부과하는 내용의 조치요구를 한 것에 대하여 그 조치요구의 상대방인 행정기관의 장이 다투고자 할 경우에 법률에서 행정기관 사이의 기관소송을 허용하는 규정을 두고 있지 않으므로 이러한 조치요구를 이행할 의무를 부담하는 행정기관의 장으로서는 기관소송으로 조치요구를 다툴 수 없고, 위 조치요구에 관하여 정부 조직 내에서 그 처분의 당부에 대한 심사·조정을 할 수 있는 다른 방도도 없으며, 국민권익위원회는 헌법 제111조 제1항 제4호에서 정한 '헌법에 의하여 설치된 국가기관'이라고 할 수 없으므로 그에 관한 권한쟁의심판도 할 수 없고, 별도의 법인격이 인정되는 국가기관이 아닌 소방청장은 질서위반행위규제법에 따른 구제를 받을 수도 없는 점, 부패방지 및 국민권익위원회의 설치와 운영에 관한 법률은 소방청장에게 국민권익위원회의 조치요구에 따라야 할 의무를 부담시키는 외에 별도로 그 의무를 이행하지 않을 경우 과태료나 형사처벌까지 정하고 있으므로 위와 같은 조치요구에 불복하고자 하는 '소속기관 등의 장'에게는 조치요구를 다툴 수 있는 소송상의 지위를 인정할 필요가 있는 점에 비추어, 처분성이 인정되는 국민권익위원회의 조치요구에 불복하고자 하는 소방청장으로서는 조치요구의 취소를 구하는 항고소송을 제기하는 것이 유효·적절한 수단으로 볼 수 있으므로 소방청장은 예외적으로 당사자능력과 원고적격을 가진다고 한 사례(대법원 2018. 8. 1. 선고 2014두35379 판결).

나. 법인과 외국인

(1) 법인의 원고적격

법인은 당사자능력이 인정되므로 당연히 항고소송의 원고가 될 수 있다. 다만 환경상 이익과 같이 법인의 성질상 누릴 수 없는 법률상 이익의 침해를 주장하며 취소소송을 제기하는 것은 허용되지 않는다. 판례도 수녀원은 쾌적한 환경에서 생활할 수 있는 이익을 향수할 수 있는 주체가 아니라는 이유로 재단법인인 甲 수녀원에게 공유수면매립목적 변경승인처분을 다툴 원고적격이 인정되지 않는다고 판시하였다.

> **관련판례** 수녀원의 원고적격 인정여부
>
> 재단법인 갑 수녀원이, 매립목적을 택지조성에서 조선시설용지로 변경하는 내용의 공유수면매립목적 변경 승인처분으로 인하여 법률상 보호되는 환경상 이익을 침해받았다면서 행정청을 상대로 처분의 무효 확인을 구하는 소송을 제기한 사안에서, 공유수면매립목적 변경 승인처분으로 갑 수녀원에 소속된 수녀 등이 쾌적한 환경에서 생활할 수 있는 환경상 이익을 침해받는다고 하더라도 이를 가리켜 곧바로 갑 수녀원의 법률상 이익이 침해된다고 볼 수 없고, 자연인이 아닌 갑 수녀원은 쾌적한 환경에서 생활할 수 있는 이익을 향수할 수 있는 주체가 아니므로 위 처분으로 위와 같은 생활상의 이익이 직접적으로 침해되는 관계에 있다고 볼 수도 없으며, 위 처분으로 환경에 영향을 주어 갑 수녀원이 운영하는 쨈 공장에 직접적이고 구체적인 재산적 피해가 발생한다거나 갑 수녀원이 폐쇄되고 이전해야 하는 등의 피해를 받거나 받을 우려가 있다는 점 등에 관한 증명도 부족하다는 이유로, 갑 수녀원에 처분의 무효 확인을 구할 원고적격이 없다고 한 사례(대법원 2012. 6. 28. 선고 2010두2005 판결).

(2) 외국인의 원고적격

외국인도 자연인으로서 당사자능력이 인정되므로 당연히 항고소송의 원고가 될 수 있다. 다만 처분의 근거법률의 입법 목적과 국제법상 상호주의의 원칙을 고려하여 경우에 따라서는 원고적격이 부정될 수도 있다. 판례도 재외동포의 출입국과 법적 지위에 관한 법률은 재외동포의 대한민국 출입국과 대한민국 안에서의 법적 지위를 보장함을 목적으로 하고 있으므로 대한민국에서 출생하여 오랜 기간 대한민국 국적을 보유하면서 거주한 자는 사증발급 거부처분의 취소를 구할 법률상 이익이 인정된다고 판시하였으나(판례 ❶), 출입국관리법은 대한민국의 출입국 질서와 국경관리라는 공익을 보호하려는 취지일 뿐 외국인에게 대한민국에 입국할 권리를 보장하거나 대한민국에 입국하고자 하는 외국인의 사익까지 보호하려는 취지로 해석할 수 없으므로 중국인인 외국인에게는 사증발급 거부처분의 취소를 구할 법률상 이익이 인정되지 않는다고 판시하였다(판례 ❷).

> **관련판례 ❶** 대한민국에서 출생하여 오랜 기간 대한민국 국적을 보유하면서 거주한 자는 사증발급 거부처분의 취소를 구할 법률상 이익이 인정된다
>
> 원고(스티브 유)는 대한민국에서 출생하여 오랜 기간 대한민국 국적을 보유하면서 거주한 사람이므로 이미 대한민국과 실질적 관련성이 있거나 대한민국에서 법적으로 보호가치 있는 이해관계를 형성하였다고 볼 수 있다. 또한 재외동포의 대한민국 출입국과 대한민국 안에서의 법적 지위를 보장함을 목적으로 「재외동포의 출입국과 법적 지위에 관한 법률」(이하 '재외동포법'이라 한다)이 특별히 제정되어 시행 중이다. 따라서 원고는 이 사건 사증발급 거부처분의 취소를 구할 법률상 이익이 인정되므로, 원고적격 또는 소의 이익이 없어 이 사건 소가 부적법하다는 피고의 주장은 이유 없다(대법원 2019. 7. 11. 선고 2017두38874 판결).

> **관련판례 ❷** 중국인인 외국인에게는 사증발급 거부처분의 취소를 구할 법률상 이익이 인정되지 않는다
>
> 출입국관리법은, 입국하려는 외국인은 대통령령으로 정하는 체류자격을 가져야 하고(제10조 제1항), 사증발급에 관한 기준과 절차는 법무부령으로 정한다고(제8조 제3항) 규정하고 있다. 그 위임에 따라 출입국관리법 시행령 제12조 [별표 1]은 외국인의 다양한 체류자격을 규정하면서, 그중 결혼이민(F-6) 체류자격을 "국민의 배우자"[(가)목], "국민과 혼인관계(사실상의 혼인관계를 포함한다)에서 출생한 자녀를 양육하고 있는 부 또는 모로서 법무부장관이 인정하는 사람"[(나)목], "국민인 배우자와 혼인한 상태로 국내에 체류하던 중 그 배우자의 사망이나 실종, 그 밖에 자신에게 책임이 없는 사유로 정상적인 혼인관계를 유지할

수 없는 사람으로서 법무부장관이 인정하는 사람"[(다)목]이라고 규정하고 있다(제28의4호). 그런데 외국인에게는 입국의 자유를 인정하지 않는 것이 세계 각국의 일반적인 입법 태도이다. 그리고 우리 출입국관리법의 입법 목적은 "대한민국에 입국하거나 대한민국에서 출국하는 모든 국민 및 외국인의 출입국관리를 통한 안전한 국경관리와 대한민국에 체류하는 외국인의 체류관리 및 난민(난민)의 인정절차 등에 관한 사항을 규정"하는 것이다(제1조). 체류자격 및 사증발급의 기준과 절차에 관한 출입국관리법과 그 하위법령의 위와 같은 규정들은, 대한민국의 출입국 질서와 국경관리라는 공익을 보호하려는 취지일 뿐, 외국인에게 대한민국에 입국할 권리를 보장하거나 대한민국에 입국하고자 하는 외국인의 사익까지 보호하려는 취지로 해석하기는 어렵다. 나아가 중화인민공화국(이하 '중국'이라 한다) 출입경관리법 제36조 등은 외국인이 사증발급 거부 등 출입국 관련 제반 결정에 대하여 불복하지 못하도록 명문의 규정을 두고 있으므로, 국제법의 상호주의원칙상 대한민국이 중국 국적자에게 우리 출입국관리 행정청의 사증발급 거부에 대하여 행정소송 제기를 허용할 책무를 부담한다고 볼 수는 없다.

이와 같은 사증발급의 법적 성질, 출입국관리법의 입법 목적, 사증발급 신청인의 대한민국과의 실질적 관련성, 상호주의원칙 등을 고려하면, 우리 출입국관리법의 해석상 외국인에게는 사증발급 거부처분의 취소를 구할 법률상 이익이 인정되지 않는다고 봄이 타당하다(대법원 2018. 5. 15. 선고 2014두42506 판결).

다. 처분의 상대방

(1) 불이익처분의 상대방

불이익처분의 상대방의 경우에는 국가에게 자신의 자유를 법률에 적합하게 제한할 것을 요구할 수 있는 자유권이 헌법에 의하여 보장되므로(헌법 제37조 제2항), 처분의 근거 법률의 사익보호 여부와 상관없이 원고적격이 긍정된다.[49] 예를 들어, 영업정지처분의 직접 상대방은 자신에 대한 처분의 취소를 청구할 원고적격이 당연히 인정된다.

> **관련판례** 불이익처분의 상대방의 원고적격
> 행정처분에 있어서 **불이익처분의 상대방은 직접 개인적 이익의 침해를 받은 자로서 원고적격이 인정되지만** 수익처분의 상대방은 그의 권리나 법률상 보호되는 이익이 침해되었다고 볼 수 없으므로 달리 특별한 사정이 없는 한 취소를 구할 이익이 없다(대법원 1995. 8. 22. 선고 94누8129 판결).

> **관련판례** 난민불인정처분의 직접상대방의 원고적격
> 미얀마 국적의 갑이 위명인 '을' 명의의 여권으로 대한민국에 입국한 뒤 을 명의로 난민 신청을 하였으나 법무부장관이 을 명의를 사용한 갑을 직접 면담하여 조사한 후 갑에 대하여 난민불인정 처분을 한 사안에서, 처분의 상대방은 허무인이 아니라 '을'이라는 위명을 사용한 갑이라는 이유로, 갑이 처분의 취소를 구할 법률상 이익이 있다고 한 사례(대법원 2017. 3. 9. 선고 2013두16852 판결).

(2) 거부처분의 상대방

거부처분의 대상적격 판단단계에서 신청권의 존재를 요구하는 우리 판례에 따르면 신청권이 인정되어 대상적격을 충족하는 경우에는 원고적격의 문제는 별도로 제기되지 않는다.[50]

---

49) 이러한 논리를 독일에서는 상대방이론(Adressantentheorie)이라고 부르고 있다.
50) 대상적격 단계에서 신청권의 존재를 요구하는 입장에 따르면, 신청권이 인정되어 대상적격을 충족하는 경우에는 원고적격의 문제는 별도로 제기되지 않는다. 왜냐하면 신청권의 판단에서 이미 무하자재량행사청구권과 관련하여 원고의 법률상 이익의 존재가 판단되어 버리기 때문이다. 박정훈, 행정소송의 구조와 기능, 91면.

다만, 판례는 거부처분의 경우라 할지라도 상대방이 아닌 제3자가 취소소송을 제기한 경우에는 원고적격 인정여부를 적극적으로 검토하고 있다.

> **관련판례** 변호사의 접견허가신청에 대한 교도소장의 거부처분에 대하여 구속된 피고인이 취소를 구할 원고적격이 인정되는지 여부
>
> **행정처분의 상대방이 아닌 제3자도 그 행정처분의 취소에 관하여 법률상 구체적 이익이 있으면** 행정소송법 제12조에 의하여 그 처분의 취소를 구하는 행정소송을 제기할 수 있는바, 구속된 피고인은 형사소송법 제89조의 규정에 따라 타인과 접견할 권리를 가지며 행형법 제62조, 제18조 제1항의 규정에 의하면 교도소에 미결수용된 자는 소장의 허가를 받아 타인과 접견할 수 있으므로(이와 같은 접견권은 헌법상 기본권의 범주에 속하는 것이다) 구속된 피고인이 사전에 접견신청한 자와의 접견을 원하지 않는다는 의사표시를 하였다는 등의 특별한 사정이 없는 한 **구속된 피고인은 교도소장의 접견허가거부처분으로 인하여 자신의 접견권이 침해되었음을 주장하여 위 거부처분의 취소를 구할 원고적격을 가진다**(대법원 1992. 5. 8. 선고 91누7552 판결).

라. 수익적 처분의 제3자

(1) 경업자소송의 경우

경업자(競業者)란 경쟁관계에 있는 영업자를 말하는 것으로서 이는 보통 새로운 경쟁자에 대한 신규 영업허가에 대하여 기존업자가 그 허가의 취소를 구하는 형태로 소송이 제기된다. 이런 경업자소송의 원고적격과 관련하여 대법원은 "일반적으로 면허나 인·허가 등의 수익적 행정처분의 근거가 되는 법률이 해당 업자들 사이의 과당경쟁으로 인한 경영의 불합리를 방지하는 것도 그 목적으로 하고 있는 경우, 다른 업자에 대한 면허나 인·허가 등의 수익적 행정처분에 대하여 미리 같은 종류의 면허나 인·허가 등의 수익적 행정처분을 받아 영업을 하고 있는 기존의 업자는 경업자에 대하여 이루어진 면허나 인·허가 등 행정처분의 상대방이 아니라 하더라도 해당 행정처분의 취소를 구할 원고적격이 있다"고 판시하고 있다(판례 ❶).[51]

특히 판례는 담배사업법령에서 일반소매인의 영업소 간에 일정한 거리제한을 두고 있는 것은 일반소매인 간의 과당경쟁으로 인한 불합리한 경영을 방지함으로써 일반소매인의 경영상 이익을 보호하는 데에도 그 목적이 있다고 보이므로, 일반소매인으로 지정되어 영업을 하고 있는 기존업자에게 신규 일반소매인 지정처분의 취소를 구할 원고적격을 인정하였으나(판례 ❷), 일반소매인과 구내소매인의 영업소 간에는 거리제한을 두고 있지 아니하므로 일반소매인으로 지정되어 영업을 하고 있는 기존업자에게 신규 구내소매인 지정처분에 대한 취소를 구할 원고적격을 부정하였다(판례 ❸).

---

51) 참고 : 판례는 일반적으로 기존업자가 특허기업인 경우에는 그 기존업자가 그 특허로 인하여 받은 이익은 법률상 이익이라고 보아 원고적격을 인정하고, 기존업자가 허가를 받아 영업하는 경우에 그 기존업자가 그 허가로 인하여 받는 이익은 반사적 이익에 불과한 것으로 보아 원고적격을 부정하는 경향이 있다. 그 이유는 특허는 공익을 위하여 '특정인'에게 새로운 권리를 설정하여 주는 것이므로 기존업자의 독점적 이익을 법으로 보호할 필요가 있는 것이지만, 허가는 질서유지를 위하여 일반적으로 금지시켜 놓은 개인의 자연적 자유를 일정한 요건을 갖추면 그 금지를 해제하여 '누구나' 그 이익을 누리게 하는 것이므로 기존업자의 독점적 이익을 법으로 보호할 필요가 없기 때문인 것으로 해석된다. 그러나 이러한 해석은 절대적일 수 없으며, 허가의 경우에도 허가의 요건 규정이 공익뿐만 아니라 개인의 이익도 보호하는 것으로 해석되는 경우에는 기존 허가권자의 원고적격을 인정할 수 있다고 본다.

한편 판례는 경업자에 대한 행정처분이 경업자에게 불리한 내용인 경우, 기존의 업자가 행정처분의 무효확인 또는 취소를 구할 이익은 없다고 한다(판례 ❹).

> **관련판례** ❶ 신규 노선버스운송사업인가에 대하여 기존 노선버스사업자의 취소를 구할 법률상 이익
>
> 일반적으로 면허나 인·허가 등의 수익적 행정처분의 근거가 되는 법률이 해당 업자들 사이의 과당경쟁으로 인한 경영의 불합리를 방지하는 것도 그 목적으로 하고 있는 경우, 다른 업자에 대한 면허나 인·허가 등의 수익적 행정처분에 대하여 미리 같은 종류의 면허나 인·허가 등의 수익적 행정처분을 받아 영업을 하고 있는 기존의 업자는 경업자에 대하여 이루어진 면허나 인·허가 등 행정처분의 상대방이 아니라 하더라도 당해 행정처분의 취소를 구할 당사자적격이 있다. 구 여객자동차운수사업법 제6조 제1항 제1호에서 사업계획이 당해 노선 또는 사업구역의 수송수요와 수송력공급에 적합할 것을 여객자동차운송사업의 면허기준으로 정한 것은 여객자동차운송사업에 관한 질서를 확립하고 여객자동차운송사업의 종합적인 발달을 도모하여 **공공의 복리를 증진함과 동시에 업자 간의 경쟁으로 인한 경영의 불합리를 미리 방지하자는 데 그 목적이 있다** 할 것인바, 시외버스운송사업 계획변경인가처분으로 인하여 기존의 시내버스운송사업자의 노선 및 운행계통과 시외버스운송사업자들의 그것들이 일부 중복되게 되고 기존업자의 수익감소가 예상된다면, 기존의 시내버스운송사업자와 시외버스운송사업자들은 **경업관계에 있는 것으로 봄이 상당하다** 할 것이어서 기존의 시내버스운송사업자에게 시외버스운송사업계획변경인가처분의 취소를 구할 **법률상의 이익이 있다**(대법원 2002. 10. 25. 선고 2001두4450 판결).

> **관련판례** ❷ 신규 담배소매인의 지정에 대하여 기존 담배소매인의 취소를 구할 법률상 이익
>
> 담배사업법령에서 **담배 일반소매인의 지정기준으로서 일반소매인의 영업소 간에 일정한 거리제한을 두고 있는 것은** 담배유통구조의 확립을 통하여 국민의 건강과 관련되고 국가 등의 주요 세원이 되는 담배산업 전반의 건전한 발전 도모 및 국민경제에의 이바지라는 **공익목적을 달성하고자 함과 동시에 일반소매인 간의 과당경쟁으로 인한 불합리한 경영을 방지함으로써 일반소매인의 경영상 이익을 보호하는 데에도 그 목적이 있다**고 보이므로, 일반소매인으로 지정되어 영업을 하고 있는 기존업자의 신규 일반소매인에 대한 이익은 단순한 사실상의 반사적 이익이 아니라 **법률상 보호되는** 이익이라고 해석함이 상당하다(대법원 2008. 3. 27. 선고 2007두23811 판결).

> **관련판례** ❸ 기존 일반소매인은 신규 구내소매인 지정처분의 취소를 구할 원고적격이 없다고 한 사례
>
> 담배사업법과 그 시행령 및 시행규칙의 관계 규정에 의하면, 담배소매인을 일반소매인과 구내소매인으로 구분하여, 일반소매인 사이에서는 그 영업소 간에 군청, 읍·면사무소가 소재하는 리 또는 동지역에서는 50m, 그 외의 지역에서는 100m 이상의 거리를 유지하도록 규정하는 등 일반소매인의 영업소 간에 일정한 거리제한을 두고 있는데, 이는 담배유통구조의 확립을 통하여 국민의 건강과 관련되고 국가 등의 주요 세원이 되는 담배산업 전반의 건전한 발전 도모 및 국민경제에의 이바지라는 공익목적을 달성하고자 함과 동시에 일반소매인 간의 과당경쟁으로 인한 불합리한 경영을 방지함으로써 일반소매인의 경영상 이익을 보호하는 데에도 그 목적이 있다고 보이므로, 일반소매인으로 지정되어 영업을 하고 있는 기존업자의 신규 일반소매인에 대한 이익은 단순한 사실상의 반사적 이익이 아니라 법률상 보호되는 이익으로서 기존 일반소매인이 신규 일반소매인 지정처분의 취소를 구할 원고적격이 있다고 보아야 할 것이나(대법원 2008. 3. 27. 선고 2007두23811 판결 참조), 한편 **구내소매인과 일반소매인 사이에서는** 구내소매인의 영업소와 일반소매인의 영업소 간에 거리제한을 두지 아니할 뿐 아니라 건축물 또는 시설물의 구조·상주인원 및 이용인원 등을 고려하여 동일 시설물 내 2개소 이상의 장소에 구내소매인을 지정할 수 있으며, 이 경우 일반소매인이 지정된 장소가 구내소매인 지정대상이 된 때에는 동일 건축물 또는 시설물 안에 지정된 일반소매인은 구내소매인으로 보고, 구내소매인이 지정된 건축물 등에는 일반소매인을 지정할 수 없으며, 구내소매인은 담배진열장 및 담배소매점 표시

판을 건물 또는 시설물의 외부에 설치하여서는 아니 된다고 규정하는 등 일반소매인의 입장에서 구내소매인과의 과당경쟁으로 인한 경영의 불합리를 방지하는 것을 그 목적으로 할 수 있다고 보기 어려우므로, 일반소매인으로 지정되어 영업을 하고 있는 기존업자의 신규 구내소매인에 대한 이익은 법률상 보호되는 이익이 아니라 단순한 사실상의 반사적 이익이라고 해석함이 상당하므로, **기존 일반소매인은 신규 구내소매인 지정처분의 취소를 구할 원고적격이 없다**(대법원 2008. 4. 10. 선고 2008두402 판결).

> **관련판례 ④** 경업자에 대한 행정처분이 경업자에게 불리한 내용인 경우, 기존의 업자가 행정처분의 무효확인 또는 취소를 구할 이익은 없다
>
> 일반적으로 면허나 인허가 등의 수익적 행정처분의 근거가 되는 법률이 해당 업자들 사이의 과당경쟁으로 인한 경영의 불합리를 방지하는 것도 목적으로 하고 있는 경우, 다른 업자에 대한 면허나 인허가 등의 수익적 행정처분에 대하여 미리 같은 종류의 면허나 인허가 등의 수익적 행정처분을 받아 영업을 하고 있는 기존의 업자는 경업자에 대하여 이루어진 면허나 인허가 등 행정처분의 상대방이 아니라고 하더라도 해당 행정처분의 무효확인 또는 취소를 구할 이익이 있다. 그러나 경업자에 대한 행정처분이 경업자에게 불리한 내용이라면 그와 경쟁관계에 있는 기존의 업자에게는 특별한 사정이 없는 한 유리할 것이므로 기존의 업자가 그 행정처분의 무효확인 또는 취소를 구할 이익은 없다고 보아야 한다(대법원 2020. 4. 9. 선고 2019두49953 판결).

❖ **그 밖에 경업자의 원고적격을 긍정한 예**

1) 선박운항사업면허처분에 대한 기존업자(대법원 1969. 12. 30. 선고 69누106 판결)
2) 자동차운송사업면허에 대한 당해 노선의 기존업자(대법원 1974. 4. 9. 선고 73누173 판결)
3) 기존 시외버스를 시내버스로 전환하는 사업계획변경인가처분에 대해 노선이 중복되는 기존 시내버스업자(대법원 1987. 9. 22. 선고 85누985 판결)
4) 직행형 시외버스운송사업자에 대한 사업계획변경인가처분에 대해 노선이 중복되는 기존의 고속형 시외버스운송사업업자(대법원 2010. 11. 11. 선고 2010두4179 판결)
5) 분뇨 등 관련 영업허가를 받아 영업을 하고 있는 기존업자(대법원 2006. 7. 28. 선고 2004두6716 판결)

❖ **그 밖에 경업자의 원고적격을 부정한 예**

1) 목욕탕 영업허가에 대한 기존 목욕탕업자(대법원 1963. 8. 31. 선고 63누101 판결)
2) 석탄가공법 신규허가에 대한 기존업자(대법원 1980. 7. 22. 선고 80누33, 34 판결)
3) 새로운 치과의원 개설이 가능한 건물용도변경처분에 대한 인근의 기존 치과의원 의사(대법원 1990. 5. 22. 선고 90누813 판결)
4) 숙박업 구조변경허가처분에 대한 인근 여관업자(대법원 1990. 8. 14. 선고 89누7900 판결)
5) 양곡가공업허가에 대한 기존 양곡업자(대법원 1990. 11. 13. 선고 89누756 판결)
6) 약사들에 대한 한약조제권 인정에 대한 한의사(대법원 1998. 3. 10. 선고 97누4289 판결)

(2) 경원자소송의 경우

경원자(競願者)란 수익적 처분에 대한 신청이 경쟁하는 관계를 말하는 것으로서, 보통 수인의 신청을 받아 일부에 대하여만 인·허가 등의 수익적 행정처분을 할 수 있는 경우에 인·허가 등을 받지 못한 자가 인·허가처분에 대하여 취소를 구하는 소송을 제기하거나 자신의 신청에 대한 거부처분에 대하여 취소를 구하는 소송으로 제기된다.

이러한 경원자 관계에 있는 경우에는 각 경원자에 대한 인·허가 등이 배타적 관계에 있으므로

인·허가처분을 다시 받으려는 경원자는 타인에 대한 인·허가처분의 취소를 구하거나(판례 ❶, ❷) 자신에 대한 거부처분의 취소를 구할(판례 ❸) 원고적격이 인정된다.

> **관련판례 ❶ 경원자의 원고적격 (1)**
> 원심이 인정한 바에 의하면, 액화석유가스충전사업의 허가기준을 정한 전라남도 고시에 의하여 고흥군 내에는 당시 1개소에 한하여 L.P.G. 충전사업의 신규허가가 가능하였는데, 원고가 한 허가신청은 관계 법령과 위 고시에서 정한 허가요건을 갖춘 것이고, 피고보조참가인(이하 참가인이라 부른다)들의 그것은 그 요건을 갖추지 못한 것임에도 피고는 이와 반대로 보아 원고의 허가신청을 반려하는 한편 참가인들에 대하여는 이를 허가하는 이 사건 처분을 하였다는 것인 바, 그렇다면 **원고와 참가인들은 경원관계에 있다 할 것이므로 원고에게는 이 사건 처분의 취소를 구할 당사자적격이 있다**고 하여야 함은 물론 나아가 이 사건 처분이 취소된다면 원고가 허가를 받을 수 있는 지위에 있음에 비추어 처분의 취소를 구할 정당한 이익도 있다고 하여야 할 것이다(대법원 1992. 5. 8. 선고 91누13274 판결).

> **관련판례 ❷ 경원자의 원고적격 (2)**
> **원고를 포함하여 법학전문대학원 설치인가 신청을 한 41개 대학들은** 2,000명이라는 총 입학정원을 두고 그 설치인가 여부 및 개별 입학정원의 배정에 관하여 서로 경쟁관계에 있고 이 사건 각 처분이 취소될 경우 원고의 신청이 인용될 가능성도 배제할 수 없으므로, 원고가 이 사건 각 처분의 상대방이 아니라도 그 처분의 취소 등을 구할 **당사자적격이 있다**(대법원 2009. 12. 10. 선고 2009두8359 판결).

> **관련판례 ❸ 경원자의 원고적격 (3)**
> 인가·허가 등 수익적 행정처분을 신청한 여러 사람이 서로 경원관계에 있어서 한 사람에 대한 허가 등 처분이 다른 사람에 대한 불허가 등으로 귀결될 수밖에 없을 때 **허가 등 처분을 받지 못한 사람은 신청에 대한 거부처분의 직접 상대방으로서 원칙적으로 자신에 대한 거부처분의 취소를 구할 원고적격이 있고**, 취소판결이 확정되는 경우 판결의 직접적인 효과로 경원자에 대한 허가 등 처분이 취소되거나 효력이 소멸되는 것은 아니더라도 행정청은 취소판결의 기속력에 따라 판결에서 확인된 위법사유를 배제한 상태에서 취소판결의 원고와 경원자의 각 신청에 관하여 처분요건의 구비 여부와 우열을 다시 심사하여야 할 의무가 있으며, 재심사 결과 경원자에 대한 수익적 처분이 직권취소되고 취소판결의 원고에게 수익적 처분이 이루어질 가능성을 완전히 배제할 수는 없으므로, 특별한 사정이 없는 한 경원관계에서 허가 등 처분을 받지 못한 사람은 자신에 대한 거부처분의 취소를 구할 소의 이익이 있다(대법원 2015. 10. 29. 선고 2013두27517 판결).

(3) 인인소송의 경우

이웃주민소송 또는 인인소송(隣人訴訟)이란 어떠한 시설의 설치를 허가하는 처분에 대하여 해당 시설의 인근주민이 다투는 소송을 말한다. 판례에 의하면 이웃주민에게 시설설치허가를 다툴 원고적격이 인정되기 위해서는 해당 허가처분의 근거법규 및 관계법규가 인근주민의 법률상 이익을 보호하고 있다고 해석되어야 한다.

> **관련판례 연탄공장 건축허가처분으로 불이익을 받는 인근주민의 원고적격을 인정한 사례**
> 주거지역내에 위 법조 소정 제한면적을 초과한 연탄공장 건축허가처분으로 불이익을 받고 있는 제3거주자는 비록 당해 행정처분의 상대자가 아니라 하더라도 그 행정처분으로 말미암아 위와 같은 법률에 의하여 보호되는 이익을 침해받고 있다면 당해 행정 처분의 취소를 소구하여 그 당부의 판단을 받을 법률상의 자격이 있다(대법원 1975. 5. 13. 선고 73누96 판결).

관련판례 **인인소송의 원고적격**

[1] 제3자가 행정처분의 취소를 구할 원고적격이 있는 경우 : 행정처분의 직접 상대방이 아닌 제3자라도 당해 행정처분의 취소를 구할 법률상의 이익이 있는 경우에는 원고적격이 인정되는데, 여기서 말하는 법률상의 이익은 당해 처분의 근거 법률에 의하여 보호되는 직접적이고 구체적인 이익이 있는 경우를 말하고, 다만 공익보호의 결과로 국민 일반이 공통적으로 가지는 추상적, 평균적, 일반적인 이익과 같이 간접적이나 사실적, 경제적, 이해관계를 가지는데 불과한 경우는 여기에 포함되지 않는다.

[2] 제3자에게 상수원보호구역변경처분의 취소를 구할 법률상 이익이 없다고 한 사례 : 상수원보호구역 설정의 근거가 되는 수도법 제5조 제1항 및 동 시행령 제7조 제1항이 보호하고자 하는 것은 상수원의 확보와 수질보전일 뿐이고, 그 상수원에서 급수를 받고 있는 지역주민들이 가지는 상수원의 오염을 막아 양질의 급수를 받을 이익은 직접적이고 구체적으로는 보호하고 있지 않음이 명백하여 위 지역주민들이 가지는 이익은 상수원의 확보와 수질보호라는 공공의 이익이 달성됨에 따라 반사적으로 얻게 되는 이익에 불과하므로 지역주민들에 불과한 원고들에게는 위 상수원보호구역변경처분의 취소를 구할 법률상의 이익이 없다.

[3] 제3자에게 도시계획결정처분의 취소를 구할 법률상 이익이 있다고 한 사례 : 도시계획법 제12조 제3항의 위임에 따라 제정된 도시계획시설기준에관한규칙 제125조 제1항이 화장장의 구조 및 설치에 관하여는 매장및묘지등에관한법률이 정하는 바에 의한다고 규정하고 있어, 도시계획의 내용이 화장장의 설치에 관한 것일 때에는 도시계획법 제12조 뿐만 아니라 매장및묘지등에관한법률 및 같은법시행령 역시 그 근거 법률이 된다고 보아야 할 것이므로, 같은법시행령 제4조 제2호가 공설화장장은 20호 이상의 인가가 밀집한 지역, 학교 또는 공중이 수시 집합하는 시설 또는 장소로부터 1,000m 이상 떨어진 곳에 설치하도록 제한을 가하고, 같은법시행령 제9조가 국민보건상 위해를 끼칠 우려가 있는 지역, 도시계획법 제17조의 규정에 의한 주거지역, 상업지역, 공업지역 및 녹지지역 안의 풍치지구 등에의 공설화장장 설치를 금지함에 의하여 보호되는 부근 주민들의 이익은 위 도시계획결정처분의 근거 법률에 의하여 보호되는 법률상 이익이다(대법원 1995. 9. 26. 선고 94누14544 판결).

관련판례 **광업권설정허가처분으로 인하여 수인한도를 넘는 재산상 피해가 인정되는 토지소유자의 원고적격을 긍정한 사례**

광업권설정허가처분과 그에 따른 광산 개발로 인하여 재산상·환경상 이익의 침해를 받거나 받을 우려가 있는 토지나 건축물의 소유자와 점유자 또는 이해관계인 및 주민들은 그 처분 전과 비교하여 수인한도를 넘는 재산상·환경상 이익의 침해를 받거나 받을 우려가 있다는 것을 증명함으로써 그 처분의 취소를 구할 원고적격을 인정받을 수 있다(대법원 2008. 9. 11. 선고 2006두7577 판결).

관련판례 **납골당의 인근주민들에게 원고적격이 인정된다고 한 사례**

사설납골시설의 설치장소에 제한을 둔 것은, 이러한 사설납골시설을 인가가 밀집한 지역 인근에 설치하지 못하게 함으로써 주민들의 쾌적한 주거, 경관, 보건위생 등 생활환경상의 개별적 이익을 직접적·구체적으로 보호하려는 데 취지가 있으므로, 이러한 납골시설 설치장소에서 500m 내에 20호 이상의 인가가 밀집한 지역에 거주하는 주민들은 납골당 설치에 대하여 환경상 이익 침해를 받거나 받을 우려가 있는 것으로 사실상 추정된다. 다만 사설납골시설 중 종교단체 및 재단법인이 설치하는 납골당에 대하여는 그와 같은 설치 장소를 제한하는 규정을 명시적으로 두고 있지 않지만, 종교단체나 재단법인이 설치한 납골당이라 하여 납골당으로서 성질이 가족 또는 종중, 문중 납골당과 다르다고 할 수 없고, 인근 주민들이 납골당에 대하여 가지는 쾌적한 주거, 경관, 보건위생 등 생활환경상의 이익에 차이가 난다고 볼 수 없다. 따라서 **납골당 설치장소에서 500m 내에 20호 이상의 인가가 밀집한 지역에 거주하는 주민들에게는 납골당이 누구에 의하여 설치되는**

지를 따질 필요 없이 납골당 설치에 대하여 환경 이익 침해 또는 침해 우려가 있는 것으로 사실상 추정되어 원고적격이 인정된다고 보는 것이 타당하다(대법원 2011. 9. 8. 선고 2009두6766 판결).

> **관련판례** 생태·자연도 등급권역변경결정의 취소를 구할 원고적격을 부정한 사례
>
> 생태·자연도는 토지이용 및 개발계획의 수립이나 시행에 활용하여 자연환경을 체계적으로 보전·관리하기 위한 것일 뿐, 1등급 권역의 인근 주민들이 가지는 생활상 이익을 직접적이고 구체적으로 보호하기 위한 것이 아님이 명백하고, 1등급 권역의 인근 주민들이 가지는 이익은 환경보호라는 공공의 이익이 달성됨에 따라 반사적으로 얻게 되는 이익에 불과하므로, 인근 주민에 불과한 갑은 생태·자연도 등급권역을 1등급에서 일부는 2등급으로, 일부는 3등급으로 변경한 결정의 무효 확인을 구할 원고적격이 없다(대법원 2014. 2. 21. 선고 2011두29052 판결).

특히 대법원은 시설의 설치를 함에 있어 환경영향평가를 실시하여야 하는 경우라든가 해당 사업으로 인하여 환경상 침해를 받으리라고 예상되는 영향권[52]의 범위가 설정되어 있는 경우에는, 환경영향평가 대상지역 내에 거주하는 주민 또는 일정한 영향권 내의 주민들의 환경상 이익에 대한 침해 또는 침해 우려를 사실상 추정하여 특단의 사정이 없는 한 원고적격을 인정하고 있다. 따라서 환경영향평가 대상지역 또는 영향권 내에 있는 주민은 자신이 그 지역에 거주하고 있다는 사실만 입증하면 원고적격이 추정된다(판례 ❶). 이 경우 피고 행정청이 그 주민에게 환경상 이익에 대한 침해 또는 침해 우려가 없음을 입증해야 그 추정이 깨진다(판례 ❷). 반면 환경영향평가 대상지역 밖에 거주하는 주민 또는 일정한 영향권 밖에 거주하는 주민들은 해당 처분으로 인하여 수인한도를 넘는 환경피해를 받거나 받을 우려가 있다는 것을 입증하여야만 원고적격을 인정한다(판례 ❸, ❹). 다만 헌법상의 환경권 또는 환경정책기본법에 근거로 하여 원고적격을 인정할 수는 없다고 판시한 바 있다.

> **관련판례** ❶-1
>
> 공유수면매립면허처분과 농지개량사업 시행인가처분의 근거 법규 또는 관련 법규가 되는 구 공유수면매립법, 구 농촌근대화촉진법, 구 환경보전법, 구 환경보전법 시행령, 구 환경정책기본법, 구 환경정책기본법 시행령의 **각 관련 규정의 취지**는, 공유수면매립과 농지개량사업시행으로 인하여 직접적이고 중대한 환경피해를 입으리라고 예상되는 **환경영향평가 대상지역 '안'의 주민들이 전과 비교하여 수인한도를 넘는 환경침해를 받지 아니하고 쾌적한 환경에서 생활할 수 있는 개별적 이익까지도 이를 보호하려는 데에 있다**고 할 것이므로, 위 주민들이 공유수면매립면허처분 등과 관련하여 갖고 있는 위와 같은 환경상의 이익은 주민 개개인에 대하여 개별적으로 보호되는 직접적·구체적 이익으로서 그들에 대하여는 **특단의 사정이 없는 한 환경상의 이익에 대한 침해 또는 침해우려가 있는 것으로 사실상 추정되어 공유수면매립면허처분 등의 무효확인을 구할 원고적격이 인정된다**(대법원 2006. 3. 16. 선고 2006두330 전원합의체 판결).

---

[52] 판례에서 개발사업으로 인하여 환경상 침해를 받으리라고 예상되는 지역을 '영향권'으로 표현하고 있는 경우가 있는데, 영향권은 환경영향평가의 '대상지역'과 일치할 수도 있지만 다를 수도 있다. 현행 환경영향평가제도하에서는 개발사업을 시행하는 사업자측에서 환경영향평가 대상지역을 설정하여 환경영향평가를 수행하고 환경영향평가서를 작성하므로 경우에 따라서는 개발사업으로 인하여 환경상 큰 영향을 받게 되는 지역이지만 의도적 또는 비의도적으로 환경영향평가 대상지역에서 제외되는 경우가 있을 수 있다. 따라서 원고적격 유무를 판단함에 있어서는 법원은 환경영향평가서의 내용에 구속됨이 없이 소송자료 등을 종합하여 원고가 대상사업의 시행으로 인하여 영향을 받게 되는 지역 안의 주민인지 여부를 판단하여야 한다.

관련판례 ❶-2

국립공원 집단시설지구개발사업으로 인하여 직접적이고 중대한 환경피해를 입으리라고 예상되는 환경영향평가대상지역 안의 주민들이 누리고 있는 환경상의 이익이 위 변경승인처분으로 인하여 침해되거나 침해될 우려가 있는 경우에는 그 주민들에게 위 변경승인처분과 그 변경승인처분의 취소를 구하는 행정심판청구를 각하한 재결의 취소를 구할 원고적격이 있다고 보아야 한다(대법원 2001. 7. 27. 선고 99두2970 판결).

관련판례 ❶-3

원자력법 제12조 제2호(발전용 원자로 및 관계 시설의 위치·구조 및 설비가 대통령령이 정하는 기술수준에 적합하여 방사성물질 등에 의한 인체·물체·공공의 재해방지에 지장이 없을 것)의 취지는 원자로 등 건설사업이 방사성물질 및 그에 의하여 오염된 물질에 의한 인체·물체·공공의 재해를 발생시키지 아니하는 방법으로 시행되도록 함으로써 방사성물질 등에 의한 생명·건강상의 위해를 받지 아니할 이익을 일반적 공익으로서 보호하려는 데 그치는 것이 아니라 방사성물질에 의하여 보다 직접적이고 중대한 피해를 입으리라고 예상되는 지역 내의 주민들의 위와 같은 이익을 직접적·구체적 이익으로서도 보호하려는 데에 있다 할 것이므로, 위와 같은 지역 내의 주민들에게는 방사성물질 등에 의한 생명·신체의 안전침해를 이유로 부지사전승인처분의 취소를 구할 원고적격이 있다(대법원 1998. 9. 4. 선고 97누19588 판결).

관련판례 ❷

환경상 이익에 대한 침해 또는 침해 우려가 있는 것으로 사실상 추정되어 원고적격이 인정되는 사람에는 환경상 침해를 받으리라고 예상되는 영향권 내의 주민들을 비롯하여 그 영향권 내에서 농작물을 경작하는 등 현실적으로 환경상 이익을 향유하는 사람도 포함된다. 그러나 **단지 그 영향권 내의 건물, 토지를 소유하거나 환경상 이익을 일시적으로 향유하는 데 그치는 사람은 포함되지 않는다**(대법원 2009. 9. 24. 선고 2009두2825 판결).

관련판례 ❸

[1] **환경영향평가 대상지역 밖의 주민**이라 할지라도 공유수면매립면허처분 등으로 인하여 그 처분 전과 비교하여 수인한도를 넘는 환경피해를 받거나 받을 우려가 있는 경우에는, **공유수면매립면허처분 등으로 인하여 환경상 이익에 대한 침해 또는 침해우려가 있다는 것을 입증함**으로써 그 처분 등의 무효확인을 구할 원고적격을 인정받을 수 있다.

[2] 헌법 제35조 제1항에서 정하고 있는 환경권에 관한 규정만으로는 그 권리의 주체·대상·내용·행사방법 등이 구체적으로 정립되어 있다고 볼 수 없고, 환경정책기본법 제6조도 그 규정 내용 등에 비추어 국민에게 구체적인 권리를 부여한 것으로 볼 수 없다는 이유로, **환경영향평가 대상지역 밖에 거주하는 주민에게 헌법상의 환경권 또는 환경정책기본법에 근거하여 공유수면매립면허처분과 농지개량사업 시행인가처분의 무효확인을 구할 원고적격이 없다**고 한 사례(대법원 2006. 3. 16. 선고 2006두330 전원합의체 판결).

관련판례 ❹

김해시장이 소감천을 통해 낙동강에 합류하는 하천수 주변의 토지에 구 산업집적활성화 및 공장설립에 관한 법률 제13조에 따라 공장설립을 승인하는 처분을 한 사안에서, 상수원인 물금취수장이 소감천이 흘러 내려 낙동강 본류와 합류하는 지점 근처에 위치하고 있는 점, **수돗물은 수도관 등 급수시설에 의해 공급되는 것이어서 거주지역이 물금취수장으로부터 다소 떨어진 곳이라고 하더라도 수돗물의 수질악화 등으로 주민들이 갖게 되는 환경상 이익의 침해나 그 우려는 그 수돗물을 공급하는 취수시설이 입게 되는 수질오염 등의 피해나 그 우려와 동일하게 평가될 수 있는 점** 등에 비추어, **공장설립으로 수질오염 등이 발생할 우려가 있는**

물금취수장에서 취수된 물을 공급받는 부산광역시 또는 양산시에 거주하는 주민들도 위 처분의 근거 법규 및 관련 법규에 의하여 개별적·구체적·직접적으로 보호되는 환경상 이익, 즉 **법률상 보호되는** 이익이 침해되거나 침해될 우려가 있는 주민으로서 원고적격이 인정된다(대법원 2010. 4. 15. 선고 2007두16127 판결).

(4) 기타 중요판례

(가) 원고적격을 인정한 예

① 산림법 제90조의2 제1항, 제118조 제1항, 같은법 시행규칙 제95조의2 등 산림법령이 수허가자의 명의변경제도를 두고 있는 취지는, 채석허가가 일반적·상대적 금지를 해제하여 줌으로써 채석행위를 자유롭게 할 수 있는 자유를 회복시켜 주는 것일 뿐 권리를 설정하는 것이 아니어서 관할 행정청과의 관계에서 수허가자의 지위의 승계를 직접 주장할 수는 없다 하더라도, 채석허가가 대물적 허가의 성질을 아울러 가지고 있고 수허가자의 지위가 사실상 양도·양수되는 점을 고려하여 수허가자의 지위를 사실상 양수한 양수인의 이익을 보호하고자 하는 데 있는 것으로 해석되므로, 수허가자의 지위를 양수받아 명의변경신고를 할 수 있는 양수인의 지위는 단순한 반사적 이익이나 사실상의 이익이 아니라 산림법령에 의하여 보호되는 직접적이고 구체적인 이익으로서 법률상 이익이라고 할 것이고, 채석허가가 유효하게 존속하고 있다는 것이 양수인의 명의변경신고의 전제가 된다는 의미에서 관할 행정청이 양도인에 대하여 채석허가를 취소하는 처분을 하였다면 이는 양수인의 지위에 대한 직접적 침해가 된다고 할 것이므로 양수인은 채석허가를 취소하는 처분의 취소를 구할 법률상 이익을 가진다(대법원 2003. 7. 11. 선고 2001두6289 판결).

② 법인의 주주는 법인에 대한 행정처분에 관하여 사실상이나 간접적인 이해관계를 가질 뿐이어서 스스로 그 처분의 취소를 구할 원고적격이 없는 것이 원칙이다. 다만 그 처분으로 인하여 법인이 더 이상 영업 전부를 행할 수 없게 되고, 영업에 대한 인·허가의 취소 등을 거쳐 해산·청산되는 절차 또한 처분 당시 이미 예정되어 있으며, 그 후속절차가 취소되더라도 그 처분의 효력이 유지되는 한 당해 법인이 종전에 행하던 영업을 다시 행할 수 없는 예외적인 경우에는 주주도 그 처분에 관하여 직접적·구체적인 법률상 이해관계를 가진다고 보아 그 효력을 다툴 원고적격이 있다(대법원 2010. 5. 13. 선고 2010두2043 판결).

③ 갑 주식회사로부터 '제주일보' 명칭 사용을 허락받아 신문 등의 진흥에 관한 법률(이하 '신문법'이라 한다)에 따라 등록관청인 도지사에게 신문의 명칭 등을 등록하고 제주일보를 발행하고 있던 을 주식회사가, 병 주식회사가 갑 회사의 사업을 양수하였음을 원인으로 하여 사업자 지위승계신고 및 그에 따른 발행인·편집인 등의 등록사항 변경을 신청한 데 대하여 도지사가 이를 수리하고 변경등록을 하자, 사업자 지위승계신고 수리와 신문사업변경등록에 대한 무효확인 또는 취소를 구하는 소를 제기한 사안에서, 신문사업자의 지위는 신문법상 등록에 따라 보호되는 직접적·구체적인 이익으로 사법상 '특정 명칭의 사용권'과 구별되고, 갑 회사와 을 회사 사이에 신문의 명칭 사용 허락과 관련하여 민사상 분쟁이 있더라도 법원의 판단이 있기 전까지 을 회사의 신문법상 지위는 존재하기 때문에, 위 처분은 을 회사가 '제주일보' 명칭으로 신문을 발행할 수 있는 신

문법상 지위를 불안정하게 만드는 것이므로, 을 회사에는 무효확인 또는 취소를 구할 법률상 이익이 인정된다(대법원 2019. 8. 30. 선고 2018두47189 판결).

④ 지방법무사회가 법무사의 사무원 채용승인 신청을 거부하거나 채용승인을 얻어 채용 중인 사람에 대한 채용승인을 취소하면, 상대방인 법무사로서도 그 사람을 사무원으로 채용할 수 없게 되는 불이익을 입게 될 뿐만 아니라, 그 사람도 법무사 사무원으로 채용되어 근무할 수 없게 되는 불이익을 입게 된다. 법무사규칙 제37조 제4항이 이의신청 절차를 규정한 것은 채용승인을 신청한 법무사뿐만 아니라 사무원이 되려는 사람의 이익도 보호하려는 취지로 볼 수 있다. 따라서 지방법무사회의 사무원 채용승인 거부처분 또는 채용승인 취소처분에 대해서는 처분 상대방인 법무사뿐만 아니라 그 때문에 사무원이 될 수 없게 된 사람도 이를 다툴 원고적격이 인정되어야 한다(대법원 2020. 4. 9. 선고 2015다34444 판결).

(나) 원고적격을 부정한 예

① 이른바 복효적 행정행위, 특히 제3자효를 수반하는 행정행위에 대한 행정심판청구에 있어서 그 청구를 인용하는 내용의 재결로 인하여 비로소 권리이익을 침해받게 되는자는 재결의 당사자가 아니라고 하더라도 그 인용재결의 취소를 구하는 소를 제기할 수 있으나, 그 인용재결로 인하여 새로이 어떠한 권리이익도 침해받지 아니하는 자인 경우에는 그 재결의 취소를 구할 소의 이익이 없다(대법원 1995. 6. 13. 선고 94누15592 판결)

② 행정심판법 제37조 제1항(현 제49조 제1항)에 "재결은 피청구인인 행정청과 그 밖의 관계 행정청을 기속한다"고 규정하고 있으므로, 이에 따라 처분행정청은 인용재결에 기속되어 재결에 취지에 따른 처분의무를 부담하게 되므로 이에 불복하여 항고소송을 제기할 수 없다(대법원 1998. 5. 8. 선고 97누15432 판결).

③ 과세관청이 조세의 징수를 위하여 납세의무자 소유의 부동산을 압류한 경우, 그 부동산의 매수인이나 가압류권자는 그 압류처분에 대하여 사실상이고 간접적인 이해관계를 가질 뿐 법률상 직접적이고 구체적인 이익을 가지는 것은 아니어서 그 압류처분의 취소를 구할 당사자적격이 없다(대법원 1997. 2. 14. 선고 96누3241 판결).

④ 국세체납처분을 원인으로 한 압류등기 이후에 압류부동산을 매수한 자는 위 압류처분에 대하여 사실상이며 간접적인 이해관계를 가진데 불과하여 위 압류처분의 취소나 무효확인을 구할 원고적격이 없다(대법원 1985. 2. 8. 선고 82누524 판결).

⑤ 원천징수에 있어서 원천납세의무자는 과세권자가 직접 그에게 원천세액을부과한 경우가 아닌 한 과세권자의 원천징수의무자에 대한 납세고지로 인하여 자기의 원천세납세의무의 존부나 범위에 아무런 영향을 받지 아니하므로 이에 대하여 항고소송을 제기할 수 없다(대법원 1994. 9. 9. 선고 93누22234 판결).

⑥ 건축물에 대한 사용검사처분의 무효확인을 받거나 처분이 취소된다고 하더라도 사용검사 전의 상태로 돌아가 건축물을 사용할 수 없게 되는 것에 그칠 뿐 곧바로 건축물의 하자 상태 등이 제거되거나 보완되는 것도 아니다. 그리고 입주자나 입주예정자들은 사용검사처분의 무효확인을 받거나 처분을 취소하지 않고도 민사소송 등을 통하여 분양계약에 따른 법률관계 및 하자 등을 주장·증명함으로써 사업주체 등으로부터 하자의 제거·보완 등에 관한 권리구제를 받을 수 있으므로, 사용검사처분의 무효확인 또는 취

소 여부에 의하여 법률적인 지위가 달라진다고 할 수 없으며, … 구 주택법상 입주자나 입주예정자는 사용검사처분의 무효확인 또는 취소를 구할 법률상 이익이 없다(대법원 2015. 1. 29. 선고 2013두24976 판결).

II. 협의의 소의 이익

1. 의의 및 내용

협의의 소의 이익이란 원고의 청구가 소송을 통하여 분쟁을 해결할 만한 현실적인 필요성이 있는지에 대한 문제로서 권리보호의 필요라고 불리기도 한다. 이러한 협의의 소의 이익은 소송요건으로서 법원의 직권조사사항에 해당하며, 법원의 심리결과 협의의 소의 이익이 인정되지 않는 경우에는 법원은 소각하판결을 한다.

취소소송의 경우에는 ① 처분의 효력이 소멸한 경우 ② 원상회복이 불가능한 경우 ③ 권리침해의 상태가 해소된 경우, ④ 취소소송보다 쉬운 방법으로 목적을 달성할 수 있는 경우, ⑤ 원고의 청구가 이론적 의미만 있을 뿐 실제적 효용이 없는 경우 등이 협의의 소의 이익이 문제가 되는 경우이다.

2. 근 거

행정소송법 제12조 2문은 처분의 효력이 소멸된 뒤에도 처분의 취소로 인하여 회복되는 이익이 법률상 이익인 경우에는 취소소송을 제기할 수 있다고 규정하고 있는바, 이는 '원고적격'이라는 조문의 제목에도 불구하고 처분의 효력이 소멸된 경우에 대한 권리보호의 필요에 관한 규정으로 보아야 할 것이다.

그 밖의 경우에 대한 권리보호의 필요는 신의성실의 원칙에서 파생되는 소권남용금지의 원칙에서 그 이론적 근거를 찾을 수 있다.

3. 처분의 효력이 소멸된 경우 소의 이익 유무

가. 협의의 소의 이익을 인정한 경우

(1) 제재적 처분의 효력기간이 경과한 경우

제재적 처분의 전력(前歷)이 장래의 제재적 처분의 가중요건 또는 전제요건으로 되어 있는 경우, 기간이 경과되어 효력이 소멸한 처분의 취소를 구할 법률상 이익이 있는지가 문제된다.

(가) 가중요건 또는 전제요건이 법령에 규정된 경우

대법원은 가중요건이 법률 또는 시행령에 규정된 경우, 선행처분을 받은 상대방이 가중된 제재처분을 받을 위험은 구체적이고 현실적이므로 이런 불이익을 제거하기 위하여 기간이 경과하여 효력이 소멸된 처분의 취소를 구할 법률상 이익을 인정하고 있다.[53] 따라서 '의료법'에서 의료인에 대한 제재적인 행정처분으로서 면허자격정지처분과 면허취소처분이라는 2단계 조치를 규정하면서 전자의 제재처분을 보다 무거운 후자의 제재처분의 기준요건으로 규정하고 있는 이상 자격정지처분을 받은 의사로서는 면허자격정지처분에서 정한 기간이 도과되었다 하더라도 그 처분을 그대로 방치하여 둠으로써 장래 의사면허취소라는 가중된 제재처분을 받게 될 우려가 있는 것이어서 의사로서의 업무를 행할 수 있는 법률상 지위에 대한 위험이나 불안을 제거하기 위하여 면허자격정지처분의 취소를 구할 이익이 있다.54)

(나) 가중요건 또는 전제요건이 시행규칙에 규정된 경우

종래 대법원은 제재처분의 기준이 규정된 시행규칙은 행정규칙이므로 구속력이 없고 따라서 가중적 제재처분을 받을 불이익을 직접적·구체적·현실적인 것이 아니라고 하여 소의 이익을 부정하였다.55)

그러나 2006년 대법원은 입장을 변경하여 제재처분의 기준이 규정된 시행규칙을 행정규칙으로 보면서도 소의 이익을 인정하였다.56) 이에 따르면 제재적 행정처분의 가중사유나 전제요건에 관한 규정이 시행규칙에 규정된 경우에도 관할 행정청이나 담당공무원은 이를 준수할 의무가 있으므로 이들은 시행규칙에 정해진 바에 따라 행정작용을 할 것이 당연히 예견되고, 그 결과 행정작용의 상대방인 국민으로서는 그 규칙의 영향을 받을 수밖에 없으므로 그러한 규칙이 정한 바에 따라 선행처분을 받은 상대방이 그 처분의 존재로 인하여 장래에 받을 불이익, 즉 후행처분의 위험은 구체적이고 현실적인 것이므로 상대방에게는 선행처분의 취소소송을 통하여 그 불이익을 제거할 필요가 있다고 한다. 또한 행정청으로서는 선행처분이 적법함을 전제로 후행처분을 할 것이 당연히 예견되므로 이러한 선행처분으로 인한 불이익을 선행처분 자체에 대한 소송에서 사전에 제거할 수 있도록 해 주는 것이 상대방의 법률상 지위에 대한 불안을 해소하는 데 가장 유효적절한 수단이 된다는 점에서 선행처분의 취소를 구할 법률상 이익이 있다고 판시하였다.57)

(2) 학교법인의 임시이사선임처분을 다투는 중 임시이사가 교체된 경우

대법원은 종래 학교법인의 이사에 대한 취임승인이 취소되고 임시이사가 선임된 경우, 그 임시이사의 재직기간이 지나 다시 임시이사가 선임되었다면 처분의 효력이 소멸된 당초의 임시이사 선임처분의 취소를 구하는 것은 법률상 이익이 없어 부적법하다고 판시하였다.

그러나 최근 전원합의체 판결에서는 "임시이사 선임처분에 대하여 취소를 구하는 소송의 계속중 임기만료 등의 사유로 새로운 임시이사들로 교체된 경우, 선행 임시이사 선임처분의 효과가 소멸하였다는 이유로 그 취소를 구할 법률상 이익이 없다고 보게 되면, 원래의 정식이사들로서는 계속중인 소를 취하하고 후행 임시이사 선임처분을 별개의 소로 다툴

---

53) 대법원 2000. 4. 21. 선고 98두10080 판결
54) 대법원 2005. 3. 25. 선고 2004두14106 판결
55) 대법원 1995. 10. 17. 선고 94누14148 판결
56) 대법원 2006. 6. 22. 선고 2003두1684 판결
57) 한편 대법원 이강국은 제재처분의 기준이 규정된 시행규칙을 법규명령으로 보는 것을 전제로 기간이 경과하여 효력이 소멸된 처분의 취소를 구할 소의 이익을 인정할 수 있다는 별개의견을 개진한 바 있다.

수밖에 없게 되며, 그 별소 진행 도중 다시 임시이사가 교체되면 또 새로운 별소를 제기하여야 하는 등 무익한 처분과 소송이 반복될 가능성이 있으므로, 이러한 경우 법원이 선행 임시이사 선임처분의 취소를 구할 법률상 이익을 긍정하여 그 위법성 내지 하자의 존재를 판결로 명확히 해명하고 확인하여 준다면 위와 같은 구체적인 침해의 반복 위험을 방지할 수 있을 뿐 아니라, 후행 임시이사 선임처분의 효력을 다투는 소송에서 기판력에 의하여 최초 내지 선행 임시이사 선임처분의 위법성을 다투지 못하게 함으로써 그 선임처분을 전제로 이루어진 후행 임시이사 선임처분의 효력을 쉽게 배제할 수 있어 국민의 권리구제에 도움이 된다"고 하여 소의 이익을 긍정하였다.[58]

나. 협의의 소의 이익을 부정한 경우

(1) 사전결정에 대한 취소소송 중 최종결정이 나온 경우

사전결정에 대한 취소소송 계속 중 최종결정이 내려지면 사전결정은 최종결정에 흡수되어 그 효력이 소멸되므로 사전결정의 취소를 구하는 소는 소의 이익을 상실한다.

대법원도 "원자로 및 관계 시설의 부지사전승인처분은 그 자체로서 건설부지를 확정하고 사전공사를 허용하는 법률효과를 지닌 독립한 행정처분이기는 하지만, 건설허가 전에 신청자의 편의를 위하여 미리 그 건설허가의 일부 요건을 심사하여 행하는 사전적 부분 건설허가처분의 성격을 갖고 있는 것이어서 나중에 건설허가처분이 있게 되면 그 건설허가처분에 흡수되어 독립된 존재가치를 상실함으로써 그 건설허가처분만이 쟁송의 대상이 되는 것이므로, 부지사전승인처분의 취소를 구하는 소는 소의 이익을 잃게 되고, 따라서 부지사전승인처분의 위법성은 나중에 내려진 건설허가처분의 취소를 구하는 소송에서 이를 다투면 된다"고 판시하였다.[59]

(2) 취소소송 중 처분이 취소된 경우

행정처분의 무효확인 또는 취소를 구하는 소가 제소 당시에는 소의 이익이 있어 적법하였더라도, 소송 계속 중 처분청이 다툼의 대상이 되는 행정처분을 직권으로 취소하면 그 처분은 효력을 상실하여 더 이상 존재하지 않는 것이므로, 존재하지 않는 처분을 대상으로 한 항고소송은 원칙적으로 소의 이익이 소멸하여 부적법하다고 보아야 한다. 이와 관련하여, 대법원은 지방병무청장이 병역감면요건 구비여부를 심사하지 않은 채 병역감면신청서 회송처분을 하고 이를 전제로 공익근무요원 소집통지를 하였다가, 병역감면신청을 재검토하기로 하여 신청서를 제출받아 병역감면요건 구비 여부를 심사한 후 다시 병역감면 거부처분을 하고 이를 전제로 다시 공익근무요원 소집통지를 한 경우, 병역감면신청서 회송처분과 종전 공익근무요원 소집처분은 직권으로 취소되었다고 볼 수 있으므로, 그에 대한 취소를 구하는 소는 더 이상 존재하지 않는 행정처분을 대상으로 하는 것이므로 소의 이익이 없어 부적법하다고 판시하였다.[60]

---

58) 대법원 2007. 7. 19. 선고 2006두19297 판결
59) 대법원 1998. 9. 4. 선고 97누19588 판결
60) 대법원 2010. 4. 29. 선고 2009두16879 판결

다만, 처분청의 직권취소에도 완전한 원상회복이 이루어지지 않아 무효확인 또는 취소로써 회복할 수 있는 다른 권리나 이익이 남아 있거나 또는 동일한 소송 당사자 사이에서 그 행정처분과 동일한 사유로 위법한 처분이 반복될 위험성이 있어 행정처분의 위법성 확인 내지 불분명한 법률문제에 대한 해명이 필요한 경우 행정의 적법성 확보와 그에 대한 사법통제, 국민의 권리구제의 확대 등의 측면에서 예외적으로 그 처분의 취소를 구할 소의 이익을 인정할 수 있다는 것이 대법원의 입장이다.[61]

(3) 과징금 부과처분에 대한 자진신고 감면제도와 관련된 경우

대법원은 공정거래위원회가 부당한 공동행위를 한 사업자에게 과징금 부과처분을 한 뒤 다시 자진신고 등을 이유로 감면처분을 한 경우, 후행처분은 자진신고 감면까지 포함하여 처분 상대방이 실제로 납부하여야 할 최종적인 과징금액을 결정하는 종국적 처분이고, 선행처분은 이러한 종국적 처분을 예정하고 있는 일종의 잠정적 처분으로서 후행처분이 있을 경우 선행처분은 후행처분에 흡수되어 소멸하므로 위와 같은 경우에 선행처분의 취소를 구하는 소는 이미 효력을 잃은 처분의 취소를 구하는 것으로 부적법하다고 판시하였다.[62]

그러나 대법원은 앞의 사건과는 모순되는 관점에서, 공정거래위원회가 시정명령 및 과징금 부과와 감면 여부를 분리 심리하여 별개로 의결한 후 과징금 등 처분과 별도의 처분서로 감면기각처분을 하였다면, 원칙적으로 2개의 처분 즉 과징금 등 처분과 감면기각처분이 각각 성립한 것이고 처분의 상대방으로서는 각각의 처분에 대하여 함께 또는 별도로 불복할 수 있으므로 과징금 등 처분과 동시에 감면기각처분의 취소를 구하는 소를 함께 제기했더라도 감면기각처분의 취소를 구할 소의 이익이 인정된다고 판시하였다.[63]

한편, 대법원은 과징금 부과처분을 한 후 부과처분의 하자를 이유로 과징금의 액수를 감액하는 경우에는 당초의 부과처분과 별개의 독립된 과징금 부과처분이 아니라 당초 부과처분의 변경이 있는 것이므로 당초의 부과처분이 전부 실효된 것이 아니라고 판시하였다.[64]

4. 그 밖에 권리보호의 필요가 문제되는 경우

가. 원상회복이 가능한지가 문제된 사례

(1) 건물이 철거된 경우

대법원은 대집행계고처분에 대한 취소소송의 계속 중에 그 대상건물의 철거가 완료된 사안에서 그 취소를 구할 소의 이익이 소멸되었다고 판시하였다.[65]

(2) 정년도달 및 임기만료의 경우

대법원은 공무원이 파면처분을 다투고 있던 중에 정년에 도달하여 공무원의 지위를 회복할 수 없게 된 경우에, 공무원의 지위회복은 불가능하다 하더라도 그 동안의 급여청구와의

---

61) 대법원 2020. 4. 9. 선고 2019두49953 판결
62) 대법원 2015. 2. 12. 선고 2013두987 판결
63) 대법원 2016. 12. 27. 선고 2016두43282 판결
64) 대법원 2017. 1. 12. 선고 2015두2352 판결
65) 대법원 1995. 11. 21. 선고 94누11293 판결

관계에서 아직 이익이 있는 이상 파면처분의 취소를 구할 소의 이익이 있다고 판시한 바 있다.66) 같은 취지에서 대법원은 공무원이 직위해제처분의 무효확인 또는 취소소송 계속 중 정년을 초과하여 직위해제처분의 무효확인 또는 취소로 공무원 신분을 회복할 수는 없다고 할지라도, 그 무효확인 또는 취소로 직위해제일부터 직권면직일까지 기간에 대한 감액된 봉급 등의 지급을 구할 수 있는 경우에는 직위해제처분의 무효확인 또는 취소를 구할 법률상 이익이 있다고 판시하였다.67)

또한 대법원은 종래 임기만료된 지방의회의원이 지방의회를 상대로 한 의원제명처분취소소송에서 승소한다고 하더라도 지방의회의원으로서 지위를 회복할 수 없다는 이유로 소의 이익을 부인하였으나,68) 최근 판결에서는 입장을 변경하여 지방의회의원으로서 지위를 회복할 수 없다 할지라도 제명의결시부터 임기만료일까지의 기간에 대하여 월정수당의 지급을 구할 수 있다는 이유로 법률상 이익을 인정하였다.69)

한편 대법원은 종래 학교법인이사에 대한 취임승인취소처분의 취소를 구하는 소송에서 이사의 임기가 만료된 경우에 소의 이익을 부인하였으나,70) 최근 판결에서는 입장을 변경하여 그 임원취임승인취소처분이 위법하다고 판명되고 나아가 임시이사들의 지위가 부정되어 직무권한이 상실되면, 그 정식이사들은 후임이사 선임시까지 민법 제691조의 유추적용에 의하여 직무수행에 관한 긴급처리권을 가지게 되고 이에 터잡아 후임 정식이사들을 선임할 수 있게 되기 때문에 임원취임승인취소처분의 취소를 구할 소의 이익이 있다고 판시하였다.71)

(3) 수형자가 다른 교도소로 이송된 경우

대법원은 수형자의 영치품에 대한 사용신청 불허처분 이후 수형자가 다른 교도소로 이송된 사안에서, 비록 원상회복이 불가능하다고 보이는 경우라 하더라도 그 처분과 동일한 사유로 위법한 처분이 반복될 위험성이 있어 행정처분의 위법성 확인 내지 불분명한 법률문제에 대한 해명이 필요하다고 판단되는 경우에는 여전히 그 취소를 구할 이익을 인정하고 있다.72)

(4) 동일한 당사자 사이에 동일한 사유로 위법한 처분이 반복될 위험성이 있는 경우

행정처분의 취소를 구하는 소는 그 처분에 의하여 발생한 위법상태를 배제하여 원상으로 회복시키고 그 처분으로 침해되거나 방해받은 권리와 이익을 보호·구제하고자 하는 소송이므로 비록 처분을 취소하더라도 원상회복이 불가능한 경우에는 처분의 취소를 구할 이익이 없는 것이 원칙이다.

그러나 원상회복이 불가능하게 보이는 경우라 하더라도, 동일한 소송 당사자 사이에서 그 행정처분과 동일한 사유로 위법한 처분이 반복될 위험성이 있어 행정처분의 위법성 확인 내지 불분명한 법률문제에 대한 해명이 필요하다고 판단되는 경우 등에는 여전히 그 처분의 취소를 구할 이익이 있다는 것이 대법원의 입장이다.73)

---

66) 대법원 1985. 6. 25. 선고 85누39 판결
67) 대법원 2014. 5. 16. 선고 2012두26180 판결
68) 대법원 1996. 2. 9. 선고 95누14978 판결
69) 대법원 2009. 1. 30. 선고 2007두13487 판결
70) 대법원 2003. 10. 24. 선고 2003두5877 판결
71) 대법원 2007. 7. 19. 선고 2006두19297 판결
72) 대법원 2008. 2. 14. 선고 2007두13203 판결

나. 처분후의 사정변경에 의하여 이익침해가 해소되었는지가 문제된 사례

(1) 불합격처분

대법원은 새로 실시된 치과의사국가시험이나 사법시험 1차 시험에 합격한 수험생이 지난 불합격처분에 대하여 제기한 취소소송에 대하여 소의 이익을 부정하였다.[74]

다만, 대법원은 대학교 입학시험 불합격처분의 경우에는 다음 해에 입학할 수도 있으므로 대학 입학시기가 지났다고 하더라도 불합격처분의 취소를 구할 이익을 인정하였다.[75]

(2) 고등학교 퇴학처분

대법원은 고등학교 퇴학처분을 받은 후 검정고시에 합격하였더라도 명예의 회복을 위하여 퇴학처분의 위법을 주장하여 퇴학처분의 취소를 구할 소의 이익이 있다고 판시하였다.[76]

다. 취소소송보다 더 효과적인 소송수단이 존재하는지가 문제된 사례

(1) 건축이 완료된 경우

대법원은 건축허가가 건축법 소정의 이격거리를 두지 않아 위법하다 하더라도 건축이 완료된 경우에는 그 건축허가를 받은 대지와 접한 대지의 소유자인 원고가 위 건축허가처분의 취소를 받아 이격거리를 확보할 단계는 지났으며, 민사소송으로 위 건축물 등의 철거를 구하는데 있어서도 위 처분의 취소가 필요한 것이 아니므로 원고로서는 위 처분의 취소를 구할 법률상 이익이 없다고 판시하였다.[77]

다만, 판례는 건축허가취소처분을 받은 건축물 소유자는 그 건축물이 완공된 후에도 여전히 위 취소처분의 취소를 구할 법률상 이익을 가진다고 판시하였다.[78]

(2) 건물 하자에 대하여 사용검사처분의 무효확인 또는 취소를 구하는 경우

건물의 사용검사처분은 건축허가를 받아 건축된 건물이 건축허가 사항 대로 건축행정 목적에 적합한지 여부를 확인하고 사용검사필증을 교부하여 줌으로써 허가받은 사람으로 하여금 건축한 건물을 사용·수익할 수 있게 하는 법률효과를 발생시키는 것이다. 이러한 사용검사처분은 건축물을 사용·수익할 수 있게 하는 데 그치므로 건축물에 대하여 사용검사처분이 이루어

---

73) 대법원 2019. 5. 10. 선고 2015두46987 판결
74) 대법원 1993. 11. 9. 선고 93누6867 판결
75) 대법원 1990. 8. 28. 선고 89누8255 판결
76) 대법원 1992. 7. 14. 선고 91누4737 판결; 이는 고등학교 퇴학처분을 받은 자가 검정고시에 합격하였다면 대학입학자격 및 학력인정의 면에서는 이익침해가 해소되었다고 볼 수 있겠지만, 인격적 이익의 침해는 여전히 남아있다는 점에서 퇴학처분의 취소를 구할 소의 이익을 인정한 것으로 볼 수 있다.
77) 대법원 1992. 4. 24. 선고 91누11131 판결
78) 건축허가를 받아 건축물을 완공하였더라도 건축허가가 취소되면 그 건축물은 철거 등 시정명령의 대상이 되고 이를 이행하지 않은 건축주 등은 건축법 제80조에 따른 이행강제금 부과처분이나 행정대집행법 제2조에 따른 행정대집행을 받게 되며, 나아가 건축법 제79조 제2항에 의하여 다른 법령상의 인·허가 등을 받지 못하게 되는 등의 불이익을 입게 된다. 따라서 건축허가취소처분을 받은 건축물 소유자는 그 건축물이 완공된 후에도 여전히 위 취소처분의 취소를 구할 법률상 이익을 가진다고 보아야 한다(대법원 2015. 11. 12. 선고 2015두47195 판결).

졌다고 하더라도 그 사정만으로는 건축물에 있는 하자나 건축법 등 관계 법령에 위배되는 사실이 정당화되지는 아니하며, 또한 건축물에 대한 사용검사처분의 무효확인을 받거나 처분이 취소된다고 하더라도 사용검사 전의 상태로 돌아가 건축물을 사용할 수 없게 되는 것에 그칠 뿐 곧바로 건축물의 하자 상태 등이 제거되거나 보완되는 것도 아니다. 그리고 입주자나 입주예정자들은 사용검사처분의 무효확인을 받거나 처분을 취소하지 않고도 민사소송 등을 통하여 분양계약에 따른 법률관계 및 하자 등을 주장·증명함으로써 사업주체 등으로부터 하자의 제거·보완 등에 관한 권리구제를 받을 수 있으므로, 입주자나 입주예정자는 사용검사처분의 무효확인 또는 취소를 구할 법률상 이익이 없다.[79]

(3) 기본행위의 하자를 이유로 강학상 인가에 대한 취소소송을 제기한 경우

기본행위에 하자가 있는 경우에 그 기본행위의 하자를 다투어야 하며 기본행위의 하자를 이유로 인가처분의 취소 또는 무효확인을 구할 법률상 이익이 없다.

대법원도 사립학교법 제20조 제2항에 의한 학교법인의 임원에 대한 감독청의 취임승인은 학교법인의 임원선임행위를 보충하여 그 법률상의 효력을 완성케 하는 보충적 행정행위로서 인가이므로 그 자체만으로는 법률상 아무런 효력도 발생할 수 없는 것인바, 기본행위인 사법상의 임원선임행위에 하자가 있다는 이유로 그 선임행위의 효력에 관하여 다툼이 있는 경우에는 민사쟁송으로 그 선임행위의 무효확인을 구하는 등의 방법으로 분쟁을 해결할 것이지 보충적 행위로서 그 자체만으로는 아무런 효력이 없는 승인처분만의 취소 또는 무효확인을 구하는 것은 특단의 사정이 없는 한 분쟁해결의 유효적절한 수단이라 할 수 없어 소구할 법률상의 이익이 없다고 판시하였다.[80]

(4) 조합설립결의의 하자를 이유로 조합설립인가에 대한 항고소송을 제기하는 경우

종전 대법원은 기본행위인 조합설립에 하자가 있는 경우에는 민사쟁송으로써 따로 그 기본행위의 취소 또는 무효확인 등을 구하는 것은 별론으로 하고, 감독청의 인가처분의 취소 또는 무효확인을 소구할 법률상 이익이 없다고 판시한 바 있다.[81]

그러나 최근 대법원은 입장을 바꾸어 조합설립인가를 강학상 특허로 보는 것을 전제로 조합설립결의는 조합설립인가처분이라는 행정처분을 하는 데 필요한 요건 중 하나에 불과한 것이어서, 조합설립결의에 하자가 있다면 그 하자를 이유로 직접 항고소송의 방법으로 조합설립인가의 취소 또는 무효확인을 구할 수 있다고 판시하였다.[82]

(5) 사업양도의 하자를 이유로 지위승계신고수리에 대한 무효확인소송을 제기한 경우[83]

대법원은 사업양도·양수에 따른 허가관청의 지위승계신고의 수리는 적법한 사업의 양도·양수가 있었음을 전제로 하는 것이므로 그 수리대상인 사업양도·양수가 존재하지 아니하거나 무효인 때에는 수리를 하였다 하더라도 그 수리는 유효한 대상이 없는 것으로서 당연히 무효라

---

79) 대법원 2015. 1. 29. 선고 2013두24976 판결
80) 대법원 2002. 5. 24. 선고 2000두3641 판결
81) 대법원 2000. 9. 5. 선고 99두1854 판결
82) 대법원 2009. 9. 24. 선고 2008다60568 판결
83) 취소소송을 제기하였다 하더라도 같은 결론에 이르렀을 것이기 때문에 무효확인소송 사례이지만 여기에서 소개하기로 한다.

할 것이므로, 사업의 양도행위가 무효라고 주장하는 양도자는 민사쟁송으로 양도·양수행위의 무효를 구함이 없이 막바로 허가관청을 상대로 하여 행정소송으로 위 신고수리처분의 무효확인을 구할 법률상 이익이 있다고 판시하여 소의 이익을 긍정하였다.[84]

라. 처분이 유효하게 존속하는 경우

처분이 유효하게 존속하는 경우에는 특별한 사정이 없는 한 그 처분의 존재로 인하여 실제로 침해되고 있거나 침해될 수 있는 현실적인 위험을 제거하기 위해 취소소송을 제기할 권리보호의 필요성이 인정된다.

대법원도 개발제한구역 안에서의 공장설립을 승인한 처분이 위법하다는 이유로 쟁송취소되었다고 하더라도 그 승인처분에 기초한 공장건축허가처분이 잔존하는 이상, 공장설립승인처분이 취소되었다는 사정만으로 인근 주민들의 환경상 이익이 침해되는 상태나 침해될 위험이 종료되었다거나 이를 시정할 수 있는 단계가 지나버렸다고 단정할 수는 없으므로 인근 주민들은 여전히 공장건축허가처분의 취소를 구할 법률상 이익이 있다고 판시하였다.[85]

마. 기 타

(1) 경원자관계의 경우

경원자로서 허가 등의 처분을 받지 못한 자가 허가 등의 처분에 대하여 취소를 구하는 소를 제기한 경우, 판례는 명백한 법적 장애로 인하여 원고 자신의 신청이 인용될 가능성이 처음부터 배제되어 있는 경우에는 해당 처분의 취소를 구할 정당한 이익을 부정하고 있다.[86]

한편, 경원자로서 허가 등의 처분을 받지 못한 자가 자신에 대한 거부처분의 취소를 구하는 소를 제기한 경우, 판례는 취소판결이 확정되는 경우 그 판결의 직접적인 효과로 경원자에 대한 허가 등 처분이 취소되거나 그 효력이 소멸되는 것은 아니더라도 행정청은 취소판결의 기속력에 따라 그 판결에서 확인된 위법사유를 배제한 상태에서 취소판결의 원고와 경원자의 각 신청에 관하여 처분요건의 구비 여부와 우열을 다시 심사하여야 할 의무가 있으며, 그 재심사 결과 경원자에 대한 수익적 처분이 직권취소되고 취소판결의 원고에게 수익적 처분이 이루어질 가능성을 완전히 배제할 수는 없으므로, 특별한 사정이 없는 한 경원관계에서 허가 등 처분을 받지 못한 사람은 자신에 대한 거부처분의 취소를 구할 소의 이익이 있다고 판시하였다.[87]

(2) 근로자가 부당해고 구제신청을 하여 해고의 효력을 다투던 중 정년에 이르거나 근로계약기간이 만료하는 경우

종래 대법원은 근로자가 근로자가 부해당고 구제신청을 하여 해고의 효력을 다투던 중 정년에 이르거나 근로계약기간이 만료하는 등의 사유로 원직에 복직하는 것이 불가능하게 된 경우는 구제의 이익이 없다는 이유로 중앙노동위원회의 재심판정을 다툴 소의 이익을 부정하였으나,[88]

---

84) 대법원 2005. 12. 23. 선고 2005두3554 판결
85) 대법원 2018. 7. 12. 선고 2015두3485 판결
86) 대법원 2009. 12. 10. 선고 2009두8359 판결
87) 대법원 2015. 10. 29. 선고 2013두27517 판결

최근 입장을 바꾸어 원직에 복직하는 것이 불가능하게 된 경우에도 해고기간 중의 임금 상당액을 지급받을 필요가 있다면 임금 상당액 지급의 구제명령을 받을 이익이 유지되므로 구제신청을 기각한 중앙노동위원회의 재심판정을 다툴 소의 이익이 있다고 입장을 변경하였고, 이와 같은 법리는 근로자가 근로기준법 제30조 제3항에 따라 금품지급명령을 신청한 경우에도 마찬가지로 적용된다고 판시하였다.[89]

(3) 거부처분취소재결의 취소를 구하는 경우

당사자의 신청을 받아들이지 않은 거부처분이 재결에서 취소된 경우에 행정청은 종전 거부처분 또는 재결 후에 발생한 새로운 사유를 내세워 다시 거부처분을 할 수 있다. 그 재결의 취지에 따라 이전의 신청에 대하여 다시 어떠한 처분을 하여야 할지는 처분을 할 때의 법령과 사실을 기준으로 판단하여야 하기 때문이다. 또한 행정청이 재결에 따라 이전의 신청을 받아들이는 후속처분을 하였더라도 후속처분이 위법한 경우에는 재결에 대한 취소소송을 제기하지 않고도 곧바로 후속처분에 대한 항고소송을 제기하여 다툴 수 있다. 나아가 거부처분을 취소하는 재결이 있더라도 그에 따른 후속처분이 있기까지는 제3자의 권리나 이익에 변동이 있다고 볼 수 없고 후속처분 시에 비로소 제3자의 권리나 이익에 변동이 발생하며, 재결에 대한 항고소송을 제기하여 재결을 취소하는 판결이 확정되더라도 그와 별도로 후속처분이 취소되지 않는 이상 후속처분으로 인한 제3자의 권리나 이익에 대한 침해 상태는 여전히 유지된다. 이러한 점들을 종합하면, 거부처분이 재결에서 취소된 경우 재결에 따른 후속처분이 아니라 그 재결의 취소를 구하는 것은 실효적이고 직접적인 권리구제수단이 될 수 없어 분쟁해결의 유효적절한 수단이라고 할 수 없으므로 법률상 이익이 없다.[90]

(4) 교과부장관의 임용제청제외처분을 다투던 중 대통령이 임용제청된 다른 후보자를 총장으로 임용한 경우

대학의 추천을 받은 총장 후보자는 교육부장관으로부터 정당한 심사를 받을 것이라는 기대를 하게 된다. 만일 교육부장관이 자의적으로 대학에서 추천한 복수의 총장 후보자들 전부 또는 일부를 임용제청하지 않는다면 대통령으로부터 임용을 받을 기회를 박탈하는 효과가 있다. 이를 항고소송의 대상이 되는 처분으로 보지 않는다면, 침해된 권리 또는 법률상 이익을 구제받을 방법이 없다. 따라서 교육부장관이 대학에서 추천한 복수의 총장 후보자들 전부 또는 일부를 임용제청에서 제외하는 행위는 제외된 후보자들에 대한 불이익처분으로서 항고소송의 대상이 되는 처분에 해당한다고 보아야 한다. 다만 교육부장관이 특정 후보자를 임용제청에서 제외하고 다른 후보자를 임용제청함으로써 대통령이 임용제청된 다른 후보자를 총장으로 임용한 경우에는, 임용제청에서 제외된 후보자는 대통령이 자신에 대하여 총장 임용 제외처분을 한 것으로 보아 이를 다투어야 한다(대통령의 처분의 경우 소속 장관이 행정소송의 피고가 된다. 국가공무원법 제16조 제2항). 이러한 경우에는 교육부장관의 임용제청 제외처분을 별도로 다툴 소의 이익이 없어진다는 것이 대법원의 입장이다.[91]

---

88) 대법원 2001. 4. 24. 선고 2000두7988 판결
89) 대법원 2020. 2. 20. 선고 2019두52386 전원합의체 판결
90) 대법원 2017. 10. 31. 선고 2015두45045 판결
91) 대법원 2018. 6. 15. 선고 2016두57564 판결

01 (2023년 기출)

취소소송에 있어 원고적격에 관한 설명으로 옳지 않은 것은? (다툼이 있으면 판례에 따름)

① 취소소송은 처분등의 취소를 구할 법률상 이익이 있는 자가 제기할 수 있다.
② 국가는 국토이용계획과 관련한 지방자치단체장의 기관위임사무 처리에 관하여 지방자치단체장을 상대로 취소소송을 제기할 수 있다.
③ 구속된 피고인은 교도소장의 접견허가거부처분의 취소를 구할 원고적격을 가진다.
④ 원고적격은 사실심 변론종결시는 물론 상고심에서도 존속하여야 한다.
⑤ 환경영향평가대상지역에 거주하는 원자로시설부지 인근 주민들은 원자로시설부지사전 승인처분의 취소를 구할 원고적격이 있다.

/해 설/

① (○) 행정소송법 제12조 제1문
② (×) 교재 73P (관련판례 국가의 취소소송의 원고적격을 부정한 사례)
③ (○) 교재 78P (관련판례 변호사의 접견허가신청에 대한 교도소장의 거부처분에 대하여 구속된 피고인이 취소를 구할 원고적격이 인정되는지 여부)
④ (○) 교재 72P (1. 의의)
⑤ (○) 교재 84P (관련판례 ❶-3)

[정답] ②

02 (2022년 기출)

취소소송에서의 소의 이익에 관한 설명으로 옳은 것은? (다툼이 있으면 판례에 따름)

① 행정청이 공무원에 대하여 새로운 직위해제사유에 기하여 직위해제처분을 한 경우, 그 공무원에게는 이전의 직위해제처분의 취소를 구할 소의 이익이 인정된다.
② 건물의 신축과정에서 피해를 입은 인접주택 소유자는 신축건물에 대한 사용검사(사용 승인)처분의 취소를 구할 소의 이익이 있다.
③ 해임처분 취소소송 계속 중 임기가 만료된 경우에도 그 취소로 해임처분일부터 임기만료일까지 기간에 대한 보수지급을 구할 수 있는 경우라면 해임처분의 취소를 구할 소의 이익이 인정된다.
④ 가중 제재처분 규정이 있는 의료법에 의해 의사면허자격정지처분을 받은 경우 자격정지기간이 지난 후에는 의사면허자격정지처분의 취소를 구할 소의 이익이 인정되지 아니한다.
⑤ 치과의사국가시험에 불합격한 후 새로 실시된 국가시험에 합격한 경우에도 명예 등의 인격적 이익이 침해되었음을 이유로 불합격처분의 취소를 구할 소의 이익이 인정된다.

/해 설/

① (×) 행정청이 공무원에 대하여 새로운 직위해제사유에 기한 직위해제처분을 한 경우 그 이전에 한 직위해제처분은 이를 묵시적으로 철회하였다고 봄이 상당하므로, 그 이전 처분의 취소를 구하는 부분은 존재하지 않는 행정처분을 대상으로 한 것으로서 그 소의 이익이 없어 부적법하다(대법원 2003. 10. 10. 선고 2003두5945 판결).
② (×) 위반건물에 대한 시정명령을 할 것인지 여부, 그 시기 및 명령의 내용 등은 행정청의 합리적 판단에 의하여 결정되는 것이므로, 건물이 이격거리를 유지하지 못하고 있고 건축과정에서 인접주택 소유자에게 피해를 입혔다 하더라도, 인접주택의 소유자로서는 건물에 대한 사용검사처분의 취소를 구할 법률상 이익이 있다고 볼 수 없다(대법원 1996. 11. 29. 선고 96누9768 판결).
③ (○) 해임처분 무효확인 또는 취소소송 계속 중 임기가 만료되어 해임처분의 무효확인 또는 취소로 지위를 회복할 수는 없다고 할지라도, 그 무효확인 또는 취소로 해임처분일부터 임기만료일까지 기간에 대한 보수 지급을 구할 수 있는 경우에는 해임처분의 무효확인 또는 취소를 구할 법률상 이익이 있다. 해임권자와 보수지급의무자가 다른 경우에도 마찬가지이다(대법원 2012. 2. 23. 선고 2011두5001 판결).
④ (×) 교재 87P ((가) 가중요건 또는 전제요건이 법령에 규정된 경우)
⑤ (×) 교재 92P (나. (1) 불합격처분)

정답 ③

제13조   피고적격

> 제2조 (정의) ② 이 법을 적용함에 있어서 행정청에는 법령에 의하여 행정권한의 위임 또는 위탁을 받은 행정기관, 공공단체 및 그 기관 또는 사인이 포함된다.
>
> 제13조(피고적격) ① 취소소송은 다른 법률에 특별한 규정이 없는 한 그 처분등을 행한 행정청을 피고로 한다. 다만, 처분등이 있은 뒤에 그 처분등에 관계되는 권한이 다른 행정청에 승계된 때에는 이를 승계한 행정청을 피고로 한다.
>
> ② 제1항의 규정에 의한 행정청이 없게 된 때에는 그 처분등에 관한 사무가 귀속되는 국가 또는 공공단체를 피고로 한다.
>
> 제38조(준용규정) ① 제9조, 제10조, 제13조 내지 제17조, 제19조, 제22조 내지 제26조, 제29조 내지 제31조 및 제33조의 규정은 무효등 확인소송의 경우에 준용한다.
>
> ② 제9조, 제10조, 제13조 내지 제19조, 제20조, 제25조 내지 제27조, 제29조 내지 제31조, 제33조 및 제34조의 규정은 부작위위법확인소송의 경우에 준용한다.
>
> 제39조(피고적격) 당사자소송은 국가·공공단체 그 밖의 권리주체를 피고로 한다.

1. 항고소송의 피고

가. 개 설

행정소송법 제13조는 취소소송의 피고적격을 규정하고 있으며, 동 규정은 무효등확인소송 및 부작위위법확인소송에 준용되고 있다(법 제38조). 따라서 취소소송 또는 무효등확인소송의 경우에는 '처분'에 대해서는 행정청이, '재결'에 대해서는 행정심판위원회가 피고가 되며, 부작위위법확인소송의 경우에는 국민으로부터 일정한 행위를 하여 줄 것을 신청받은 행정청이 피고가 된다.

나. 피고적격

(1) 의 의

피고적격이란 구체적인 소송에서 피고로서 소송을 수행하여 본안판결을 받을 수 있는 자격을 말하는 것으로서, 원래 취소소송의 피고적격도 민사소송과 같이 국가나 지방자치단체와 같은 권리·의무의 귀속주체에게 인정되어야 할 것이나, 행정소송법은 소송수행의 편의를 위하여 당사자능력이 없는 단순한 행정기관에 불과한 행정청에게 피고적격을 인정하고 있다(법 제13조 제1항).

(2) 행정청

일반적으로 행정청이라 함은 국가 또는 지방자치단체의 행정에 관한 의사를 결정하고 이를 외부에 표시할 수 있는 권한을 가진 행정기관을 말하나, 입법기관이나 사법기관도 행정적인 처분을 하는 범위에서는 행정청의 지위를 갖기도 한다(예 법원행정처장, 국회사무총장).

한편 취소소송의 피고가 되는 '처분등을 행한 행정청'이라 함은 그의 이름으로 처분을 한 행정기관을 말하며, 정당한 권한을 가진 행정청인지 여부는 불문한다.

> **관련판례** 항고소송의 피고로서 처분청의 의미
>
> ① 항고소송은 원칙적으로 소송의 대상인 행정처분 등을 외부적으로 그의 명의로 행한 행정청을 피고로 하여야 하는 것으로서, 그 행정처분을 하게 된 연유가 상급행정청이나 타행정청의 지시나 통보에 의한 것이라 하여 다르지 않고, 권한의 위임이나 위탁을 받아 수임행정청이 자신의 명의로 한 처분에 관하여도 마찬가지이다(대법원 2013. 2. 28. 선고 2012두22904 판결).
>
> ② 취소소송은 다른 법률에 특별한 규정이 없는 한 그 처분 등을 행한 행정청을 피고로 한다(행정소송법 제13조 제1항). 여기서 '행정청'이라 함은 국가 또는 공공단체의 기관으로서 국가나 공공단체의 의견을 결정하여 외부에 표시할 수 있는 권한, 즉 처분권한을 가진 기관을 말하고, 대외적으로 의사를 표시할 수 있는 기관이 아닌 내부기관은 실질적인 의사가 그 기관에 의하여 결정되더라도 피고적격을 갖지 못한다(대법원 2014. 5. 16. 선고 2014두274 판결).

(3) 권한승계와 기관폐지의 경우

처분 등이 있은 뒤에 그 처분 등에 관계되는 권한이 다른 행정청에 승계된 때에는 이를 승계한 행정청을 피고로 한다(법 제13조 제1항 제2문). 한편 처분이나 재결을 한 행정청이 없게 된 때에는 그 처분 등에 관한 사무가 귀속되는 국가 또는 공공단체를 피고로 한다(법 제13조 제2항).

> **관련판례** 권한승계의 경우 피고적격
>
> 근로복지공단이 갑 지방자치단체에 고용보험료 부과처분을 하자, 갑 지방자치단체가 구 고용보험 및 산업재해보상보험의 보험료징수 등에 관한 법률 제4조 등에 따라 국민건강보험공단을 상대로 위 처분의 무효확인 및 취소를 구한 사안에서, 근로복지공단이 갑 지방자치단체에 대하여 **고용보험료를 부과고지하는 처분을 한 후**, 국민건강보험공단이 위 법 제4조에 따라 종전 근로복지공단이 수행하던 보험료의 고지 및 수납 등의 업무를 수행하게 되었고, 위 법 부칙 제5조가 '위 법 시행 전에 종전의 규정에 따른 근로복지공단의 행위는 국민건강보험공단의 행위로 본다'고 규정하고 있어, 갑 지방자치단체에 대한 근로복지공단의 고용보험료 부과처분에 관계되는 권한 중 적어도 **보험료의 고지에 관한 업무는 국민건강보험공단이 그 명의로 고용노동부장관의 위탁을 받아서 한 것으로 보아야 하므로, 위 처분의 무효확인 및 취소소송의 피고는 국민건강보험공단**이 되어야 함에도, 이와 달리 위 처분의 주체는 여전히 근로복지공단이라고 본 원심판결에 고용보험료 부과고지권자와 항고소송의 피고적격에 관한 법리를 오해한 위법이 있다고 한 사례(대법원 2013. 2. 28. 선고 2012두22904 판결).

다. 구체적 검토

(1) 권한의 위임·위탁 및 내부위임의 경우

행정소송법은 법령에 의하여 행정권한의 위임 또는 위탁을 받은 행정기관, 공공단체 및 그 기관 또는 사인을 행정청에 포함시키고 있다(법 제2조 제2항). 행정권한의 위임이나 위탁이 있는 경우에는 권한이 수임청 또는 수탁청에게 넘어가기 때문에 이들이 피고가 된다. 아울러 사인도 행정권한이 위탁된 공무수탁사인의 경우에는 행정청이 된다.

한편 권한의 내부위임이 이루어진 경우에는 내부위임을 받은 기관(수임기관)이 사실상 권한을 행사하여도 그 행위는 결국 위임청을 위한 것이므로 위임청이 여전히 행정청의 지위를 가지게 되어, 위임청이 취소소송의 피고가 된다. 다만, 판례는 수임기관이 자신의 이름으로 처분을 한 경우에는 수임기관이 취소소송의 피고가 된다는 입장을 취하고 있는데, 이는 처분의 상대방

입장에서 권한이 위임되었는지 아니면 내부위임에 불과한 것인지 알아내기가 매우 어렵기 때문에 처분이 누구의 이름에 의하여 이루어졌는지에 따라 피고를 결정한 것이라 볼 수 있다.

> **관련판례** 세무서장이 압류재산의 공매를 한국자산관리공사에 대행하게 한 경우 공매를 다투는 항고소송의 피고는 한국자산관리공사
>
> 한국자산관리공사에 의한 공매의 대행은 세무서장의 공매권한의 위임으로 보아야 하고 따라서 **한국자산관리공사는 공매권한의 위임에 의하여 압류재산을 공매**하는 것이므로, 한국자산관리공사가 공매를 한 경우에 그 공매처분에 대한 취소 또는 무효확인 등의 항고소송을 함에 있어서는 **수임청으로서 실제로 공매를 행한 한국자산관리공사를 피고로 하여야** 한다(대구고등법원 1995. 7. 6. 선고 94구539 판결).

> **관련판례** 내부위임의 경우 피고적격
>
> 행정처분의 취소 또는 무효확인을 구하는 행정소송은 다른 법률에 특별한 규정이 없는 한 그 처분을 행한 행정청을 피고로 하여야 하며, 행정처분을 행할 적법한 권한 있는 상급행정청으로부터 내부위임을 받은 데 불과한 하급행정청이 권한 없이 행정처분을 한 경우에도 실제로 그 처분을 행한 하급행정청을 피고로 하여야 할 것이지 그 처분을 행할 적법한 권한 있는 상급행정청을 피고로 할 것은 아니다(대법원 1994. 8. 12. 선고 94누2763 판결).

(2) 권한의 대리의 경우

권한의 대리는 권한의 귀속자체의 변경을 발생시키지 않기 때문에 원칙적으로 피대리청이 피고가 된다. 그러나 대리기관이 대리관계를 밝힘이 없이 자신의 명의로 처분을 하였다면 대리기관이 피고가 된다.

다만 비록 대리관계를 명시적으로 밝히지는 아니하였다 하더라도 처분명의자가 피대리청 산하의 행정기관으로서 실제로 피대리청으로부터 대리권한을 수여받아 피대리청을 대리한다는 의사로 행정처분을 하였고, 처분명의자는 물론 그 상대방도 그 행정처분이 피대리청을 대리하여 한 것임을 알고서 이를 받아들인 예외적인 경우에는 피대리청이 피고가 되어야 한다.

> **관련판례** 현명이 없어도 피대리행정청이 피고가 되는 경우
>
> 항고소송은 다른 법률에 특별한 규정이 없는 한 원칙적으로 소송의 대상인 행정처분을 외부적으로 행한 행정청을 피고로 하여야 하는 것이고, 다만 대리기관이 대리관계를 표시하고 피대리 행정청을 대리하여 행정처분을 한 때에는 피대리 행정청이 피고로 되어야 할 것이다. 따라서 대리권을 수여받은 데 불과하여 그 자신의 명의로는 행정처분을 할 권한이 없는 행정청의 경우 대리관계를 밝힘이 없이 그 자신의 명의로 행정처분을 하였다면 그에 대하여는 처분명의자인 해당 행정청이 항고소송의 피고가 되어야 하는 것이 원칙이지만, 비록 대리관계를 명시적으로 밝히지는 아니하였다 하더라도 처분명의자가 피대리 행정청 산하의 행정기관으로서 실제로 피대리 행정청으로부터 대리권한을 수여받아 피대리 행정청을 대리한다는 의사로 행정처분을 하였고 처분명의자는 물론 그 상대방도 그 행정처분이 피대리 행정청을 대리하여 한 것임을 알고서 이를 받아들인 예외적인 경우에는 피대리 행정청이 피고가 되어야 한다고 할 것이다(대법원 2006. 2. 23. 자 2005부4 결정).

(3) 합의제 행정기관의 경우

행정청은 원칙적으로 독임제의 기관인 경우가 많으나, 방송통신위원회, 공정거래위원회, 각급

토지수용위원회, 소청심사위원회, 행정심판위원회, 감사원[92]과 같이 법령에 의해 합의제 행정기관의 이름으로 처분을 할 수 있는 권한이 주어진 경우에는 해당 합의제 행정기관 자체가 항고소송의 피고가 된다.

다만 노동위원회법 제27조는 중앙노동위원회의 처분에 대한 소송의 피고를 중앙노동위원회위원장으로 하는 특별규정을 두고 있으며, 해양사고의 조사 및 심판에 관한 법률 제75조도 중앙해양안전심판원의 재결에 관한 소송의 피고를 중앙해양안전심판원장으로 하는 특별규정을 두고 있다.

(4) 지방의회

지방의회는 의결기관에 불과하므로 원칙적으로 행정청이 될 수 없다. 그러므로 지방의회가 의결한 조례가 집행행위의 개입 없이도 그 자체로서 직접 국민의 권리의무에 영향을 미쳐 항고소송의 대상이 되는 경우에도 그 피고는 조례안의 의결한 지방의회가 아니라 조례를 공포한 지방자치단체장(교육·학예에 관한 조례는 시·도교육감)이 피고가 된다(판례 ❶).

그러나 소속의원에 대한 징계의결(판례 ❷)이나 의장에 대한 불신임의결(판례 ❸) 및 의장선거(판례 ❹)는 지방의회의 이름으로 행하여지는 처분이므로 이때에는 합의제 행정청으로서 지방의회가 항고소송의 피고가 된다.

> **관련판례 ❶ 조례가 항고소송의 대상이 되는 행정처분에 해당하는 경우**
>
> [1] 조례가 집행행위의 개입 없이도 그 자체로서 직접 국민의 구체적인 권리의무나 법적 이익에 영향을 미치는 등의 법률상 효과를 발생하는 경우 그 조례는 항고소송의 대상이 되는 행정처분에 해당하고, 이러한 **조례에 대한 무효확인소송을 제기함에 있어서 행정소송법 제38조 제1항, 제13조에 의하여 피고적격이 있는 처분 등을 행한 행정청**은 행정주체인 지방자치단체 또는 지방자치단체의 내부적 의결기관으로서 지방자치단체의 의사를 외부에 표시한 권한이 없는 지방의회가 아니라, 구 지방자치법 제19조 제2항, 제92조에 의하여 지방자치단체의 집행기관으로서 조례로서의 효력을 발생시키는 **공포권이 있는 지방자치단체의 장**이다.
>
> [2] 구 지방교육자치에관한법률 제14조 제5항, 제25조에 의하면 시·도의 교육·학예에 관한 사무의 집행기관은 시·도 교육감이고 시·도 교육감에게 지방교육에 관한 조례안의 공포권이 있다고 규정되어 있으므로, **교육에 관한 조례의 무효확인소송을 제기함에 있어서는 그 집행기관인 시·도 교육감을 피고**로 하여야 한다(대법원 1996. 9. 20. 선고 95누8003 판결).

> **관련판례 ❷ 지방의회 의원에 대한 징계의결의 처분성**
>
> 지방자치법 제78조 내지 제81조의 규정에 의거한 지방의회의 의원징계의결은 그로 인해 의원의 권리에 직접 법률효과를 미치는 행정처분의 일종으로서 행정소송의 대상이 되고, 그와 같은 의원징계의결의 당부를 다투는 소송의 관할법원에 관하여는 동법에 특별한 규정이 없으므로 일반법인 행정소송법의 규정에 따라 지방의회의 소재지를 관할하는 고등법원이 그 소송의 제1심 관할법원이 된다(대법원 1993. 11. 26, 선고 93누7341 판결).

> **관련판례 ❸ 지방의회 의장에 대한 불신임의결의 처분성**
>
> 지방의회를 대표하고 의사를 정리하며 회의장 내의 질서를 유지하고 의회의 사무를 감독하며 위원회에 출

---

92) 감사원은 원장을 포함하여 5인 이상 11인 이하의 감사위원으로 구성되는데(헌법 제98조 제1항), 감사원법은 원장을 포함한 7인을 감사위원으로 하고 있다. 이 7인의 감사위원으로 구성된 감사위원회가 바로 합의제행정관청인 감사원을 말하는 것이다.

석하여 발언할 수 있는 등의 직무권한을 가지는 지방의회 의장에 대한 불신임의결은 의장으로서의 권한을 박탈하는 행정처분의 일종으로서 항고소송의 대상이 된다(대법원 1994. 10. 11. 선고 94두23 판결).

> **관련판례 ④ 지방의회 의장선거의 처분성**
>
> 지방의회의 의장은 지방자치법 제43조, 제44조의 규정에 의하여 의회를 대표하고 의사를 정리하며, 회의장 내의 질서를 유지하고 의회의 사무를 감독할 뿐만 아니라 위원회에 출석하여 발언할 수 있는 등의 직무권한을 가지는 것이므로, 지방의회의 의사를 결정공표하여 그 당선자에게 이와 같은 의장으로서의 직무권한을 부여하는 지방의회의 의장선거는 행정처분의 일종으로서 항고소송의 대상이 된다고 할 것이다(대법원 1995. 1. 12. 선고 94누2602 판결).

(5) 타법에 특별규정이 있는 경우

국가공무원법 등 각종 공무원법에서는 공무원에 대한 징계, 기타 불이익처분의 처분청이 대통령·국회의장 또는 중앙선거관리위원회위원장인 경우에는 특례를 인정하여, 처분청이 대통령인 경우에는 소속장관, 국회의장인 경우에는 국회규칙이 정하는 소속기관장, 중앙선거관리위원장인 경우에는 사무총장이 피고가 되도록 하였다(국가공무원법 제16조, 경찰공무원법 제28조, 소방공무원법 제25조).

그 밖에 처분의 경우에는 국회의장이 처분청인 경우에는 국회사무총장(국회사무처법 제4조 제3항), 대법원장이 처분청인 경우에는 법원행정처장(법원조직법 제70조), 헌법재판소장이 처분청인 경우에는 사무처장(헌법재판소법 제17조 제5항)이 각각 피고가 되도록 하였다(이른바 기능적 행정청). 이는 국가의 최고기관의 지위를 고려한 특례라고 할 것이다.

> **관련판례 법관의 명예퇴직수당지급청구에 대한 거부처분취소소송의 피고는 법원행정처장이다**
>
> [1] 공법상의 법률관계에 관한 당사자소송에서는 그 법률관계의 한쪽 당사자를 피고로 하여 소송을 제기하여야 한다(행정소송법 제3조 제2호, 제39조). 다만 원고가 고의 또는 중대한 과실 없이 당사자소송으로 제기하여야 할 것을 항고소송으로 잘못 제기한 경우에, 당사자소송으로서의 소송요건을 결하고 있음이 명백하여 당사자소송으로 제기되었더라도 어차피 부적법하게 되는 경우가 아닌 이상, 법원으로서는 원고가 당사자소송으로 소 변경을 하도록 하여 심리·판단하여야 한다.
>
> [2] 명예퇴직수당은 명예퇴직수당 지급신청자 중에서 일정한 심사를 거쳐 피고가 명예퇴직수당 지급대상자로 결정한 경우에 비로소 지급될 수 있지만, 명예퇴직수당 지급대상자로 결정된 법관에 대하여 지급할 수당액은 명예퇴직수당규칙 제4조 [별표 1]에 산정 기준이 정해져 있으므로, 위 법관은 위 규정에서 정한 정당한 산정 기준에 따라 산정된 명예퇴직수당액을 수령할 구체적인 권리를 가진다. 따라서 위 법관이 이미 수령한 수당액이 위 규정에서 정한 정당한 명예퇴직수당액에 미치지 못한다고 주장하며 차액의 지급을 신청함에 대하여 법원행정처장이 거부하는 의사를 표시했더라도, 그 의사표시는 명예퇴직수당액을 형성·확정하는 행정처분이 아니라 공법상의 법률관계의 한쪽 당사자로서 지급의무의 존부 및 범위에 관하여 자신의 의견을 밝힌 것에 불과하므로 행정처분으로 볼 수 없다. 결국 명예퇴직한 법관이 미지급 명예퇴직수당액에 대하여 가지는 권리는 명예퇴직수당 지급대상자 결정 절차를 거쳐 명예퇴직수당규칙에 의하여 확정된 공법상 법률관계에 관한 권리로서, 그 지급을 구하는 소송은 행정소송법의 당사자소송에 해당하며, 그 법률관계의 당사자인 국가를 상대로 제기하여야 한다(대법원 2016. 5. 24. 선고 2013두14863 판결).

(6) 공공단체의 경우

공공조합이나 공법상의 재단법인 또는 영조물법인과 같은 공공단체가 법령에 의하여 국가 또는 지방자치단체의 사무를 위탁받아 제3자에게 행정권을 행사하는 경우에는 법주체이면서도 동시에 행정청으로서의 지위를 가진다(법 제2조 제2항). 따라서 이러한 공공단체는 항고소송의 피고적격을 가지는 것은 물론 법주체로서 당사자소송이나 민사소송의 피고적격도 갖게 된다. 예를 들어, 근로복지공단의 이사장의 명의로 처분이 이루어진 경우 항고소송의 피고적격은 근로복지공단이 갖게 되며, 근로복지공단을 상대로 민사소송이나 당사자소송을 제기하는 경우 역시 피고는 근로복지공단이다.

그에 반해 공공단체라 하더라도 지방자치단체의 경우에는 지방자치단체가 아니라 그에 소속된 기관(⑩ 시·도지사, 시·군·자치구청장)이 행정청의 지위를 가지게 되므로 항고소송의 피고적격도 이러한 시·도지사나 시·군·자치구청장이 가지게 된다.

(7) 처분청과 통지한 자가 다른 경우

처분청과 통지한 자가 다른 경우에는 처분청이 피고가 된다.

> **관련판례** 처분청과 통지한 자가 다른 경우 피고는 처분청
>
> 폐쇄명령처분을 한 행정청은 어디까지나 인천광역시장이고, 인천광역시 북구청장은 인천광역시장의 위 폐쇄명령처분에 관한 사무처리를 대행하면서 이를 통지하였음에 지나지 않으므로, 피고 북구청장을 위 폐쇄명령처분을 한 행정청으로 보고 제기한 이 사건 소는 피고적격이 없는 자를 상대로 한 것이어서 부적법하다(대법원 1990. 4. 27. 선고 90누233 판결).

> **관련판례** 서훈취소처분을 대통령이 하고 이를 국가보훈처장이 통보한 경우 피고는 대통령이라는 사례
>
> [1] 헌법 제11조 제3항과 구 상훈법 제2조, 제33조, 제34조, 제39조의 규정 취지에 의하면, **서훈은 서훈대상자의 특별한 공적에 의하여 수여되는 고도의 일신전속적 성격을 가지는 것이다.** 나아가 서훈은 단순히 서훈대상자 본인에 대한 수혜적 행위로서의 성격만을 가지는 것이 아니라, 국가에 뚜렷한 공적을 세운 사람에게 영예를 부여함으로써 국민 일반에 대하여 국가와 민족에 대한 자긍심을 높이고 국가적 가치를 통합·제시하는 행위의 성격도 있다. 서훈의 이러한 특수성으로 말미암아 상훈법은 일반적인 행정행위와 달리 사망한 사람에 대하여도 그의 공적을 영예의 대상으로 삼아 서훈을 수여할 수 있도록 규정하고 있다. 그러나 그러한 경우에도 서훈은 어디까지나 서훈대상자 본인의 공적과 영예를 기리기 위한 것이므로 비록 유족이라고 하더라도 제3자는 **서훈수여 처분의 상대방이 될 수 없고, 구 상훈법 제33조, 제34조 등에 따라 망인을 대신하여 단지 사실행위로서 훈장 등을 교부받거나 보관할 수 있는 지위에 있을 뿐이다.** 이러한 서훈의 일신전속적 성격은 서훈취소의 경우에도 마찬가지이므로, 망인에게 수여된 서훈의 취소에서도 유족은 그 처분의 상대방이 되는 것이 아니다. 이와 같이 망인에 대한 서훈취소는 유족에 대한 것이 아니므로 유족에 대한 통지에 의해서만 성립하여 효력이 발생한다고 볼 수 없고, 그 **결정이 처분권자의 의사에 따라 상당한 방법으로 대외적으로 표시됨으로써 행정행위로서 성립하여 효력이 발생한다고 봄이 타당하다.**
>
> [2] 국무회의에서 건국훈장 독립장이 수여된 망인에 대한 서훈취소를 의결하고 대통령이 결재함으로써 서훈취소가 결정된 후 국가보훈처장이 망인의 유족 갑에게 '독립유공자 서훈취소결정 통보'를 하자 갑이 국가보훈처장을 상대로 서훈취소결정의 무효 확인 등의 소를 제기한 사안에서, **갑이 서훈취소 처분을 행한 행정청(대통령)이 아니라 국가보훈처장을 상대로 제기한 위 소는 피고를 잘못 지정한 경우에 해당하므로, 법원으로서는 석명권을 행사하여 정당한 피고로 경정하게 하여 소송을 진행해야 함에도** 국가보훈처장이 서훈취소 처분을 한 것을 전제로 처분의 적법 여부를 판단한 원심판결에 법리오해 등의 잘못이 있다고 한 사례(대법원 2014. 9. 26. 선고 2013두2518 판결).

(8) 조세부과처분의 경우

조세부과처분에 대한 항고소송의 피고는 당해 처분을 행한 세무서장[93]이다. 반면에 국세를 부과한 처분청이 세무서장인 경우에도 국세채무부존재확인의 소의 피고는 세무서장이 아니라 국가가 된다. 왜냐하면 이는 당사자소송의 피고는 항고소송과 달리 처분청이 아니라 권리의무의 귀속주체인 국가·공공단체 등이 피고가 되기 때문이다(법 제39조).

(9) 공법인의 경우

공법인으로서 공공조합[94]이나 공법상의 재단법인[95] 또는 영조물법인[96] 등이 법령에 의하여 국가 또는 지방자치단체의 사무를 위탁받아 제3자에게 행정권을 행사하는 경우에는 법주체이면서도 동시에 행정청으로서의 지위를 가진다(법 제2조 제2항). 따라서 근로복지공단의 이사장의 명의로 처분이 이루어진 경우라 할지라도 피고적격은 근로복지공단이 갖는다.

그에 반해 공법인으로서 지방자치단체의 경우에는 지방자치단체가 아니라 그에 소속된 기관(예 시·도지사, 시·도의회)이 행정청의 지위를 갖는다.

2. 당사자소송의 피고

당사자소송에 있어서는 항고소송의 경우처럼 행정청이 피고가 되는 것이 아니라 '국가·공공단체 그 밖의 권리주체'가 피고가 된다(법 제39조). 국가가 피고가 되는 때에는 법무부장관이 국가를 대표하며, 지방자치단체가 피고가 되는 때에는 당해 지방자치단체의 장이 대표한다.

---

93) 대법원 2013. 3. 28. 선고 2010두20805 판결
94) 공공조합이란 특정한 행정목적을 위하여 일정한 자격을 가진 사람들에 의하여 구성된 공법상의 사단법인을 말한다. 이러한 공공조합은 설립목적에 따라 경제적 목적을 위한 것(예 상공회의소), 지역개발을 목적으로 한 것(예 도시재개발조합), 직능목적을 위한 것(예 대한변호사회, 대한의사회, 대한약사회), 사회복지를 목적으로 한 것(예 의료보험조합, 국민연금공단)으로 나눌 수 있다.
95) 공법상의 재단법인이란 국가나 지방자치단체가 출연한 재산을 관리하기 위하여 설립된 재단법인인 공공단체를 말한다. 현행법상 공법상의 재단법인으로는 한국연구재단과 한국학중앙연구원이 있다.
96) 일정한 행정목적을 실현하기 위하여 설립된 인적·물적 수단의 결합체에 공법상의 법인격이 부여된 경우에 이를 영조물법인이라고 한다. 이러한 영조물법인은 법률에 의해 성립된 것(예 한국방송공사, 한국은행, 서울대학교병원, 서울대학교, 인천국제공항공사 등)과 법률에 근거를 둔 조례에 의해 성립된 것(예 서울특별시지하철공사)으로 나눌 수 있다.

01 (2024년 기출)

항고소송의 피고적격에 관한 설명으로 옳지 않은 것은? (다툼이 있으면 판례에 따름)

① 국회의 기관은 피고적격이 인정될 수 없다.
② 대외적으로 의사를 표시하지 않은 내부기관은 실질적인 의사가 그 기관에 의하여 결정되더라도 피고적격을 갖지 못한다.
③ 피고적격이 인정되는 행정청에는 합의제 행정청도 포함된다.
④ 중앙노동위원회의 처분에 대한 취소소송의 피고는 중앙노동위원회 위원장이다.
⑤ 법령에 의하여 행정권한의 위탁을 받은 사인도 피고가 될 수 있다.

/해 설/

① (×) 교재 98P ((2) 행정청)
② (○) 교재 99P (관련판례 항고소송의 피고로서 처분청의 의미 ②)
③ (○), ④ (○) 교재 101P ((3) 합의제 행정기관의 경우)
⑤ (○) 교재 99P (다. (1) 권한의 위임·위탁 및 내부위임의 경우)

[정답] ①

제14조   피고경정

> 제14조(피고경정) ① 원고가 피고를 잘못 지정한 때에는 법원은 원고의 신청에 의하여 결정으로써 피고의 경정을 허가할 수 있다.
> ② 법원은 제1항의 규정에 의한 결정의 정본을 새로운 피고에게 송달하여야 한다.
> ③ 제1항의 규정에 의한 신청을 각하하는 결정에 대하여는 즉시항고할 수 있다.
> ④ 제1항의 규정에 의한 결정이 있은 때에는 새로운 피고에 대한 소송은 처음에 소를 제기한 때에 제기된 것으로 본다.
> ⑤ 제1항의 규정에 의한 결정이 있은 때에는 종전의 피고에 대한 소송은 취하된 것으로 본다.
> ⑥ 취소소송이 제기된 후에 제13조제1항 단서 또는 제13조제2항에 해당하는 사유가 생긴 때에는 법원은 당사자의 신청 또는 직권에 의하여 피고를 경정한다. 이 경우에는 제4항 및 제5항의 규정을 준용한다.

가. 의의 및 제도의 취지

피고경정이란 소송의 계속중에 피고로 지정된 자를 다른 자로 변경하거나 추가하는 것을 의미한다. 원래 행정법규나 행정조직은 복잡할 뿐만 아니라 수시로 변경되기 때문에 어느 행정청을 취소소송의 피고로 할지 판단하는 것은 쉽지 않으며, 이에 따라 피고의 지정이 잘못되는 경우도 적지 않게 발생한다. 이 경우 그 소를 부적법한 것으로 각하하게 되면, 다시 정당한 피고를 정하여 제소하려고 하여도 제소기간의 경과 등으로 권리구제를 받을 수 없게 되는 경우가 있다. 행정소송법은 이와 같은 원고의 불측의 손해를 막기 위하여 피고경정에 관한 규정을 두고 있다(법 제14조).

이러한 피고경정에 관한 규정은 무효등확인소송 및 부작위위법확인소송(법 제38조) 및 당사자소송에 준용되고 있다(법 제44조).

나. 피고경정이 허용되는 경우

피고의 경정은 ① 원고가 피고를 잘못 지정한 경우(법 제14조 제1항), ② 행정청의 권한이 다른 행정청에 승계되거나 행정청이 없게 된 경우(법 제14조 제6항), ③ 소의 종류의 변경(항고소송이 당사자소송으로 변경되거나 반대로 당사자소송이 항고소송으로 변경되는 경우)이 있는 경우(법 제21조·제42조)에 가능하다.

다. 원고가 피고를 잘못 지정한 경우의 피고경정

(1) 요 건

취소소송은 처분등을 행한 행정청을 피고로 하여야 하는바(법 제13조 제1항 제1문), 이 때 '처분등을 행한 행정청'이란 외부적으로 그의 이름으로 처분을 행한 행정기관을 의미한다. 따라서 원고가 처분등을 행한 행정청이 아닌 다른 행정기관을 상대로 취소소송을 제기한 경우에는 피고경정의 요건이 충족되게 된다.

(2) 절 차

이 경우 피고의 경정은 '원고의 신청'에 의하여 법원의 결정으로써 행한다(법 제14조 제1항). 따라서 원고가 피고를 잘못 지정한 것으로 보이는 경우 법원으로서는 직권으로 피고를 경정해서는 안 되고, 석명권을 행사하여 원고로 하여금 정당한 피고로 경정하게 하여 소송을 진행하도록 하여야 한다.

한편, 피고경정결정이 있는 경우 법원은 결정의 정본을 새로운 피고에게 송달하여야 한다(법 제14조 제2항).

> **관련판례** 원고가 피고를 잘못 지정한 경우, 법원이 취하여야 할 조치
>
> 고용보험 및 산업재해보상보험의 보험료징수 등에 관한 법률 제4조는 고용보험법 및 산업재해보상보험법에 따른 보험사업에 관하여 이 법에서 정한 사항은 고용노동부장관으로부터 위탁을 받아 근로복지공단이 수행하되, 보험료의 체납관리 등의 징수업무는 국민건강보험공단이 고용노동부장관으로부터 위탁을 받아 수행한다고 규정하고 있다. 따라서 고용·산재보험료의 귀속주체, 즉 사업주가 각 보험료 납부의무를 부담하는 상대방은 근로복지공단이고, 국민건강보험공단은 단지 각 보험료의 징수업무를 수행하는 데에 불과하므로, 고용·산재보험료 납부의무 부존재확인의 소는 근로복지공단을 피고로 하여 제기하여야 한다. 그리고 행정소송법상 당사자소송에서 원고가 피고를 잘못 지정한 때에는 법원은 원고의 신청에 의하여 결정으로써 피고의 경정을 허가할 수 있으므로(행정소송법 제44조 제1항, 제14조), 원고가 피고를 잘못 지정한 것으로 보이는 경우 법원으로서는 마땅히 석명권을 행사하여 원고로 하여금 정당한 피고로 경정하게 하여 소송을 진행하도록 하여야 한다(대법원 2016. 10. 13. 선고 2016다221658 판결).

(3) 효 과

피고경정에 대한 허가결정이 있을 때에는 새로운 피고에 대한 소송은 처음에 소를 제기한 때에 제기된 것으로 본다(법 제14조 제4항). 따라서 허가결정 당시에 이미 제소기간이 경과하고 있는 경우에도 제소기간이 준수된 것이 된다. 아울러 피고경정의 허가결정이 있을 때에는 종전의 피고에 대한 소송은 취하된 것으로 본다(법 제14조 제5항).

(4) 불 복

원고의 피고경정신청을 각하하는 결정에 대하여 원고는 법원에 즉시항고를 할 수 있다(법 제14조 제3항).

라. 행정청의 권한이 승계되거나 행정청이 없게 된 경우의 피고경정

(1) 요 건

행정소송법은 처분 등이 있은 뒤에 그 처분 등에 관계되는 권한이 다른 행정청에 승계된 때에는 이를 승계한 행정청을 피고로 하고 있으며(법 제13조 제1항 제2문), 처분이나 재결을 한 행정청이 없게 된 때에는 그 처분 등에 관한 사무가 귀속되는 국가 또는 공공단체를 피고로 하고 있는바(법 제13조 제2항), 이와 같은 경우에는 당연히 피고경정이 필요하다.

(2) 절 차

원고가 피고를 잘못 지정한 경우와 달리 이 경우 피고의 경정은 당사자의 신청뿐만 아니라 '법원의 직권'에 의해서도 가능하다(법 제14조 제6항).

(3) 효 과

행정소송법 제14조 제6항은 동조 제4항과 제5항을 준용한다. 따라서 피고경정에 대한 허가결정이 있을 때에는 새로운 피고에 대한 소송은 처음에 소를 제기한 때에 제기된 것으로 보며(법 제14조 제4항), 피고경정의 허가결정이 있을 때에는 종전의 피고에 대한 소송은 취하된 것으로 본다(법 제14조 제5항).

(4) 불 복

행정소송법 제14조 제6항은 동조 제3항의 즉시항고에 관한 규정을 준용하지 않으므로 이 경우 즉시항고는 허용되지 않으며, 보통항고만이 가능하다.

마. 소의 변경이 있는 경우의 피고경정

항고소송에서 당사자소송으로 또는 당사자소송에서 항고소송으로 소를 변경하는 경우에는 대개 피고의 변경을 수반하므로 이 경우 피고를 경정할 필요가 있다. 이 경우 법원은 새로이 피고가 될 자의 의견을 들어야 한다(법 제21조 제2항).

바. 민사소송에서의 피고경정과의 차이

① 민사소송은 제1심에서만 가능하나 행정소송은 제2심(사실심변론종결시)까지 허용되고,[97] ② 민사소송에서는 피고가 준비서면을 진술하거나 변론을 한 후에는 피고의 동의가 있어야 가능하지만 행정소송에서는 구 피고의 동의를 요하지 않으며, ③ 민사소송에서는 반드시 서면으로 신청하여야 하나 행정소송에서는 구두신청도 가능하다는 점에서 차이가 있다.

---

01 (2024년 기출)

행정소송법상 피고경정에 관한 설명으로 옳지 않은 것은? (다툼이 있으면 판례에 따름)

① 피고경정은 사실심 변론종결시까지 허용된다.
② 피고경정신청을 인용한 결정에 대하여는 종전 피고는 항고제기의 방법으로 불복신청할 수 없다.
③ 관련청구의 병합이 있는 경우 법원의 피고경정결정을 받아야 한다.
④ 원고가 피고를 잘못 지정하였다면 법원으로서는 석명권을 행사하여 원고로 하여금 피고를 경정하게 하여 소송을 진행케 하여야 한다.
⑤ 피고경정의 결정이 있은 때에는 종전의 피고에 대한 소송은 취하된 것으로 본다.

/해 설/

① (O) 교재 108P (바. 민사소송에서의 피고경정과의 차이)

---

[97] 대법원 2006. 2. 23. 자 2005부4 결정

② (○) 행정소송에서 피고경정신청이 이유 있다 하여 인용한 결정에 대하여는 종전 피고는 항고제기의 방법으로 불복신청할 수 없고, 행정소송법 제8조 제2항에 의하여 준용되는 민사소송법 제449조 소정의 특별항고가 허용될 뿐이다(대법원 2006. 2. 23. 자 2005부4 결정).

③ (×) 행정소송법 제10조 제2항의 관련청구의 병합은 그것이 관련청구에 해당하기만 하면 당연히 병합청구를 할 수 있으므로 법원의 피고경정결정을 받을 필요가 없다(대법원 1989. 10. 27. 선고 89두1 판결).

④ (○) 다른 법률에 특별한 규정이 없음에도 피고를 상대로 서울지방국세청장이 행한 신고시인결정 통지의 취소를 구하는 이 사건 소는 피고적격이 없는 자를 상대로 한 것이어서 부적법하다. 따라서 이러한 경우 원심으로서는 석명권을 행사하여 원고로 하여금 피고를 처분청인 서울지방국세청장으로 경정하게 하여 소송을 진행하였어야 한다(대법원 2016. 8. 18. 선고 2015두41562 판결).

⑤ (○) 행정소송법 제14조 제5항

정답 ③

제15조 공동소송

> 제15조(공동소송) 수인의 청구 또는 수인에 대한 청구가 처분등의 취소청구와 관련되는 청구인 경우에 한하여 그 수인은 공동소송인이 될 수 있다.

1. 의 의

수인의 청구 또는 수인에 대한 청구가 처분 등의 취소청구와 관련되는 청구인 경우에 그 수인은 공동소송인이 될 수 있다(법 제15조). 즉 공동소송은 하나의 소송절차에 여러 사람의 원고 또는 피고가 관여하는 소송의 형태로 소의 주관적 병합이라고 할 수 있다.

2. 요 건

공동소송의 참여시기는 사실심 변론종결전까지라 할 것이며, 공동소송인은 각자 독립당사자로서 소송에 참가하는 것이므로 각자 소송요건을 충족하고 있어야 한다. 따라서 취소를 구할 법률상 이익이 없거나 제소기간이 경과한 후에는 공동소송인으로 참가할 수 없다.

제16조　　제3자의 소송참가

> 제16조(제3자의 소송참가) ① 법원은 소송의 결과에 따라 권리 또는 이익의 침해를 받을 제3자가 있는 경우에는 당사자 또는 제3자의 신청 또는 직권에 의하여 결정으로써 그 제3자를 소송에 참가시킬 수 있다.
> ② 법원이 제1항의 규정에 의한 결정을 하고자 할 때에는 미리 당사자 및 제3자의 의견을 들어야 한다.
> ③ 제1항의 규정에 의한 신청을 한 제3자는 그 신청을 각하한 결정에 대하여 즉시항고할 수 있다.
> ④ 제1항의 규정에 의하여 소송에 참가한 제3자에 대하여는 민사소송법 제67조의 규정을 준용한다.
>
> 민사소송법 제67조(필수적 공동소송에 대한 특별규정) ① 소송목적이 공동소송인 모두에게 합일적으로 확정되어야 할 공동소송의 경우에 공동소송인 가운데 한 사람의 소송행위는 모두의 이익을 위하여서만 효력을 가진다.
> ② 제1항의 공동소송에서 공동소송인 가운데 한 사람에 대한 상대방의 소송행위는 공동소송인 모두에게 효력이 미친다.
> ③ 제1항의 공동소송에서 공동소송인 가운데 한 사람에게 소송절차를 중단 또는 중지하여야 할 이유가 있는 경우 그 중단 또는 중지는 모두에게 효력이 미친다.

가. 의 의

소송참가란 소송의 계속 중에 소송 외의 제3자가 타인 사이의 소송의 결과에 따라 자기의 법률상 지위에 영향을 미치게 될 경우에 자기의 이익을 위하여 그 소송절차에 참가하는 것을 의미한다(법 제16조·제17조). 소송참가제도는 다른 항고소송은 물론(법 제38조), 당사자소송과 민중소송 및 기관소송에도 준용된다(법 제44조 제1항, 제46조).

제3자의 소송참가는 소송의 결과에 의하여 권리 또는 이익의 침해를 받을 제3자가 있는 경우에 당사자 또는 제3자의 신청 또는 직권에 의하여 그 제3자를 소송에 참가시키는 제도를 말한다(법 제16조). 이런 제3자의 소송참가는 취소판결의 제3자효(법 제29조 제1항)로 인하여 권익을 침해당할 우려가 있는 제3자에게 미리 그 소송에서 공격·방어방법을 제출할 기회를 제공하여 제3자의 권익을 보호하게 하려는 제도이다.

나. 요 건

(1) 소송의 결과

제3자의 소송참가를 위해서는 타인 사이에 적법한 소송이 계속중이어야 하고, 제3자는 소송의 결과에 따라 이익의 침해를 받게 될 자이어야 한다. 여기서 소송의 결과에 의하여 권리 또는 이익을 침해받는다는 것은 일반적으로는 인용판결의 형성력에 의해 권리 또는 이익을 박탈당하는 경우를 말하지만, 인용판결의 기속력에 따른 행정청의 새로운 처분에 의해 권리 또는 이익의 침해를 받는 경우도 포함된다.[98]

---

[98] 문리적으로는 기각판결에 의하여 권리 또는 이익을 박탈당하는 경우도 포함된다고 해석하는 것이 가능하다. 법원실무제요(행정)도 그렇게 서술하고 있다(73면). 문제는 기각판결에 의하여 권리 또는 이익을 박탈당하는 자는 대개 원고와 같은 이해관계를 갖는 자일 것인데(예를 들어, 환경영향평가 대상지역 안에 있는 원고A의

예를 들어 경원자관계에서 허가를 받지 못한 자(A)가 허가처분의 취소를 청구한 경우에, 이 소송에서 허가처분이 취소되면 허가를 받은 제3자(B)는 판결의 '형성력'에 의해 허가처분의 효력을 상실하게 되므로 제3자로서 소송참가를 할 수 있다. 만약 경원자관계에서 허가를 받지 못한 자(A)가 자신에 대한 거부처분취소소송을 제기하여 승소한다 하더라도 기존 허가처분을 받은 자(B)에 대한 허가처분이 당연히 효력을 상실하지는 않지만(판결의 형성력은 A에 대한 거부처분의 효력을 소멸하는 것에 불과하므로), 판결의 '기속력' 중 재처분의무에 따라 처분청이 원고(A)에게 허가를 부여하려 한다면 기존 허가처분을 받은 자(B)에 대한 허가는 직권취소할 수밖에 없기 때문에, 기존에 허가처분을 받은 자(B)는 판결에 기속력에 의하여 권리 또는 이익의 침해를 받는 제3자에 해당한다.

(2) 권리 또는 이익의 침해를 받을 제3자

판례는 행정소송법 제16조에 따른 제3자의 소송참가가 허용되기 위해서는 소송의 결과에 따라 제3자의 권리 또는 이익이 침해되어야 하고, 이때의 이익은 법률상 이익을 말한다고 하여,[99] 행정소송법 제16조의 제3자를 행정소송법 제12조의 '법률상 이익'의 침해를 받는 제3자와 동일시 하고 있다.

(3) 기간의 제한을 받는지 여부

소송참가의 경우 기간의 제한은 받지 않으므로, 제소기간이 경과된 제3자는 공동소송이 아닌 소송참가제도를 활용할 수 있다.

다. 절 차

제3자의 참가는 당사자 또는 제3자의 신청 또는 법원의 직권에 의하여 결정으로써 행하여진다(법 제16조 제1항). 법원이 참가결정을 하고자 할 때에는 미리 당사자 및 제3자의 의견을 들어야 한다(법 제16조 제2항). 다만 그 의견에 기속되는 것은 아니다.

라. 불 복

제3자는 참가신청을 각하한 결정에 대하여는 즉시항고를 할 수 있다(법 제16조 제3항). 행정소송법 제16조 제3항의 반대해석상, 참가를 허가한 결정에 대하여는 당사자 및 제3자 누구도 불복할 수 없다.[100]

마. 참가인의 지위

(1) 공동소송적 보조참가인

소송참가인에 대하여는 민사소송법 제67조의 규정이 준용되기 때문에(법 제16조 제4항), 참가인

소 제기에 대해서 환경영향평가 대상지역 밖에 거주하는 B가 A의 소 제기에 참가하려는 경우), 이 경우 법률상 이익이 인정되면 행정소송법 제15조에 따라 공동소송인이 되며, 법률상 이익이 부정되면 공동소송은 물론 행정소송법 제16조의 소송참가도 불가능하므로 기각판결에 의하여 권리 또는 이익을 박탈당하는 자가 행정소송법 제16조에 의하여 소송에 참가한다는 것은 생각하기 어렵다.

99) 대법원 2008. 5. 29. 선고 2007두23873 판결
100) 법원실무제요(행정), 법원행정처(2016), 75~76면.

은 피참가인과의 사이에 필수적 공동소송에 있어서 공동소송인에 준한 지위에 서게 되나, 당사자에 대하여 독자적인 청구를 하는 것이 아니므로 강학상 공동소송적 보조참가인의 지위와 유사한 것으로 보는 것이 일반적 견해이다.

(2) 참가인이 피참가인의 행위와 어긋나는 행위를 할 수 있는지 여부

제3자의 소송참가의 경우에는 민사소송법 제67조가 준용되는 결과, 참가인은 통상의 보조참가인에 비하여 비교적 독립적인 지위가 인정된다. 즉 유리한 행위는 1인이 하여도 전원에 대하여 효력이 생기는 반면 불리한 행위는 전원이 하지 않는 한 효력이 없다. 따라서 1인이라도 상대방의 주장사실을 다투면 전원이 다툰 것이 되고, 피참가인이나 참가인 중 누구라도 상소가 가능하다.

또한 행정청의 소송참가(법 제17조)와 달리 민사소송법 제76조가 준용되지 않으므로 참가인은 자신에게 유리한 한도 내에서 피참가인의 행위와 어긋나는 행위를 할 수 있다(민사소송법 제76조 제2항). 따라서 참가인이 상소한 경우에 피참가인이 상소권포기나 상소취하를 하여도 상소의 효력은 지속된다.[101]

(3) 참가인이 재심청구를 할 수 있는지 여부

소송에 참가한 제3자는 확정된 종국판결에 대하여 행정소송법 제31조에 따른 재심청구를 할 수는 없다. 왜냐하면 재심청구는 제3자에게 책임없는 사유로 소송에 참가하지 못하고 확정판결이 내려진 경우에 구제수단이기 때문이다.

---

101) 대법원 1970. 7. 28. 선고 70누35 판결

제17조   행정청의 소송참가

> 제17조(행정청의 소송참가) ① 법원은 다른 행정청을 소송에 참가시킬 필요가 있다고 인정할 때에는 당사자 또는 당해 행정청의 신청 또는 직권에 의하여 결정으로써 그 행정청을 소송에 참가시킬 수 있다.
> ② 법원은 제1항의 규정에 의한 결정을 하고자 할 때에는 당사자 및 당해 행정청의 의견을 들어야 한다.
> ③ 제1항의 규정에 의하여 소송에 참가한 행정청에 대하여는 민사소송법 제76조의 규정을 준용한다.
>
> 민사소송법 제76조(참가인의 소송행위) ① 참가인은 소송에 관하여 공격·방어·이의·상소, 그 밖의 모든 소송행위를 할 수 있다. 다만, 참가할 때의 소송의 진행정도에 따라 할 수 없는 소송행위는 그러하지 아니하다.
> ② 참가인의 소송행위가 피참가인의 소송행위에 어긋나는 경우에는 그 참가인의 소송행위는 효력을 가지지 아니한다.

가. 의 의

법원은 취소소송에 있어서 소송당사자인 행정청 이외의 행정청을 당사자나 당해 행정청의 신청 또는 직권으로 소송에 참가시킬 수 있다(법 제17조 제1항). 행정청이 처분 또는 재결을 함에 있어서는 처분청 또는 재결청 이외의 행정청이 그에 절차적으로 관계되는 경우가 많다. 이에 따라 행정소송법은 취소소송의 적정한 심리·재판을 도모하기 위하여 관계행정청이 직접 소송에 참여하여 공격·방어방법을 제출할 수 있도록, 행정청의 소송참가제도를 명문으로 규정하고 있다.

나. 요 건

(1) 타인의 취소소송의 계속

행정청의 소송참가도 소송참가의 일종이므로 타인의 취소소송이 계속되고 있을 것을 전제로 한다. 소송이 어느 심급에 있는가는 불문한다.

(2) 다른 행정청일 것

'다른 행정청'이라 함은 피고인 행정청 이외의 행정청이면 모두 그에 해당하는 것이 아니라, 계쟁대상인 처분이나 재결과 관계있는 행정청에 한정된다고 할 것이다(예 재결이 행하여진 경우의 원처분청). 이때 다른 행정청은 피고인 행정청측에만 참가할 수 있고, 원고측에는 참가할 수 없다.[102]

(3) 참가의 필요성

행정청의 소송참가는 법원이 '참가시킬 필요가 있다고 인정할 때'에 결정으로써 행하여진다. 참가시킬 필요가 있다고 인정할 때란 법원의 재량으로 판단할 문제라고 하겠으나, 행정청의 소송참가제도에 비추어 관계행정청을 소송에 끌어들여 공격·방어에 참가시킴으로써 사건의 적정한 심리·재판을 실현하기 위하여 필요한 경우를 의미한다고 할 것이다.

---

[102] 반면에 행정소송법 제16조에 따른 제3자는 원고·피고 어느 쪽을 위해서도 소송참가를 할 수 있다.

다. 절 차

법원의 직권, 당사자 또는 당해 행정청의 신청에 의한다(법 제17조 제1항). 참가 허부(許否)의 재판은 결정의 형식으로 하며, 당사자 및 행정청의 의견을 들어야 한다(법 제17조 제2항). 다른 행정청은 피고인 행정청측에만 참가할 수 있고, 원고측에는 참가할 수 없다.

라. 불 복

참가허부의 결정에 대하여는 당사자나 참가행정청 모두 불복할 수 없다. 행정소송법 제17조는 제16조와는 달리 참가허부결정에 관한 불복규정을 두지 않음으로써 이러한 취지를 밝히고 있다.[103]

마. 참가행정청의 지위

법원의 참가결정이 있게 되면 민사소송법 제76조의 규정이 준용되기 때문에 보조참가인에 준한 지위에서 소송을 수행하게 된다(법 제17조 제3항). 이에 따라 참가행정청은 참가당시의 소송정도에 따라서 공격·방어방법을 제출할 수 있고 이의신청·상소도 가능하지만, 피참가인의 소송행위와 저촉되는 소송행위를 할 수 없으며, 한다고 하더라도 무효가 된다(민사소송법 제76조).

---

01 (2024년 기출)

행정소송법상 소송참가에 관한 설명으로 옳지 않은 것은?

① 법원은 다른 행정청을 당사자 또는 당해 행정청의 신청 또는 직권에 의하여 결정으로써 소송에 참가시킬 수 있다.
② 소송참가는 상고심에서도 가능하다.
③ 법원은 제3자의 소송참가를 결정하고자 할 때에는 미리 당사자 및 제3자의 의견을 들어야 한다.
④ 소송에 참가한 제3자는 단순한 보조참가인으로서 소송수행을 한다.
⑤ 소송참가 신청을 한 제3자는 그 신청을 각하한 결정에 대하여 즉시항고할 수 있다.

/해 설/

① (○) 행정소송법 제17조 제1항
② (○) 교재 114P ((1) 타인의 취소소송의 계속)
③ (○) 행정소송법 제16조 제2항
④ (×) 교재 112P (마. (1) 공동소송적 보조참가인)
⑤ (○) 행정소송법 제16조 제3항

정답 ④

---

103) 법원실무제요(행정), 법원행정처(2016), 83면.

제3절 소의 제기

제18조 행정심판과의 관계

> 제18조(행정심판과의 관계) ① 취소소송은 법령의 규정에 의하여 당해 처분에 대한 행정심판을 제기할 수 있는 경우에도 이를 거치지 아니하고 제기할 수 있다. 다만, 다른 법률에 당해 처분에 대한 행정심판의 재결을 거치지 아니하면 취소소송을 제기할 수 없다는 규정이 있는 때에는 그러하지 아니하다.
> ② 제1항 단서의 경우에도 다음 각호의 1에 해당하는 사유가 있는 때에는 행정심판의 재결을 거치지 아니하고 취소소송을 제기할 수 있다.
>   1. 행정심판청구가 있은 날로부터 60일이 지나도 재결이 없는 때
>   2. 처분의 집행 또는 절차의 속행으로 생길 중대한 손해를 예방하여야 할 긴급한 필요가 있는 때
>   3. 법령의 규정에 의한 행정심판기관이 의결 또는 재결을 하지 못할 사유가 있는 때
>   4. 그 밖의 정당한 사유가 있는 때
> ③ 제1항 단서의 경우에 다음 각호의 1에 해당하는 사유가 있는 때에는 행정심판을 제기함이 없이 취소소송을 제기할 수 있다.
>   1. 동종사건에 관하여 이미 행정심판의 기각재결이 있은 때
>   2. 서로 내용상 관련되는 처분 또는 같은 목적을 위하여 단계적으로 진행되는 처분중 어느 하나가 이미 행정심판의 재결을 거친 때
>   3. 행정청이 사실심의 변론종결후 소송의 대상인 처분을 변경하여 당해 변경된 처분에 관하여 소를 제기하는 때
>   4. 처분을 행한 행정청이 행정심판을 거칠 필요가 없다고 잘못 알린 때
> ④ 제2항 및 제3항의 규정에 의한 사유는 이를 소명하여야 한다.
>
> 제38조(준용규정) ② 제9조, 제10조, 제13조 내지 제19조, 제20조, 제25조 내지 제27조, 제29조 내지 제31조, 제33조 및 제34조의 규정은 부작위위법확인소송의 경우에 준용한다.

> 행정심판법 제2조(정의) 3. "재결(裁決)"이란 행정심판의 청구에 대하여 제6조에 따른 행정심판위원회가 행하는 판단을 말한다.
>
> 제5조(행정심판의 종류) 행정심판의 종류는 다음 각 호와 같다.
>   1. 취소심판: 행정청의 위법 또는 부당한 처분을 취소하거나 변경하는 행정심판
>   2. 무효등확인심판: 행정청의 처분의 효력 유무 또는 존재 여부를 확인하는 행정심판
>   3. 의무이행심판: 당사자의 신청에 대한 행정청의 위법 또는 부당한 거부처분이나 부작위에 대하여 일정한 처분을 하도록 하는 행정심판
>
> 제43조(재결의 구분) ① 위원회는 심판청구가 적법하지 아니하면 그 심판청구를 각하(却下)한다.
> ② 위원회는 심판청구가 이유가 없다고 인정하면 그 심판청구를 기각(棄却)한다.

③ 위원회는 취소심판의 청구가 이유가 있다고 인정하면 처분을 취소 또는 다른 처분으로 변경하거나 처분을 다른 처분으로 변경할 것을 피청구인에게 명한다.
④ 위원회는 무효등확인심판의 청구가 이유가 있다고 인정하면 처분의 효력 유무 또는 처분의 존재 여부를 확인한다.
⑤ 위원회는 의무이행심판의 청구가 이유가 있다고 인정하면 지체 없이 신청에 따른 처분을 하거나 처분을 할 것을 피청구인에게 명한다.

제45조(재결 기간) ① 재결은 제23조에 따라 피청구인 또는 위원회가 심판청구서를 받은 날부터 60일 이내에 하여야 한다. 다만, 부득이한 사정이 있는 경우에는 위원장이 직권으로 30일을 연장할 수 있다.

국세기본법 제55조(불복) ① 이 법 또는 세법에 따른 처분으로서 위법 또는 부당한 처분을 받거나 필요한 처분을 받지 못함으로 인하여 권리나 이익을 침해당한 자는 이 장의 규정에 따라 그 처분의 취소 또는 변경을 청구하거나 필요한 처분을 청구할 수 있다. 다만, 다음 각 호의 처분에 대해서는 그러하지 아니하다.
  1. 「조세범 처벌절차법」에 따른 통고처분
  2. 「감사원법」에 따라 심사청구를 한 처분이나 그 심사청구에 대한 처분
  3. 이 법 및 세법에 따른 과태료 부과처분
② 이 법 또는 세법에 따른 처분에 의하여 권리나 이익을 침해당하게 될 이해관계인으로서 다음 각 호의 어느 하나에 해당하는 자는 위법 또는 부당한 처분을 받은 자의 처분에 대하여 이 장의 규정에 따라 그 처분의 취소 또는 변경을 청구하거나 그 밖에 필요한 처분을 청구할 수 있다.
  1. 제2차 납세의무자로서 납부고지서를 받은 자
  2. 제42조에 따라 물적납세 의무를 지는 자로서 납부고지서를 받은 자
  2의2. 「부가가치세법」 제3조의2에 따라 물적납세의무를 지는 자로서 같은 법 제52조의2제1항에 따른 납부고지서를 받은 자
  2의3. 「종합부동산세법」 제7조의2 및 제12조의2에 따라 물적납세의무를 지는 자로서 같은 법 제16조의2제1항에 따른 납부고지서를 받은 자
  3. 보증인
  4. 그 밖에 대통령령으로 정하는 자
③ 제1항과 제2항에 따른 처분이 국세청장이 조사·결정 또는 처리하거나 하였어야 할 것인 경우를 제외하고는 그 처분에 대하여 심사청구 또는 심판청구에 앞서 이 장의 규정에 따른 이의신청을 할 수 있다.
④ 삭제
⑤ 이 장의 규정에 따른 심사청구 또는 심판청구에 대한 처분에 대해서는 이의신청, 심사청구 또는 심판청구를 제기할 수 없다. 다만, 제65조제1항제3호 단서(제80조의2에서 준용하는 경우를 포함한다)의 재조사 결정에 따른 처분청의 처분에 대해서는 해당 재조사 결정을 한 재결청에 대하여 심사청구 또는 심판청구를 제기할 수 있다.
⑥ 이 장의 규정에 따른 이의신청에 대한 처분과 제65조제1항제3호 단서(제66조제6항에서 준용하는 경우를 말한다)의 재조사 결정에 따른 처분청의 처분에 대해서는 이의신청을 할 수 없다.
⑦~⑧ 삭제
⑨ 동일한 처분에 대해서는 심사청구와 심판청구를 중복하여 제기할 수 없다.

제56조(다른 법률과의 관계) ① 제55조에 규정된 처분에 대해서는 「행정심판법」의 규정을 적용하지 아니한다. 다만, 심사청구 또는 심판청구에 관하여는 「행정심판법」 제15조, 제16조, 제20조부터 제22조까지, 제29조, 제36조제1항, 제39조, 제40조, 제42조 및 제51조를 준용하며, 이 경우 "위원회"는 "국세심사위원회", "조세심판관회의" 또는 "조세심판관합동회의"로 본다.
② 제55조에 규정된 위법한 처분에 대한 행정소송은 「행정소송법」 제18조제1항 본문, 제2항 및 제3항에도 불구하고 이 법에 따른 심사청구 또는 심판청구와 그에 대한 결정을 거치지 아니하면 제기할 수 없다. 다만, 심사청구 또는 심판청구에 대한 제65조제1항제3호 단서(제80조의2에서 준용하는 경우를 포함한다)의 재조사 결정에 따른 처분청의 처분에 대한 행정소송은 그러하지 아니하다.
③ 제2항 본문에 따른 행정소송은 「행정소송법」 제20조에도 불구하고 심사청구 또는 심판청구에 대한 결정의 통지를 받은 날부터 90일 이내에 제기하여야 한다. 다만, 제65조제2항 또는 제80조의2에 따른 결정기간에 결정의 통지를 받지 못한 경우에는 결정의 통지를 받기 전이라도 그 결정기간이 지난 날부터 행정소송을 제기할 수 있다.
④ 제2항 단서에 따른 행정소송은 「행정소송법」 제20조에도 불구하고 다음 각 호의 기간 내에 제기하여야 한다.
  1. 이 법에 따른 심사청구 또는 심판청구를 거치지 아니하고 제기하는 경우: 재조사 후 행한 처분청의 처분의 결과 통지를 받은 날부터 90일 이내. 다만, 제65조제5항(제80조의2에서 준용하는 경우를 포함한다)에 따른 처분기간(제65조제5항 후단에 따라 조사를 연기하거나 조사기간을 연장하거나 조사를 중지한 경우에는 해당 기간을 포함한다. 이하 이 호에서 같다)에 처분청의 처분 결과 통지를 받지 못하는 경우에는 그 처분기간이 지난 날부터 행정소송을 제기할 수 있다.
  2. 이 법에 따른 심사청구 또는 심판청구를 거쳐 제기하는 경우: 재조사 후 행한 처분청의 처분에 대하여 제기한 심사청구 또는 심판청구에 대한 결정의 통지를 받은 날부터 90일 이내. 다만, 제65조제2항(제80조의2에서 준용하는 경우를 포함한다)에 따른 결정기간에 결정의 통지를 받지 못하는 경우에는 그 결정기간이 지난 날부터 행정소송을 제기할 수 있다.
⑤ 제55조제1항제2호의 심사청구를 거친 경우에는 이 법에 따른 심사청구 또는 심판청구를 거친 것으로 보고 제2항을 준용한다.
⑥ 제3항의 기간은 불변기간(不變期間)으로 한다.

Ⅰ. 소의 제기

취소소송이 제기되면 절차법적으로는 소송계속의 효과가 발생되고 실체법적으로는 제척기간 준수의 효과 등이 발생된다. 여기서 소송계속이라 함은 특정한 청구에 대하여 법원에 판결절차가 현실적으로 존재하는 상태, 즉 법원의 판결에 필요한 행위를 할 수 있는 상태를 말한다.

소송계속의 효과로서는 중복제소가 금지되고, 소송참가의 기회가 생기게 되며, 관련청구의 이송이 인정되고 처분등의 집행정지 결정이 가능하게 되며, 법원은 소송을 심리하여 판결할 의무를 진다.

Ⅱ. 행정심판과의 관계

1. 개 설

전심절차 또는 전치주의란 취소소송을 제기하기 전에 거쳐오는 절차(보통은 행정심판)를 말한다. 따라서 필수적 전심절차란 취소소송을 제기하기 전에 행정심판과 그에 대한 재결을 거쳐야만 취소소송을 제기할 수 있는 것을 말하고, 임의적 전심절차란 행정심판을 거치지 않고도 취소소송을 제기할 수 있는 것을 의미한다.

우리나라에서는 1951년의 소원법 이래 계속 필수적 행정심판전치주의를 택하여 왔다. 그러나 1998년 3월 1일부터 시행된 개정 행정소송법 제18조 제1항에 따라 행정심판은 원칙적으로 임의적인 절차로 변경되었고, 예외적으로 각 개별법률에서 정하는 경우에만 행정심판전치주의를 택하고 있다.

2. 예외로서 필요적 행정심판전치주의

헌법 제107조 제3항[104]에 따라 행정심판은 임의적 전심절차인 것이 원칙이나, 예외적으로 개별법령에서 전심절차를 거친 이후에만 취소소송의 제기를 허용하는 경우(행정소송법 제18조 제1항 단서)에는 전심절차를 거쳐오는 것이 소송요건이 된다.[105] 여기서 전심절차를 거쳐온다는 것은 행정심판의 청구만 있으면 족한 것이 아니라 재결까지 받을 것을 의미한다.

한편, 개별법상 필요적 전치주의는 크게 두 가지 경우가 있는데, 먼저 원처분주의를 취하면서 예외적으로 전심절차가 강제되는 경우로는 국가공무원법·지방공무원법·교육공무원법(소청심사), 국세기본법(심사청구 또는 심판청구)·지방세기본법(심판청구)[106], 도로교통법(행정심판) 등이 있다. 따라서 국세에 불복하려는 상대방은 국세청장에 대한 심사청구나 조세심판원에 대한 심판청구를 제기하여 그 결정을 받은 이후에만 취소소송의 제기가 허용된다.

다음으로 개별법이 재결주의를 취하는 경우에는 당연히 전심절차가 강제되는 데, 이와 같은 경우로는 노동위원회법이나 감사원법 등이 있다.

3. 필요적 행정심판전치주의의 적용범위

가. 행정심판전치주의가 적용되는 행정소송

행정심판전치주의는 취소소송과 부작위위법확인소송에서 인정되며(법 제38조 제2항), 무효등확인소송에는 적용되지 않는다(법 제38조 제1항).

나. 무효선언을 구하는 의미의 취소소송

위에서 본바와 같이 무효등확인소송에는 행정심판전치주의가 적용되지 않으나, 처분의 무효를

---

104) 헌법 제107조 ③ 재판의 전심절차로서 행정심판을 할 수 있다. 행정심판의 절차는 법률로 정하되, 사법절차가 준용되어야 한다.
105) 대법원 1982. 12. 28. 선고 82누7 판결
106) 최근 지방세기본법이 개정되어 임의적 전심절차에서 필수적 전심절차로 바뀌었으므로 주의를 요한다.

구하는 의미의 취소소송에 대하여 전치주의가 적용될 것인지 문제되는바, 판례는 "행정처분의 당연무효를 선언하는 의미에서 그 취소를 구하는 행정소송을 제기하는 경우에는 전치절차와 그 제소기간의 준수 등 취소소송의 제소요건을 갖추어야 한다"고 판시하여 행정심판 전치주의가 적용된다는 입장이다.[107]

다. 제3자의 취소소송

판례는 처분의 제3자가 제기하는 취소소송의 경우에도 행정심판전치주의가 적용된다는 입장을 취한 바 있다.[108]

라. 둘 이상의 행정심판절차

둘 이상의 행정심판절차가 규정되어 있다면(⑩ 국세기본법상 심사청구와 심판청구) 명문의 규정이 없는 한 하나의 절차만을 거치는 것으로 족하다.[109]

마. 공동소송

공동소송의 원고 중 1인의 행정심판을 거쳤다면 나머지 원고는 행정심판을 거치지 않고 행정소송을 제기할 수 있다.

> **관련판례** 동일한 행정처분에 의하여 동일한 의무를 부담하는 수인 중 1인이 전심절차를 거친 경우 나머지 사람도 전심절차를 다시 거쳐야 하는지 여부
> 동일한 행정처분에 의하여 여러 사람이 동일한 의무를 부담하는 경우 그 중 한 사람이 적법한 행정심판을 제기하여 행정처분청으로 하여금 그 행정처분을 시정할 수 있는 기회를 가지게 한 이상 나머지 사람은 행정심판을 거치지 아니하더라도 행정소송을 제기할 수 있다(대법원 1988. 2. 23. 선고 87누704 판결).

4. 필요적 행정심판전치주의의 완화

가. 행정심판의 재결을 거치지 않고 제소할 수 있는 경우

다음의 경우에는 행정심판은 제기하여야 하나 재결을 기다릴 것 없이 바로 취소소송을 제기할 수 있다(법 제18조 제2항).

---

107) 대법원 1987. 6. 9. 선고 87누219 판결
108) 대법원 1989. 5. 9. 선고 88누5150 판결; 다만 이러한 판례는 태도는 필수적 행정심판 전치주의를 취하던 1998년 이전에는 의미가 있었으나, 임의적 행정심판 전치주의를 취하고 있는 오늘날의 경우에는 별 의미가 없다고 할 것이다. 물론 오늘날에도 개별법에 따라 필수적 행정심판 전치주의를 취하는 경우가 있으나, 공무원법상 소청심사나 국세기본법상의 심판청구 및 심판청구 또는 도로교통법상 행정심판 등은 모두 불이익한 처분의 상대방이 불복수단으로 선택하는 제도로써 처분의 상대방이 아닌 제3자에 의한 제기를 생각할 수 없다는 점에서 현재 처분의 제3자가 취소소송을 제기하는 경우에 행정심판이 강제되는 경우는 없다고 보는 것이 타당할 것이다.
109) 국세기본법 제55조(불복) ⑨ 동일한 처분에 대해서는 심사청구와 심판청구를 중복하여 제기할 수 없다.

(1) 행정심판청구가 있는 날로부터 60일이 지나도 재결이 없는 때(제1호)

행정심판법 제45조 제1항은 피청구인 또는 위원회가 심판청구서를 받은 날부터 60일 이내에 재결을 하도록 규정하고 있다. 따라서 이 기간이 경과하여도 재결이 없는 경우에는 직접 행정소송을 제기하도록 함으로써 신속한 국민의 권리구제를 도모하기 위한 것이다.

(2) 처분의 집행 등으로 생길 중대한 손해를 예방해야 할 긴급한 필요가 있는 때(제2호)

중대한 손해를 예방할 긴급한 필요가 있는 경우에는 집행정지(행정심판법 제30조)를 신청하여 인용결정을 받음으로서 충분히 목적을 달성할 수 있으므로 실제로 이 조항이 적용될 여지는 거의 없다.

(3) 법령의 규정에 의한 행정심판기관이 의결 또는 재결을 하지 못할 사유가 있는 때(제3호)

행정심판위원회가 구성되지 아니하거나 의결 정족수가 부족하여 심리가 진행되지 않는 경우를 말하나, 실제로 이러한 사태가 발생하는 경우는 거의 없을 것이다.

(4) 그 밖의 정당한 사유가 있는 때(제4호)

그 밖의 정당한 사유란 위의 세 가지 경우 이외의 행정심판의 재결을 기다린다면 청구의 목적을 달성하지 못하거나 목적을 달성하기 현저히 곤란한 경우를 의미한다.

나. 행정심판을 제기함이 없이 바로 제소할 수 있는 경우

다음의 경우에는 행정심판을 제기할 것 없이 바로 취소소송을 제기할 수 있다(법 제18조 제3항).

(1) 동종사건에 대하여 이미 행정심판의 기각재결이 있은 때(제1호)

이 규정은 전심절차의 무용한 중복을 막기 위한 규정이다. 여기에서 동종사건이란 해당사건은 물론이고, 해당사건과 기본적인 점에서 동질성이 인정되는 사건도 포함된다는 것이 판례의 입장이다.[110] 예를 들어 일반처분의 상대방 어느 한 사람이 행정심판을 제기하여 이미 기각재결을 받은 경우, 특별한 사정이 없는 한 나머지 상대방 역시 기각재결을 받을 것이 예상되므로 이러한 경우에는 행정심판의 제기 없이 바로 취소소송을 제기할 수 있도록 한 것이다.

(2) 서로 내용상 관련되는 처분 또는 같은 목적을 위하여 단계적으로 진행되는 처분 중 어느 하나가 이미 행정심판의 재결을 거친 때(제2호)

이 규정은 비록 형식적으로는 별개의 행정처분이라 하더라도 실질적으로는 분쟁사유가 공통되어 선행처분에 대한 전치절차의 경유만으로도 후행처분에 대한 전치절차를 경유한 것과 같은 효과를 거둘 수 있는 경우에는 무용한 절차의 반복을 피하기 위하여 후행처분에 대한 전치절차를 생략하고 바로 행정소송을 제기할 수 있도록 한 것이다.

---

110) 대법원 1993. 9. 28. 선고 93누9132 판결

(3) 행정청이 사실심변론종결 후 소송의 대상인 처분을 변경하여 해당 변경된 처분에 관하여 소를 제기한 때(제3호)

행정청이 사실심변론종결 '전'에 소송의 대상인 처분을 변경한다면 원고는 행정소송법 제22조 제1항에 따라 소변경을 신청할 수 있는데, 이때 제22조 제3항은 변경된 처분에 대하여 별도로 행정심판을 거칠 필요가 없도록 하여 신속한 권리구제를 도모하고 있다. 그런데 행정청이 사실심변론종결 '후'에 소송의 대상인 처분을 변경한다면 원고는 소변경을 신청할 수는 없고 변경된 처분에 대한 신소를 제기할 수 밖에 없는데, 이때에도 제18조 제3항 제3호는 변경된 처분에 대하여 별도로 행정심판을 거칠 필요가 없도록 하여 신속한 권리구제를 도모하도록 하고 있다.

(4) 처분을 행한 행정청이 행정심판을 거칠 필요가 없다고 잘못 알린 때(제4호)

이는 행정에 대한 국민의 신뢰를 보호하려는 취지에서 제정한 규정이다. 따라서 처분청이 아닌 재결청으로서 행정심판위원회가 이와 같은 잘못된 고지를 한 경우에도 행정소송법 제18조 제3항 제4호의 규정을 유추·적용하여 행정심판을 제기함이 없이 그 취소소송을 제기할 수 있다는 것이 판례의 입장이다.[111]

5. 필요적 행정심판전치주의의 충족여부의 판단

필요적 전치주의를 적용할 사건에서 행정심판의 청구와 그 재결의 존재는 소송요건이므로 행정심판의 재결이 있기 전에 제기한 소는 부적법하다. 판례도 제기기간이 경과한 부적법한 심판제기에 대하여 재결청이 각하하지 않고 기각재결을 한 경우에 이에 대한 취소소송의 제기는 심판전치의 요건이 구비되지 않은 것으로 보아 부적법 각하하였다.[112]

다만, 소송요건의 충족 여부는 변론종결시를 기준으로 판단하는 것이므로 소를 각하하기 전에 재결이 있으면 그 흠이 치유되며, 심지어 행정심판의 청구조차 하지 아니하고 제기된 소송도 변론종결시까지 전치의 요건을 충족하게 되면 각하할 수 없다. 따라서 실무상으로는 행정심판의 재결이 없이 소가 제기되었어도 바로 소를 각하하지 아니하고 재결이 있을 때까지 기다리는 등 흠의 치유를 기다려 본안 판단을 하는 것이 보통이다.[113]

> **관련판례** 행정심판전치요건의 충족여부의 판단기준시
>
> 전심절차를 밟지 아니한 채 증여세과세처분취소소송을 제기하였다면 제소당시로 보면 전치요건을 구비하지 못한 위법이 있다 할 것이지만, 소송계속중 심사청구 및 심판청구를 하여 각 기각결정을 받았다면 **원심변론종결일 당시에는 위와 같은 전치요건 흠결의 하자는 치유되었다고 볼 것이다**(대법원 1987. 4. 28. 선고 86누29 판결).

---

111) 대법원 1996. 8. 23. 선고 96누4671 판결
112) 행정처분의 취소를 구하는 항고소송의 전심절차인 행정심판청구가 기간도과로 인하여 부적법한 경우에는 행정소송 역시 전치의 요건을 충족치 못한 것이 되어 부적법 각하를 면치 못하는 것이고, 이 점은 행정청이 행정심판의 제기기간을 도과한 부적법한 심판에 대하여 그 부적법을 간과한 채 실질적 재결을 하였다 하더라도 달라지는 것이 아니다(대법원 1991. 6. 25. 선고 90누8091 판결).
113) 그에 따라 필요적 전치사건에서 행정심판이 받아들여질 가능성이 희박할 때는 행정심판 청구와 동시에 또는 그보다 먼저 소송을 제기함으로써 구제의 신속을 도모하려는 경우도 흔히 볼 수 있다.

제19조   취소소송의 대상

제19조(취소소송의 대상) 취소소송은 처분등을 대상으로 한다. 다만, 재결취소소송의 경우에는 재결 자체에 고유한 위법이 있음을 이유로 하는 경우에 한한다.

행정심판법 제3조(행정심판의 대상) ① 행정청의 처분 또는 부작위에 대하여는 다른 법률에 특별한 규정이 있는 경우 외에는 이 법에 따라 행정심판을 청구할 수 있다.

제5조(행정심판의 종류) 행정심판의 종류는 다음 각 호와 같다.
  1. 취소심판: 행정청의 위법 또는 부당한 처분을 취소하거나 변경하는 행정심판
  2. 무효등확인심판: 행정청의 처분의 효력 유무 또는 존재 여부를 확인하는 행정심판
  3. 의무이행심판: 당사자의 신청에 대한 행정청의 위법 또는 부당한 거부처분이나 부작위에 대하여 일정한 처분을 하도록 하는 행정심판

제13조(청구인 적격) ① 취소심판은 처분의 취소 또는 변경을 구할 법률상 이익이 있는 자가 청구할 수 있다. 처분의 효과가 기간의 경과, 처분의 집행, 그 밖의 사유로 소멸된 뒤에도 그 처분의 취소로 회복되는 법률상 이익이 있는 자의 경우에도 또한 같다.
② 무효등확인심판은 처분의 효력 유무 또는 존재 여부의 확인을 구할 법률상 이익이 있는 자가 청구할 수 있다.
③ 의무이행심판은 처분을 신청한 자로서 행정청의 거부처분 또는 부작위에 대하여 일정한 처분을 구할 법률상 이익이 있는 자가 청구할 수 있다.

제17조(피청구인의 적격 및 경정) ① 행정심판은 처분을 한 행정청(의무이행심판의 경우에는 청구인의 신청을 받은 행정청)을 피청구인으로 하여 청구하여야 한다.

제27조(심판청구의 기간) ① 행정심판은 처분이 있음을 알게 된 날부터 90일 이내에 청구하여야 한다.
③ 행정심판은 처분이 있었던 날부터 180일이 지나면 청구하지 못한다. 다만, 정당한 사유가 있는 경우에는 그러하지 아니하다.
⑦ 제1항부터 제6항까지의 규정은 무효등확인심판청구와 부작위에 대한 의무이행심판청구에는 적용하지 아니한다.

제43조(재결의 구분) ① 위원회는 심판청구가 적법하지 아니하면 그 심판청구를 각하(却下)한다.
② 위원회는 심판청구가 이유가 없다고 인정하면 그 심판청구를 기각(棄却)한다.
③ 위원회는 취소심판의 청구가 이유가 있다고 인정하면 처분을 취소 또는 다른 처분으로 변경하거나 처분을 다른 처분으로 변경할 것을 피청구인에게 명한다.
④ 위원회는 무효등확인심판의 청구가 이유가 있다고 인정하면 처분의 효력 유무 또는 처분의 존재 여부를 확인한다.
⑤ 위원회는 의무이행심판의 청구가 이유가 있다고 인정하면 지체 없이 신청에 따른 처분을 하거나 처분을 할 것을 피청구인에게 명한다.

제44조(사정재결) ① 위원회는 심판청구가 이유가 있다고 인정하는 경우에도 이를 인용(認容)하는 것이 공공복리에 크게 위배된다고 인정하면 그 심판청구를 기각하는 재결을 할 수 있다. 이 경우 위원회는 재결의 주문(主文)에서 그 처분 또는 부작위가 위법하거나 부당하다는 것을 구체적으로 밝혀야 한다.

> 제47조(재결의 범위) ① 위원회는 심판청구의 대상이 되는 처분 또는 부작위 외의 사항에 대하여는 재결하지 못한다.
> ② 위원회는 심판청구의 대상이 되는 처분보다 청구인에게 불리한 재결을 하지 못한다.
> 제49조(재결의 기속력 등) ① 심판청구를 인용하는 재결은 피청구인과 그 밖의 관계 행정청을 기속(羈束)한다.

1. 재결의 의의

재결이란 행정심판청구사건에 대하여 행정심판위원회가 행하는 법적 판단을 의미한다(행정심판법 제2조 제3호). 재결도 행정심판위원회라는 합의제 행정청이 행하는 공권력적 행위라는 점에서 당연히 항고소송의 대상이 된다고 볼 것인바, 행정소송법 제19조는 처분뿐만 아니라 재결도 취소소송의 대상이 될 수 있음을 규정하고 있다.

한편 여기서 말하는 재결은 행정심판법의 규정에 의한 형식적 의미의 행정심판뿐만 아니라 이의신청, 심사청구 등 각종 특별법규에 규정된 행정기관이 행하는 모든 행정심판을 망라하는 개념이다.

2. 원처분주의에서 재결이 취소소송의 대상이 되는 경우

원처분의 위법을 이유로 재결에 대해 취소소송을 제기할 수 없는 것이 원칙이다. 따라서 재결이 취소소송의 대상이 되는 경우는 재결 자체의 고유한 위법이 있는 경우에 한하는 바, 여기서 재결 자체의 고유한 위법이란 재결 자체에 주체[114]·절차[115]·형식[116] 그리고 내용상 위법(견해의 대립 있음)이 있는 경우를 말한다.

판례도 "행정소송법 제19조에서 말하는 재결 자체의 고유한 위법이란 원처분에는 없고 재결에만 있는 재결청의 권한 또는 구성의 위법, 재결의 절차나 형식의 위법, 내용의 위법 등을 뜻한다"고 판시하고 있다.[117]

3. 개별적 검토

가. 각하재결이 나온 경우

각하재결의 경우 원처분의 위법이 그대로 유지되고 있으므로 원칙적으로 원처분이 소의 대상이 되어야 할 것이다.

다만, 행정심판청구가 심판청구 요건을 다 갖추어서 적법함에도 불구하고 실체심리를 하지 않

---

114) 권한이 없는 행정심판위원회가 재결을 하는 경우, 행정심판위원회의 구성상에 하자가 있는 경우, 의사정족수 및 의결정족수가 흠결된 경우 등.
115) 행정심판법상의 심판절차를 준수하지 않은 경우 등.
116) 문서에 의하지 않은 재결의 경우, 재결에 주문만 기재되고 이유가 기재되지 않거나 이유가 불충분한 경우, 재결서에 기명날인을 하지 않은 경우 등.
117) 대법원 1997. 9. 12. 선고 96누14661 판결

고 부적법 각하한 경우에는 위원회가 심판청구인의 실체심리를 받을 권리를 박탈한 것으로서 원처분에는 없는 재결 자체의 고유한 하자가 있는 경우에 해당하고, 따라서 재결이 취소소송의 대상이 된다고 보는 것이 판례의 입장이다. 이러한 경우 원처분의 하자를 주장하는 경우에는 원처분취소소송을, 재결의 하자를 주장하는 경우에는 각하재결취소소송을 제기할 수 있다.[118]

> **관련판례** 각하재결이 취소소송의 대상이 되는 경우
>
> 행정소송법 제19조에 의하면 행정심판에 대한 재결에 대하여도 그 재결 자체에 고유한 위법이 있음을 이유로 하는 경우에는 항고소송을 제기하여 그 취소를 구할 수 있고, 여기에서 말하는 '재결 자체에 고유한 위법'이란 그 재결자체에 주체, 절차, 형식 또는 내용상의 위법이 있는 경우를 의미하는데, **행정심판청구가 부적법하지 않음에도 각하한 재결은 심판청구인의 실체심리를 받을 권리를 박탈한 것으로서 원처분에 없는 고유한 하자가 있는 경우에 해당하고, 따라서 위 재결은 취소소송의 대상이 된다**(대법원 2001. 7. 27. 선고 99두2970 판결).

나. 취소심판에 대한 기각재결이 나온 경우

원처분이 정당하다는 취지에서 심판청구를 기각한 재결에 대하여는 원칙적으로 내용상의 위법을 주장하여 제소할 수 없다. 원처분에 있는 하자와 동일한 하자를 주장하는 것이 될 것이기 때문이다.

그러나 불고불리의 원칙(행정심판법 제47조 제1항)에 반하여 심판청구의 대상이 되지 아니한 사항에 대하여 재결을 한 경우나, 불이익변경금지의 원칙(행정심판법 제47조 제2항)에 반하여 원처분보다 청구인에게 불리한 재결을 한 경우에는 재결 자체의 고유한 위법이 있으므로 그 취소를 구할 수 있다. 또한 행정심판위원회가 청구인의 취소심판에 대하여 사정재결을 한 경우에(행정심판법 제44조) 사정재결의 요건이 존재하지 않는다는 이유로 그 취소를 구할 수도 있다.

다. 취소심판에 대한 인용재결이 나온 경우

(1) 처분청이 인용재결에 대하여 항고소송을 제기할 수 있는지 여부

재결 자체에 고유한 위법이 있는 경우에 행정심판의 청구인이 이에 대하여 항고소송을 제기할 수 있음은 당연한 것이나(법 제19조 단서, 제38조), 행정심판의 피청구인인 처분청이 인용재결에 대하여 항고소송을 제기할 수 있는지에 관하여는 다툼이 있다.

판례는 행정심판의 인용재결은 피청구인인 행정청을 기속한다고 규정하고 있는 행정심판법 제49조 제1항에 근거하여 처분청은 행정심판의 재결에 대해 불복할 수 없다는 입장을 취하고 있다.[119]

(2) 부적법한 인용재결이 있는 경우

행정심판의 제기요건을 결여하였음에도 불구하고 각하하지 아니하고 인용재결을 한 경우는 재결 자체에 고유한 위법이 있는 경우에 해당한다. 예컨대 행정처분이 아닌 관념의 통지를 대상으로 한 재결이 이에 해당한다.

---

118) 다만, 각하재결이 위법하더라도 각하재결에 대한 취소소송보다 원처분에 대한 취소소송이 직접적인 권리구제수단이므로 이와 같은 경우 원처분에 대한 취소소송을 제기하도록 유도하는 것이 실무상의 관례이다.
119) 대법원 1998. 5. 8. 선고 97누15432 판결

관련판례 **제3자효 행정행위에 대한 행정심판의 인용재결의 취소소송 가능성**

[1] 구 체육시설의설치·이용에관한법률 제16조, 제34조, 같은법시행령 제16조의 규정을 종합하여 볼 때, 등록체육시설업에 대한 사업계획의 승인을 얻은 자는 규정된 기한 내에 사업시설의 착공계획서를 제출하고 그 수리 여부에 상관없이 설치공사에 착수하면 되는 것이지, 착공계획서가 수리되어야만 비로소 공사에 착수할 수 있다거나 그 밖에 착공계획서 제출 및 수리로 인하여 사업계획의 승인을 얻은 자에게 어떠한 권리를 설정하거나 의무를 부담케 하는 법률효과가 발생하는 것이 아니므로 행정청이 사업계획의 승인을 얻은 자의 **착공계획서를 수리하고 이를 통보한 행위는 그 착공계획서 제출사실을 확인하는 사실행위에 불과하고 그를 항고소송이나 행정심판의 대상이 되는 행정처분으로 볼 수 없다.**

[2] 이른바 복효적 행정행위, 특히 제3자효를 수반하는 행정행위에 대한 행정심판청구에 있어서 그 청구를 인용하는 내용의 재결로 인하여 비로소 권리이익을 침해받게 되는 자는 그 인용재결에 대하여 다툴 필요가 있고, 그 인용재결은 원처분과 내용을 달리하는 것이므로 그 인용재결의 취소를 구하는 것은 원처분에는 없는 재결에 고유한 하자를 주장하는 셈이어서 당연히 항고소송의 대상이 된다.

[3] 행정청이 골프장 사업계획승인을 얻은 자의 사업시설 착공계획서를 수리한 것에 대하여 인근 주민들이 그 수리처분의 취소를 구하는 행정심판을 청구하자 재결청이 그 청구를 인용하여 수리처분을 취소하는 형성적 재결을 한 경우, 그 수리처분 취소 심판청구는 행정심판의 대상이 되지 아니하여 부적법 각하하여야 함에도 위 재결은 그 청구를 인용하여 수리처분을 취소하였으므로 재결 자체에 고유한 하자가 있다고 본 사례(대법원 2001. 5. 29. 선고 99두10292 판결).

(3) 제3자효 행정행위에 대한 취소재결의 경우 소의 대상

(가) 위원회의 취소재결이 취소소송의 대상이 되는지 여부

해당 인용재결은 형식상으로는 재결이나 실질적으로는 제3자에게 최초처분의 성질을 갖는 것이라고 보아 제3자의 소송을 처분취소소송으로 보는 견해[120]도 있으나, 제3자효를 수반하는 행정행위에 있어서 인용재결로 인하여 불이익을 입은 자(⑩ 제3자가 행정심판 청구인인 경우의 행정처분 상대방)는 그 인용재결에 대하여 다툴 필요가 있고, 그 인용재결은 원처분과 내용을 달리하는 것이므로, 인용재결의 취소를 주장하는 것은 원처분에는 없는 재결에 고유한 하자를 주장하는 셈이어서 당연히 항고소송의 대상이 된다. 판례도 같은 입장이다.[121]

다만 거부처분이 재결로 취소된 경우에는 그 재결의 취소를 구하는 것은 소의 이익이 없다는 것이 판례의 입장이다. 왜냐하면 거부처분이 재결에 의하여 취소되는 경우 처분청에게는 재처분의무가 인정되는데(행정심판법 제49조 제2항), 이 재처분이 거부처분이라면 제3자는 취소소송을 제기할 필요가 없고, 이 재처분이 인용처분이라면 제3자는 인용처분에 대한 취소소송을 제기하면 되는 것이므로 굳이 거부처분취소재결에 대한 취소를 구할 필요가 없기 때문이다.

관련판례 **거부처분이 재결로 취소된 경우 그 취소재결의 취소를 구하는 소송은 소의 이익이 없다**

당사자의 신청을 받아들이지 않은 거부처분이 재결에서 취소된 경우에 행정청은 종전 거부처분 또는 재결 후에 발생한 새로운 사유를 내세워 다시 거부처분을 할 수 있다. 그 재결의 취지에 따라 이전의 신청에 대하여 다시 어떠한 처분을 하여야 할지는 처분을 할 때의 법령과 사실을 기준으로 판단하여야 하기 때문이다. 또한 행정청이 재결에 따라 이전의 신청을 받아들이는 후속처분을 하였더라도 후속처분이 위법한 경우에

---

120) 김용섭, "취소소송의 대상으로서의 행정심판의 재결", 「행정법연구」, 제3호, 1998. 10, 226면.
121) 대법원 2001. 5. 29. 선고 99두10292 판결

는 재결에 대한 취소소송을 제기하지 않고도 곧바로 후속처분에 대한 항고소송을 제기하여 다툴 수 있다. 나아가 거부처분을 취소하는 재결이 있더라도 그에 따른 후속처분이 있기까지는 제3자의 권리나 이익에 변동이 있다고 볼 수 없고 후속처분 시에 비로소 제3자의 권리나 이익에 변동이 발생하며, 재결에 대한 항고소송을 제기하여 재결을 취소하는 판결이 확정되더라도 그와 별도로 후속처분이 취소되지 않는 이상 후속처분으로 인한 제3자의 권리나 이익에 대한 침해 상태는 여전히 유지된다. 이러한 점들을 종합하면, 거부처분이 재결에서 취소된 경우 재결에 따른 후속처분이 아니라 그 재결의 취소를 구하는 것은 실효적이고 직접적인 권리구제수단이 될 수 없어 분쟁해결의 유효적절한 수단이라고 할 수 없으므로 법률상 이익이 없다(대법원 2017. 10. 31. 선고 2015두45045 판결).

(나) 취소재결 이후 행정청의 취소통지가 취소소송의 대상이 되는지 여부

취소재결은 형성재결이므로 재결의 목적을 달성하기 위한 행정청의 별도의 이행행위가 필요 없다. 따라서 취소재결 이후 행정청의 취소통지는 행정심판의 당사자가 아니어서 그 취소재결이 있는지 모를 수도 있는 수익적 처분의 상대방에게 당해 수익적 처분이 취소재결을 통해서 소멸되었음을 확인시켜주는 의미의 단순한 사실의 통지에 불과할 뿐, 당해 수익적 처분을 취소·소멸시키는 새로운 형성적 행위가 아니다. 따라서 취소재결 이후 행정청의 취소처분은 항고소송의 대상이 되는 처분이라고 할 수 없다. 판례도 같은 입장이다.

> **관련판례** 취소재결 이후 행정청의 취소처분이 취소소송의 대상이 되는지 여부
> 위 회사에 대한 의약품제조품목허가처분은 당해 취소재결에 의하여 당연히 취소·소멸되었고, 그 이후에 다시 위 허가처분을 취소한 당해 처분은 당해 취소재결의 당사자가 아니어서 그 재결이 있었음을 모르고 있는 위 회사에게 위 허가처분이 취소·소멸되었음을 확인하여 알려주는 의미의 사실 또는 관념의 통지에 불과할 뿐 위 허가처분을 취소·소멸시키는 새로운 형성적 행위가 아니므로 항고소송의 대상이 되는 처분이라고 할 수 없다(대법원 1998. 4. 24. 선고 97누17131 판결).

(4) 일부취소재결 및 변경재결의 경우

(가) 문제점

불이익처분에 대하여 취소를 구하는 심판을 제기하여 불이익처분의 일부를 취소하는 재결이나 보다 가벼운 처분으로 변경하는 재결이 나온 경우, 재결 자체의 고유한 위법의 인정 여부에 따라 취소소송의 대상이 달라질 것이다.

(나) 판 례

판례는 감봉처분을 소청심사위원회가 견책처분으로 변경한 소청결정에 대해서 견책이 재량권의 일탈 또는 남용으로서 위법하다는 주장은 소청결정 자체에 고유한 위법을 주장하는 것으로 볼 수 없어, 즉 원처분의 위법을 주장하는 것이므로 소청결정 자체의 취소사유가 될 수 없다고 판시하였는바, 변경된 원처분을 다투어야 한다는 입장이다.[122]

> **관련판례** 변경재결의 경우 취소소송의 대상
> 항고소송은 원칙적으로 당해 처분을 대상으로 하나, 당해 처분에 대한 재결 자체에 고유한 주체, 절차, 형식 또는 내용상의 위법이 있는 경우에 한하여 그 재결을 대상으로 할 수 있다고 해석되므로, 징계혐의자에 대한

---

122) 법원실무제요(행정), 법원행정처(2016), 122면.

감봉 1월의 징계처분을 견책으로 변경한 소청결정 중 그를 견책에 처한 조치는 재량권의 남용 또는 일탈로서 위법하다는 사유는 소청결정 자체에 고유한 위법을 주장하는 것으로 볼 수 없어 소청결정의 취소사유가 될 수 없다(대법원 1993. 8. 24. 선고 93누5673 판결).

(5) 변경명령재결의 경우

(가) 문제점

위원회의 변경명령재결에 따라 피청구인이 변경처분을 한 경우 변경명령재결과 변경처분 그리고 변경된 원처분 중 어떤 것이 취소소송의 대상이 될 것인지 문제된다.

(나) 판 례

판례는 재결 고유의 위법을 부정하는 전제에서, 행정청이 영업자에게 행정제재처분을 한 후 일부인용의 (처분)변경명령재결에 따라 당초 처분을 영업자에게 유리하게 변경하는 처분을 한 경우 그 취소소송의 대상은 변경된 내용의 당초 처분이지 변경처분은 아니라고 판시한 바 있다.

관련판례 변경명령재결의 취소소송 가능성

행정청이 식품위생법령에 따라 **영업자에게 행정제재처분을** 한 후 그 처분을 영업자에게 유리하게 변경하는 **처분을** 한 경우, 변경처분에 의하여 **당초 처분은** 소멸하는 것이 아니고 당초부터 유리하게 변경된 내용의 처분으로 존재하는 것이므로, 변경처분에 의하여 유리하게 변경된 내용의 행정제재가 위법하다 하여 그 취소를 구하는 경우 그 취소소송의 대상은 변경된 내용의 당초 처분이지 변경처분은 아니고, 제소기간의 준수 여부도 변경처분이 아닌 변경된 내용의 **당초 처분을 기준으로 판단**하여야 한다(대법원 2007. 4. 27. 선고 2004두9302 판결).

4. 행정소송법 제19조 단서에 위반한 소송의 처리

재결 자체의 고유한 위법이 없어 재결에 대해 소송을 제기할 수 없음에도 불구하고 재결에 대해 소송을 제기한 경우의 소송상 처리에 관하여 학설의 대립이 있다. 행정소송법 제19조 단서를 소극적 소송요건으로 보아 '각하'판결을 해야 한다는 견해가 있으나, 재결자체의 고유한 위법여부는 본안판단사항이기 때문에 '기각'판결을 해야 한다고 본다.

판례도 "재결 자체에 고유한 위법이 없는 경우에는 원처분의 당부와는 상관없이 당해 재결취소소송은 이를 기각하여야 한다"고 판시한 바 있다.

관련판례 행정소송법 19조 단서에 위반한 소송

행정소송법 제19조는 취소소송은 행정청의 원처분을 대상으로 하되(원처분주의), 다만 "재결 자체에 고유한 위법이 있음을 이유로 하는 경우"에 한하여 행정심판의 재결도 취소소송의 대상으로 삼을 수 있도록 규정하고 있으므로 재결취소소송의 경우 재결 자체에 고유한 위법이 있는지 여부를 심리할 것이고, 재결 자체에 고유한 위법이 없는 경우에는 원처분의 당부와는 상관없이 당해 재결취소소송은 이를 기각하여야 한다(대법원 1994. 1. 25. 선고 93누16901 판결).

5. 원처분주의에 대한 예외

가. 개 설

행정소송법은 원처분주의를 취하고 있으나(법 제19조), 개별법에서 예외적으로 재결주의를 채택하고 있는 경우가 있다. 이렇게 재결주의가 채택되어 있는 경우에는 원처분에 대해서는 취소소송을 제기할 수 없고 행정심판의 재결만이 취소소송의 대상이 된다. 따라서 재결주의의 경우 원고가 원처분의 취소를 구하면 부적법 각하가 된다. 다만 재결주의가 적용되는 경우라 하더라도 원처분이 무효인 경우에는 그 효력은 처음부터 당연히 발생하지 아니하는 것이어서 행정처분의 취소를 구하는 경우와는 달리 행정심판을 거치는 등의 절차나 그 제소기간에 구애받지 않고 무효확인을 구할 수 있으므로 원처분에 대한 무효확인소송의 제기가 가능하다.[123]

한편 재결주의의 경우 행정심판의 전치(前置)는 필수적이며, 원고는 재결취소소송에서 재결 고유의 하자뿐만 아니라 원처분의 하자도 주장할 수 있다.

나. 재결주의가 채택되어 있는 예

(1) 감사원의 재심의판정

감사원법은 회계관계공무원에 대한 감사원의 변상판정[124]이 위법 또는 부당하다고 판단하는 본인·소속장관·감독기관의 장 등이 변상판정서가 도달한 날로부터 3월 이내에 감사원에 재심의를 청구할 수 있도록 하고 있으며(동법 제36조 제1항), 감사원의 재심의 판정에 불복하는 자는 감사원을 피고로 하여 행정소송을 제기할 수 있도록 함으로써(동법 제40조 제2항) 원처분인 변상판정이 아닌 재심의판정을 소송의 대상으로 하도록 하고 있다. 대법원은 이를 재결주의를 취하고 있는 것으로 보고 있다.[125]

> **관련판례** 재결에 해당하는 감사원의 재심의 판정이 행정소송의 대상이라는 사례
> 감사원의 변상판정처분에 대하여서는 행정소송을 제기할 수 없고, 재결에 해당하는 재심의 판정에 대하여서만 감사원을 피고로 하여 행정소송을 제기할 수 있다(대법원 1984. 4. 10. 선고 84누91 판결).

(2) 중앙노동위원회의 재심판정

노동위원회법 제26조 제1항은 "중앙노동위원회는 당사자의 신청이 있는 경우 지방노동위원회 또는 특별노동위원회의 처분을 재심하여 이를 인정·취소 또는 변경할 수 있다"고 규정하고 있고, 동법 제27조 제1항은 "중앙노동위원회의 처분에 대한 소송은 중앙노동위원회 위원장을 피고로 하여 처분의 송달을 받은 날부터 15일 이내에 제기하여야 한다"고 규정하고 있다. 대법원은 이를 재결주의를 취하고 있는 것으로 보고 있다.[126]

---

123) 대법원 1993. 1. 19. 선고 91누8050 전원합의체 판결
124) 회계관계공무원 등의 변상책임의 유무는 감사원이 심리·판정한다(동법 제31조 제1항). 이 변상판정은 변상책임의 유무, 변상책임자 및 변상액을 결정하는 행정처분이다.
125) 대법원 1984. 4. 10. 선고 84누91 판결
126) 대법원 1995. 9. 15. 선고 95누6724 판결

(3) 특허심판의 심결에 대한 재심 판정

특허출원에 대한 심사관의 거절사정에 대하여 행정소송을 제기할 수 없고, 특허심판원에 심판청구를 한 후 그 심결을 소송대상으로 하여 특허법원에 심결취소를 구하는 소를 제기하여야 한다(특허법 제186조 제1항).

01 (2024년 기출)

행정소송법상 재결취소소송에 관한 설명으로 옳은 것은? (다툼이 있으면 판례에 따름)

① 행정심판의 재결을 거친 경우에는 원칙적으로 재결을 취소소송의 대상으로 하여야 한다.
② 재결의 고유한 위법에는 내용상의 위법은 포함되지 않는다.
③ 변경재결이 있는 경우 원처분을 소송대상으로 행정심판위원회를 피고로 취소소송을 제기하여야 한다.
④ 적법한 행정심판청구를 각하한 재결은 재결에 고유한 위법이 있는 경우에 해당한다.
⑤ 재결취소소송을 제기하였으나 재결에 고유한 위법이 없는 경우에는 각하판결을 하여야 한다.

/해 설/

① (×) 행정소송법 제19조
② (×) 재결의 고유한 위법에는 주체·절차·형식·내용상의 위법이 해당된다.
③ (×) 교재 128P ((4) (나) 판례)
④ (○) 교재 125P (가. 각하재결이 나온 경우)
⑤ (×) 교재 129P (4. 행정소송법 제19조 단서에 위반한 소송의 처리)

[정답] ④

제20조   제소기간

제20조(제소기간) ① 취소소송은 처분등이 있음을 안 날부터 90일 이내에 제기하여야 한다. 다만, 제18조제1항 단서에 규정한 경우와 그 밖에 행정심판청구를 할 수 있는 경우 또는 행정청이 행정심판청구를 할 수 있다고 잘못 알린 경우에 행정심판청구가 있은 때의 기간은 재결서의 정본을 송달받은 날부터 기산한다.
② 취소소송은 처분등이 있은 날부터 1년(제1항 단서의 경우는 재결이 있은 날부터 1년)을 경과하면 이를 제기하지 못한다. 다만, 정당한 사유가 있는 때에는 그러하지 아니하다.
③ 제1항의 규정에 의한 기간은 불변기간으로 한다.

제38조(준용규정) ② 제9조, 제10조, 제13조 내지 제19조, 제20조, 제25조 내지 제27조, 제29조 내지 제31조, 제33조 및 제34조의 규정은 부작위위법확인소송의 경우에 준용한다.

행정절차법 제14조(송달) ① 송달은 우편, 교부 또는 정보통신망 이용 등의 방법으로 하되, 송달받을 자(대표자 또는 대리인을 포함한다. 이하 같다)의 주소·거소(居所)·영업소·사무소 또는 전자우편주소(이하 "주소등"이라 한다)로 한다. 다만, 송달받을 자가 동의하는 경우에는 그를 만나는 장소에서 송달할 수 있다.
② 교부에 의한 송달은 수령확인서를 받고 문서를 교부함으로써 하며, 송달하는 장소에서 송달받을 자를 만나지 못한 경우에는 그 사무원·피용자(被用者) 또는 동거인으로서 사리를 분별할 지능이 있는 사람에게 문서를 교부할 수 있다.
③ 정보통신망을 이용한 송달은 송달받을 자가 동의하는 경우에만 한다. 이 경우 송달받을 자는 송달받을 전자우편주소 등을 지정하여야 한다.
④ 다음 각 호의 어느 하나에 해당하는 경우에는 송달받을 자가 알기 쉽도록 관보, 공보, 게시판, 일간신문 중 하나 이상에 공고하고 인터넷에도 공고하여야 한다.
   1. 송달받을 자의 주소등을 통상적인 방법으로 확인할 수 없는 경우
   2. 송달이 불가능한 경우
⑤ 행정청은 송달하는 문서의 명칭, 송달받는 자의 성명 또는 명칭, 발송방법 및 발송 연월일을 확인할 수 있는 기록을 보존하여야 한다.

행정절차법 제15조(송달의 효력 발생) ① 송달은 다른 법령등에 특별한 규정이 있는 경우를 제외하고는 해당 문서가 송달받을 자에게 도달됨으로써 그 효력이 발생한다.
② 제14조제3항에 따라 정보통신망을 이용하여 전자문서로 송달하는 경우에는 송달받을 자가 지정한 컴퓨터 등에 입력된 때에 도달된 것으로 본다.
③ 제14조제4항의 경우에는 다른 법령등에 특별한 규정이 있는 경우를 제외하고는 공고일부터 14일이 지난 때에 그 효력이 발생한다. 다만, 긴급히 시행하여야 할 특별한 사유가 있어 효력 발생 시기를 달리 정하여 공고한 경우에는 그에 따른다.

행정기본법 제36조(처분에 대한 이의신청) ② 행정청은 제1항에 따른 이의신청을 받으면 그 신청을 받은 날부터 14일 이내에 그 이의신청에 대한 결과를 신청인에게 통지하여야 한다. 다만, 부득이한 사유로 14일 이내에 통지할 수 없는 경우에는 그 기간을 만료일 다음 날부터 기산하여 10일의 범위에서 한 차례 연장할 수 있으며, 연장 사유를 신청인에게 통지하여야 한다.
④ 이의신청에 대한 결과를 통지받은 후 행정심판 또는 행정소송을 제기하려는 자는 그 결과를 통지받은 날

(제2항에 따른 통지기간 내에 결과를 통지받지 못한 경우에는 같은 항에 따른 통지기간이 만료되는 날의 다음 날을 말한다)부터 90일 이내에 행정심판 또는 행정소송을 제기할 수 있다.

1. 제소기간의 의의

제소기간이란 처분의 상대방 등이 소송을 제기할 수 있는 시간적 간격을 말한다. 제소기간이 준수되었는가의 여부는 소송요건으로서 법원의 직권조사사항에 속한다.

제소기간은 처분의 불가쟁력과 관련하여 특히 의미를 가진다. 그러나 제소기간이 지난 후에도 처분청은 직권으로 당해 처분을 취소할 수 있다. 이는 쟁송취소는 쟁송제기를 전제로 하는 것이므로 쟁송제기기간에 따른 제한을 받으나(법 제20조, 행정심판법 제27조), 직권취소는 행정청이 직권으로 행하는 것이므로 그러한 기한의 제한을 받지 않기 때문이다.

한편 기간의 계산은 행정소송법에 특별한 규정이 없으므로 민법에 따른다(법 제8조 제2항, 민사소송법 제170조). 따라서 기간의 초일은 산입하지 않으며(민법 제157조), 기간말일의 종료로 기간이 만료되는 것이 원칙이나(민법 제159조), 기간말일이 토요일 또는 공휴일에 해당하는 경우에는 그 익일에 기간이 만료된다(민법 제161조).

2. 행정심판을 거친 경우

가. 제소기간

행정심판을 거쳐 취소소송을 제기하는 경우에는 행정심판 재결서 정본을 송달받은 날로부터 90일 이내에 제기하여야 한다(법 제20조 제1항 단서). 이때 행정심판은 필요적이든 임의적이든 가리지 않는다.[127]

나. 적법한 행정심판의 청구

취소소송의 제소기간을 처분이 있음을 안 날이 아니라 재결서 정본을 송달받을 날을 기준으로 기산하기 위해서는 행정심판의 청구가 적법해야 한다. 따라서 행정심판의 청구기간을 도과하는 등 행정심판 청구 자체가 부적법한 경우에는 재결을 기준으로 제소기간을 기산할 수 없다.[128]

이때 법원은 행정심판기관의 판단에 구애받지 않고 독자적으로 행정심판 청구의 적법 여부를 판단하여야 한다.

---

127) 행정소송법 제20조 제2항(정확히는 괄호부분)의 취급이 문제된다. 여기서 말하는 "재결이 있은 날"은 재결이 내부적으로 성립한 날을 말하는 것이 아니라 재결의 효력이 발생한 날을 의미하는데, 재결의 효력은 재결서 정본이 송달되어야 발생하는 것이므로(행정심판법 제48조 참조), 재결이 있은 날이란 결국 재결서 정본이 송달된 날을 의미하게 되어 통상 재결이 있은 날과 재결서 정본을 송달받은 날은 동일하게 된다. 결국 재결서 정본을 송달받은 날부터 90일이 경과하면 제소기간은 경과하게 되므로 재결이 있은 날로부터 1년 내라는 제소기간은 무의미하다. 입법론으로는 행정소송법 제20조 제2항의 괄호부분의 삭제가 요망된다.
128) 대법원 2011. 11. 24. 선고 2011두18786 판결

다. 특별행정심판

행정소송법 제20조 제1항의 행정심판은 행정심판법에 따른 일반행정심판 및 행정심판법 제4조에서 정하고 있는 특별행정심판을 포함한다.[129] 따라서 특별행정심판을 거친 경우 제소기간에 대한 별도의 규정이 없다면 행정소송법이 적용되어 재결서(결정서) 정본을 송달받은 날로부터 90일 이내에 취소소송을 제기하여야 한다.

3. 행정심판을 거치지 않고 직접 제기하는 경우

취소소송은 처분이 있음을 안 날로부터 90일 이내에 제기하여야 하고(법 제20조 제1항 본문), 처분이 있음을 알지 못한 경우에도 처분이 있은 날로부터 1년을 경과하면 소를 제기하지 못한다(법 제20조 제2항 본문). 즉 '처분이 있음을 안 날로부터 90일'과 '처분이 있은 날로부터 1년' 중 어느 하나의 기간만이라도 경과하면 제소기간은 종료하게 된다. 다만, 90일은 불변기간이지만(법 제20조 제3항), 1년은 불변기간이 아니므로 정당한 사유가 있는 때에는 1년이 경과하여도 제기가 가능하다(법 제20조 제2항 단서).

가. 처분이 있음을 안 날

처분이 있음을 안 날이란 송달·공고 기타의 방법으로 당해 처분이 있었다는 사실을 현실적으로 안 날을 의미한다. 처분이 있음을 알았다고 하기 위해서는 먼저 처분이 존재하여야 하므로, 아직 외부적으로 성립하지 않은 처분이나 상대방 있는 행정처분을 상대방에게 아직 통지하지 않은 경우 등에는 비록 원고가 그 내용을 어떠한 경로로 미리 알게 되었어도 제소기간이 진행할 수 없다.[130]

> **관련판례** 행정소송법 제20조 제1항 소정의 제소기간 기산점인 '처분이 있음을 안 날'
> 행정소송법 제20조 제1항 소정의 제소기간 기산점인 '처분이 있음을 안 날'이라 함은 당사자가 통지, 공고 기타의 방법에 의하여 당해 처분이 있었다는 사실을 현실적으로 안 날을 의미하는바, 특정인에 대한 행정처분을 주소불명 등의 이유로 송달할 수 없어 관보·공보·게시판·일간신문 등에 공고한 경우에는, 공고가 효력을 발생하는 날에 상대방이 그 행정처분이 있음을 알았다고 볼 수는 없고, **상대방이 당해 처분이 있었다는 사실을 현실적으로 안 날에 그 처분이 있음을 알았다고 보아야** 한다(대법원 2014. 9. 25. 선고 2014두8254 판결).

나. 처분이 있은 날

처분이 있은 날이란 처분이 대외적으로 표시되어 효력이 발생한 날을 의미한다. 단순히 처분

---

129) 행정소송법 제20조 제1항에 따르면, 취소소송은 처분 등이 있음을 안 날부터 90일 이내에 제기하여야 하는데, 행정심판청구를 할 수 있는 경우에 행정심판청구가 있은 때의 기간은 재결서의 정본을 송달받은 날부터 기산한다. 이처럼 취소소송의 제소기간을 제한함으로써 처분 등을 둘러싼 법률관계의 안정과 신속한 확정을 도모하려는 입법 취지에 비추어 볼 때, 여기서 말하는 '행정심판'은 행정심판법에 따른 일반행정심판과 이에 대한 특례로서 다른 법률에서 사안의 전문성과 특수성을 살리기 위하여 특히 필요하여 일반행정심판을 갈음하는 특별한 행정불복절차를 정한 경우의 특별행정심판(행정심판법 제4조)을 뜻한다(대법원 2014. 4. 24. 선고 2013두10809 판결).
130) 대법원 2009. 6. 25. 선고 2009도3387 판결

의 의사가 행정기관 내부적으로 결정된 것만으로는 부족하고 외부에 표시되어야 하므로 상대방 있는 처분의 경우에는 상대방에게 도달할 것을 요한다.[131]

> **관련판례** 처분의 효력이 발생하지 않으면 제소기간이 진행하지 않는다
>
> 이 사건 처분은 상대방인 원고에게 고지되어 효력이 발생하였다고 볼 수 없으므로, 이에 관하여 구 공무원연금법 제80조 제2항에서 정한 심사청구기간이나 행정소송법 제20조 제1항, 제2항에서 정한 취소소송의 제소기간이 진행한다고 볼 수 없다(대법원 2019. 8. 9. 선고 2019두38656 판결).

다. 도 달

처분의 효력발생요건으로서 '도달'이 있었다고 보려면 상대방이 현실로 처분의 내용을 인식할 필요는 없고, 상대방이 알 수 있는 상태에 놓이면 충분하다. 따라서 처분서를 본인에게 직접 전달하지 않더라도 우편함에 투입하거나, 동거의 친족·가족·고용원 등에게 교부하는 등 본인의 세력범위 또는 생활지배권에 들어간 경우에는 도달하였다고 보아야 한다.[132]

라. 불변기간

90일의 기간은 불변기간이다. 다만 당사자가 책임질 수 없는 사유로 인하여 이를 준수할 수 없었던 경우에는 행정소송법 제8조 제2항에 의하여 준용되는 민사소송법 제173조 제1항에 의하여 그 사유가 없어진 후 2주일 내에 해태한 제소행위를 추후보완할 수 있다. 여기서 당사자가 책임질 수 없는 사유란 당사자가 그 소송행위를 하기 위하여 일반적으로 하여야 할 주의를 다하였음에도 불구하고 그 기간을 준수할 수 없었던 사유를 말한다.

마. 정당한 사유

처분이 있은 날로부터 1년이 경과하였더라도 정당한 사유가 있으면 소를 제기할 수 있다. 여기서 정당한 사유의 존부는 여러 사정을 종합하여 지연된 제소를 허용하는 것이 사회통념상 상당하다고 할 수 있는가에 따라 판단하여야 한다.[133]

예를 들면, 담당 공무원이 해당 처분을 곧 취소해주겠다고 하여 믿고 기다리다가 제소기간을 도과한 경우나 처분의 상대방이 아닌 제3자가 소송을 제기하는 경우[134]에는 정당한 사유를 인정할 수 있을 것이다.

---

131) 대법원 1990. 7. 13. 선고 90누2284 판결
132) 도달은 우편법의 '배달'과는 다른 개념이므로 주의를 요한다. 우편법 제31조에 따른 적법한 배달이 있었다 하여 '도달'하였다고 단정할 수는 없다. 판례도 "우편법 제31조, 제34조, 같은법시행령 제42조, 제43조의 규정취지는 우편사업을 독점하고 있는 국가가 배달위탁을 받은 우편물의 배달방법을 구체적으로 명시하여 그 수탁업무의 한계를 명백히 한 것으로서 위 규정에 따라 우편물이 배달되면 우편물이 정당하게 교부된 것으로 인정하여 국가의 배달업무를 다하였다는 것일 뿐, 우편물의 송달로써 달성하려고 하는 법률효과까지 발생하게 하는 것은 아니므로 위 규정에 따라 우편물이 배달되었다고 하여 언제나 상대방 있는 의사표시의 통지가 상대방에게 도달하였다고 볼 수는 없다."고 판시한 바 있다(대법원 1993. 11. 26. 선고 93누17478 판결).
133) 대법원 1991. 6. 28. 선고 90누6521 판결
134) 대법원 1989. 5. 8. 선고 88누5150 판결

4. 구체적 검토

가. 처분의 상대방이 제소하는 경우

(1) 처분이 송달된 경우

처분은 송달을 통하여 송달받을 자에게 도달됨으로써 그 효력이 발생한다(행정절차법 제15조 제1항). 그리고 처분의 효력이 발생한 날이 처분이 있은 날이 된다.

한편 판례는 처분을 기재한 서류가 당사자의 주소에 송달되어 사회통념상 처분이 있음을 당사자가 알 수 있는 상태에 놓여진 때에는 반증이 없는 한 그 처분이 있음을 알았다고 추정할 수 있다고 한다.[135] 따라서 특별한 사정이 있어 당시에 처분을 알지 못하였다고 하는 사정은 원고가 이를 입증하여야 한다.

> **관련판례** 송달은 처분의 효력발생요건
> 납세고지서의 교부송달 및 우편송달에 있어서는 반드시 납세의무자 또는 그와 일정한 관계에 있는 사람의 현실적인 수령행위를 전제로 하고 있다고 보아야 하며, 납세자가 과세처분의 내용을 이미 알고 있는 경우에도 납세고지서의 송달이 불필요하다고 할 수는 없다(대법원 2004. 4. 9. 선고 2003두13908 판결).

(2) 처분이 고시 또는 공고된 경우

(가) 일반처분의 경우

판례는 불특정 다수인에 대한 처분으로서 관보·신문에 게재하거나 게시판에 공고하는 방법으로 외부에 표시함으로써 효력이 발생하는 처분(이른바 일반처분)에 대하여는 공고 등이 있음을 현실로 알았는지를 불문하고, 근거법규가 정한 처분의 효력발생일(만약 근거법규가 효력발생일을 정하지 아니한 경우에는 공고 후 5일이 경과한 날[136])에 처분이 있음을 알았다고 보고, 그때부터 제소기간을 기산한다(판례 ❶). 왜냐하면 공고 등에 의하여 효력이 발생하도록 되어 있는 행정처분은 그 효력이 불특정 다수인에게 동시에 발생하므로, 그 제소기간 역시 일률적으로 정하는 것이 타당하기 때문이다.

다만, 개별토지가격결정은 행정편의상 일단의 각 개별토지에 대한 가격결정을 일괄하여 행정기관 게시판에 공고하여 고지하는 것일 뿐 그 처분의 효력은 각각의 토지 소유자에 대하여 각별로 발생하는 것이므로 개별토지가격결정의 공고는 공고일로부터 그 효력을 발생하지만 처분 상대방인 토지소유자가 그 공고일에 개별토지가격결정처분이 있음을 알았다고까지 의제할 수는 없다(판례 ❷).

> **관련판례 ❶** 일반처분의 경우 제소기간
> 통상 고시 또는 공고에 의하여 행정처분을 하는 경우에는 그 처분의 상대방이 불특정 다수인이고 그 **처분의**

---

[135] 대법원 1999. 12. 28. 선고 99두9742 판결
[136] 구 사무관리규정(현 행정업무의 효율적 운영에 관한 규정) 제8조 제2항은 공고문서에 특별한 규정이 있는 경우를 제외하고는 공고 후 5일이 경과됨으로써 효력이 발생하도록 정하고 있었는바, 이후 사무관리규정은 그 명칭이 개정되어 행정업무의 효율적 운영에 관한 규정으로 바뀌었으나, 공고문서의 효력에 관하여는 동일한 내용의 규정이 유지되고 있다(제6조 제3항).

효력이 불특정 다수인에게 일률적으로 적용되는 것이므로, 행정처분에 이해관계를 갖는 자가 고시 또는 공고가 있었다는 사실을 현실적으로 알았는지 여부에 관계없이 고시가 효력을 발생하는 날에 행정처분이 있음을 알았다고 보아야 한다. 인터넷 웹사이트에 대하여 구 청소년보호법에 따른 청소년유해매체물 결정 및 고시처분을 한 사안에서, 위 결정은 이해관계인이 고시가 있었음을 알았는지 여부에 관계없이 관보에 고시됨으로써 효력이 발생하고, 그가 위 결정을 통지받지 못하였다는 것이 제소기간을 준수하지 못한 것에 대한 정당한 사유가 될 수 없다(대법원 2007. 6. 14. 선고 2004두619 판결).

> **관련판례 ❷ 개별토지가격결정에 대한 행정심판청구기간**
> 개별토지가격결정에 있어서는 그 처분의 고지방법에 있어 개별토지가격합동조사지침(국무총리훈령 248호)의 규정에 의하여 행정편의상 일단의 각 개별토지에 대한 가격결정을 일괄하여 읍·면·동의 게시판에 공고하는 것일 뿐 그 처분의 효력은 각각의 공고일로부터 그 효력을 발생하지만 처분 상대방인 토지소유자 및 이해관계인이 공고일에 개별토지가격결정처분이 있음을 알았다고까지 의제할 수는 없어 결국 개별토지가격결정에 대한 재조사 또는 행정심판의 청구기간은 처분 상대방이 실제로 처분이 있음을 안 날로부터 기산하여야 할 것이나, 시장, 군수 또는 구청장이 개별토지가격결정을 처분 상대방에 대하여 별도의 고지절차를 취하지 않는 이상 토지소유자 및 이해관계인이 위 처분이 있음을 알았다고 볼 경우는 그리 흔치 않을 것이므로, 특별히 위 처분을 알았다고 볼만한 사정이 없는 한 개별토지가격결정에 대한 재조사청구 또는 행정심판청구는 행정심판법 제18조 제3항 소정의 처분이 있은 날로부터 180일 이내에 이를 제기하면 된다(대법원 1993. 12. 24. 선고 92누17204 판결).

(나) 특정인에 대한 처분을 공고한 경우

판례는 특정인에 대한 행정처분으로서 주소불명이나 송달불가능으로 인하여 게시판·관보·공보·일간신문 등에 공고하는 방법으로 처분서를 송달하는 경우에는, 원래 고시·공고에 의하도록 되어 있는 처분이 아니므로, 공고일로부터 14일이 경과한 때에 송달의 효력 즉 처분의 효력이 발생하기는 하나(행정절차법 제14조 제4항, 제15조 제3항), 그 날 바로 처분을 알았다고 의제할 수 없다고 한다.

> **관련판례 특정인에 대한 처분을 공고한 경우 처분이 있음을 안 날**
> 특정인에 대한 행정처분을 주소불명 등의 이유로 송달할 수 없어 관보·공보·게시판·일간신문 등에 공고한 경우에는, 공고가 효력을 발생하는 날에 상대방이 그 행정처분이 있음을 알았다고 볼 수는 없고, **상대방이 당해 처분이 있었다는 사실을 현실적으로 안 날에 그 처분이 있음을 알았다고 보아야 한다**(대법원 2006. 4. 28. 선고 2005두14851 판결).

나. 처분의 제3자가 제소하는 경우

제소기간의 제한은 처분의 제3자가 소송을 제기하는 경우라고 그 적용이 배제되지는 않는다. 다만, 현행법은 제3자효 행정행위에 있어서 이해관계 있는 제3자에 대한 통지의무를 처분청에게 인정하지 않고 있다. 따라서 처분의 직접상대방이 아닌 제3자는 처분이 있음을 바로 알 수 없는 처지이므로 '정당한 사유'가 있는 경우에 해당한다고 보아 처분이 있은 날로부터 1년이 경과한 뒤에도 취소소송을 제기할 수 있다. 다만 제3자가 어떠한 경위로든 처분이 있음을 안 이상, 그 처분이 있음을 안 날로부터 90일 이내에 취소소송을 제기하여야 한다.

> **관련판례** 제3자효 행정행위에 대한 행정심판의 청구기간
>
> 행정처분의 직접상대방이 아닌 제3자는 행정처분이 있음을 곧 알 수 없는 처지이므로 행정심판법 제18조 제3항 소정의 심판청구의 제척기간내에 처분이 있음을 알았다는 특별한 사정이 없는 한 그 제척기간의 적용을 배제할 같은 조항 단서 소정의 정당한 사유가 있는 때에 해당한다고 볼 수 있다(대법원 1989. 5. 8. 선고 88누5150 판결).

다. 무효확인소송과 관련된 경우

(1) 무효확인소송을 제기하였다가 취소소송으로 변경한 경우

행정소송법 제37조, 제21조 제4항, 제14조 제4항에 의하여 소변경을 허가하는 결정이 있게 되면 새로운 소송은 구소를 제기한 때에 제기된 것으로 본다. 이에 따라 무효확인소송을 제기하였다가 취소소송으로 변경한 경우 취소소송의 제소기간 준수여부는 소변경신청서 제출시가 아니라 원래의 무효확인의 소제출시를 기준으로 한다.

(2) 무효확인의 소에 취소를 구하는 소를 추가적으로 병합한 경우

판례는 주된 청구인 무효확인의 소가 적법한 제소기간 내에 제기되었다면 추가로 병합된 취소소송도 적법하게 제기된 것으로 보고 있다.

> **관련판례** 무효확인소송에 취소소송을 추가적으로 병합한 경우에 제소기간
>
> 하자 있는 행정처분을 놓고 이를 무효로 볼 것인지 아니면 단순히 취소할 수 있는 처분으로 볼 것인지는 동일한 사실관계를 토대로 한 법률적 평가의 문제에 불과하고, 행정처분의 무효확인을 구하는 소에는 특단의 사정이 없는 한 그 취소를 구하는 취지도 포함되어 있다고 보아야 하는 점 등에 비추어 볼 때, 동일한 행정처분에 대하여 무효확인의 소를 제기하였다가 그 후 그 처분의 취소를 구하는 소를 추가적으로 병합한 경우, 주된 청구인 무효확인의 소가 적법한 제소기간 내에 제기되었다면 추가로 병합된 취소청구의 소도 적법하게 제기된 것으로 봄이 상당하다(대법원 2005. 12. 23. 선고 2005두3554 판결).

(3) 무효선언적 의미의 취소소송을 제기한 경우

행정소송법 제20조의 제소기간의 제한에 관한 규정은 원칙적으로 취소소송에만 적용되고 무효확인소송에는 준용되지 않는다(법 제38조 제1항). 그러나 무효를 선언하는 의미의 취소소송은 형식상 취소소송에 속하므로 제소기간의 제한을 받는다.[137]

라. 경정처분의 경우

판례는 감액경정처분은 당초처분의 전부를 취소한 다음 새로이 처분을 한 것이 아니라, 당초처분의 일부취소에 불과하므로, 소송의 대상은 경정처분으로 인하여 감액되고 남은 당초처분이 된다고 판시하고 있으며, 제소기간의 준수 여부도 당초의 처분을 기준으로 판단하고 있다. 한편 판례는 증액경정의 경우에는 당초처분에서의 과세표준과 세액을 포함하여 전체로서의 과세표준과 세액을 결정하는 것이므로, 당초처분은 증액경정처분에 흡수되어 소멸하고 증액경정처분만이 소송의 대상이 된다고 판시하고 있으며, 이에 따라 제소기간의 준수 여부도 증액경정처분을 기준으로 판단하고 있다.

---

137) 대법원 1987. 6. 9. 선고 87누219 판결

> **관련판례** 감액경정의 경우 제소기간의 기산점
>
> 감액처분으로도 아직 취소되지 않고 남아 있는 부분이 위법하다 하여 다투고자 하는 경우, 감액처분을 항고소송의 대상으로 할 수는 없고, **당초 징수결정 중 감액처분에 의하여 취소되지 않고 남은 부분을 항고소송의 대상으로 할 수 있을 뿐이며, 그 결과 제소기간의 준수 여부도 감액처분이 아닌 당초 처분을 기준으로 판단해야 한다**(대법원 2012. 9. 27. 선고 2011두27247 판결).

> **관련판례** 증액경정의 경우 제소기간의 기산점
>
> 그런데 당초의 과세처분을 다투는 적법한 전심절차의 진행 중에 **증액경정처분이 이루어지면 당초의 과세처분은 증액경정처분에 흡수되어 독립적인 존재가치를 상실하므로, 납세자는 특별한 사정이 없는 한 증액경정처분에 맞추어 청구의 취지나 이유를 변경한 다음, 그에 대한 결정의 통지를 받은 날부터 90일 이내에 증액경정처분의 취소를 구하는 행정소송을 제기하여야 한다**(대법원 2013. 2. 14. 선고 2011두25005 판결).

마. 변경명령재결의 경우

판례는 이 경우 취소소송의 대상은 변경된 내용의 당초처분이며, 제소기간은 재결서 정본을 송달받은 날로부터 90일 이내라고 보고 있다.

> **관련판례** 변경명령재결이 나온 경우 제소기간의 기산점
>
> 행정청이 식품위생법령에 따라 영업자에게 행정제재처분을 한 후 그 처분을 영업자에게 유리하게 변경하는 처분을 한 경우, 변경처분에 의하여 당초 처분은 소멸하는 것이 아니고 당초부터 유리하게 변경된 내용의 처분으로 존재하는 것이므로, 변경처분에 의하여 유리하게 변경된 내용의 행정제재가 위법하다 하여 그 취소를 구하는 경우 그 취소소송의 대상은 변경된 내용의 당초 처분이지 변경처분은 아니고, 제소기간의 준수 여부도 변경처분이 아닌 변경된 내용의 당초 처분을 기준으로 판단하여야 한다. … 이 사건 소 또한 **행정심판 재결서 정본을 송달받은 날로부터 90일 이내 제기되어야 하는데**…(대법원 2007. 4. 27. 선고 2004두9302 판결).

바. 거부처분의 경우

판례는 거부처분이 반복되는 경우 반복된 신청에 대한 매 거부처분시마다 새로운 처분이 있는 것으로 보고 있으므로, 제소기간 역시 각 거부처분마다 별도로 진행된다.[138]

사. 심판청구기간을 도과하여 각하재결을 받은 후 다시 취소소송을 제기하는 경우

행정처분이 있음을 알고 처분에 대하여 곧바로 취소소송을 제기하는 방법을 선택한 때에는 처분이 있음을 안 날부터 90일 이내에 취소소송을 제기하여야 하고, 행정심판을 청구하는 방법을 선택한 때에는 처분이 있음을 안 날부터 90일 이내에 행정심판을 청구하고 행정심판의 재결서를 송달받은 날부터 90일 이내에 취소소송을 제기하여야 한다.

따라서 처분이 있음을 안 날부터 90일을 넘겨 청구한 부적법한 행정심판청구에 대한 재결이 있은 후, 재결서를 송달받은 날부터 90일 이내에 원래의 처분에 대하여 취소소송을 제기하였다고 하여 취소소송이 다시 제소기간을 준수한 것으로 되는 것은 아니므로 법원은 부적법 각하하여야 한다.

---

138) 대법원 2000. 3. 29. 선고 2000두6084 판결

> **관련판례** 심판청구기간을 도과하여 각하재결을 받은 경우 제소기간
>
> 행정소송법 제18조 제1항, 제20조 제1항, 구 행정심판법 제18조 제1항을 종합해 보면, 행정처분이 있음을 알고 처분에 대하여 곧바로 취소소송을 제기하는 방법을 선택한 때에는 처분이 있음을 안 날부터 90일 이내에 취소소송을 제기하여야 하고, 행정심판을 청구하는 방법을 선택한 때에는 처분이 있음을 안 날부터 90일 이내에 행정심판을 청구하고 행정심판의 재결서를 송달받은 날부터 90일 이내에 취소소송을 제기하여야 한다. 따라서 처분이 있음을 안 날부터 90일 이내에 행정심판을 청구하지도 않고 취소소송을 제기하지도 않은 경우에는 그 후 제기된 취소소송은 제소기간을 경과한 것으로서 부적법하고, **처분이 있음을 안 날부터 90일을 넘겨 청구한 부적법한 행정심판청구에 대한 재결이 있은 후 재결서를 송달받은 날부터 90일 이내에 원래의 처분에 대하여 취소소송을 제기하였다고 하여 취소소송이 다시 제소기간을 준수한 것으로 되는 것은 아니다**(대법원 2011. 11. 24. 선고 2011두18786 판결).

아. 조세부과처분에 대하여 이의신청을 하여 재조사결정을 통지받은 경우

조세부과처분에 대하여 이의신청을 하여 재조사결정을 통지받은 이의신청인은 후속 처분의 통지를 받은 후에야 비로소 다음 단계의 쟁송절차에서 불복할 대상과 범위를 구체적으로 특정할 수 있으므로, 이 경우 쟁송제기기간의 기산점은 재조사결정서를 통지받은 날이 아니라 후속 처분의 통지를 받은 날이 된다.

> **관련판례** 이의신청에 대한 재조사결정에 따른 행정소송을 제기하는 경우
>
> 이의신청 등에 대한 결정의 한 유형으로 실무상 행해지고 있는 재조사결정은 처분청으로 하여금 하나의 과세단위의 전부 또는 일부에 관하여 해당 결정에서 지적된 사항을 재조사하여 그 결과에 따라 과세표준과 세액을 경정하거나 당초 처분을 유지하는 등의 후속 처분을 하도록 하는 형식을 취하고 있다. 이에 따라 재조사결정을 통지받은 이의신청인 등은 그에 따른 후속 처분의 통지를 받은 후에야 비로소 다음 단계의 쟁송절차에서 불복할 대상과 범위를 구체적으로 특정할 수 있게 된다. 이와 같은 재조사결정의 형식과 취지, 그리고 행정심판제도의 자율적 행정통제기능 및 복잡하고 전문적·기술적 성격을 갖는 조세법률관계의 특수성 등을 감안하면, 재조사결정은 해당 결정에서 지적된 사항에 관해서는 처분청의 재조사결과를 기다려 그에 따른 후속 처분의 내용을 이의신청 등에 대한 결정의 일부분으로 삼겠다는 의사가 내포된 변형결정에 해당한다고 볼 수밖에 없다. 그렇다면 재조사결정은 처분청의 후속 처분에 의하여 그 내용이 보완됨으로써 이의신청 등에 대한 결정으로서의 효력이 발생한다고 할 것이므로, **재조사결정에 따른 심사청구기간이나 심판청구기간 또는 행정소송의 제소기간은 이의신청인 등이 후속 처분의 통지를 받은 날부터 기산된다고 봄이 타당하다**(대법원 2010. 6. 25. 선고 2007두12514 전원합의체 판결).

자. 이의신청을 거쳐 취소소송을 제기하는 경우

종래 이의신청을 거쳐 취소소송을 제기하는 경우 제소기간의 기산점을 언제로 보아야 하는지에 대해 혼란이 있었으나, 행정기본법이 2023. 3. 24.부터 시행되었기 때문에 행정기본법 제36조에 근거하여 이의신청에 대한 결과를 통지받은 날부터 90일 이내에 취소소송을 제기할 수 있도록 규정하여 논란을 해소하였다.

01 (2024년 기출)

제소기간에 관한 설명으로 옳은 것은? (다툼이 있으면 판례에 따름)

① 처분에 대한 무효확인의 소에 그 처분의 취소를 구하는 소를 추가적으로 병합하는 경우, 추가로 병합된 취소청구의 소는 제소기간의 제한을 받지 않는다.
② 부작위상태가 계속되는 한 행정심판을 거쳐 부작위위법확인소송을 제기하는 경우에도 제소기간의 제한을 받지 않는다.
③ 민사소송으로 잘못 제기하였다가 이송결정에 따라 관할법원으로 이송하여 취소소송으로 소를 변경한 경우, 제소기간의 준수 여부는 민사소송을 제기한 때를 기준으로 한다.
④ 행정청이 처분을 하면서 법정 제소기간보다 긴 기간으로 제소기간을 고지하였다면 그 기간 내에 제기된 소는 제소기간을 준수한 것이 된다.
⑤ 당사자소송에 관하여 법령에 제소기간을 정한 경우, 그 기간은 불변기간이 아니므로 법원은 정당한 사유가 있다면 제소기간을 연장할 수 있다.

/해 설/

① (×) 교재 138P (관련판례 무효확인소송에 취소소송을 추가적으로 병합한 경우에 제소기간)

② (×) 교재 218P (5. 제소기간)

③ (○) 종전 사건은 행정처분을 다투는 취지임이 명백함에도 원고가 고의 또는 중대한 과실 없이 민사소송으로 잘못 제기한 경우에 해당하므로 종전 사건의 항소심 법원으로서는 이를 관할법원에 이송할 수밖에 없고, 피고 경정 및 소의 변경이 허가된 경우 변경된 소송은 처음에 소를 제기한 때에 제기된 것으로 보아야 하며, 종전 사건의 항소심 법원이 위 이송결정에 앞서 피고 경정 허가 등 조치를 행하였더라도 원고의 제소기간 준수 여부에는 영향이 없다는 이유로, 원고는 행정소송법 제20조 제2항 소정의 제소기간 내에 이 사건 소를 적법하게 제기하였다고 보아 이를 다투는 피고의 본안전항변을 배척하였다. 관련 법령 및 법리와 기록에 비추어 살펴보면, 원심의 위와 같은 판단은 정당하고, 거기에 상고이유 주장과 같이 제소기간 등에 관한 법리를 오해한 위법이 없다(대법원 2013. 7. 12. 선고 2011두20321 판결).

④ (×) 당사자가 행정처분시나 그 이후 행정청으로부터 행정심판 제기기간에 관하여 법정 심판청구 기간보다 긴 기간으로 잘못 통지받아 행정소송법상 법정 제소기간을 도과하였다고 하더라도, 그것이 당사자가 책임질 수 없는 사유로 인한 것이라고 할 수는 없다(대법원 2001. 5. 8. 선고 2000두6916 판결).

⑤ (×) 행정소송법 제41조, 제44조

정답 ③

제21조   소의 변경

> 제21조(소의 변경) ① 법원은 취소소송을 당해 처분등에 관계되는 사무가 귀속하는 국가 또는 공공단체에 대한 당사자소송 또는 취소소송외의 항고소송으로 변경하는 것이 상당하다고 인정할 때에는 청구의 기초에 변경이 없는 한 사실심의 변론종결시까지 원고의 신청에 의하여 결정으로써 소의 변경을 허가할 수 있다.
> ② 제1항의 규정에 의한 허가를 하는 경우 피고를 달리하게 될 때에는 법원은 새로이 피고로 될 자의 의견을 들어야 한다.
> ③ 제1항의 규정에 의한 허가결정에 대하여는 즉시항고할 수 있다.
> ④ 제1항의 규정에 의한 허가결정에 대하여는 제14조제2항·제4항 및 제5항의 규정을 준용한다.
>
> 제14조(피고경정) ② 법원은 제1항의 규정에 의한 결정의 정본을 새로운 피고에게 송달하여야 한다.
> ④ 제1항의 규정에 의한 결정이 있은 때에는 새로운 피고에 대한 소송은 처음에 소를 제기한 때에 제기된 것으로 본다.
> ⑤ 제1항의 규정에 의한 결정이 있은 때에는 종전의 피고에 대한 소송은 취하된 것으로 본다.
>
> 제37조(소의 변경) 제21조의 규정은 무효등 확인소송이나 부작위위법확인소송을 취소소송 또는 당사자소송으로 변경하는 경우에 준용한다.
>
> 제42조(소의 변경) 제21조의 규정은 당사자소송을 항고소송으로 변경하는 경우에 준용한다.

소의 변경이란 소송 중에 원고가 심판대상인 청구를 변경하는 것을 말하며, 청구의 변경이라고도 한다. 소의 변경은 청구 그 자체의 변경일 것을 요하고, 청구를 이유있게 하기 위한 공격·방어방법의 변경은 소의 변경이 아니다.

행정소송법은 소의 종류의 변경(법 제21조)과 처분변경으로 인한 소의 변경(법 제22조)의 두 가지를 규정하고 있다. 이와 같이 행정소송법이 명시적으로 인정한 소의 변경 외에 민사소송법의 준용에 의한 소의 변경도 가능하다(법 제8조 제2항, 민사소송법 제262조).

1. 소의 종류의 변경의 의의

국민이 행정소송의 종류를 잘못 선택한 경우 소의 종류의 변경을 허용함으로서 국민의 피해를 방지하는 한편, 기존의 소송과정에서 얻은 자료를 새로운 소송에서 그대로 사용할 수 있도록 하여 소송경제를 도모할 필요가 있다. 이에 따라 행정소송법은 소의 종류의 변경을 인정하고 있다(법 제21조, 제37조, 제42조).

2. 유 형

가. 항고소송간의 변경

취소소송을 무효등확인소송 또는 부작위위법확인소송으로(법 제21조 제1항), 무효등확인소송을 취소소송으로(법 제37조), 부작위위법확인소송을 취소소송으로(법 제37조) 변경하는 것이 가능하다.

나. 항고소송과 당사자소송간의 변경

항고소송을 당해 처분 등에 관계되는 사무가 귀속되는 국가 또는 공공단체에 대한 당사자소송으로 변경하거나(법 제21조 제1항, 제37조), 당사자소송을 항고소송으로 변경하는 것(법 제42조)이 가능하다. 후자의 대표적인 예로 공무원지위확인의 소를 파면처분취소의 소로 변경하는 것이 있다.

여기서 '사무가 귀속하는' 국가 또는 공공단체라 함은 당해 처분을 취급하는 행정청이 '속하는' 국가 또는 공공단체를 가리키는 것이 아니라, 처분의 '효과가 귀속하는' 국가 또는 공공단체를 의미한다. 따라서 지방자치단체의 장이 국가의 기관위임사무를 처리하는 경우에는 그 사무가 귀속하는 주체는 당해 지방자치단체장이 속한 지방자치단체가 아니라 국가이므로, 국가를 피고로 하는 소로 변경하여야 한다.

다. 항고소송과 민사소송간의 변경

행정소송법은 항고소송과 민사소송간의 소의 변경에 대해서는 명문의 규정을 두고 있지 않다. 다만 판례는 수소법원이 행정소송에 대한 재판관할도 동시에 갖고 있는 경우에 민사소송을 항고소송으로 변경하는 것을 허용하고 있다.[139]

3. 요 건

가. 소의 변경이 상당하다고 인정될 것

상당성은 각 사건에 따라 구체적으로 판단할 것이나, 소송자료의 이용가능성, 다른 구제수단의 존재 여부, 소송의 지연여부, 새로운 피고에 입히는 불이익의 정도 등을 종합적으로 고려하여야 할 것이다.

나. 청구의 기초에 변경이 없을 것

소의 종류의 변경은 청구의 기초의 변경이 없어야 허용되는데, 이는 전후의 소송이 달성하려고 하는 이익이 동일하고, 동일한 사실적 기반에 서 있어 소송자료를 공통으로 사용할 수 있는 경우를 말한다.

이 요건은 전혀 다른 소로 변경이 됨으로써 변경 전의 소를 기준으로 공격방어방법을 준비하였던 피고가 예상치 못한 피해를 입는 것을 방지하기 위한 것이므로, 피고가 소변경에 동의하거나 변경 후 소에 응소하게 되면 문제되지 않는다.

다. 변경의 대상이 되는 소가 사실심에 계속중이고 변론종결 전일 것

원고가 소의 변경을 신청하기 위하여는 소송이 사실심 변론종결 전이어야 한다. 즉, 제1심 또는 항소심에 계속중이어야 하고, 상고심에서는 소의 변경이 허용되지 않는다. 한편, 소송요건의 흠결로 인하여 소송이 부적법한 경우에도 각하되기 전이라면 소의 변경신청을 할 수 있다.

---

[139] 대법원 1999. 11. 26. 선고 97다42250 판결

4. 절 차

가. 원고의 신청이 있을 것

소 변경은 구소를 취하하고 신소를 제기하는 것과 마찬가지이므로 처분권주의에 따라 직권에 의한 소 변경은 있을 수 없고 원고의 신청이 반드시 필요하다.

> **관련판례** 원고가 소송의 종류를 잘못 선택하여 소송을 제기한 경우, 법원이 취할 조치
> 원고가 고의 또는 중대한 과실 없이 당사자소송으로 제기하여야 할 것을 항고소송으로 잘못 제기한 경우에, 당사자소송으로서의 소송요건을 결하고 있음이 명백하여 당사자소송으로 제기되었더라도 어차피 부적법하게 되는 경우가 아닌 이상, 법원으로서는 원고가 당사자소송으로 소 변경을 하도록 하여 심리·판단하여야 한다(대법원 2016. 5. 24. 선고 2013두14863 판결).

나. 의견청취

피고의 변경을 수반하는 소 변경의 신청이 있는 경우에는 법원은 반드시 그 허가 결정에 앞서 새로이 피고로 될 자의 의견을 들어야 한다(법 제21조 제2항). 다만 법원은 의견을 진술할 기회를 부여하면 족한 것이고, 반드시 그 의견에 구속되는 것은 아니다.

다. 법원의 결정

행정소송법상의 소의 종류의 변경은 법원의 허가결정이 있어야 한다(법 제21조 제1항). 피고가 변경되는 소변경의 경우에는 허가결정의 정본을 새로운 피고에게 송달하여야 한다(법 제21조 제4항, 제14조 제2항).

5. 효 과

소의 변경을 허가하는 결정이 있게 되면 구소는 취하된 것으로 본다(법 제21조 제4항, 제14조 제5항). 그와 함께 구소에 대하여 진행되어 온 소송절차는 변경된 신소에 유효하게 승계된다. 이 때 변경된 신소도 적법요건을 구비하여야 한다.

또한 소 변경을 허가하는 결정이 있게 되면 새로운 소송은 변경 전의 구소를 제기한 때에 제기된 것으로 본다(법 제21조 제4항, 제14조 제4항). 즉 무효확인의 소를 제기하였다가 취소소송으로 변경한 경우 취소소송의 제소기간 준수여부는 소변경신청서 제출시가 아니라 원래의 무효확인의 소 제출시를 기준으로 한다. 이 점은 당사자소송을 제기하였다가 취소소송으로 변경하는 경우처럼 피고변경이 따르는 때에도 마찬가지이다. 이와 같이 구소제기 시에 신소가 제기된 것으로 보는 것은 민사소송에서 소변경신청서를 법원에 제출한 때를 기준으로 하는 것(민사소송법 제265조)에 대한 특례규정이다.

6. 불복방법

소의 종류변경을 허가하는 결정에 대하여는 새로운 피고나 종래의 피고는 즉시항고를 할 수 있다(법 제21조 제3항). 이 점이 제22조에 근거한 처분변경으로 인한 소의 변경이나 민사소송법에 의한 소의 변경과 다른 점이다.

01 (2024년 기출)

소를 변경하는 경우 처음에 소를 제기한 때 제기된 것으로 보는 경우를 모두 고른 것은? (다툼이 있으면 판례에 따름)

> ㄱ. 취소소송을 당사자소송으로 변경하는 경우
> ㄴ. 무효확인소송을 취소소송으로 변경하는 경우
> ㄷ. 당사자소송을 취소소송으로 변경하는 경우
> ㄹ. 이송결정이 확정된 후 민사소송을 취소소송으로 변경하는 경우

① ㄱ
② ㄱ, ㄹ
③ ㄴ, ㄷ
④ ㄴ, ㄷ, ㄹ
⑤ ㄱ, ㄴ, ㄷ, ㄹ

/해설/

ㄱ. (○) 행정소송법 제21조 제4항, 제14조 제4항

ㄴ. (○) 행정소송법 제37조, 행정소송법 제14조 제4항

ㄷ. (○) 행정소송법 제42조

ㄹ. (○) 행정소송법 제8조 제2항은 "행정소송에 관하여 이 법에 특별한 규정이 없는 사항에 대하여는 법원조직법과 민사소송법 및 민사집행법의 규정을 준용한다."라고 규정하고 있고, 민사소송법 제40조 제1항은 "이송결정이 확정된 때에는 소송은 처음부터 이송받은 법원에 계속된 것으로 본다."라고 규정하고 있다. 한편 행정소송법 제21조 제1항, 제4항, 제37조, 제42조, 제14조 제4항은 행정소송 사이의 소 변경이 있는 경우 처음 소를 제기한 때에 변경된 청구에 관한 소송이 제기된 것으로 보도록 규정하고 있다. 이러한 규정 내용 및 취지 등에 비추어 보면, 원고가 행정소송법상 항고소송으로 제기해야 할 사건을 민사소송으로 잘못 제기한 경우에 수소법원이 그 항고소송에 대한 관할을 가지고 있지 아니하여 관할법원에 이송하는 결정을 하였고, 그 이송결정이 확정된 후 원고가 항고소송으로 소 변경을 하였다면, 그 항고소송에 대한 제소기간의 준수 여부는 원칙적으로 처음에 소를 제기한 때를 기준으로 판단하여야 한다(대법원 2022. 11. 17. 선고 2021두44425 판결).

정답 ⑤

제22조　처분변경으로 인한 소의 변경

> **제22조(처분변경으로 인한 소의 변경)** ① 법원은 행정청이 소송의 대상인 처분을 소가 제기된 후 변경한 때에는 원고의 신청에 의하여 결정으로써 청구의 취지 또는 원인의 변경을 허가할 수 있다.
> ② 제1항의 규정에 의한 신청은 처분의 변경이 있음을 안 날로부터 60일 이내에 하여야 한다.
> ③ 제1항의 규정에 의하여 변경되는 청구는 제18조제1항 단서의 규정에 의한 요건을 갖춘 것으로 본다.
>
> **제38조(준용규정)** ① 제9조, 제10조, 제13조 내지 제17조, 제19조, 제22조 내지 제26조, 제29조 내지 제31조 및 제33조의 규정은 무효등 확인소송의 경우에 준용한다.
>
> **제44조(준용규정)** ① 제14조 내지 제17조, 제22조, 제25조, 제26조, 제30조제1항, 제32조 및 제33조의 규정은 당사자소송의 경우에 준용한다.

1. 처분변경으로 인한 소의 변경의 의의

행정소송법은 취소소송의 계속 중에 피고인 행정청이 소송대상인 처분을 변경한 경우에, 원고의 신청이 있으면 법원은 결정으로서 청구취지 또는 청구원인의 변경을 허가할 수 있도록 하고 있는 바(법 제22조), 이는 원고에게 구소를 취하하고 별소를 제기하는 불편을 덜고자 인정되는 제도이다. 처분변경으로 인한 소의 변경은 취소소송, 무효등확인소송 및 당사자소송에서 인정되고 있다(법 제22조 제1항, 제38조 제1항, 제44조 제1항).

2. 요 건

가. 소송이 계속중일 것

처분변경으로 인한 소의 변경은 소송이 제기된 후 사실심 계속 중에 행하여질 것을 요한다. 이때에는 변경된 처분에 대하여 별도로 행정심판을 거칠 필요가 없다(법 제22조 제3항).

이와 균형을 맞추기 위하여 행정소송법 제18조 제3항 제3호는 행정청이 사실심 변론종결 후 소송의 대상인 처분을 변경한 경우 해당 변경된 처분에 관하여 소를 제기하는 때에도 해당 변경된 처분에 관하여 행정심판을 거칠 필요 없이 소를 제기할 수 있도록 규정하고 있다.

나. 행정청의 처분변경 행위가 존재할 것

행정청이 소송의 대상인 처분을 소가 제기된 후 변경하였어야 한다. 처분의 변경은 주체면에서는 처분청이 스스로 또는 상급감독청에 의한 취소권의 행사로 발생할 수도 있고, 내용면에서는 종전 처분이 일부취소 되거나 적극적으로 변경됨으로써 행해질 수도 있다.

다만, 이때의 변경된 후속처분은 종전처분을 완전히 대체하는 것이거나 주요 부분을 실질적으로 변경하는 것이어야 한다. 만약 후속처분이 당초처분과 동일성이 유지되면서 양적으로 또는 질적으로 처분의 강도가 감경되는 경우라든가 후속처분의 내용이 종전처분의 유효를 전제로 내용 중 일부만을 추가·철회·변경하는 것이라면 종전처분이 여전히 항고소송의 대상이므로 원고의 입장에서는 소의 변경을 신청할 필요가 없다.

다. 청구의 기초에 변경이 없을 것을 요하는지 여부

청구의 기초에 변경이 없을 것을 요하는지 여부가 문제될 수 있으나, 소의 종류의 변경(법 제21조)과는 달리 이를 요하는 명문의 규정이 없으므로 필요하지 않다고 보아야 할 것이다.[140]

3. 절 차

소의 변경을 위하여는 원고가 처분의 변경이 있음을 안 날로부터 60일 이내에 소의 변경을 신청하여야 하고(법 제22조 제2항), 이에 대한 법원의 변경허가결정이 있어야 한다(법 제22조 제1항). 예를 들어 공무원 직위면직처분에 대한 취소소송의 계속 중에 처분청이 이를 감봉처분으로 변경한 경우 원고의 신청이 있으면 법원은 청구취지 또는 청구원인의 변경을 허가할 수 있다.
한편 처분변경으로 인하여 소를 변경할 때에 처분청의 사전승낙이나 동의는 요하지 않는다.

4. 효 과

가. 구소 취하 및 신소 제기

소의 변경을 허가하는 결정이 있으면 새로운 소가 제기되고, 동시에 구소는 취하된 것으로 본다. 따라서 소의 변경이 허용된 경우 새로운 소송의 대상은 원처분이 아니라, 변경된 처분이다.

나. 행정심판 제기의 효과

처분변경으로 인한 새로운 청구는 행정심판 전치주의가 적용되는 경우에도 전치요건을 갖춘 것으로 간주된다(법 제22조 제3항). 따라서 원고는 이에 대해 새로이 행정심판을 제기하지 않아도 된다.

다. 제소기간의 기산점

행정소송법 제22조에 의한 소의 변경에 대해서는 동법 제21조(혹은 동법 제21조가 준용되는 제37조, 제42조)의 소의 변경의 경우와 달리 변경되는 새로운 소송이 언제 제기된 것으로 볼 것인가에 대한 규정이 없어 논란이 있다.
이에 대해 판례는 원칙적으로는 소 변경시로 보면서, 다만 변경 전후의 청구가 밀접한 관련이 있는 경우(⑩ 당초 처분의 위법사유가 후행 처분에도 마찬가지로 존재하는 경우)에는 선행 처분의 취소를 구하는 최초의 소가 제기된 때를 기준으로 보고 있다.

> **관련판례** 공정거래위원회의 처분에 대하여 불복의 소를 제기하였다가 청구취지를 추가하는 경우, 추가된 청구취지에 대한 제소기간 준수 여부를 판단하는 기준시점
> 청구취지를 추가하는 경우, 청구취지가 추가된 때에 새로운 소를 제기한 것으로 보므로, 추가된 청구취지에

---

140) 그에 따라 처분의 변경은 처분내용의 동일성이 없는 다른 처분으로 변경하는 실질적 변경(⑩ 영업허가취소처분을 영업정지처분으로 변경)뿐만 아니라, 구처분과 동일한 내용의 처분 또는 구처분과 기초를 같이 하는 다른 처분(⑩ 하천점용료부과처분을 절차상의 하자로 취소한 이후 동일한 내용의 하천점용료부과처분을 한 경우)으로 변경하는 형식적 변경을 포함한다.

대한 제소기간 준수 등은 원칙적으로 청구취지의 추가·변경 신청이 있는 때를 기준으로 판단하여야 한다. 그러나 선행 처분의 취소를 구하는 소를 제기하였다가 이후 후행 처분의 취소를 구하는 청구취지를 추가한 경우에도, 선행 처분이 종국적 처분을 예정하고 있는 일종의 잠정적 처분으로서 후행 처분이 있을 경우 선행 처분은 후행 처분에 흡수되어 소멸되는 관계에 있고, 당초 선행 처분에 존재한다고 주장되는 위법사유가 후행 처분에도 마찬가지로 존재할 수 있는 관계여서 선행 처분의 취소를 구하는 소에 후행 처분의 취소를 구하는 취지도 포함되어 있다고 볼 수 있다면, 후행 처분의 취소를 구하는 소의 제소기간은 선행 처분의 취소를 구하는 최초의 소가 제기된 때를 기준으로 정하여야 한다(대법원 2018. 11. 15. 선고 2016두48737 판결).

> **관련판례** 청구취지를 변경하여 구 소가 취하되고 새로운 소가 제기된 것으로 변경되었을 때에 새로운 소에 대한 제소기간의 기준시점
>
> 청구취지를 변경하여 구 소가 취하되고 새로운 소가 제기된 것으로 변경되었을 때에 새로운 소에 대한 제소기간의 준수 등은 원칙적으로 소의 변경이 있는 때를 기준으로 하여야 한다. 그러나 선행 처분에 대하여 제소기간 내에 취소소송이 적법하게 제기되어 계속 중에 행정청이 선행 처분서 문언에 일부 오기가 있어 이를 정정할 수 있음에도 선행 처분을 직권으로 취소하고 실질적으로 동일한 내용의 후행 처분을 함으로써 선행 처분과 후행 처분 사이에 밀접한 관련성이 있고 선행 처분에 존재한다고 주장되는 위법사유가 후행 처분에도 마찬가지로 존재할 수 있는 관계인 경우에는 후행 처분의 취소를 구하는 소변경의 제소기간 준수 여부는 따로 따질 필요가 없다(대법원 2019. 7. 4. 선고 2018두58431 판결).

01 (2023년 기출)

소의 변경에 관한 설명으로 옳은 것을 모두 고른 것은? (다툼이 있으면 판례에 따름)

> ㄱ. 소의 청구취지변경을 불허하는 결정에 대해서는 독립하여 항고할 수 있다.
> ㄴ. 처분변경으로 인한 소의 변경 신청은 처분의 변경이 있음을 안 날로부터 60일 이내에 하여야 한다.
> ㄷ. 소의 변경을 허가하는 결정에 대하여 새로운 소의 피고는 즉시항고할 수 없다.
> ㄹ. 처분 변경으로 인한 소의 변경은 취소소송, 무효등 확인소송 및 당사자소송에서 인정된다.

① ㄱ, ㄷ ② ㄴ, ㄹ ③ ㄱ, ㄷ, ㄹ
④ ㄴ, ㄷ, ㄹ ⑤ ㄱ, ㄴ, ㄷ, ㄹ

/해 설/

ㄱ. (×) 청구취지변경을 불허한 결정에 대하여는 독립하여 항고할 수 없고 종국판결에 대한 상소로써만 다툴 수 있다(대법원 1992. 9. 25. 선고 92누5096 판결).

ㄴ. (○) 행정소송법 제22조 제2항

ㄷ. (×) 행정소송법 제21조 제4항

ㄹ. (○) 행정소송법 제38조 제1항, 제44조 제1항

정답 ②

제23조 집행정지

제23조(집행정지) ① 취소소송의 제기는 처분등의 효력이나 그 집행 또는 절차의 속행에 영향을 주지 아니한다.
② 취소소송이 제기된 경우에 처분등이나 그 집행 또는 절차의 속행으로 인하여 생길 회복하기 어려운 손해를 예방하기 위하여 긴급한 필요가 있다고 인정할 때에는 본안이 계속되고 있는 법원은 당사자의 신청 또는 직권에 의하여 처분등의 효력이나 그 집행 또는 절차의 속행의 전부 또는 일부의 정지(이하 "집행정지"라 한다)를 결정할 수 있다. 다만, 처분의 효력정지는 처분등의 집행 또는 절차의 속행을 정지함으로써 목적을 달성할 수 있는 경우에는 허용되지 아니한다.
③ 집행정지는 공공복리에 중대한 영향을 미칠 우려가 있을 때에는 허용되지 아니한다.
④ 제2항의 규정에 의한 집행정지의 결정을 신청함에 있어서는 그 이유에 대한 소명이 있어야 한다.
⑤ 제2항의 규정에 의한 집행정지의 결정 또는 기각의 결정에 대하여는 즉시항고할 수 있다. 이 경우 집행정지의 결정에 대한 즉시항고에는 결정의 집행을 정지하는 효력이 없다.
⑥ 제30조제1항의 규정은 제2항의 규정에 의한 집행정지의 결정에 이를 준용한다.

제29조(취소판결등의 효력) ① 처분등을 취소하는 확정판결은 제3자에 대하여도 효력이 있다.
② 제1항의 규정은 제23조의 규정에 의한 집행정지의 결정 또는 제24조의 규정에 의한 그 집행정지결정의 취소결정에 준용한다.

제30조(취소판결등의 기속력) ① 처분등을 취소하는 확정판결은 그 사건에 관하여 당사자인 행정청과 그 밖의 관계행정청을 기속한다.

제38조(준용규정) ① 제9조, 제10조, 제13조 내지 제17조, 제19조, 제22조 내지 제26조, 제29조 내지 제31조 및 제33조의 규정은 무효등 확인소송의 경우에 준용한다.

Ⅰ. 개 설

행정소송에 있어서 가구제라 함은 본안판결의 실효성을 확보하기 위하여 분쟁있는 행정작용이나 공법상의 권리관계에 임시적인 효력관계나 지위를 정함으로써 본안판결이 확정될 때까지 잠정적으로 권리구제를 도모하는 것을 의미한다. 현행 행정소송법은 적극적 처분에 대한 가구제제도로서 집행정지제도만을 규정하고 있는바, 이에 따라 소극적 처분과 부작위에 대한 가구제를 위하여 민사집행법상의 가처분제도가 행정소송에 준용될 수 있는지 여부가 문제되고 있다.

Ⅱ. 집행정지제도

1. 집행부정지의 원칙 및 예외적인 집행정지결정

오늘날 집행부정지원칙을 채택할 것인가 또는 집행정지원칙을 채택할 것인가는 행정의 효율적 운영을 중시하는가 또는 국민의 권리구제를 중시하는가에 따라 입법정책적으로 결정될 문제라는 것이 지배적인 견해이다. 우리 행정소송법은 "취소소송의 제기는 처분 등의 효력이나 그 집행 또는 절차의 속행에 영향을 주지 아니한다"라고 규정하여 집행부정지의 원칙을 취하면서

(법 제23조 제1항), 처분 등이나 그 집행 또는 절차의 속행으로 인하여 생길 회복하기 어려운 손해를 예방하기 위하여 긴급한 필요가 있다고 인정할 때에 한하여 예외적으로 집행정지를 인정하고 있다(법 제23조 제2항).

2. 집행정지의 적용범위

가. 집행정지가 가능한 본안소송

집행정지는 취소소송 또는 무효등확인소송이 제기된 경우에 가능하다(법 제23조 제2항, 제38조 제1항). 부작위위법확인소송은 집행정지에 대한 취소소송의 규정을 준용하지 않으므로 부작위위법확인소송에서는 집행정지가 허용되지 않는다. 당사자소송도 집행정지에 대한 규정을 준용하지 않으므로 집행정지는 허용되지 않는다.

행정소송의 종류에 따른 가구제

	취소소송	무효등확인소송	부작위위법확인소송	당사자소송
집행정지	O	O	X	X
가처분	X	X	X	O

나. 거부처분에 대한 집행정지 인정여부

대법원은 거부처분에 대한 집행정지를 인정한다 하더라도 그 거부처분이 없었던 것과 같은 상태를 만드는 것에 지나지 않는 것이고, 그 이상으로 행정청에 대하여 어떠한 처분을 명하는 등 적극적인 상태를 만들어 낼 수 없다는 이유로 거부처분에 대한 집행정지신청을 이익흠결로 각하하였다(판례 ❶, ❷).[141]

> **관련판례 ❶ 접견허가거부처분에 대한 효력정지신청의 허용여부**
> 허가신청에 대한 거부처분은 그 효력이 정지되더라도 그 처분이 없었던 것과 같은 상태를 만드는 것에 지나지 아니하는 것이고 그 이상으로 행정청에 대하여 어떠한 처분을 명하는 등 적극적인 상태를 만들어 내는 경우를 포함하지 아니하는 것이므로, 교도소장이 접견을 불허한 처분에 대하여 효력정지를 한다 하여도 이로 인하여 위 교도소장에게 접견의 허가를 명하는 것이 되는 것도 아니고 또 당연히 접견이 되는 것도 아니어서 접견허가거부처분에 의하여 생길 회복할 수 없는 손해를 피하는 데 아무런 보탬도 되지 아니하니 접견허가거부처분의 효력을 정지할 필요성이 없다(대법원 1991. 5. 2. 자 91두15 결정).

> **관련판례 ❷ 허가갱신신청 불허처분에 대한 효력정지신청의 허용여부**
> 사행행위등규제법 제7조 제2항의 규정에 의하면 사행행위영업허가의 효력은 유효기간 만료 후에도 재허가 신청에 대한 불허가처분을 받을 때까지 당초 허가의 효력이 지속된다고 볼 수 없으므로 허가갱신 신청을 거부한 불허처분의 효력을 정지하더라도 이로 인하여 유효기간이 만료된 허가의 효력이 회복되거나 행정

---

141) 다만, 서울행정법원은 한국보건의료인국가시험원이 한약사국가시험에 응시한 원고들에게 한약관련과목의 이수가 부족하여 응시자격이 없다고 원서를 반려한 거부처분에 대하여 처분의 효력이 한약사국가시험시행시까지 유지된다면 그동안 시험을 준비하여 왔고 시험에 합격할 가능성이 있는 신청인들의 응시기회가 부당히 박탈될 수 있다는 이유로 집행정지결정을 한 바 있다(서울행정법원 2000. 2. 18. 자 2000아120 결정).

> 청에게 허가를 갱신할 의무가 생기는 것도 아니라 할 것이니 투전기업소갱신허가불허처분의 효력을 정지하더라도 불허처분으로 입게 될 손해를 방지하는 데에 아무런 소용이 없고 따라서 불허처분의 효력정지를 구하는 신청은 이익이 없어 부적법하다(대법원 1993. 2. 10. 자 92두72 결정).

3. 집행정지의 당사자

집행정지의 신청인은 본안소송의 원고이다. 따라서 원고가 원고적격이 없으면 신청인도 될 수 없으므로 이러한 신청인적격이 없는 자의 신청은 각하된다.

집행정지신청의 상대방은 원칙적으로 본안소송의 피고일 것이나, 집행정지의 대상이 본안소송의 대상인 처분이 아니라 그 집행 또는 절차의 속행행위일 때에는 그 집행 또는 속행행위의 담당행정청이 상대방이 된다.[142]

4. 집행정지의 요건[143]

가. 적극적 요건

(1) 적법한 본안소송의 계속

적법한 본안소송이 '계속'되어 있어야 한다. 이 점에서 본안소송 제기전에 신청이 가능한 민사소송에 있어서의 가처분과 차이가 있다. 또한 본안소송은 '적법'한 것이어야 하므로 처분성의 흠결이나 제소기간의 도과로 본안소송이 부적법한 경우에는 집행정지도 허용되지 않는다.

> **관련판례** 본안청구가 적법할 것이 집행정지의 요건에 포함되는지 여부
>
> [1] 행정처분의 효력정지나 집행정지를 구하는 신청사건에서는 행정처분 자체의 적법 여부는 원칙적으로 판단의 대상이 아니고, 그 행정처분의 효력이나 집행을 정지할 것인가에 관한 행정소송법 제23조 제2항에서 정한 요건의 존부만이 판단의 대상이 되는 것이다. 다만, **집행정지는 행정처분의 집행부정지원칙의 예외로서 인정되는 것이고, 또 본안에서 원고가 승소할 수 있는 가능성을 전제로 한 권리보호수단**이라는 점에 비추어 보면, 집행정지사건 자체에 의하여도 **신청인의 본안청구가 적법한 것이어야 한다는 것을 집행정지의 요건에 포함시키는 것이 옳다.**

---

142) 법원실무제요(행정), 법원행정처(2016), 244면.
143) 소송실무에서는 집행정지의 요건을 신청요건과 본안요건으로 나누어서 신청요건에서는 ① 적법한 본안소송의 계속, ② 처분 등이 존재할 것, ③ 신청인적격, ④ 신청이익 등을 검토하고, 본안요건에서는 ① 회복되기 어려운 손해발생의 우려, ② 긴급한 필요의 존재, ③ 공공복리에 중대한 영향을 미칠 우려가 없을 것, ④ 본안청구가 이유 없음이 명백하지 않을 것 등을 검토한다. '신청인적격'과 관련하여, 집행정지를 신청할 수 있는 자는 본안소송의 당사자로서 법률상 이익이 있어야 한다. 또한 '신청이익'이라 함은 집행정지결정의 현실적 필요성을 말하는 바 본안소송에서 협의의 소의 이익에 대응하는 것이다. 이와 관련하여 우리 판례는 거부처분에 대한 집행정지신청에 대해 신청의 이익 흠결로 각하결정을 내리고 있다. 이처럼 집행정지신청이 신청요건을 결여하여 부적법하면 각하결정을 받게 되며, 신청요건은 갖추었으나 본안요건을 충족하지 못하면 기각결정을 받게 된다.

다만 집행정지는 기각결정에도 기판력이 발생하지 않으므로 기각결정과 각하결정을 구별할 실익이 없다. 판례도 집행정지의 이익이 없는 경우에는 원칙적으로 신청을 각하하여야 하나, 기각결정을 하더라도 위법한 것이 아니라고 보고 있다(대법원 1995. 6. 21. 자 95두26 결정).

> [2] 수도권매립지관리공사는 행정소송법에서 정한 행정청 또는 그 소속기관이거나 그로부터 제재처분의 권한을 위임받은 공공기관에 해당하지 않으므로, 수도권매립지관리공사가 한 위 제재처분은 행정소송의 대상이 되는 행정처분이 아니라 단지 갑을 자신이 시행하는 입찰에 참가시키지 않겠다는 뜻의 사법상의 효력을 가지는 통지에 불과하므로, 갑이 수도권매립지관리공사를 상대로 하여 제기한 위 효력정지신청은 부적법함에도 그 신청을 받아들인 원심결정은 집행정지의 요건에 관한 법리를 오해한 위법이 있다(대법원 2010. 11. 26. 자 2010무137 결정).

(2) 처분 등의 존재

처분 등이 존재하여야 한다. 따라서 부작위인 경우나 처분 등이 효력을 발생하기 전 또는 처분이 그 목적을 달성하여 소멸된 경우에는 집행정지의 대상이 될 처분이 존재하지 않게 된다. 한편 무효인 처분에 있어서는 처분으로서의 외관이 존재하고 또한 행정소송법은 집행정지에 관한 규정을 무효등확인소송의 경우에 준용시키고 있는 점(법 제38조 제1항)에 비추어, 집행정지결정과 관련하여서는 처분이 존재하는 것으로 보아야 한다.

(3) 회복하기 어려운 손해예방의 필요

판례에 따르면 '회복하기 어려운 손해'라 함은 금전으로 보상할 수 없는 손해를 말하는 바, 이는 금전보상이 불가능한 경우뿐만 아니라 금전보상으로는 사회관념상 행정처분을 받은 당사자가 수인할 수 없거나 수인하는 것이 현저히 곤란한 유형·무형의 손해를 의미한다.

여기서 판례는 처분의 성질과 태양 및 내용, 처분상대방이 입는 손해의 성질·내용 및 정도, 원상회복·금전배상의 방법 등은 물론 본안 청구의 승소가능성의 정도 등을 종합적으로 고려하여 구체적·개별적으로 판단하고 있다. 특히 판례는 기업의 경우에는 경제적 손실이나 기업의 대외적 인상 및 신용의 훼손으로 사업자의 자금사정이나 경영 전반에 미치는 파급효과가 매우 중대하여 사업자체를 계속할 수 없거나 중대한 경영상의 위기를 맞게 될 것으로 보이는 등이 사정이 존재하여야만 회복하기 어려운 손해에 해당한다고 본다.[144]

(4) 긴급한 필요의 존재

집행정지는 본안에 대한 판결을 기다릴 시간적 여유가 없는 "긴급한 필요가 있다고 인정될 때"에만 허용된다. "긴급한 필요"는 회복하기 곤란한 손해의 발생이 시간적으로 절박하였거나 이미 시작됨으로 인하여 판결을 기다릴 여유가 없는 경우를 말한다. 이에 따라 긴급한 필요의 여부는 회복하기 어려운 손해발생의 가능성과 연계하여 합일적으로 판단하여야 할 것이다.

(가) 회복하기 어려운 손해를 예방하기 위하여 긴급한 필요를 인정한 판례

> **관련판례 ❶ 시내버스 운송사업계획변경인가처분에 대한 기존 운송업자의 집행정지신청을 인용한 사례**
>
> 행정소송법 제23조 제2항에서 정하고 있는 집행정지 요건인 '회복하기 어려운 손해'라 함은 특별한 사정이 없는 한 금전으로 보상할 수 없는 손해로서 이는 금전보상이 불능인 경우 내지는 금전보상으로는 사회관념상 행정처분을 받은 당사자가 참고 견딜수 없거나 또는 참고 견디기가 현저히 곤란한 경우의 유형, 무형의 손해를 일컫는다할 것이고, '처분등이나 그 집행 또는 절차의 속행으로 인하여 생길 회복하기 어려운 손해를 예방하기 위하여 긴급한 필요'가 있는지 여부는 처분의 성질과 태양 및 내용, 처분상대방이 입는 손해의

---

[144] 대법원 2003. 4. 25. 자 2003무2 결정

성질·내용 및 정도, 원상회복·금전배상의 방법 및 난이 등은 물론 본안 청구의 승소가능성의 정도 등을 종합적으로 고려하여 구체적·개별적으로 판단하여야 하며, 한편, 같은 조 제3항에서 규정하고 있는 집행정지의 장애사유로서의 '공공복리에 중대한 영향을 미칠 우려'라 함은 일반적·추상적인 공익에 대한 침해의 가능성이 아니라 해당 처분의 집행과 관련된 구체적·개별적인 공익에 중대한 해를 입힐 개연성을 말하는 것으로서 이러한 집행정지의 소극적 요건에 대한 주장·소명책임은 행정청에게 있다. 이 사건 처분의 집행으로 인한 운행이 장기화됨에 따라 신청인은 상당한 경제적 손실을 입어 여객자동차운송사업 자체에 중대한 영향을 받거나 심각한 경영상의 위기를 맞을 우려가 있고, 이와 같은 손해는 신청인에게 참고 견디기가 현저히 곤란한 유형·무형의 손해로서 행정소송법 제23조 제2항의 '회복하기 어려운 손해'에 해당하고 이를 예방하기 위하여 이 사건 처분의 집행을 정지시킬 긴급한 필요가 있다(대법원 2004. 5. 17. 자 2004무6 결정).

관련판례 ❷ 과징금부과처분에 대한 사업자의 집행정지신청을 인용한 사례
사업여건의 악화 및 막대한 부채비율로 인하여 외부자금의 신규차입이 사실상 중단된 상황에서 285억 원 규모의 과징금을 납부하기 위하여 무리하게 외부자금을 신규차입하게 되면 주거래은행과의 재무구조개선약정을 지키지 못하게 되어 사업자가 중대한 경영상의 위기를 맞게 될 것으로 보이는 경우, 이 사건 처분이 신청인의 자금사정이나 경영전반에 미치는 파급효과는 매우 중대하다고 할 것이므로, 그로 인한 신청인의 손해는 비록 그 성질이나 태양이 재산상의 손해에 속한다고 하더라도 사회관념상 사후의 금전보상으로는 참고 견딜 수 없거나 또는 견디기가 현저히 곤란한 손해라고 할 것이어서 효력정지 내지 집행정지의 적극적 요건인 회복하기 어려운 손해에 해당한다고 할 것이고 신청인의 손해가 회복하기 어려운 것인 이상 신청인에게는 이를 예방하기 위한 긴급한 필요도 있다고 할 것이다(대법원 2001. 10. 10. 자 2001무29 결정).

관련판례 ❸ 약제 및 치료재료의 산정기준 등에 관한 보건복지부 고시에 대한 제약회사의 집행정지신청을 인용한 사례
이 사건 고시의 성질과 태양 및 내용, 처분상대방인 신청인이 입는 손해의 성질·내용 및 정도, 원상회복·금전배상의 방법 및 난이, 이 사건 본안소송의 경과 등 제반 사정을 종합하여 보면, 신청인은 이 사건 고시의 효력이 계속 유지되는 경우 이로 인한 매출액의 감소, 시장점유율 및 판매신장률의 감소, 거래처의 감소, 신약의 공급중단위기가능성, 이 사건 약제들의 적정한 상한금액을 확보하지 못할 위험성 등의 경제적 손실과 기업 이미지 및 신용의 훼손 등을 입게 되어 앞서 본 신청인의 경영상황에 비추어 볼 때 경영상의 위기를 맞게 될 수도 있으므로, 이러한 손해는 금전보상이 불능인 경우 내지 금전보상으로는 신청인으로 하여금 참고 견딜 수 없거나 또는 참고 견디기가 현저히 곤란한 경우의 유형·무형의 손해로서 행정소송법 제23조 제2항의 '회복하기 어려운 손해'에 해당한다고 볼 것이고, 신청인의 위와 같은 손해를 예방하기 위하여서는 이 사건 고시의 효력을 정지하는 것 외에 다른 적당한 방법이 없으므로, 위 고시의 효력을 정지할 긴급한 필요도 있다고 보아야 할 것이다(대법원 2004. 5. 12. 자 2003무41 결정).

관련판례 ❹ 현역병입영처분에 대한 집행정지신청을 인용한 사례
[1] 행정소송법 제23조 제2항 소정의 행정처분 등의 효력이나 집행을 정지하기 위한 요건으로서의 '회복하기 어려운 손해'라 함은 특별한 사정이 없는 한 금전으로 보상할 수 없는 손해로서 이는 금전보상이 불능인 경우뿐만 아니라 금전보상으로는 사회관념상 행정처분을 받은 당사자가 참고 견딜 수 없거나 또는 참고 견디기가 현저히 곤란한 경우의 유형, 무형의 손해를 일컫는다.
[2] 현역병입영처분의 효력이 정지되지 아니한 채 본안소송이 진행된다면 신청인은 입영하여 다시 현역병으로 복무하지 않을 수 없는 결과 병역의무를 중복하여 이행하는 셈이 되어 불이익을 입게 되고 상당한 정신적 고통을 받게 될 것임은 짐작하기 어렵지 아니하며 이와 같은 손해는 쉽게 금전으로 보상할 수 있는 성질의 것이 아니어서 사회관념상 위 [1]항의 '회복하기 어려운 손해'에 해당된다(대법원 1992. 4. 29. 자 92두7 결정).

관련판례 ❺ 정비구역해제고시와 재개발조합설립인가취소처분에 대한 집행정지신청을 인용한 사례

시장이 도시환경정비구역을 지정하였다가 해당구역 및 주변지역의 역사·문화적 가치 보전이 필요하다는 이유로 정비구역을 해제하고 개발행위를 제한하는 내용을 고시함에 따라 사업시행예정구역에서 설립 및 사업시행인가를 받았던 갑 도시환경정비사업조합에 대하여 구청장이 조합설립인가를 취소하자, 갑 조합이 해제 고시의 무효확인과 인가취소처분의 취소를 구하는 소를 제기하고 판결 선고 시까지 각 처분의 효력 정지를 신청한 사안에서, 정비구역 지정이 취소되고 이에 대하여 불가쟁력이 발생하는 경우 정비사업 시행을 전제로 하는 후속 처분들은 모두 그 의미를 상실하게 되고 갑 조합에 대한 조합설립인가 취소처분은 갑 조합이 적법하게 취득한 공법인의 지위를 갑 조합의 귀책사유 없이 사후적 사정변경을 이유로 박탈하는 것이어서 신중하게 판단해야 하므로 위 각 처분의 위법성에 관하여 갑 조합이 본안소송에서 주장·증명할 기회가 충분히 보장되어야 하는 점, 각 처분의 효력을 정지하지 않을 경우 갑 조합이 정비사업과 관련한 후속 조치를 실행하는 데 사실상, 법률상 장애가 있게 될 뿐 아니라 시장 및 구청장이나 관계 행정청이 정비사업의 진행을 차단하기 위한 각종 불이익 조치를 할 염려가 있는 점 등을 종합하면, 각 처분의 효력을 정지하지 않을 경우 갑 조합에 특별한 귀책사유가 없는데도 정비사업의 진행이 법적으로 불가능해져 갑 조합에 회복하기 어려운 손해가 발생할 우려가 있으므로 이러한 손해를 예방하기 위하여 각 처분의 효력을 정지할 긴급한 필요가 있다고 한 사례(대법원 2018. 7. 12. 자 2018무600 결정).

관련판례 ❻ 검찰총장 정직처분 사건

신청인은 이 사건 징계처분으로 인하여 2개월 동안 검찰총장으로서 직무를 수행할 수 없는 손해를 입게 된다. 검찰총장의 법적 지위, 신청인의 임기 등을 고려하면, 이 손해는 특별한 사정이 없는 한 금전으로 보상할 수 없는 손해로서 당사자가 참고 견딜 수 없거나 참고 견디기가 현저히 곤란한 경우의 유형, 무형의 손해에 해당한다(서울행정법원 2020. 12. 24. 자 2020아13601 결정).

(나) 회복하기 어려운 손해를 예방하기 위하여 긴급한 필요를 부정한 판례

관련판례 ❶ 영업허가취소처분에 대한 집행정지신청을 기각한 사례

재항고인이 이 사건 영업을 위하여 거의 전재산인 금 1억 5천만원을 투자하고 영업을 하여 온 까닭에 그 영업허가취소처분의 효력이 정지되지 않는다면 위 업소경영에 절대적인 타격을 입게 되고 그로 인하여 재항고인은 물론 그 가족 및 종업원들의 생계까지 위협받게 되는 결과가 초래될 수 있다는 등의 사정은 이 사건 처분의 존속으로 재항고인에게 금전으로 보상할 수 없는 손해가 생길 우려가 있는 경우에 해당한다고 볼 수 없으며 그밖에 기록을 살펴보아도 이 사건 처분의 존속으로 말미암아 재항고인에게 회복할 수 없는 손해가 생길 우려가 있음을 인정할 만한 자료가 발견되지 아니하므로 원심이 위와 같은 취지에서 이 사건 효력정지신청을 기각한 조치는 정당하고 논지는 이유 없다(대법원 1995. 11. 23. 자 95두53 결정).

관련판례 ❷ 건설업면허취소처분에 대한 집행정지신청을 기각한 사례

이 사건 처분이 존속된다면 재항고인은 이미 수주받아 시공중에 있는 공사들을 중단하고 그에 따른 손해배상책임까지 부담하여야하는 데다가 앞으로 새로운 공사의 수주를 받을 수 없게 되어 그 존립조차 위태로울 정도로 막대한 재산상 손실을 입게 됨은 물론 대외적인 신용 내지 명예도 실추된다는 등의 사정은 다른 특별한 사정이 없는 한 이 사건 처분의 존속으로 재항고인에게 금전적으로 보상할 수 없는 손해가 생길 우려가 있다고 볼 수 없다(대법원 1995. 3. 30. 자 94두57 결정).

| 관련판례 | ❸ 과세처분에 대한 집행정지신청을 기각한 사례

행정소송법 제23조 제2항에 정하고 있는 행정처분 등의 집행정지 요건인 '회복하기 어려운 손해'라 함은 특별한 사정이 없는 한 금전으로 보상할 수 없는 손해로서 이는 금전보상이 불능인 경우 내지는 금전보상으로는 사회관념상 행정처분을 받은 당사자가 참고 견딜 수 없거나 또는 참고 견디기가 현저히 곤란한 경우의 유형, 무형의 손해를 일컫는다 할 것이다. 그런데 상대방이 이 사건 신청원인으로 내세운 사유는 이 사건 과세처분에 따라 납부한 세액 중 취소판결이 선고된 부분에 해당하는 세액을 환급받고자 한다는 것으로서, 이와 같이 단순히 취소판결 확정 이전에 기납부세액을 조기에 환급받고자 한다는 사유만으로는 위에서 본 '회복하기 어려운 손해'에 해당한다고 도저히 볼 수가 없고, 그 밖에 기록을 살펴보아도 이 사건 과세처분 부분의 존속으로 인하여 상대방에게 회복하기 어려운 손해가 생길 우려가 있다고 볼만한 자료도 찾아볼 수 없다(대법원 1998. 8. 23. 자 99무15 결정).

| 관련판례 | ❹ 4대강 사업실시계획승인처분 대한 집행정지신청을 기각한 사례

국토교통부 등에서 발표한 '4대강 살리기 마스터플랜'에 따른 '한강 살리기 사업' 구간 인근에 거주하는 주민들이 각 공구별 사업실시계획승인처분에 대한 효력정지를 신청한 사안에서, 위 사업구간에 편입되는 팔당지역 농지 대부분이 국가 소유의 하천부지이고, 유기농업에 종사하는 주민들 대부분은 국가로부터 하천점용허가를 받아 경작을 해온 점, 위 점용허가의 부관에 따라 허가를 한 행정청은 공익상 또는 법령이 정하는 것에 따르거나 하천정비사업을 시행하는 경우 허가변경·취소 등을 할 수 있는 점 등에 비추어, 주민들 중 환경영향평가대상지역 및 근접 지역에 거주하거나 소유권 기타 권리를 가지고 있는 사람들이 위 사업으로 인하여 토지 소유권 기타 권리를 수용당하고 이로 인하여 정착지를 떠나 타지로 이주를 해야 하며 더 이상 농사를 지을 수 없게 되고 팔당지역의 유기농업이 사실상 해체될 위기에 처하게 된다고 하더라도, 그러한 손해는 행정소송법 제23조 제2항에서 정하고 있는 효력정지 요건인 금전으로 보상할 수 없거나 사회관념상 금전보상으로는 참고 견디기 어렵거나 현저히 곤란한 경우의 유·무형 손해에 해당하지 않는다고 본 원심판단을 수긍한 사례(대법원 2011. 4. 21. 자 2010무111 결정)[145].

나. 소극적 요건

(1) 공공복리에 중대한 영향을 미칠 우려가 없을 것

집행정지는 적극적 요건이 충족된다고 하더라도 공공복리에 중대한 영향을 미칠 우려가 있는 경우에는 허용되지 않는다(법 제23조 제3항). 여기서는 집행정지가 공공복리에 미치는 영향과 처분의 집행부정지를 통하여 신청인이 입는 손해를 비교형량하여 요건충족을 신중히 판단하여야 한다.

| 관련판례 | 공공복리에 미칠 우려가 중대한지 여부의 판단

행정소송법 제23조 제3항이 집행정지의 요건으로 '공공복리에 중대한 영향을 미칠 우려가 없을 것'을 규정하고 있는 취지는, 집행정지 여부를 결정하는 경우 신청인의 손해뿐만 아니라 공공복리에 미칠 영향을 아울

---

[145] 이 사건에서 사업실시계획승인처분의 전 단계의 행위인 '4대강 살리기 마스터 플랜'에 대한 집행정지신청은 각하되었다; 국토교통부, 환경부, 문화체육관광부, 농림수산부, 식품부가 합동으로 2009. 6. 8. 발표한 '4대강 살리기 마스터플랜' 등은 4대강 정비사업과 주변 지역의 관련 사업을 체계적으로 추진하기 위하여 수립한 종합계획이자 '4대강 살리기 사업'의 기본방향을 제시하는 계획으로서, 행정기관 내부에서 사업의 기본방향을 제시하는 것일 뿐, 국민의 권리·의무에 직접 영향을 미치는 것이 아니어서 행정처분에 해당하지 않는다(대법원 2011. 4. 21. 자 2010무111 결정).

러 고려하여야 한다는데 있고, 따라서 공공복리에 미칠 영향이 중대한지의 여부는 절대적 기준에 의하여 판단할 것이 아니라, 신청인의 '회복하기 어려운 손해'와 '공공복리' 양자를 비교·교량하여, 전자를 희생하더라도 후자를 옹호하여야 할 필요가 있는지 여부에 따라 상대적·개별적으로 판단하여야 한다(대법원 2010. 5. 14. 선고 2010무48 판결).

(2) 본안청구가 이유 없음이 명백하지 않을 것

집행정지는 임시적인 보전절차이므로 본안청구의 이유유무를 따지는 것은 원칙적으로 허용되지 않는다고 할 것이나, 본안소송에서 승소가능성이 전혀 없음에도 불구하고 집행정지신청을 인용하는 것은 집행정지의 남용에 해당하므로, 본안청구가 이유 없음이 명백한 경우에는 집행정지를 명할 수 없다고 보는 것이 판례의 입장이다.

> **관련판례** 본안청구가 이유가 없음이 명백하지 않을 것이 집행정지의 요건에 포함되는지 여부
> 행정처분의 효력정지나 집행정지를 구하는 신청사건에서 행정처분 자체의 적법 여부는 궁극적으로 본안재판에서 심리를 거쳐 판단할 성질의 것이므로 원칙적으로는 판단할 것이 아니고 그 행정처분의 효력이나 집행을 정지할 것인가에 대한 행정소송법 제23조 제2항, 제3항에 정해진 요건의 존부만이 판단의 대상이 된다고 할 것이지만, 효력정지나 집행정지는 신청인이 본안소송에서 승소판결을 받을 때까지 그 지위를 보호함과 동시에 후에 받을 승소판결을 무의미하게 하는 것을 방지하려는 것이어서 본안소송에서 **처분의 취소가능성이 없음에도 처분의 효력이나 집행의 정지를 인정한다는 것은 제도의 취지에 반하므로 효력정지나 집행정지사건 자체에 의하여도 신청인의 본안청구가 이유 없음이 명백하지 않아야 한다는 것도 효력정지나 집행정지의 요건에 포함시켜야 한다**(대법원 1997. 4. 28. 자 96두75 결정; 1992. 8. 7. 선고 92두30 판결).

5. 집행정지결정의 절차

집행정지는 본안이 계속되어 있는 법원이 당사자의 신청 또는 직권에 의하여 결정으로써 한다. 또한 본안소송의 원고가 신청인이 되는데, 신청인은 그 신청의 이유에 대하여 소명146)하여야 한다(법 제23조 제4항). 이 경우 신청인이 소명하여야 하는 것은 집행정지의 적극적 요건에 관한 것이고, 소극적 요건은 그 성질상 피신청인인 행정청이 이를 소명하여야 할 것이다. 따라서 공공복리에 중대한 영향을 미칠 우려에 대한 주장·소명책임은 행정청에게 있다.

6. 집행정지결정의 내용

가. 처분의 효력정지

처분의 효력정지란 처분의 효력을 존재하지 않는 상태에 두는 것을 말한다. 예를 들어 영업허가취소처분에 대한 정지결정이 있으면 이러한 처분이 없는 것과 같은 상태에서 영업을 계속할 수 있게 된다.

그러나 처분의 효력정지는 처분의 집행 또는 절차의 속행을 정지함으로써 목적을 달성할 수 있는 경우에는 허용되지 않는다(법 제23조 제2항 단서). 예를 들어 토지수용절차에 있어서와 같

---

146) '증명'이란 법관이 요증사실의 존재에 대하여 확신을 얻은 상태 또는 법관이 확신을 갖도록 증거를 제출하는 당사자의 노력을 말한다. 그에 반해 '소명'이란 법관이 일응 확실할 것이라는 추측을 얻은 상태 또는 그런 상태에 이르도록 증거를 제출하는 당사자의 노력을 말한다. 소명은 증명에 비하여 저도(低度)의 개연성을 요구한다.

이 그 절차의 속행을 정지시킴으로써 목적을 달성할 수 있는 경우에는 사업인정 등 개별적인 처분의 효력을 정지할 수 없다.

> **관련판례** 절차속행의 정지가 가능한 경우 효력정지가 허용되는지 여부
>
> 산업기능요원 편입 당시 지정업체의 해당 분야에 종사하지 아니하였음을 이유로 산업기능요원의 편입이 취소된 사람은 편입되기 전의 신분으로 복귀하여 현역병으로 입영하게 하거나 공익근무요원으로 소집하여야 하는 것으로 되어 있는데, 그 취소처분에 의하여 생기는 손해로서 그 동안의 근무실적이 산업기능요원으로서 종사한 것으로 인정받지 못하게 된 손해 부분은 본안소송에서 그 처분이 위법하다고 하여 취소하게 되면 그 취소판결의 소급효만으로 그대로 소멸되게 되므로, 그 부분은 그 처분으로 인하여 생기는 회복할 수 없는 손해에 해당한다고 할 수가 없고, 결국 그 취소처분으로 인하여 입게 될 회복할 수 없는 손해는 그 처분에 의하여 산업기능요원 편입이 취소됨으로써 편입 이전의 신분으로 복귀하여 현역병으로 입영하게 되거나 혹은 공익근무요원으로 소집되는 부분이라고 할 것이며, 이러한 손해에 대한 예방은 그 처분의 효력을 정지하지 아니하더라도 그 후속절차로 이루어지는 현역병 입영처분이나 공익근무요원 소집처분 절차의 속행을 정지함으로써 달성할 수가 있으므로, 산업기능요원편입취소처분에 대한 집행정지로서는 그 후속절차의 속행정지만이 가능하고 그 처분 자체에 대한 효력정지는 허용되지 아니한다(대법원 2000. 1. 8. 자 2000무35 결정).

나. 처분의 집행정지

처분의 집행정지는 처분의 내용을 강제적으로 실현하는 집행력의 행사를 정지시키는 것을 말한다. 예를 들어 철거명령의 대상이 된 건축물의 철거를 정지시키는 것을 들 수 있다.

다. 절차의 속행정지

절차의 속행정지는 본안소송의 대상인 처분에 뒤따르는 후속처분의 속행을 정지시키는 것을 말한다. 예를 들어 대집행계고처분이 행정소송의 대상이 되는 경우에 대집행영장의 통지, 대집행의 실행 등 후속 절차의 속행을 정지시키는 것을 들 수 있다.

> **관련판례** 압류처분취소소송의 계속중 후행 공매처분절차 속행의 정지가 가능하다는 사례
>
> 공매처분의 무효확인소송등이 제기된 경우 그 소송이 계속된 법원이 위 공매처분의 집행정지결정을 함에 있어서 국세징수법 제71조 공매중지에 관한 규정의 적용을 받는 것이 아니므로 압류부동산의 매각결정을 한 이후에 법원이 공매처분의 집행정지결정을 하였다 하여 위법하다 할 수 없다(대법원 1986. 11. 27. 자 86두21 결정).

라. 집행정지와 처분권주의

집행정지는 신청에 의할 뿐만 아니라 직권으로도 결정할 수 있으므로 처분권주의가 완화된다는 것이 판례의 태도이다. 따라서 신청인이 집행정지 또는 절차의 속행정지를 신청하였음에도 법원이 효력정지를 결정할 수도 있다. 다만, 처분의 집행 또는 절차의 속행을 정지함으로써 목적을 달성할 수 있는 경우에는 효력정지는 허용되지 않는다(법 제23조 제2항 단서).

마. 처분이 가분적인 경우

처분이 가분적인 경우에는 처분의 일부에 대한 집행정지도 가능하다. 따라서 압류재산의 일부에 대한 압류의 집행정지나 영업정지처분 중 일정기간에 대한 정지도 가능하다.

7. 집행정지결정의 효력

가. 장래효

집행정지결정의 효력은 정지결정의 대상인 처분의 발령시점에 소급하는 것이 아니라, 집행정지 결정시점부터 발생한다.

> **관련판례** 원집행정지결정의 장래효
>
> 집행정지결정의 효력은 결정 주문에서 정한 기간까지 존속하다가 그 기간이 만료되면 장래에 향하여 소멸한다. 집행정지결정은 처분의 집행으로 회복하기 어려운 손해를 예방하기 위하여 긴급한 필요가 있고 달리 공공복리에 중대한 영향을 미치지 않을 것을 요건으로 하여 본안판결이 있을 때까지 해당 처분의 집행을 잠정적으로 정지함으로써 위와 같은 손해를 예방하는 데 취지가 있으므로, 항고소송을 제기한 원고가 본안소송에서 패소확정판결을 받았더라도 집행정지결정의 효력이 소급하여 소멸하지 않는다.
>
> 그러나 제재처분에 대한 행정쟁송절차에서 처분에 대해 집행정지결정이 이루어졌더라도 본안에서 해당 처분이 최종적으로 적법한 것으로 확정되어 집행정지결정이 실효되고 제재처분을 다시 집행할 수 있게 되면, 처분청으로서는 당초 집행정지결정이 없었던 경우와 동등한 수준으로 해당 제재처분이 집행되도록 필요한 조치를 취하여야 한다. 집행정지는 행정쟁송절차에서 실효적 권리구제를 확보하기 위한 잠정적 조치일 뿐이므로, 본안 확정판결로 해당 제재처분이 적법하다는 점이 확인되었다면 제재처분의 상대방이 잠정적 집행정지를 통해 집행정지가 이루어지지 않은 경우와 비교하여 제재를 덜 받게 되는 결과가 초래되도록 해서는 안 된다. 반대로, 처분상대방이 집행정지결정을 받지 못했으나 본안소송에서 해당 제재처분이 위법하다는 것이 확인되어 취소하는 판결이 확정되면, 처분청은 그 제재처분으로 처분상대방에게 초래된 불이익한 결과를 제거하기 위하여 필요한 조치를 취하여야 한다(대법원 2020. 9. 3. 선고 2020두34070 판결).

나. 형성력

처분 등의 효력정지는 공정력을 바탕으로 한 당해 처분 등의 구속력을 일응 정지시킴으로써 당해 처분이 없었던 것과 같은 상태를 실현시키는 것이므로 그 범위 안에서 형성력을 갖는다. 따라서 집행정지결정은 행정청의 별도의 집행정지결정통지가 있어야 효력을 발생하는 것은 아니다.

다. 기속력

집행정지결정은 해당 사건에 관하여 당사자인 행정청과 그 밖의 관계행정청을 기속한다(법 제23조 제6항, 제30조 제1항). 따라서 행정청은 동일한 내용으로 새로운 처분을 하거나 그와 관련된 처분을 반복할 수 없다. 만약 기속력에 반하여 후속 행정처분이 나온다면 이는 그 하자가 중대하고 명백한 것으로서 무효가 된다.

한편 집행정지결정은 판결이 아니므로 판결이 확정되었을 때에만 인정되는 효력인 기판력은 집행정지결정에서는 발생하지 않는다.[147]

라. 제3자효

집행정지결정은 제3자에 대하여도 효력이 미친다(법 제29조 제2항). 제3자에 대하여 효력이 미친

---

147) 대법원 1987. 2. 11. 선고 86그154 판결

다 함은 집행정지결정을 신청한 자가 아닌 자에 대하여 미친다는 뜻으로, 예컨대 제3자효행정행위에 있어서 부담자인 제3자가 취소소송을 제기하고 집행정지결정을 받은 경우에 그 효력이 제3자효행정행위의 직접 상대방인 수익자에게 미치는 것을 의미한다고 할 것이다.

마. 시간적 효력

행집행정지의 기간에 대해서는 행정소송법에 별도의 규정이 없으므로 법원이 시기와 종기를 자유롭게 정할 수 있다. 다만 행정소송규칙에서는 법원이 본안판결 선고일부터 30일 이내의 범위에서 정하는 것을 원칙으로 하고 있다(행정소송규칙 제10조).

> **관련판례** 법원이 효력정지결정을 하면서 주문에서 판결 선고 시까지 처분의 효력을 정지한다고 선언하였을 경우, 본안소송의 판결 선고에 의하여 집행정지결정의 효력은 소멸한다
>
> 행정소송법 제23조에 의한 효력정지결정의 효력은 결정주문에서 정한 시기까지 존속하고 그 시기의 도래와 동시에 효력이 당연히 소멸하므로, 보조금 교부결정의 일부를 취소한 행정청의 처분에 대하여 법원이 효력정지결정을 하면서 주문에서 그 법원에 계속 중인 본안소송의 판결 선고 시까지 처분의 효력을 정지한다고 선언하였을 경우, 본안소송의 판결 선고에 의하여 정지결정의 효력은 소멸하고 이와 동시에 당초의 보조금 교부결정 취소처분의 효력이 당연히 되살아난다. 따라서 효력정지결정의 효력이 소멸하여 보조금 교부결정 취소처분의 효력이 되살아난 경우, 특별한 사정이 없는 한 행정청으로서는 보조금법 제31조 제1항에 따라 취소처분에 의하여 취소된 부분의 보조사업에 대하여 효력정지기간 동안 교부된 보조금의 반환을 명하여야 한다(대법원 2017. 7. 11. 선고 2013두25498 판결).

8. 집행정지결정 등에 대한 불복

집행정지결정이나 집행정지신청기각의 결정 또는 집행정지결정의 취소결정에 대하여는 즉시항고를 할 수 있다. 집행정지결정에 대한 즉시항고에는 결정의 집행을 정지하는 효력이 없다(법 제23조 제5항).

9. 집행정지결정의 취소

집행정지의 결정이 확정된 후 집행정지가 공공복리에 중대한 영향을 미치거나, 그 정지사유가 없어진 때에는 당사자의 신청 또는 직권에 의하여 결정으로써 집행정지결정을 취소할 수 있다(법 제24조 제1항). 공공복리에 미칠 중대한 영향의 존부는 사익과의 비교형량을 통하여 개별적·구체적으로 판단하여야 할 것이다. 여기서 공공복리에 영향을 미친다는 이유로 집행정지결정의 취소신청을 할 수 있는 당사자는 행정청이 된다.

Ⅲ. 민사집행법상의 가처분의 허용 여부

1. 가처분의 의의

가처분이란 금전 이외의 특정한 급부를 목적으로 하는 청구권의 집행보전을 도모하거나 쟁의

있는 권리관계에 관하여 임시의 지위를 정함을 목적으로 하는 가구제로서 민사집행법 제300조에 규정되어 있다. 동법 제300조 제1항의 가처분을 보전명령적 가처분이라 하는데, 이는 어떠한 행정결정이 나오고 있지 않은 현상태를 유지하는 취지의 가처분이다. 또한 동법 제300조 제2항의 가처분을 규율명령적 가처분 또는 임시처분이라고 하는데, 이는 임시적인 법적지위를 부여받기 위한 가처분이다.

2. 항고소송에서 가처분 허용여부

판례는 "항고소송에 대하여는 민사집행법상 가처분에 관한 규정이 적용되지 않는다"고 판시하여 부정설의 입장이다.[148]

3. 당사자소송에서 가처분 인정

당사자소송에 대하여는 행정소송법 제23조 제2항의 집행정지에 관한 규정이 준용되지 아니하므로(법 제44조 제1항), 당사자소송을 본안으로 하는 가처분에 대하여는 행정소송법 제8조 제2항에 따라 민사집행법상 가처분에 관한 규정이 준용된다.

> **관련판례** 당사자소송의 가구제수단으로서 민사집행법상 가처분에 관한 규정이 준용된다
>
> 도시 및 주거환경정비법(이하 '도시정비법'이라 한다)상 행정주체인 주택재건축정비사업조합을 상대로 관리처분계획안에 대한 조합 총회결의의 효력을 다투는 소송은 행정처분에 이르는 절차적 요건의 존부나 효력 유무에 관한 소송으로서 소송결과에 따라 행정처분의 위법 여부에 직접 영향을 미치는 공법상 법률관계에 관한 것이므로, 이는 행정소송법상 당사자소송에 해당한다. 그리고 이러한 당사자소송에 대하여는 행정소송법 제23조 제2항의 집행정지에 관한 규정이 준용되지 아니하므로(행정소송법 제44조 제1항 참조), 이를 본안으로 하는 가처분에 대하여는 행정소송법 제8조 제2항에 따라 민사집행법상 가처분에 관한 규정이 준용되어야 한다(대법원 2015. 8. 21. 자 2015무26 결정).

---

148) 대법원 1980. 12. 22. 자 80두5 결정

제24조 집행정지의 취소

> 제24조(집행정지의 취소) ① 집행정지의 결정이 확정된 후 집행정지가 공공복리에 중대한 영향을 미치거나 그 정지사유가 없어진 때에는 당사자의 신청 또는 직권에 의하여 결정으로써 집행정지의 결정을 취소할 수 있다.
> ② 제1항의 규정에 의한 집행정지결정의 취소결정과 이에 대한 불복의 경우에는 제23조제4항 및 제5항의 규정을 준용한다.

집행정지의 결정이 확정된 후 집행정지가 공공복리에 중대한 영향을 미치거나, 그 정지사유가 없어진 때에는 당사자의 신청 또는 직권에 의하여 결정으로써 집행정지결정을 취소할 수 있다(법 제24조 제1항). 공공복리에 미칠 중대한 영향의 존부는 사익과의 비교형량을 통하여 개별적·구체적으로 판단하여야 할 것이다.

여기서 공공복리에 영향을 미친다는 이유로 집행정지결정의 취소신청을 할 수 있는 당사자는 행정청이 된다.

01 (2023년 기출)

취소소송에서 집행정지에 관한 설명으로 옳지 않은 것은? (다툼이 있으면 판례에 따름)

① 취소소송의 제기는 처분등의 효력에 영향을 주지 아니한다.
② 집행정지는 공공복리에 중대한 영향을 미칠 우려가 있을 때에는 허용되지 아니한다.
③ 집행정지신청이 신청요건을 결여하여 부적법하면 법원은 그 신청을 기각하여야 한다.
④ 거부처분에 대해서는 집행정지가 인정되지 않는다.
⑤ 집행정지 결정에는 기속력에 관한 행정소송법 제30조제1항의 규정이 준용된다.

/해 설/

① (○) 행정소송법 제23조 제1항
② (○) 행정소송법 제23조 제3항
③ (×) 교재 151P (각주 147번)
④ (○) 교재 150P (나. 거부처분에 대한 집행정지 인정여부)
⑤ (○) 행정소송법 제23조 제6항

정답 ③

제4절 심 리

제25조　행정심판기록의 제출명령

> 제25조(행정심판기록의 제출명령) ① 법원은 당사자의 신청이 있는 때에는 결정으로써 재결을 행한 행정청에 대하여 행정심판에 관한 기록의 제출을 명할 수 있다.
> ② 제1항의 규정에 의한 제출명령을 받은 행정청은 지체없이 당해 행정심판에 관한 기록을 법원에 제출하여야 한다.
>
> 제38조(준용규정) ① 제9조, 제10조, 제13조 내지 제17조, 제19조, 제22조 내지 제26조, 제29조 내지 제31조 및 제33조의 규정은 무효등 확인소송의 경우에 준용한다.
> ② 제9조, 제10조, 제13조 내지 제19조, 제20조, 제25조 내지 제27조, 제29조 내지 제31조, 제33조 및 제34조의 규정은 부작위법확인소송의 경우에 준용한다.
>
> 제44조(준용규정) ① 제14조 내지 제17조, 제22조, 제25조, 제26조, 제30조제1항, 제32조 및 제33조의 규정은 당사자소송의 경우에 준용한다.

법원은 당사자의 신청이 있는 때에는, 결정으로써 그 재결을 행한 행정청에 대하여 행정심판에 관한 기록의 제출을 명할 수 있으며, 이 경우 재결을 행한 행정청은 지체없이 당해 행정심판에 관한 기록을 법원에 제출하여야 한다(법 제25조).

행정소송에서도 민사소송법에 의한 문서제출명령이 허용되지 않는 것은 아니지만 민사소송법상 문서제출명령으로는 제출대상으로 할 수 없는 행정심판위원회의 내부문서(민사소송법 제344조 제3호)에 관해서도 제출시킬 수 있도록 함으로써, 원고 측의 증거수집의 곤란을 덜어 주고, 입증자료의 용이한 확보 등 당사자의 소송상 지위보장을 위해 인정되는 제도이다.

여기에서 행정심판기록이란 당해 행정심판에 관한 모든 기록을 가리키는 것으로서, 행정심판청구서와 그에 대한 답변서 및 재결서뿐만 아니라, 행정심판위원회의 회의록 및 기타 행정심판위원회의 심리를 위하여 제출된 모든 증거와 자료를 포괄한다.

제26조   직권심리

> 제26조(직권심리) 법원은 필요하다고 인정할 때에는 직권으로 증거조사를 할 수 있고, 당사자가 주장하지 아니한 사실에 대하여도 판단할 수 있다.
>
> 제38조(준용규정) ① 제9조, 제10조, 제13조 내지 제17조, 제19조, 제22조 내지 제26조, 제29조 내지 제31조 및 제33조의 규정은 무효등 확인소송의 경우에 준용한다.
> ② 제9조, 제10조, 제13조 내지 제19조, 제20조, 제25조 내지 제27조, 제29조 내지 제31조, 제33조 및 제34조의 규정은 부작위위법확인소송의 경우에 준용한다.
>
> 제44조(준용규정) ① 제14조 내지 제17조, 제22조, 제25조, 제26조, 제30조제1항, 제32조 및 제33조의 규정은 당사자소송의 경우에 준용한다.

Ⅰ. 개 설

소송의 심리라 함은 법원이 소에 대한 판결을 하기 위하여 그 기초가 되는 소송자료(사실 및 증거)를 수집하는 것을 말한다.

심리에 관한 기본원칙으로는 당사자주의와 직권주의가 있다. 당사자주의란 소송절차에서 당사자에게 주도권을 부여하는 원칙으로서 이는 다시 처분권주의와 변론주의로 구분된다. 처분권주의란 소송의 개시·종료 또는 그 범위의 결정을 소송당사자 특히 원고의 의사에 맡기는 원칙을 말하며, 변론주의란 재판의 기초가 되는 자료의 수집·제출을 당사자의 권능과 책임으로 하는 원칙을 의미한다. 반면 직권주의란 소송절차에서 법원의 주도권을 인정하는 원칙을 의미한다.

당사자주의는 민사소송법상의 기본원칙이나 이 원칙은 행정소송의 심리에도 적용된다. 그러나 행정소송은 민사소송과는 달리 그 결과는 공익에 광범위한 영향을 미치는 것이므로 행정소송법은 직권탐지주의 등 기타 민사소송에 대한 특칙을 정하고 있다(법 제25조·제26조 등).

한편 법원은 법률문제뿐만 아니라 사실문제에 대하여도 심리할 수 있다. 다만 상고심은 법률심이므로 직권조사사항을 제외하고 새로 소송자료의 수집과 사실확정을 할 수 없다.

Ⅱ. 심리의 내용

1. 요건심리

요건심리란 소송요건의 충족여부에 대한 심리를 말한다. 요건심리는 법원의 직권조사사항이며, 소송요건을 결하고 그 보정이 불가능한 경우에는 그 소는 부적법 각하된다. 소송요건의 존부를 판정하는 시기는 원칙적으로 소송을 제기한 때라고 할 것이나 변론종결시까지 보완되면 치유된다고 할 것이다. 소송요건으로는 행정소송의 대상(처분 또는 부작위)의 존재 여부, 원고적격의 유무, 필요한 절차의 경유여부, 제소기간 준수 여부, 관할법원에 소 제기, 협의의 소의 이익 등이 있다.

행정소송제도하에서는 소의 적법여부는 직권조사사항에 속하므로 자백의 대상이 되지 않는다.[149] 따라서 소송요건에는 자백의 구속력이 미치지 않는다. 반면에 행정소송에 있어서 처분청의 처분권한 유무는 본안심리의 영역이므로 직권조사사항이라고 할 수 없다.[150]

2. 본안심리

본안심리는 소송요건의 구비를 전제로 청구의 당부에 관한 실체적 사항에 관한 심리이다. 취소소송의 소제기가 적법한 경우, 즉 소송요건을 모두 충족하고 있는 경우에는 법원은 본안심리에 들어간다. 그러나 본안심리 중에도 소송요건의 흠결이 발견되는 경우에는 그에 관하여 판단하여 각하판결을 내릴 수 있다.

법원은 원고의 주장에 따라 먼저 계쟁처분[151]의 위법여부를 심리하며 그 위법성이 인정되는 경우에는 그 처분의 취소여부를 심리한다. 처분의 위법성이 인정되지 않는 경우에는 법원은 기각판결을 하며, 처분의 위법성이 인정되는 경우에는 법원은 원칙적으로 인용판결로서 취소판결을 한다. 다만 처분의 위법성은 인정되나 처분을 취소하는 것이 현저히 공공복리에 적합하지 않다고 인정하는 때에는 사정판결을 한다(법 제28조).

Ⅲ. 심리의 범위

1. 불고불리의 원칙과 그 예외

행정소송에서도 민사소송과 마찬가지로 불고불리의 원칙이 적용되어, 법원은 소제기가 없는 사건에 대하여 심리·재판할 수 없으며, 소제기가 있는 사건에 대하여도 당사자의 청구범위를 넘어서 심리·재판할 수 없음이 원칙이다(민사소송법 제203조, 법 제8조 제2항). 다만, 행정소송법은 이 원칙에 대한 예외를 인정하여 법원은 필요하다고 인정할 때에는, 당사자가 주장하지 아니한 사실에 대하여도 심리·판단할 수 있도록 하고 있다(법 제26조 전단).

2. 재량문제의 심리

행정청의 재량행위도 행정소송사항이 된다. 이에 따라 재량행위에 대하여 취소소송이 제기된 경우에는 법원은 각하하여서는 안되며, 본안에서 재량권행사의 위법여부를 심리하여 그 결과에 따라 기각하거나 해당 처분을 취소하는 판결을 내려야 한다. 행정소송법 제27조는 "행정청의 재량에 속하는 처분이라도 재량권의 한계를 넘거나 그 남용이 있는 때에는 법원은 이를 취소할 수 있다"고 규정하여 법원이 재량문제에 대하여 심리·판단할 수 있음을 명백히 하고 있다.

---

149) 대법원 1970. 2. 24. 선고 65누174 판결
150) 대법원 1997. 6. 19. 선고 95누8669 전원합의체 판결
151) 계쟁처분이란 분쟁의 대상이 된, 즉 소송의 대상이 된 처분을 의미한다.

Ⅳ. 심리의 절차

1. 심리에 관한 일반원칙

가. 처분권주의

처분권주의란 소송절차의 개시, 심판대상의 결정, 그리고 소송절차의 종결에 대하여 당사자에게 결정권을 주어 그 처분에 맡기는 입장을 말한다. 이는 민사소송의 대원칙으로서, 행정소송에도 동 원칙이 적용된다는 점에 대해서는 이론이 없다.

행정소송에서 처분권주의는 원고에 의한 소송의 제기, 소의 변경 및 소의 취하에 관한 원고의 결정권 등에서 나타나고, 앞서 설명한 불고불리의 원칙도 처분권주의의 한 내용으로 볼 수 있다. 다만, 화해에 의한 소송절차의 종료를 허용할 수 있는지에 대해서는 우리 행정소송법에 아무런 규정이 없으므로 그 허용여부에 대해 논란이 있다.

나. 변론주의

변론주의란 직권탐지주의에 대응하는 것으로서 소송자료, 즉 사실과 증거의 수집·제출의 책임을 당사자에게 지우고, 당사자가 수집·제출한 소송자료만을 재판의 기초로 삼는 것을 말한다. 행정소송의 심리에도 기본적으로 변론주의가 지배한다. 이에 따라 법원은 ① 원칙적으로 당사자가 주장하지 않은 사실을 판결의 기초로 삼아서는 안 되고, ② 당사자간에 다툼이 없는 사실은 그대로 판결의 기초로 하지 않으면 안 되며, ③ 당사자간에 다툼이 있는 사실을 인정함에 있어서는 반드시 당사자가 제출한 증거에 의하지 않으면 안 된다. 다만 행정소송법은 행정소송의 공익관련성을 고려하여, 법원이 필요하다고 인정할 때에는 직권으로 증거조사를 할 수 있고, 당사자가 주장하지 아니한 사실에 대하여도 판단할 수 있도록 규정하고 있다(법 제26조).

다. 공개심리주의

재판의 심리와 판결의 선고를 일반인이 방청할 수 있는 상태에서 행하는 것을 공개심리주의라고 한다. 이는 판결의 공정성에 대한 국민의 신뢰를 확보하려는데 그 목적이 있다.

헌법은 "재판의 심리와 판결은 공개한다. 다만, 심리는 국가의 안전보장 또는 안녕질서를 방해하거나 선량한 풍속을 해할 염려가 있을 때에는 법원의 결정으로 공개하지 아니할 수 있다(헌법 제109조)"라고 규정하여 공개심리주의를 택하면서 그에 대한 예외를 인정하고 있다(법원조직법 제57조 제1항·제2항).

라. 구술심리주의

구술심리주의란 심리에 있어서 당사자 및 법원의 소송행위, 특히 변론 및 증거조사를 구술로 행하는 원칙으로서 서면심리주의에 대한 것이다. 민사소송법은 "당사자는 소송에 관하여 법원에서 변론하여야 한다(민사소송법 제134조 1항)"라고 규정하여 구술심리주의를 택하고 있는바 이 조항은 행정소송에도 적용된다.

2. 행정소송 심리에 관한 특수한 절차

가. 개 설

행정소송법은 판결의 객관적인 공정성과 타당성을 보장하기 위하여, 변론주의에 대한 예외로서 직권탐지주의(법 제26조)와 법원의 행정심판기록제출명령 등에 관하여 규정하고 있다(법 제25조).

나. 행정소송법 제26조의 해석

판례는 "법원이 아무런 제한 없이 당사자가 주장하지 아니한 사실을 판단할 수 있는 것은 아니고, 일건 기록에 현출되어 있는 사항에 관하여서만 직권으로 증거조사를 하고 이를 기초로 하여 판단할 수 있다"고 판시하여, 행정소송에 있어서는 당사자가 주장하지 아니한 사실도 판단할 수 있다고 하면서도 기록상 그 자료가 현출된 경우에 한하는 것으로 제한해석하고 있다.

> **관련판례** 행정소송법 제26조의 직권탐지주의의 의미
>
> [1] 행정소송법 제26조의 규정이 변론주의의 일부 예외를 인정하고 있으므로, 행정소송에서는 법원이 필요하다고 인정할 때에는 당사자가 명백하게 주장하지 않는 사실이라 할지라도 기록에 나타난 자료를 기초로 하여 직권으로 심리조사하고 이를 토대로 판단할 수 있다.
>
> [2] 근로기준법 제27조의3에 따른 부당해고구제재심판정을 다투는 소송에 있어서는 해고의 정당성에 관한 주장·입증책임은 이를 주장하는 자가 부담한다 할 것이므로, 법원이 해고의 정당성에 관한 주장을 배척하면서 그 과정에서 근로자가 구체적으로 주장하지 아니한 잘못을 인정하였다고 하여 그것이 변론주의에 반하는 것도 아니다(대법원 1995. 2. 14. 선고 94누5069 판결).

> **관련판례** 법원의 석명권의 한계
>
> 행정소송법 제26조는 법원이 필요하다고 인정할 때에는 직권으로 증거조사를 할 수 있고 당사자가 주장하지 아니한 사실에 대하여 판단할 수 있다고 규정하고 있으나, 이는 행정소송에 있어서 원고의 청구범위를 초월하여 그 이상의 청구를 인용할 수 있다는 뜻이 아니라 원고의 청구범위를 유지하면서 그 범위 내에서 필요에 따라 주장 외의 사실에 관하여 판단할 수 있다는 뜻이고 또 법원의 석명권은 당사자의 진술에 모순, 흠결이 있거나 애매하여 그 진술의 취지를 알 수 없을 때 이를 보완하여 명료하게 하거나 입증책임 있는 당사자에게 입증을 촉구하기 위하여 행사하는 것이지 그 정도를 넘어 당사자에게 새로운 청구를 할 것을 권유하는 것은 석명권의 한계를 넘어서는 것이다(대법원 1992. 3. 10. 선고 91누6030 판결).

V. 주장책임

1. 의 의

변론주의하에서는 법원은 당사자가 주장하지 않은 사실을 판결의 기초로 삼을 수 없다. 이때의 사실은 모든 사실이 아니라 주요사실만을 의미한다. 따라서 당사자는 자기에게 유리한 주요사실을 변론에서 주장하지 않으면 그 사실이 존재하지 아니한 것으로 다루어져 불이익한 재판을 받게 되는바 이러한 불이익을 주장책임이라고 한다.

한편 행정소송에 있어서 법원은 당사자가 주장하지 아니한 사실에 대하여도 판단할 수 있도록 하였으나(법 제26조), 이는 주장책임에 대한 예외를 인정한 것으로서, 원고의 청구범위를 유

지하면서 공익상 필요한 경우에는 그 범위 내에서 주장 외의 사실에 대하여도 판단할 수 있다는 의미이다.

2. 주장책임의 분배

원고는 처분의 위법성을 다투기 위하여 취소소송을 제기하는 것이므로 판례는 당해 처분을 한 처분청이 처분의 적법성을 주장·입증할 것을 요구하고 있다. 그러나 행정소송에 있어서 직권주의가 가미되어 있다고 할지라도 여전히 변론주의를 기본 구조로 하는 이상 행정처분의 위법을 들어 그 취소를 청구하는 원고는 단순히 그 처분이 위법하다는 것만을 주장하여서는 안 되고, 구체적으로 어떠한 점에서 위법한지를 주장하여야 한다. 다만 소송요건의 구비와 같은 법원의 직권조사사항에 대해서는 주장할 필요는 없다.

> **관련판례** 취소소송에 있어서 처분의 위법사유의 주장책임
> 행정소송에 있어서 특단의 사정이 있는 경우를 제외하면 당해 행정처분의 적법성에 관하여는 당해 처분청이 이를 주장·입증하여야 할 것이나 행정소송에 있어서 직권주의가 가미되어 있다고 하여도 여전히 변론주의를 기본 구조로 하는 이상 행정처분의 위법을 들어 그 취소를 청구함에 있어서는 직권조사사항을 제외하고는 그 취소를 구하는 자가 위법사유에 해당하는 구체적인 사실을 먼저 주장하여야 한다(대법원 2000. 3. 23. 선고 98두2768 판결).

Ⅵ. 입증책임

1. 의 의

입증책임(=증명책임)책임이란 소송상 일정한 사실의 존부가 확정되지 아니한 경우에, 이러한 사실이 존재하지 않는 것으로 간주되어 불리한 법적 판단을 받게 되는 일방의 당사자의 불이익 내지는 위험을 말한다.

2. 취소소송에서의 입증책임의 분배

가. 내 용

입증책임에 관하여는 행정소송법에 아무런 규정이 없기 때문에, 취소소송에 있어서 입증책임을 어떻게 분배할 것인지에 대해 견해가 대립한다. 이와 관련하여 판례는 행정소송에서의 입증책임은 원칙적으로 민사소송의 일반원칙에 따라 당사자간에 분배되어야 한다고 하면서도 항고소송의 특성도 어느 정도 고려하는 것으로 보인다.

> **관련판례** 취소소송에서의 입증책임
> 민사소송법의 규정이 준용되는 행정소송에 있어서 입증책임은 원칙적으로 민사소송의 일반원칙에 따라 당사자간에 분배되고 항고소송의 경우에는 그 특성에 따라 당해 처분의 적법을 주장하는 피고에게 그 적법사유에 대한 입증책임이 있다 할 것인바 피고가 주장하는 당해 처분의 적법성이 합리적으로 수긍할 수 있는 일응의 입증이 있는 경우에는 그 처분은 정당하다 할 것이며 이와 상반되는 주장과 입증은 그 상대방인 원고에게 그 책임이 돌아간다고 할 것이다(대법원 1984. 7. 27. 선고 84누124 판결).

나. 구체적 기준

(1) 소송요건

소송요건은 직권조사사항이지만 그 존부가 불명일 때에는 부적법한 소로서 각하되기 때문에, 결국 이에 관한 입증책임은 원고에게 있다.

(2) 본안

본안인 처분의 적법성에 관해서는 적극적 처분[152]이든 거부처분[153]이든 피고 행정청이 입증책임을 부담한다는 것이 확립된 판례이다. 다만 이른바 ① 권리장애사실, 예컨대 면세·비과세대상[154], 재량권의 일탈·남용[155]사실과 ② 거부처분의 경우 신청의 대상이 된 수익적 처분의 성립요건의 충족사실[156] 등에 대해서는 원고에게 입증책임이 있다고 한다.

예를 들어 정보공개거부처분취소소송에서 비공개사유의 입증책임은 피고에게 있고, 과세대상이 된 토지가 비과세 혹은 면세대상이라는 점은 이를 주장하는 납세의무자에게 입증책임이 있다.

> **관련판례** 국가유공자 비해당결정이라는 거부처분의 증명책임의 분배
>
> 국가유공자 인정 요건, 즉 공무수행으로 상이를 입었다는 점이나 그로 인한 신체장애의 정도가 법령에 정한 등급 이상에 해당한다는 점은 국가유공자 등록신청인이 증명할 책임이 있지만, 그 상이가 '불가피한 사유 없이 본인의 과실이나 본인의 과실이 경합된 사유로 입은 것'이라는 사정, 즉 지원대상자 요건에 해당하지 않는다는 사정은 국가유공자 등록신청에 대하여 지원대상자로 등록하는 처분을 하는 처분청이 증명책임을 진다고 보아야 한다(대법원 2013. 8. 22. 선고 2011두26589 판결).

> **관련판례** 결혼이민[F-6 (다)목] 체류자격 거부처분 취소소송에서 위 처분사유에 관한 증명책임의 소재(=행정청)
>
> 결혼이민[F-6 (다)목] 체류자격을 신청한 외국인에 대하여 행정청이 그 요건을 충족하지 못하였다는 이유로 거부처분을 하는 경우에는 '그 요건을 갖추지 못하였다는 판단', 다시 말해 '혼인파탄의 주된 귀책사유가 국민인 배우자에게 있지 않다는 판단' 자체가 처분사유가 된다. 부부가 혼인파탄에 이르게 된 여러 사정들은 그와 같은 판단의 근거가 되는 기초 사실 내지 평가요소에 해당한다. 결혼이민[F-6 (다)목] 체류자격 거부처분 취소소송에서 원고와 피고 행정청은 각자 자신에게 유리한 평가요소들을 적극적으로 주장·증명하여야 하며, 수소법원은 증명된 평가요소들을 종합하여 혼인파탄의 주된 귀책사유가 누구에게 있는지를 판단하여야 한다. 수소법원이 '혼인파탄의 주된 귀책사유가 국민인 배우자에게 있다'고 판단하게 되는 경우에는, 해당 결혼이민[F-6 (다)목] 체류자격 거부처분은 위법하여 취소되어야 하므로, 이러한 의미에서 결혼이민[F-6 (다)목] 체류자격 거부처분 취소소송에서도 그 처분사유에 관한 증명책임은 피고 행정청에 있다(대법원 2019. 7. 4. 선고 2018두66869 판결).

3. 무효확인소송에서의 입증책임의 분배

무효등확인소송에 있어서는 소송형식상의 차이와 무효등확인소송에서 주장되는 하자의 중대

---

152) 대법원 1984. 7. 24. 선고 84누124 판결
153) 대법원 1986. 4. 8. 선고 86누107 판결
154) 대법원 1990. 5. 22. 선고 90누639 판결
155) 대법원 1987. 12. 8. 선고 87누861 판결
156) 대법원 2013. 8. 22. 선고 2011두26589 판결

성·명백성, 즉 특별한 하자의 주장이라는 점 등을 이유로 당해 행정행위의 무효사유에 대한 입증책임은 원고가 진다는 것이 판례의 입장이다.

> **관련판례** 무효등확인소송에 있어서 입증책임
> 행정처분의 당연무효를 구하는 소송에 있어서 그 무효를 구하는 사람에게 그 행정처분에 존재하는 하자가 중대하고 명백하다는 것을 주장 입증할 책임이 있다(대법원 1984. 2. 28. 선고 82누154 판결).

4. 당사자소송에서의 입증책임의 분배

행정소송에서 당사자소송의 입증책임은 그 성질상 민사소송의 경우와 다를 것이 없다.

VII. 위법판단의 기준시

> **행정기본법 제14조(법 적용의 기준)** ① 새로운 법령등은 법령등에 특별한 규정이 있는 경우를 제외하고는 그 법령등의 효력 발생 전에 완성되거나 종결된 사실관계 또는 법률관계에 대해서는 적용되지 아니한다.
> ② 당사자의 신청에 따른 처분은 법령등에 특별한 규정이 있거나 처분 당시의 법령등을 적용하기 곤란한 특별한 사정이 있는 경우를 제외하고는 처분 당시의 법령등에 따른다.
> ③ 법령등을 위반한 행위의 성립과 이에 대한 제재처분은 법령등에 특별한 규정이 있는 경우를 제외하고는 법령등을 위반한 행위 당시의 법령등에 따른다. 다만, 법령등을 위반한 행위 후 법령등의 변경에 의하여 그 행위가 법령등을 위반한 행위에 해당하지 아니하거나 제재처분 기준이 가벼워진 경우로서 해당 법령등에 특별한 규정이 없는 경우에는 변경된 법령등을 적용한다.

1. 신청 이후 처분 전의 법령 및 사실상태의 변경의 경우

행정청은 신청 당시가 아닌 처분 당시의 법령 및 사실상태에 근거하여 처분을 하여야 하므로(행정기본법 제14조 제2항), 신청 당시에는 허가 등의 요건을 갖추었더라도 그 후 처분이 있기 전에 법령 및 사실상태의 변경으로 요건을 갖추지 못하게 되면 행정청은 허가 등을 거부하여야 한다. 따라서 새로운 법령 및 허가기준에 따른 거부처분을 위법하다고 할 수 없다. 다만 허가 등의 신청 후 행정청이 정당한 이유 없이 처리를 늦추고 있는 동안 허가기준이 변경된 경우에는 신청시에 법령에 따라 위법여부를 판단하여 새로운 법령에 의한 거부처분을 위법하다고 판단할 수 있다.

> **관련판례** 허가 등 행정처분의 위법판단 기준시
> 허가 등의 행정처분은 원칙적으로 처분시의 법령과 허가기준에 의하여 처리되어야 하고 허가신청 당시의 기준에 따라야 하는 것은 아니며, 비록 허가신청 후 허가기준이 변경되었다 하더라도 그 허가관청이 허가신청을 수리하고도 정당한 이유 없이 그 처리를 늦추어 그 사이에 허가기준이 변경된 것이 아닌 이상 변경된 허가기준에 따라서 처분을 하여야 한다(대법원 2006. 8. 25. 선고 2004두2974 판결).

2. 처분 이후 법령 및 사실상태의 변경의 경우

판례는 적극적 처분에 대한 취소소송과 소극적 처분에 대한 취소소송의 경우를 가리지 않고, 그 위법판단의 기준시를 일률적으로 처분시로 보고 있으며, 취소소송과 마찬가지로 처분을 대상으로 하는 무효등확인소송의 경우에도 처분시로 보고 있다(행정기본법 제14조 제2항).

다만, 판례는 "부작위위법확인소송은 판결(사실심의 구두변론 종결)시를 기준으로 그 부작위의 위법을 확인함으로써 행정청의 응답을 신속하게 하여 부작위 내지 무응답이라고 하는 소극적인 위법상태를 제거하는 것을 목적으로 하는 것"이라고 판시하여, 부작위위법확인소송에서는. 판결시설을 취하고 있다.157)

3. 제재처분의 경우

영업정지나 허가취소 또는 과징금부과와 같은 행정법령 위반에 대한 제재처분의 경우에는 원칙적으로 '행위시'의 법령에 따라 위법여부를 판단하여야 한다(행정기본법 제14조 제3항 본문). 다만, 법령을 위반한 행위를 한 후, 해당 법령이 변경되어 그 행위가 법령위반에 해당하지 않게 되거나 제재처분의 기준이 가벼워진 경우에는 변경된 법령을 적용하여(행정기본법 제14조 제3항 단서) 해당 제재처분을 전부 취소하거나 일부취소하여야 한다.

4. 처분의 위법판단의 기준시가 처분시라는 의미

처분의 위법판단의 기준시가 처분시라는 의미는 처분 후의 법령의 개폐나 사실상태의 변동에 영향을 받지 않는다는 뜻이지, 처분 당시 보유하였던 자료나 행정청에 제출되었던 자료만으로 위법 여부를 판단한다는 의미는 아니다. 다시 말하면 처분 당시 존재하였던 사실에 대한 입증은 사실심변론종결 당시까지 할 수 있는 것이고, 법원은 처분 당시 행정청이 알고 있던 자료뿐 아니라 사실심변론종결 당시까지 제출된 모든 자료를 종합하여 처분 당시에 존재하였던 객관적 사실을 확정하고 그에 기초하여 처분의 적법 여부를 판단하여야 한다.

즉 위법판단의 기준시의 문제는 기속력의 시간적 범위와 관련된 것으로서, 사실심변론종결시까지 소송자료를 제출할 수 있다는 기판력의 시간적 범위와는 별개의 문제이다.

> **관련판례** 취소소송에 있어서 위법성 판단기준시점
>
> 항고소송에 있어서 행정처분의 위법 여부를 판단하는 기준 시점에 대하여 판결시가 아니라 처분시라고 하는 의미는 행정처분이 있을 때의 법령과 사실상태를 기준으로 하여 위법 여부를 판단할 것이며 처분 후 법령의 개폐나 사실상태의 변동에 영향을 받지 않는다는 뜻이고 처분 당시 존재하였던 자료나 행정청에 제출되었던 자료만으로 위법 여부를 판단한다는 의미는 아니므로, 처분 당시의 사실상태 등에 대한 입증은 사실심 변론종결 당시까지 할 수 있고, **법원은 행정처분 당시 행정청이 알고 있었던 자료뿐만 아니라 사실심 변론종결 당시까지 제출된 모든 자료를 종합하여 처분 당시 존재하였던 객관적 사실을 확정하고 그 사실에 기초하여 처분의 위법 여부를 판단할 수 있다**(대법원 1993. 5. 27. 선고 92누19033 판결).

---

157) 대법원 1990. 9. 25. 선고 89누4758 판결

Ⅷ. 처분사유의 추가·변경

1. 의 의

처분청이 취소소송의 심리과정에서 해당 처분의 적법성을 유지하기 위하여 처분 당시에 제시된 처분사유 이외에 다른 사유를 추가하거나 변경하는 것을 처분사유의 추가·변경이라고 하는데, 행정소송법에는 이에 대한 명문의 규정이 없으므로 이러한 처분사유의 추가·변경이 허용되는 것인지 만약 허용된다면 어떠한 한계를 준수해야 하는 것인지가 문제된다.

이와 관련하여 행정소송규칙은 2023. 8. 31. 제9조를 제정하여 처분사유의 추가·변경에 대한 명문의 규정을 만들었다.[158]

2. 허용여부

행정소송법에는 처분사유의 추가·변경에 관한 규정이 없다. 따라서 취소소송의 심리과정에서 행정청의 처분사유의 추가·변경이 허용되는지 여부에 대하여 논란이 있는데, 판례는 행정소송의 경우에는 처분시에 존재하였던 처분사유로서 당초의 처분사유와 기본적 사실관계의 동일성이 유지되는 범위 내에서만 처분사유의 추가·변경을 허용하는 입장이다(제한적 긍정설). 이에 따르면 기본적 사실관계의 동일성 유무는 처분사유를 법률적으로 평가하기 이전의 구체적인 사실에 착안하여 그 기초가 되는 사회적 사실관계가 기본적인 점에서 동일한 지의 여부에 따라 결정된다고 하는바(판례 ❶), 구체적 사실을 변경하지 않는 범위 내에서 단지 그 처분의 근거법령만을 추가·변경하거나(판례 ❷) 불명확한 당초의 처분사유를 구체화하는 정도(판례 ❸)내에서만 기본적 사실관계의 동일성을 인정함으로써 처분사유의 추가·변경을 엄격하게 제한하고 있다.

또한 최근 판례는 행정심판 단계에서도 행정소송과 마찬가지로 '기본적 사실관계의 동일성 유무'에 따라 처분사유의 추가·변경의 허용여부를 판단할 수 있다고 판시한바 있다(판례 ❹).

다만, 판례는 행정청 내부의 시정절차의 단계에서는 행정소송에서와는 달리 당초의 처분사유와 기본적 사실관계의 동일성이 인정되지 않는 사유라 하더라도 이를 처분의 적법성을 뒷받침하는 처분사유로 추가·변경할 수 있다고 판시하였다(판례 ❺).

> **관련판례 ❶ 취소소송에서의 처분사유의 추가변경의 허용기준**
>
> 행정처분의 취소를 구하는 항고소송에 있어서, 처분청은 당초 처분의 근거로 삼은 사유와 기본적 사실관계가 동일성이 있다고 인정되는 한도 내에서만 다른 사유를 추가하거나 변경할 수 있고, 여기서 기본적 사실관계의 동일성 유무는 처분사유를 법률적으로 평가하기 이전의 구체적인 사실에 착안하여 그 기초인 사회적 사실관계가 기본적인 점에서 동일한지 여부에 따라 결정되며 이와 같이 기본적 사실관계와 동일성이 인정되지 않는 별개의 사실을 들어 처분사유로 주장하는 것이 허용되지 않는다고 해석하는 이유는 행정처분의 상대방의 방어권을 보장함으로써 실질적 법치주의를 구현하고 행정처분의 상대방에 대한 신뢰를 보호하고자 함에 그 취지가 있다(대법원 2003. 12. 11. 선고 2001두8827 판결).

---

158) 행정소송규칙 제9조(처분사유의 추가·변경) 행정청은 사실심 변론을 종결할 때까지 당초의 처분사유와 기본적 사실관계가 동일한 범위 내에서 처분사유를 추가 또는 변경할 수 있다.

관련판례 ❷ 구체적 사실을 변경하지 않는 범위 내에서 단지 처분의 근거법령만 추가·변경하는 경우

행정처분이 적법한가의 여부는 특별한 사정이 없는 한 처분당시의 사유를 기준으로 판단하면 되는 것이고 **처분청이 처분당시에 적시한 구체적 사실을 변경하지 아니하는 범위내에서 단지 그 처분의 근거법령만을 추가변경하는 것은 새로운 처분사유의 추가라고 볼 수 없으므로 이와 같은 경우에는 처분청이 처분당시에 적시한 구체적 사실에 대하여 처분후에 추가변경한 법령을 적용하여 그 처분의 적법여부를 판단하여도 무방하다** 할 것이다. 따라서 원심이 피고가 교통사고로 개인택시 운송사업면허의 기본요건인 자동차면허가 취소되었음을 이유로 원고에 대한 이 사건 개인택시 운송사업면허취소처분을 하면서 처음에는 그것이 자동차운수사업법 제31조 제1항 제3호 소정의 면허취소사유에 해당한다고 보아 같은 법조를 적용하였다가 이 사건 소제기에 즈음하여 그 구체적 사실을 변경하지 아니하는 범위내에서 적용법조만을 같은 법 제31조와 같은 법시행규칙 제15조로 바꾸어 원고에게 통고한 사실을 확정한 다음 위와 같은 취지에서 이는 단순한 법령적용의 오류를 정정한 것일뿐 그에 의하여 취소사유를 달리하는 것은 아니라고 판시하고 나서 처분당시에 적시한 구체적 사실인 원고의 자동차운전면허가 취소된 점에 관하여 피고가 처분후에 추가로 통고한 근거법령인 자동차운수사업법 제31조 제1항 제1호 또는 제4호를 적용하여 그 처분의 적법여부를 판단한 것은 정당하다(대법원 1987. 12. 8. 선고 87누632 판결).

관련판례 ❸ 당초의 처분사유를 구체화하는 것에 불과한 경우

처분청이 당초에는 액화석유가스판매업의 허가기준에 맞지 않는다는 추상적인 사유만 기재하여 거부처분을 하였다가 그 취소소송에서 허가기준에 맞지 않는 것은 판매소 간의 이격거리에 미달된다는 의미라고 주장한 사안에서, **그 처분의 사유를 구체적으로 표시한 것이어서 새로운 처분사유의 추가로 볼 수 없다**고 한 사례(대법원 1989. 7. 25. 선고 88누11926 판결).

관련판례 ❹ 행정심판 단계

행정처분의 취소를 구하는 항고소송에서 처분청은 당초 처분의 근거로 삼은 사유와 기본적 사실관계가 동일성이 있다고 인정되는 한도 내에서만 다른 사유를 추가 또는 변경할 수 있고, 이러한 기본적 사실관계의 동일성 유무는 처분사유를 법률적으로 평가하기 이전의 구체적 사실에 착안하여 **그 기초인 사회적 사실관계가 기본적인 점에서 동일한지**에 따라 결정되므로, 추가 또는 변경된 사유가 처분 당시에 이미 존재하고 있었다거나 당사자가 그 사실을 알고 있었다고 하여 당초의 처분사유와 동일성이 있다고 할 수 없다. 그리고 **이러한 법리는 행정심판 단계에서도 그대로 적용된다**(대법원 2014. 5. 15. 선고 2013두26118 판결).

관련판례 ❺ 행정청 내부의 시정절차 단계

산재보험법 규정의 내용, 형식 및 취지 등에 비추어 보면, **산재보험법상 심사청구에 관한 절차는 보험급여** 등에 관한 처분을 한 피고로 하여금 스스로의 심사를 통하여 당해 처분의 적법성과 합목적성을 확보하도록 하는 **피고 내부의 시정절차**에 해당한다고 보아야 한다. 따라서 처분청이 스스로 당해 처분의 적법성과 합목적성을 확보하고자 행하는 자신의 내부 시정절차에서는 **당초 처분의 근거로 삼은 사유와 기본적 사실관계의 동일성이 인정되지 아니하는 사유라고 하더라도 이를 처분의 적법성과 합목적성을 뒷받침하는 처분사유로 추가·변경할 수 있다**고 봄이 타당하다(대법원 2012. 9. 13. 선고 2012두3859 판결).

3. 허용한계

가. 객관적 범위

당초의 처분사유와 기본적 사실관계의 동일성이 유지되는 범위 내에서 처분사유의 추가·변경이 허용된다. 판례는 기본적 사실관계의 동일성 유무는 처분사유를 법률적으로 평가하기 이전의 구체적인 사실에 착안하여 그 기초가 되는 사회적 사실관계가 기본적인 점에서 동일한지의 여부에 따라 결정된다고 한다. 그리고 기본적 사실관계의 동일성은 시간적·장소적 근접성, 행위의 태양·결과 등의 제반사정을 종합적으로 고려하여 개별사안에 따라 구체적으로 판단하여야 한다고 한다.

나. 시간적 범위

처분사유의 추가·변경은 결국 처분의 위법성 판단과 관련된 논의이므로 위법판단의 기준시에 대한 판례의 입장인 처분시설에 따른다면, 처분 이후에 발생한 새로운 처분사유는 추가·변경의 대상이 될 수 없다.

4. 허용시기

처분사유의 추가·변경은 사실심변론종결시까지만 허용되는 시간적 한계가 있다.[159] 따라서 행정청의 처분사유의 추가·변경은 상고심에서는 허용되지 않는다.

5. 개별적 검토

가. 제재처분의 경우

판례는 허가취소나 정지, 과징금부과처분과 같은 제재처분의 경우에 의무위반사실의 동일여부를 기준으로 기본적 사실관계의 동일여부를 판단하고 있다. 즉 판례는 제재처분의 경우에는 원고의 방어권을 최대한 보장하는 차원에서 의무위반사실이 다른 경우에는 처분사유의 추가·변경을 허용하지 않는다.

> **관련판례 ❶** 입찰자격제한처분에서 정당한 이유없이 계약을 이행하지 않은 사실과 관계 공무원에게 뇌물을 준 사실
> 입찰참가자격을 제한시킨 당초의 처분 사유인 정당한 이유 없이 계약을 이행하지 않은 사실과 항고소송에서 새로 주장한 계약의 이행과 관련하여 관계 공무원에게 뇌물을 준 사실은 기본적 사실관계의 동일성이 없다(대법원 1999. 3. 9. 선고 98두18565 판결).

> **관련판례 ❷** 주류면허취소처분에서 무자료 주류판매 및 위장거래사실과 무면허 판매업자에게 주류를 판매한 사실
> 피고는 이 사건 주류면허에 붙은 지정조건 제6호에 따라 원고의 무자료 주류 판매 및 위장거래 금액이 부가가치세 과세기간별 총 주류판매액의 100분의 20 이상에 해당한다는 이유로 피고에게 유보된 취소권을 행사하여 위 면허를 취소하였음이 분명한바, 피고가 이 사건 소송에서 위 면허의 취소사유로 새로 내세우고 있는 위 지정조건 제2호 소정의 무면허 판매업자에게 주류를 판매한 때 해당한다는 것은 피고가 당초 위 면허취소처분의 근거로 삼은 사유와 기본적 사실관계가 다른 사유이므로 피고는 이와 같은 사유를 위 면허취소처분의 근거로 주장할 수 없다(대법원 1996. 9. 6. 선고 96누7427 판결).

---

159) 대법원 1999. 8. 20. 선고 98두17045 판결

> **관련판례 ❸ 공무원의 징계사유의 기본적 사실관계의 동일성**
> 구청위생과 직원인 원고가 이 사건 당구장이 정화구역외인 것처럼 허위표시를 함으로써 정화위원회의심의를 면제하여 허가처분하였다는 당초의 징계사유와 정부문서규정에 위반하여 이미 결제된 당구장허가처분서류의 도면에 상사의 결제를 받음이 없이 거리표시를 기입하였다는 원심인정의 비위사실과는 기본적 사실관계가 동일하지 않다(대법원 1983. 10. 25. 선고 83누396 판결).

나. 거부처분의 경우

판례는 장소적 동일여부와 거부사유의 취지의 동일여부를 바탕으로 기본적 사실관계의 동일여부를 판단하고 있다.

(1) 기본적 사실관계의 동일성을 긍정한 사례

> **관련판례 ❶ 산림형질변경불허가처분에서 준농림지역의 행위제한 사실과 중대한 공익상의 필요라는 사실**
> 주택신축을 위한 산림형질변경허가신청에 대하여 행정청이 거부처분을 하면서 당초 거부처분의 근거로 삼은 준농림지역에서의 행위제한이라는 사유와 나중에 거부처분의 근거로 추가한 자연경관 및 생태계의 교란, 국토 및 자연의 유지와 환경보전 등 중대한 공익상의 필요라는 사유는 그 내용이 모두 이 사건 임야가 준농림지역에 위치하고 있다는 점을 공통으로 하고 있을 뿐 아니라 그 취지 또한 자연환경의 보전을 위하여 개발행위를 제한할 필요가 있어서 산림형질변경을 불허한다는 것으로서 기본적 사실관계에 있어서 동일성이 인정된다(대법원 2004. 11. 26. 선고 2004두4482 판결).

> **관련판례 ❷ 토지형질변경 불허가처분에서 미개발지의 이용대책 수립시까지 허가를 유보한다는 사실과 주변의 환경 등을 손상시킬 우려가 있다는 사실**
> 토지형질변경 불허가처분의 당초의 처분사유인 국립공원에 인접한 미개발지의 합리적인 이용대책 수립시까지 그 허가를 유보한다는 사유와 그 처분의 취소소송에서 추가하여 주장한 처분사유인 국립공원 주변의 환경·풍치·미관 등을 크게 손상시킬 우려가 있으므로 공공목적상 원형유지의 필요가 있는 곳으로서 형질변경허가 금지 대상이라는 사유는, 그 내용이 모두 이 사건 신청지가 북한산국립공원에 인접하여 있다는 점을 공통으로 하고 있을 뿐만 아니라 그 취지도 도시환경의 보전 등 중대한 공익상의 필요가 있어 형질변경을 불허한다는 것으로서, 당초 이 사건 처분의 근거로 삼은 사유와 변경된 처분사유는 기본적 사실관계에 있어서 동일성이 인정된다(대법원 2001. 9. 28. 선고 2000두8684 판결).

> **관련판례 ❸ 정보공개거부처분에서 당초의 처분사유와 추가된 처분사유가 개인에 관한 정보를 본인 이외의 자에게 공개하지 아니하겠다는 취지인 경우**
> 피고가 그 정보공개거부처분의 당초 처분사유 근거로 내세운 검찰보존사무규칙 제20조는 재판확정기록의 열람·등사를 피고인이었던 자에게만 일반적으로 허용하고, 나머지 사건 관계자들(고소인·고발인·피해자 및 참고인 또는 증인으로 진술한 자)에 대하여는 본인의 진술이 기재되거나 본인이 제출한 서류 등에 대하여만 열람·등사를 허용하는 내용으로서, 전체적으로 보아 특정인을 식별할 수 있는 개인에 관한 정보를 본인 이외의 자에게 공개하지 아니하겠다는 취지이므로, 결국 원고가 위 규칙 제20조에 해당하는 자가 아니라는 당초의 처분사유는 정보공개법 제7조 제1항 제6호[160]의 사유와 그 기초적 사실관계를 같이 한다(대법원 2003. 12. 11. 선고 2003두8395 판결).

---

160) 현) 공공기관의정보공개에관한법률 제9조 제1항 제6호

관련판례 ❹ 건축신고수리거부처분에서 위 토지가 건축법상 도로에 해당하여 건축을 허용할 수 없다는 사실과 위 토지가 인근 주민들의 통행에 제공된 사실상의 도로인데, 주택을 건축하여 주민들의 통행을 막는 것은 사회공동체와 인근 주민들의 이익에 반하므로 갑의 주택 건축을 허용할 수 없다는 사실

갑이 '사실상의 도로'로서 인근 주민들의 통행로로 이용되고 있는 토지를 매수한 다음 2층 규모의 주택을 신축하겠다는 내용의 건축신고서를 제출하였으나, 구청장이 '위 토지가 건축법상 도로에 해당하여 건축을 허용할 수 없다'는 사유로 건축신고수리 거부처분을 하자 갑이 처분에 대한 취소를 구하는 소송을 제기하였는데, 1심법원이 위 토지가 건축법상 도로에 해당하지 않는다는 이유로 갑의 청구를 인용하는 판결을 선고하자 구청장이 항소하여 '위 토지가 인근 주민들의 통행에 제공된 사실상의 도로인데, 주택을 건축하여 주민들의 통행을 막는 것은 사회공동체와 인근 주민들의 이익에 반하므로 갑의 주택 건축을 허용할 수 없다'는 주장을 추가한 사안에서, 당초 처분사유와 구청장이 원심에서 추가로 주장한 처분사유는 위 토지상의 사실상 도로의 법적 성질에 관한 평가를 다소 달리하는 것일 뿐, 모두 토지의 이용현황이 '도로'이므로 거기에 주택을 신축하는 것은 허용될 수 없다는 것이므로 기본적 사실관계의 동일성이 인정되고, 위 토지에 건물이 신축됨으로써 인근 주민들의 통행을 막지 않도록 하여야 할 중대한 공익상 필요가 인정되고 이러한 공익적 요청이 갑의 재산권 행사보다 훨씬 중요하므로, 구청장이 원심에서 추가한 처분사유는 정당하여 결과적으로 위 처분이 적법한 것으로 볼 여지가 있음에도 이와 달리 본 원심판단에 법리를 오해한 잘못이 있다고 한 사례(대법원 2019. 10. 31. 선고 2017두74320 판결).

(2) 기본적 사실관계의 동일성을 부정한 사례

관련판례 ❶ LPG충전사업허가거부처분에 있어서 인근주민의 동의가 없다는 사실과 교통사고로 인한 충전소폭발의 위험이 있다는 사실

전라남도 고시에 따르면 자연녹지의 경우 충전소의 외벽으로부터 100미터 내에 있는 건물주의 동의를 받도록 되어 있는데 그 설치예정지로부터 80미터에 위치한 전주이씨제각 소유주의 동의가 없다는 이유로 이를 반려하였다가, 처분청이 상고심에서 충전소설치예정지역 인근도로가 낭떠러지에 접한 S자 커브의 언덕길로 되어 있어서 교통사고로 인한 충전소폭발의 위험이 있어 허가하지 아니하였다는 주장을 하는 것은 피고 처분청이 당초 위 반려처분의 근거로 삼은 사유와는 그 기본적 사실관계에 있어서 동일성이 인정되지 아니하는 별개의 사유라 할 것이다(대법원 1992. 5. 8. 선고 91누13274 판결).

관련판례 ❷ 비공개대상결정에 있어서 비공개사유 제7조 제1항 제5호의 사유와 제7조 제1항 제4호 및 제6호의 사유

공공기관의 정보공개에 관한 법률 제7조 제1항에 있어서 제4호의 위 정보를 비공개대상정보로 하고 있는 것은 범죄의 일방예방 및 특별예방, 원활한 수사 및 교정행정의 원활성을 보호하고자 함에, 제5호의 위 의사결정과정 또는 내부검토과정에 있는 사항 등을 비공개대상정보로 하고 있는 것은 공개로 인하여 공공기관의 의사결정이 왜곡되거나 외부의 부당한 영향과 압력을 받을 가능성을 차단하여 중립적이고 공정한 의사결정이 이루어지도록 하고자 함에, 제6호의 개인식별정보를 비공개대상정보로 하고 있는 것은 개인의 사생활의 비밀과 자유의 존중 및 개인의 자신에 대한 정보통제권을 보장하는 등 정보공개로 인하여 발생할 수 있는 제3자의 법익침해를 방지하고자 함에 각 그 취지가 있어 그 각 정보를 비공개대상정보로 한 근거와 입법취지가 다른 점 등 여러 사정을 합목적적으로 고려하여 보면, 피고가 처분사유로 추가한 법 제7조 제1항 제5호의 사유와 당초의 처분사유인 같은 항 제4호 및 제6호의 사유는 기본적 사실관계가 동일하다고 할 수 없다(대법원 2003. 12. 11. 선고 2001두8827 판결).

관련판례 ❸ 국가유공자비해당결정사유로서 공무수행과 상이 사이에 인과관계가 없다는 것과 본인 과실이 경합되어 지원대상자에 해당한다는 사실

같은 국가유공자 비해당결정이라도 그 사유가 공무수행과 상이 사이에 인과관계가 없다는 것과 본인 과실이 경합되어 있어 지원대상자에 해당할 뿐이라는 것은 기본적 사실관계의 동일성이 없다고 보아야 한다(대법원 2013. 8. 22. 선고 2011두26589 판결).

관련판례 ❹ 자동차매매업 불허가처분에 있어서 거리제한 규정의 위반사실과 최소 주차용지 미달 사실

행정처분취소 소송에 있어서 처분청은 당초의 처분사유와 기본적 사실관계에 있어서 동일성이 인정되는 한도 내에서만 새로운 처분사유를 추가하거나 변경할 수 있고, 기본적 사실관계와 동일성이 전혀 없는 별개의 사실을 들어 처분사유로서 주장함은 허용되지 아니하는바, 피고의 이 사건 처분사유인 기존 공동사업장과의 거리제한규정에 저촉된다는 사실과 피고 주장의 최소 주차용지에 미달한다는 사실은 기본적 사실관계를 달리하는 것임이 명백하여 피고가 이를 새롭게 처분사유로서 주장할 수는 없다(대법원 1995. 11. 21. 선고 95누10952 판결).

다. 과세처분의 경우

조세소송에서 총액주의의 입장을 취하는 우리 판례에 따르면 분쟁의 일회적 해결을 강조하므로 과세관청에 의한 처분사유의 추가·변경이 폭넓게 허용된다. 따라서 판례는 과세관청이 당초의 부과처분 당시 인정한 사실의 일부에 착오나 오류가 있다 하여도 그 후 인정된 사실이 당초의 과세원인사실과 동일한 사실의 범위 내로서 과세의 기초사실이 달라지는 것이 아니라면 처분의 동일성은 유지된다고 본다.

관련판례 과세처분의 인정사실 일부에 착오·오류가 있었으나 실제 인정되는 사실과 기초의 동일성이 인정되는 사실 범위 내에 있는 경우, 처분의 동일성 유지 여부

[1] 과세관청이 당초의 부과처분 당시 인정한 사실의 일부에 착오나 오류가 있다 하여도 그 후 인정된 사실이 당초의 과세원인사실과 동일한 사실의 범위 내로서 과세의 기초사실이 달라지는 것이 아니라면 처분의 동일성은 유지된다.

[2] 갑이 자기 명의의 예금을 인출하여 타인에게 증여하였음을 과세원인으로 하는 증여세 부과처분이 있은 후 위 예금의 실권리자가 을이고 갑은 그의 처로서 그 자금관리자에 불과하며 증여자도 그 실권리자인 을인 사실이 밝혀졌다 하더라도 처분의 동일성이 유지되어 당초의 과세처분이 적법하다고 본 사례(대법원 1997. 2. 11. 선고 96누3272 판결).

01 (2024년 기출)

항고소송에서의 주장·증명책임 등에 관한 설명으로 옳지 않은 것은? (다툼이 있으면 판례에 따름)

① 당사자는 소송변론종결시까지 주장과 증거를 제출할 수 있다.
② 처분이 재량권을 일탈·남용하였다는 사정은 처분의 효력을 다투는 자가 주장·증명하여야 한다.
③ 원고는 전심절차에서 주장하지 아니한 공격방어방법을 소송절차에서 주장할 수 없다.
④ 과세처분 취소소송에서 처분의 적법성에 관하여는 원칙적으로 과세청인 피고가 그 증명책임을 부담한다.
⑤ 집행정지의 소극적 요건에 대한 주장·소명책임은 행정청에게 있다.

/해 설/

① (○) 교재 170P (4. 처분의 위법판단의 기준시가 처분시라는 의미)
② (○) 교재 168P ((2) 본안)
③ (×) 교재 123P (나. 주장의 공통여부)
④ (○) 과세처분의 위법을 이유로 그 취소를 구하는 행정소송에서 처분의 적법성 및 과세요건 사실의 존재에 관하여는 원칙적으로 과세관청이 입증책임을 부담한다(대법원 1998. 5. 26. 선고 98두1604 판결).
⑤ (○) 행정소송법 제23조 제3항에서 규정하고 있는 집행정지의 장애사유로서의 '공공복리에 중대한 영향을 미칠 우려'라 함은 일반적·추상적인 공익에 대한 침해의 가능성이 아니라 당해 처분의 집행과 관련된 구체적·개별적인 공익에 중대한 해를 입힐 개연성을 말하는 것으로서 이러한 집행정지의 소극적 요건에 대한 주장·소명책임은 행정청에게 있다(대법원 2004. 5. 12. 선고 2003무41 판결).

[정답] ③

02 (2024년 기출)

항고소송에서 위법판단의 기준시에 관한 설명으로 옳은 것은? (다툼이 있으면 판례에 따름)

① 처분 후 법령의 개정이 있었다면 그 개정 법령을 기준으로 처분의 위법을 판단해야 한다.
② 법원은 사실심 변론종결시까지 제출된 모든 자료를 종합하여 처분의 위법 여부를 판단할 수 있다.
③ 거부처분 취소소송에서 위법판단의 기준시는 판결시이다.
④ 행정심판의 재결을 거친 부작위위법확인소송에서 위법판단의 기준시는 처분시이다.
⑤ 계속효가 있는 처분에 대한 취소소송의 경우에는 판결시를 기준으로 한다.

/해 설/

① (×), ③ (×), ⑤ (×) 교재 170P (2. 처분 이후 법령 및 사실상태의 변경의 경우)
② (○) 교재 170P (4. 처분의 위법판단의 기준시가 처분시라는 의미)
④ (×) 교재 221P (5. 위법판단의 기준시)

정답 ②

03 (2023년 기출)

처분사유의 추가·변경에 관한 설명으로 옳지 않은 것은? (다툼이 있으면 판례에 따름)

① 행정소송법상 명문의 근거규정이 존재한다.
② 행정청의 처분사유의 추가·변경시한은 사실심 변론종결시까지이다.
③ 처분사유의 추가·변경을 제한하는 취지는 행정처분의 상대방의 방어권을 보장함으로써 실질적 법치주의를 구현하는 것이다.
④ 항고소송에 있어서 처분청이 당초 처분의 근거로 삼은 사유와 기본적 사실관계의 동일성이 인정되지 않는 별개의 사실을 들어 처분사유로서 주장할 수는 없다.
⑤ 처분사유의 추가·변경의 제한은 상대방의 신뢰보호와도 관련이 있다.

/해 설/

① (×), ② (○) 교재 171P (1. 의의)
③ (○), ④ (○), ⑤ (○) 교재 171P(관련판례 ① 취소소송에서의 처분사유의 추가변경의 허용기준)

정답 ①

제5절   재 판

제27조   재량처분의 취소

> 제27조(재량처분의 취소) 행정청의 재량에 속하는 처분이라도 재량권의 한계를 넘거나 그 남용이 있는 때에는 법원은 이를 취소할 수 있다.

I. 취소소송의 판결의 종류

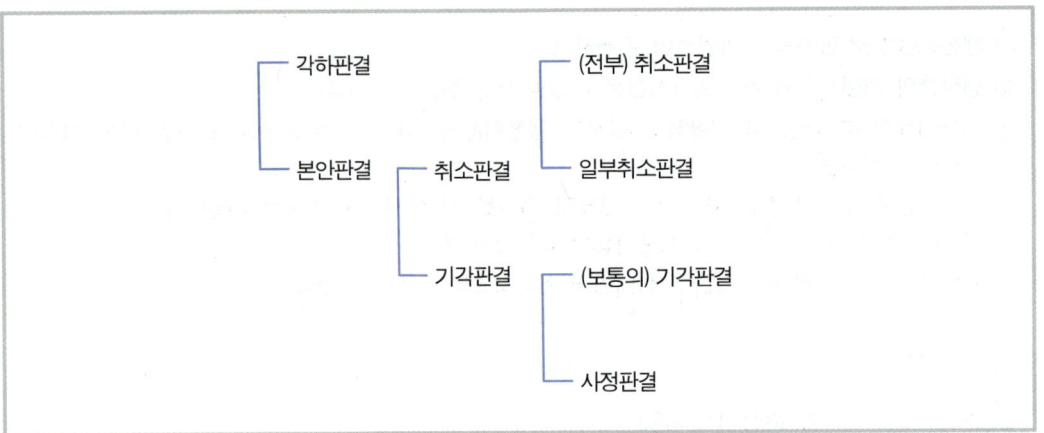

	소송요건 구비여부	처분의 위법여부	처분의 취소여부
각하판결	X		
기각판결	O	적법	취소 X
사정판결	O	위법	취소 X
취소판결	O	위법	취소 O

종국판결은 취소소송의 전부나 일부를 종료시키는 판결이며, 중간판결은 종국판결을 하기 전에 소송의 진행 중에 생긴 쟁점을 해결하기 위한 확인적 성질의 판결을 말한다. 따라서 중간판결에 의하여 심급을 종료시킬 수는 없다. 취소소송의 종국판결은 다시 소송판결(=각하판결)과 본안판결로 구분되며, 본안판결은 다시 기각판결과 인용판결로 나눌 수 있다.

각하판결은 소송요건을 갖추지 못한 소(訴)에 대하여 본안심리를 거절하는 판결로서, 종국판결이기는 하지만 기판력이 인정되지는 않는다. 왜냐하면 기판력은 소송물에 관한 판단에 미치는 것이기 때문이다. 소송요건이 결여된 경우는 예를 들어 당사자적격이 없는 경우, 제소기간이 경과된 경우, 행정심판의 전치가 요구됨에도 불구하고 행정심판을 거치지 않은 경우, 소송의 목적인 처분이 소멸된 경우 등을 들 수 있다.

(보통의) 기각판결은 법원이 원고의 취소청구가 이유없다고 인정하여, 즉 행정청의 처분이 적법하다고 판단하여 원고의 청구를 배척하는 판결을 말한다. 기각판결의 경우에는 당해 처분이 적법하다는 점에 기판력이 미친다.

인용판결은 원고의 청구가 이유 있다 하여 그 전부 또는 일부를 인용하는 형성판결을 말한다. 행정심판의 경우에는 위법한 처분뿐만 아니라 부당한 처분에 대해서도 인용재결을 하는 것과 달리(행정심판법 제5조 제1호), 행정소송은 위법한 처분에 대해서만 인용판결을 하고 부당한 처분에 대해서는 기각판결을 한다(법 제4조 제1호).

한편 행정소송법 제8조 제2항에 따라 민사소송법상 판결의 경정제도[161])는 취소소송에도 적용된다.

Ⅱ. 일부취소판결

1. 문제점

원고의 청구 중 일부에 대해서만 이유가 있는 경우, 즉 처분의 일부만이 위법한 경우에 법원이 그 일부에 대해서만 취소판결을 내릴 수 있는지 여부가 문제되나, 판례는 행정소송법 제4조 제1호의 '변경'을 소극적 변경, 즉 일부취소를 의미하는 것으로 보고[162]), 일정한 요건 하에 일부취소판결을 인정하고 있다.

2. 일부취소판결의 요건

처분의 일부취소의 가능성은 일부취소의 대상이 되는 부분의 분리취소가능성에 따라 결정된다. 즉 외형상 하나의 처분이라 하더라도 가분성이 있거나 그 처분대상의 일부가 특정될 수 있다면 그 일부만의 취소가 가능하다. 판례는 조세부과처분(판례 ❶), 정보비공개결정처분(판례 ❷), 국가유공자 비해당결정처분(판례 ❸), 공정거래위원회가 과징금을 부과하면서 여러 개의 위반행위에 대하여 외형상 하나의 과징금 납부명령을 하였으나, 그 중 일부의 위반행위에 대한 과징금 부과만이 위법한 경우(판례 ❹)와 같이 가분성이 인정되는 처분에 대해 일부취소판결을 허용하고 있다.

다만, 과징금부과처분이나 영업정지처분과 같이 재량행위인 경우에는 처분청의 재량권을 존중하여야 하고, 법원이 직접 처분을 하는 것은 인정되지 않으므로 전부취소를 하여 처분청이 재량

---

161) 민사소송법 제211조(판결의 경정) ① 판결에 잘못된 계산이나 기재, 그 밖에 이와 비슷한 잘못이 있음이 분명한 때에 법원은 직권으로 또는 당사자의 신청에 따라 경정결정을 할 수 있다.
② 경정결정은 판결의 원본과 정본에 덧붙여 적어야 한다. 다만, 정본에 덧붙여 적을 수 없을 때에는 결정의 정본을 작성하여 당사자에게 송달하여야 한다.
③ 경정결정에 대하여는 즉시항고를 할 수 있다. 다만, 판결에 대하여 적법한 항소가 있는 때에는 그러하지 아니하다.
162) 대법원 1964. 5. 19. 선고 63누177 판결

권을 행사하여 다시 적정한 처분을 하도록 하여야 한다는 것이 판례의 입장이다(판례 ❺, ❻). 또한 조세부과처분과 같은 금전부과처분이 기속행위라 하더라도 당사자가 법원에 제출한 자료에 의해 적법하게 부과될 부과금액을 산출할 수 없는 경우에는 법원이 처분청의 역할을 할 수는 없으므로 부과처분 전부를 취소할 수밖에 없다는 것이 판례의 입장이다(판례 ❼).

> **관련판례 ❶ 과세처분 중 일부 세액의 취소가능성**
>
> 과세처분취소소송의 처분의 적법 여부는 과세액이 정당한 세액을 초과하느냐의 여부에 따라 판단되는 것으로서 당사자는 사실심 변론종결시까지 객관적인 조세채무액을 뒷받침하는 주장과 자료를 제출할 수 있고 이러한 자료에 의하여 적법하게 부과될 **정당한 세액이 산출되는 때에는 그 정당한 세액을 초과하는 부분만 취소하여야 할 것이고** 전부를 취소할 것이 아니다(대법원 2000. 6. 13. 선고 98두5811 판결).

> **관련판례 ❷ 정보비공개결정처분의 일부취소가능성**
>
> 법원이 행정기관의 정보공개거부처분의 위법 여부를 심리한 결과 공개를 거부한 정보에 비공개대상 정보에 해당하는 부분과 공개가 가능한 부분이 혼합되어 있고 공개청구의 취지에 어긋나지 아니하는 범위 안에서 두 부분을 분리할 수 있음을 인정할 수 있을 때에는 청구취지의 변경이 없더라도 **공개가 가능한 정보에 관한 부분만의 일부취소를 명할 수 있다**(대법원 2003. 10. 10. 선고 2003두7767 판결).

> **관련판례 ❸ 영업정지처분 중 정지기간의 일부취소가능성**
>
> 행정청이 영업정지처분을 함에 있어서 그 정지기간을 어느 정도로 할 것인지는 행정청의 재량권에 속하는 사항인 것이며, 다만 그것이 공익의 원칙이나 평등의 원칙 또는 비례의 원칙등에 위반하여 재량권의 한계를 벗어난 재량권 남용에 해당하는 경우에만 위법한 처분으로서 사법심사의 대상이 되는 것이나, 법원으로서는 영업정지처분이 재량권 남용이라고 판단될 때에는 위법한 처분으로서 그 처분의 취소를 명할 수 있을 뿐이고, 재량권의 한계내에서 어느 정도가 적정한 영업정지 기간인지를 가리는 일은 사법심사의 범위를 벗어난다(대법원 1982. 9. 28. 선고 82누2 판결).

> **관련판례 ❹ 과징금을 부과하면서 여러 개의 위반행위에 대하여 외형상 하나의 과징금 납부명령을 하였으나, 그 중 일부의 위반행위에 대한 과징금 부과만이 위법한 경우 : 일부취소**
>
> 공정거래위원회가 위반행위에 대한 과징금을 부과하면서 여러 개의 위반행위에 대하여 외형상 하나의 과징금 납부명령을 하였으나 여러 개의 위반행위 중 일부의 위반행위에 대한 과징금 부과만이 위법하고 소송상 그 일부의 위반행위를 기초로 한 과징금액을 산정할 수 있는 자료가 있는 경우에는, 하나의 과징금 납부명령일지라도 그 일부의 위반행위에 대한 과징금액에 해당하는 부분만을 취소하여야 한다(대법원 2019. 1. 31. 선고 2013두14726 판결).

> **관련판례 ❺ 영업정지처분 : 전부취소**
>
> 행정청이 영업정지처분을 함에 있어서 그 정지기간을 어느 정도로 할 것인지는 행정청의 재량권에 속하는 사항인 것이며, 다만 그것이 공익의 원칙이나 평등의 원칙 또는 비례의 원칙 등에 위반하여 재량권의 한계를 벗어난 재량권 남용에 해당하는 경우에만 위법한 처분으로서 사법심사의 대상이 되는 것이나, 법원으로서는 영업정지처분이 재량권 남용이라고 판단될 때에는 위법한 처분으로서 그 처분의 취소를 명할 수 있을 뿐이고, 재량권의 한계 내에서 어느 정도가 적정한 영업정지 기간인지를 가리는 일은 사법심사의 범위를 벗어난다(대법원 2016. 8. 30. 선고 2014두460342 판결).

> **관련판례 ❻ 과징금부과처분 : 전부취소**
>
> 자동차운수사업면허조건 등을 위반한 사업자에 대하여 행정청이 행정제재수단으로 사업 정지를 명할 것인지, 과징금을 부과할 것인지, 과징금을 부과키로 한다면 그 금액은 얼마로 할 것인지에 관하여 재량권이 부여되었다 할 것이므로 과징금부과처분이 법이 정한 한도액을 초과하여 위법할 경우 법원으로서는 그 전부를 취소할 수밖에 없고, 그 한도액을 초과한 부분이나 법원이 적정하다고 인정되는 부분을 초과한 부분만을 취소할 수 없다(대법원 1998. 4. 10. 선고 98두2270 판결).

> **관련판례 ❼ 과세처분이지만 전부취소를 한 사건**
>
> 과세처분취소송에 있어 처분의 적법 여부는 정당한 세액을 초과하느냐의 여부에 따라 판단되는 것으로서, 당사자는 사실심 변론종결시까지 객관적인 조세채무액을 뒷받침하는 주장과 자료를 제출할 수 있고, 이러한 자료에 의하여 적법하게 부과될 정당한 세액이 산출되는 때에는 그 정당한 세액을 초과하는 부분만 취소하여야 할 것이고 전부를 취소할 것이 아님은 소론이 지적하는 바와 같으나(당원 1991.4.12. 선고 90누8060 판결 참조), 이 사건에 있어서는 앞에서 본 바와 같이 **상속재산 일부에 대한 적법한 가액평가의 자료가 있다 할 수 없고, 따라서 정당한 상속세액을 산출할 수 없어 과세처분 전부를 취소할 수밖에 없다**(대법원 1992. 7. 24. 선고 92누4840 판결).

Ⅲ. 판결에 의하지 않는 취소소송의 종료

취소소송도 민사소송의 경우와 마찬가지로 종국판결의 확정에 의하여 종료되는 것이 보통이다. 그러나 법원의 종국판결에 의하지 않고 당사자의 행위나 일정한 사유에 의하여 종료되는 경우도 있다.

1. 당사자의 행위에 의한 종료

가. 소의 취하, 청구의 포기·인낙

행정소송에서도 처분권주의의 원칙상 소의 취하[163]는 민사소송과 마찬가지로 당연히 가능하다. 실무상 항고소송에서는 청구의 인낙[164]을 인정하지 않으나, 청구의 포기[165]는 인정하지 아니할 이유가 없다. 다만 당사자소송에서는 민사소송과 마찬가지로 청구의 포기와 인낙이 가능하다.

---

163) 소의 취하란 원고가 제기한 소의 전부 또는 일부를 철회하는 취지의 법원에 대한 일방적인 의사표시를 말한다. 소의 취하는 원고의 일방적인 행위로 소송이 판결에 이르지 아니하고 종료하는 점에서 청구의 포기와 같다. 그러나 청구의 포기는 원고가 스스로 청구이유가 없다는 것을 시인하는 것으로서, 이 점에 관하여 피고의 전면승소의 확정판결과 같은 동일한 효력이 생기게 되어(민사소송법 제220조) 사건이 실체적으로 해결되는 데 반하여, 취하는 분쟁해결의 신청 그 자체를 철회하여 소송계속의 효과를 소급적으로 소멸시킨다는 점에서 사건이 미해결인 채 남게 되므로 확정된 소각하판결과 동일한 효력이 생긴다.
164) 청구의 인낙이란 피고가 원고의 소송상의 청구가 이유있음을 자인하는 법원에 대한 일방적 의사표시를 말한다.
165) 청구의 포기란 변론 또는 준비절차에 원고가 자기의 소송상의 청구가 이유없음을 자인하는 법원에 대한 일방적 의사표시를 말한다.

나. 화해 또는 조정

행정소송법에는 화해[166]나 조정[167]에 관한 명문의 규정이 없으므로, 재판상 화해 내지 화해권고결정에 관한 민사소송법 규정 또는 민사조정법상 조정에 관한 규정들을 행정소송법 제8조 제2항에 의하여 행정소송에도 준용할 수 있는 것인지 문제된다.

대등한 법주체 사이의 분쟁해결수단인 당사자소송에서는 성질상 이를 부정할 이유가 없을 것이나, 우월적인 공권력의 행사를 전제로 하는 항고소송에서는 이를 부정하는 견해가 일반적이다.[168]

2. 기타 사유에 의한 종료

가. 피고 행정청의 폐지의 경우

피고인 행정청이 폐지되는 등으로 없게 된 때에는 그 처분 등에 관한 사무가 귀속되는 국가나 공공단체가 피고가 되기 때문에(법 제13조 제2항), 상대방이 없는 소송으로 그 소송이 종료하게 되지는 않는다.

나. 당사자의 사망

판례는 "공무원으로서의 지위는 일신전속권으로서 상속의 대상이 되지 않으므로, 의원면직처분에 대한 무효확인을 구하는 소송은 당해 공무원이 사망함으로써 중단됨이 없이 종료된다"고 판시하였다.[169]

---

166) 소송상 화해란 소송계속중 당사자 쌍방이 소송물인 권리관계의 주장을 서로 양보하여 소송을 종료시키기로 하는 합의를 말하는 바, 화해조서는 확정판결과 같은 효력이 있다(민사소송법 제220조).
167) 조정이란 당사자 간의 입장 차이를 조율하고 구체적인 타협안을 마련하여 소송에 의하지 않고 분쟁을 종결시키는 활동을 말한다.
168) 다만 서울행정법원에서는 영업정지처분이나 면허정지처분, 입찰참가자격제한처분 등의 취소소송 등을 중심으로, 재판장 명의의 조정권고문을 발송하여 피고의 재처분(대개 제재 수위를 감경하는 처분)과 그에 뒤따른 원고의 소 취하를 유도하는 방향으로 사실상 조정을 행하고 있다. 행정소송의 이론과 실무, 서울행정법원 실무연구회, 17면.
169) 대법원 2007. 7. 26. 선고 2005두15748 판결

01 (2024년 기출)

판례상 일부취소판결을 할 수 있는 경우를 모두 고른 것은?

> ㄱ. 6월의 영업정지처분을 재량권의 일탈·남용을 이유로 취소하는 경우
> ㄴ. 명의신탁자에 대한 과징금부과처분을 재량권의 일탈·남용을 이유로 취소하는 경우
> ㄷ. 외형상 하나의 행정처분이지만 각 세대별로 가분될 수 있는 여러 세대의 임대주택분양전환승인에 대해 일부 세대가 그 승인의 취소를 구하는 경우
> ㄹ. 비공개대상 정보에 해당하는 부분과 그와 분리될 수 있는 공개가 가능한 부분이 혼합되어 있는 정보의 공개 거부처분을 취소하는 경우

① ㄱ
② ㄱ, ㄴ
③ ㄷ, ㄹ
④ ㄴ, ㄷ, ㄹ
⑤ ㄱ, ㄴ, ㄷ, ㄹ

/해 설/

ㄱ. (×) 교재 180P (2. 일부취소판결의 요건)

ㄴ. (×) 명의신탁이 조세를 포탈하거나 법령에 의한 제한을 회피할 목적이 아니어서 '부동산 실권리자명의 등기에 관한 법률 시행령' 제3조의2 단서의 과징금 감경사유가 있는 경우 과징금 감경 여부는 과징금 부과 관청의 재량에 속하는 것이므로, 과징금 부과 관청이 이를 판단하면서 재량권을 일탈·남용하여 과징금 부과처분이 위법하다고 인정될 경우, 법원으로서는 과징금 부과처분 전부를 취소할 수밖에 없고, 법원이 적정하다고 인정되는 부분을 초과한 부분만 취소할 수는 없다(대법원 2010. 7. 15. 선고 2010두7031 판결 참조).

ㄷ. (○) 외형상 하나의 행정처분이라 하더라도 가분성이 있거나 그 처분대상의 일부가 특정될 수 있다면 일부만의 취소도 가능하고 그 일부의 취소는 당해 취소부분에 관하여 효력이 생긴다(대법원 1995. 11. 16. 선고 95누8850 전원합의체 판결 등 참조). 원심은 임대사업자가 여러 세대의 임대주택에 대해 분양전환 승인신청을 하여 외형상 하나의 행정처분으로 그 승인을 받았다고 하더라도 이는 승인된 개개 세대에 대한 처분으로 구성되고 각 세대별로 가분될 수 있으므로 이 사건 처분 중 일부만의 취소도 가능하다고 판단하였다(대법원 2015. 3. 26. 선고 2012두20304 판결 참조).

ㄹ. (○) 교재 181P (관련판례 ② 정보비공개결정처분의 일부취소가능성)

정답 ③

제28조　사정판결

> 제28조(사정판결) ① 원고의 청구가 이유있다고 인정하는 경우에도 처분등을 취소하는 것이 현저히 공공복리에 적합하지 아니하다고 인정하는 때에는 법원은 원고의 청구를 기각할 수 있다. 이 경우 법원은 그 판결의 주문에서 그 처분등이 위법함을 명시하여야 한다.
> ② 법원이 제1항의 규정에 의한 판결을 함에 있어서는 미리 원고가 그로 인하여 입게 될 손해의 정도와 배상방법 그 밖의 사정을 조사하여야 한다.
> ③ 원고는 피고인 행정청이 속하는 국가 또는 공공단체를 상대로 손해배상, 제해시설의 설치 그 밖에 적당한 구제방법의 청구를 당해 취소소송등이 계속된 법원에 병합하여 제기할 수 있다.
>
> 제32조(소송비용의 부담) 취소청구가 제28조의 규정에 의하여 기각되거나 행정청이 처분등을 취소 또는 변경함으로 인하여 청구가 각하 또는 기각된 경우에는 소송비용은 피고의 부담으로 한다.

1. 의 의

원고의 취소청구가 이유 있다고 인정하는 경우에도 당해 처분 등을 취소·변경함이 현저히 공공복리에 적합하지 아니하다고 인정하는 때에는 법원은 원고의 청구를 기각할 수 있는바, 이를 사정판결이라고 한다(법 제28조).

2. 요 건

가. 원고의 청구가 이유있을 것

본안심리의 결과, 처분 등이 위법하여 원고의 청구가 이유 있다고 인정되어야 한다. 한편, 처분 등의 위법판단의 기준시에 대하여 견해의 대립이 있다. 일설은 사정판결에 있어서는 처분 후의 사정도 고려되어야 한다는 의미에서 판결시설을 주장하고 있으나, 일반원칙에 따라 '처분시'를 기준으로 결정되어야 할 것이다.

나. 처분 등의 취소가 현저히 공공복리에 적합하지 않을 것

판례는 사정판결에 있어서 공공복리의 개념을 적극적으로 제시하는 대신에, "위법한 행정처분을 취소·변경하여야 할 필요와 그 취소·변경으로 인하여 발생할 수 있는 공공복리에 반하는 사태 등을 비교·교량하여 그 적용 여부를 판단하여야 한다"고 판시하고 있다. 한편 사정판결은 처분시에는 위법하였으나 사후의 변화된 사정을 고려하는 제도이기 때문에 사정판결이 필요한가의 판단의 기준시점은 '판결시점'이 된다.

(1) 사정판결을 한 사례

① 환지예정지지정처분에 토지평가협의회의 심의를 거치지 아니한 위법이 있으나, 원고를 제외한 종전 토지소유자 및 체비지 수분양자 등이 이에 불복하지 아니하였고, 위 지정처분을 전제로 다수인의 새로운 법률관계가 형성된 경우[170]

② 재개발조합설립 및 사업시행인가처분이 처분 당시에는 토지 및 건물 소유자 총수의 각 3분의 2 이상 동의를 얻지 못하였으나, 그 후 90% 이상의 소유자 등이 재개발사업의 속행을 구하고 있고, 새로운 절차를 다시 거치더라도 90% 이상의 소유자 등이 동의할 것으로 예상되어 불필요한 절차만 반복하게 될 경우[171]

③ 제척사유에 해당하는 교수위원이 법학전문대학원 예비인가를 위한 심의과정에 참여하여 전남대 법학전문대학원에 대한 예비인가처분에 절차하자가 인정되지만, 전남대 법학전문대학원이 이미 120명의 입학생을 받아들여 교육을 하고 있는데 인가처분이 취소되면 그 입학생들이 피해를 입을 수 있는 점, 법학전문대학원의 인가 취소가 이어지면 우수한 법조인의 양성을 목적으로 하는 법학전문대학원 제도 자체의 운영에 큰 차질을 빚을 수 있는 점, 법학전문대학원의 설치인가 심사기준의 설정과 각 평가에 있어 법 제13조에 저촉되지 않는 점, 교수위원이 제15차 회의에 관여하지 않았다고 하더라도 그 소속대학의 평가점수에 비추어 동일한 결론에 이르렀을 것으로 보여, 전남대에 대한 이 사건 인가처분을 취소하고 다시 심의하는 것은 무익한 절차의 반복에 그칠 것으로 보이는 경우[172]

(2) 사정판결을 하지 않은 사례

① 이른바 심재륜 고검장 사건에서 징계면직된 검사의 복직이 검찰조직의 안정과 인화를 저해할 우려가 있다는 등의 사정은 검찰 내부에서 조정, 극복하여야 할 문제일 뿐이고, 준사법기관인 검사에 대한 위법한 면직처분의 취소 필요성을 부정할 만큼 현저히 공공복리에 반하는 사유라고 볼 수 없다는 이유로 사정판결을 할 경우에 해당하지 않는다고 한 사례[173]

② 버스운송사업계획인가처분 취소소송에서, 인가처분이 취소되면 연장노선을 이용하는 승객들의 불편이 예상되지만 그러한 불편은 일시적 현상에 그칠 것으로 예상되므로, 자동차운수사업에 관한 질서확립, 운수업체간의 과당경쟁방지, 원고들의 기득의 이익보호의 필요성, 이 사건 처분의 취소 후에 피고가 취할 수 있는 대응조치 등 기록에 나타난 여러 사정을 고려해 볼 때, 이 사건 처분의 취소가 현저히 공공복리에 적합하지 아니하는 때에 해당한다고 볼 수는 없다는 사례[174]

③ 계약이행과 관련하여 관계 공무원에게 뇌물을 준 업체에 대한 입찰참가자격제한처분을 취소하는 것이 현저히 공공복리에 적합하지 아니한 경우에 해당하지 않는다고 본 사례[175]

다. 사정조사

법원이 사정판결을 하기 위하여는 미리 원고가 사정판결로 인하여 입게 될 손해의 정도와 배상방법 그 밖의 사정을 조사하여야 한다(법 제28조 제2항). 이는 사정판결의 요건으로서 공익

---

170) 대법원 1992. 2. 14. 선고 90누9032 판결
171) 대법원 1995. 7. 28. 선고 95누4629 판결
172) 대법원 2009. 12. 10. 선고 2009두8359 판결
173) 대법원 2001. 8. 24. 선고 2000두7704 판결
174) 대법원 1991. 5. 28. 선고 90누1359 판결
175) 대법원 1999. 3. 9. 선고 98두18565 판결

과 사익의 비교형량을 위한 심리와 사정판결의 효과로서 부수적 조치를 하기 위한 심리를 위함이다. 따라서 당사자가 이를 이를 간과하였음이 분명하다면 적절하게 석명권을 행사하여 그에 관한 의견을 진술할 수 있는 기회를 주어야 한다.

> **관련판례** 사정판결의 요건을 갖추었다고 판단되는 경우, 법원이 취할 조치
> 사정판결의 요건을 갖추었다고 판단되는 경우 법원으로서는 행정소송법 제28조 제2항에 따라 원고가 입게 될 손해의 정도와 배상방법, 그 밖의 사정에 관하여 심리하여야 하고, 이 경우 원고는 행정소송법 제28조 제3항에 따라 손해배상, 제해시설의 설치 그 밖에 적당한 구제방법의 청구를 병합하여 제기할 수 있으므로, **당사자가 이를 간과하였음이 분명하다면 적절하게 석명권을 행사하여 그에 관한 의견을 진술할 수 있는 기회를 주어야 한다**(대법원 2016. 7. 14. 선고 2015두4167 판결).

라. 피고인 행정청의 신청이 필요한지 여부

판례는 법원이 사정판결을 할 필요가 있다고 인정하는 때에는 당사자의 명백한 주장이 없는 경우에도 일건 기록에 나타난 사실을 기초로 하여 직권으로 사정판결을 할 수 있다고 판시하여 불요설의 입장을 취하고 있다.

> **관련판례** 법원이 직권으로 사정판결을 할 수 있는지 여부
> 행정소송법 제28조 제1항 전단은 원고의 청구가 이유 있다고 인정하는 경우에도 처분등을 취소하는 것이 현저히 공공복리에 적합하지 아니하다고 인정하는 때에는 법원은 원고의 청구를 기각할 수 있다고 규정하고 있고 한편 같은 법 제26조는 법원은 필요하다고 인정할 때에는 직권으로 증거조사를 할 수 있고 당사자가 주장하지 아니한 사실에 대하여도 판단할 수 있다고 규정하고 있으므로 행정소송에 있어서 법원이 행정소송법 제28조 소정의 사정판결을 할 필요가 있다고 인정하는 때에는 당사자의 명백한 주장이 없는 경우에도 일건 기록에 나타난 사실을 기초로 하여 직권으로 사정판결을 할 수 있다고 풀이함이 상당하다 할 것이다(대법원 1992. 2. 14. 선고 90누9032 판결; 2006. 9. 22. 선고 2005두2506 판결).

3. 효 과

가. 청구기각

처분 등이 위법하여 원고의 청구가 이유가 있음에도 불구하고 원고의 청구는 기각된다(법 제28조 제1항 제1문). 따라서 원고는 사정판결을 할 사정이 없음에도 불구하고 법원이 사정판결을 하여 청구가 기각되었다는 이유로 상급 법원에 상소(上訴)할 수 있다.

나. 판결주문에 위법성 명시

사정판결을 하는 경우 법원은 판결주문에 그 처분 등이 위법하다는 점을 명시하여야 한다(법 제28조 제1항 제2문). 따라서 피고는 처분이 적법함에도 불구하고 위법하다고 선언되었다는 이유로 역시 상급 법원에 상소(上訴)할 수 있다.[176]

한편, 기판력은 판결주문에 발생하므로(민사소송법 제216조 제1항) 사정판결이 확정된 경우, 그 처분 등의 위법성에 대하여 기판력이 발생하게 된다.

---

176) 법원실무제요(행정), 법원행정처(2016), 310면.

다. 원고의 권익구제

원고는 피고인 행정청이 속하는 국가 또는 공공단체를 상대로 손해배상·제해시설의 설치 그 밖에 적당한 구제방법의 청구를 해당 취소소송 등이 계속된 법원에 병합하여 제기할 수 있다(법 제28조 제3항).

이는 행정소송법 제10조에서 규정하는 관련 손해배상청구소송 등의 병합과는 구별되는 것으로서, 원고가 취소소송 계속 중에 예비적으로 위와 같은 구제방법의 청구를 추가할 경우 이 때 예비적 청구의 피고는 행정청이 아닌 국가 또는 공공단체가 될 것이므로, 소의 주관적·예비적 병합이 된다.

라. 법원의 석명권 행사

원고가 적당한 구제방법의 청구를 간과하였음이 분명하다면, 법원은 적절하게 석명권을 행사하여 그에 관한 의견을 진술할 수 있는 기회를 주어야 한다.

> **관련판례** 법원의 석명권 행사 가능여부
>
> 사정판결은 처분이 위법하나 공익상 필요 등을 고려하여 취소하지 아니하는 것일 뿐 처분이 적법하다고 인정하는 것은 아니므로, 사정판결의 요건을 갖추었다고 판단되는 경우 법원으로서는 행정소송법 제28조 제2항에 따라 원고가 입게 될 손해의 정도와 배상방법, 그 밖의 사정에 관하여 심리하여야 하고, 이 경우 원고는 행정소송법 제28조 제3항에 따라 손해배상, 제해시설의 설치 그 밖에 적당한 구제방법의 청구를 병합하여 제기할 수 있으므로, 당사자가 이를 간과하였음이 분명하다면 적절하게 석명권을 행사하여 그에 관한 의견을 진술할 수 있는 기회를 주어야 한다(대법원 2016. 7. 14. 선고 2015두4167 판결).

마. 소송비용의 피고부담

사정판결은 원고의 청구가 이유가 있음에도 불구하고 그 청구를 기각하는 것이므로 일반적인 소송비용부담의 예와는 달리 승소한 피고가 부담한다(법 제32조).

4. 적용범위

사정판결에 관한 규정은 부작위위법확인소송에 준용되지 않는다. 한편 사정판결이 무효등확인소송에 인정될 수 있는지 여부에 대하여 견해의 대립이 있으나, 판례는 처분이 무효 또는 부존재인 경우에는 존치시킬 유효한 처분이 없다는 이유로 부정적인 입장을 취하고 있다.

> **관련판례** 사정판결이 무효등확인소송에 적용되는지 여부
>
> 당연무효의 행정처분을 소송목적물로 하는 행정소송에서는 존치시킬 효력이 있는 행정행위가 없기 때문에 행정소송법 제28조 소정의 사정판결을 할 수 없다(대법원 1996. 3. 22. 선고 95누5509 판결).

01 (2023년 기출)

사정판결에 관한 설명으로 옳지 않은 것은? (다툼이 있으면 판례에 따름)

① 처분이 적법한 경우에는 사정판결의 대상이 되지 않는다.
② 사정판결을 하는 경우 법원은 그 판결의 주문에서 그 처분등이 위법함을 명시하여야한다.
③ 사정판결의 적용은 극히 엄격한 요건 아래 제한적으로 하여야 한다.
④ 공공복리를 위한 사정판결의 필요성은 처분시를 기준으로 판단한다.
⑤ 피고인 행정청의 청구에 의해 사정판결이 행해질 수도 있다.

/해 설/

① (○) 교재 185P (가. 원고의 청구가 이유있을 것)

② (○) 교재 187P (나. 판결주문에 위법성 명시)

③ (○) 행정처분이 위법한 때에는 이를 취소함이 원칙이고 그 위법한 처분을 취소·변경함이 도리어 현저히 공공의 복리에 적합하지 않은 경우에 극히 예외적으로 위법한 행정처분의 취소를 허용하지 않는다는 사정판결을 할 수 있으므로 사정판결의 적용은 극히엄격한 요건 아래 제한적으로 하여야 하고, 그 요건인 현저히 공공복리에 적합하지 아니한가의 여부를 판단함에 있어서는 위법·부당한 행정처분을 취소·변경하여야 할 필요와 그 취소·변경으로 인하여 발생할 수 있는 공공복리에 반하는 사태 등을 비교·교량하여 그 적용 여부를 판단하여야 한다(대법원 2009. 1. 30. 선고 2008두19550, 2008두19567 판결).

④ (×) 교재 185P (나. 처분 등의 취소가 현저히 공공복리에 적합하지 않을 것)

⑤ (○) 교재 187P (라. 피고인 행정청의 신청이 필요한지 여부)

정답 ④

제29조   취소판결등의 효력

> 제29조(취소판결등의 효력) ① 처분등을 취소하는 확정판결은 제3자에 대하여도 효력이 있다.
>
> 제16조(제3자의 소송참가) ① 법원은 소송의 결과에 따라 권리 또는 이익의 침해를 받을 제3자가 있는 경우에는 당사자 또는 제3자의 신청 또는 직권에 의하여 결정으로써 그 제3자를 소송에 참가시킬 수 있다.
>
> 제31조(제3자에 의한 재심청구) ① 처분등을 취소하는 판결에 의하여 권리 또는 이익의 침해를 받은 제3자는 자기에게 책임없는 사유로 소송에 참가하지 못함으로써 판결의 결과에 영향을 미칠 공격 또는 방어방법을 제출하지 못한 때에는 이를 이유로 확정된 종국판결에 대하여 재심의 청구를 할 수 있다.
>
> 제38조(준용규정) ① 제9조, 제10조, 제13조 내지 제17조, 제19조, 제22조 내지 제26조, 제29조 내지 제31조 및 제33조의 규정은 무효등 확인소송의 경우에 준용한다.
> ② 제9조, 제10조, 제13조 내지 제19조, 제20조, 제25조 내지 제27조, 제29조 내지 제31조, 제33조 및 제34조의 규정은 부작위위법확인소송의 경우에 준용한다.

Ⅰ. 개 설

행정소송법은 취소소송의 판결의 효력에 대하여 제3자에 대한 효력(법 제29조 제1항)과 기속력(법 제30조)에 대하여만 명시적으로 규정하고 있을 뿐, 그 밖의 효력, 즉 불가변력, 확정력, 형성력 등에 대하여는 규정하고 있지 않다. 그러나 행정소송도 재판인 이상 이들 효력은 취소소송의 판결에도 당연히 적용된다.

	기속력	기판력
각하판결	X	X
기각판결	X	O
인용판결	O	O
집행정지결정	O	X

Ⅱ. 불가변력(자박력)

행정소송에 있어서도 판결이 일단 선고되면 선고법원 자신도 이에 구속되어 스스로 판결을 철회하거나 변경하는 것이 허용되지 않는다. 이를 판결의 자박력 또는 불가변력이라고 한다. 이와 같이 불가변력을 인정하는 이유는 일단 재판으로서 외부에 표현된 이상 자유로운 변경의 인정은 법적 안정성을 해치고 재판의 신용에도 악영향을 주기 때문이다.

Ⅲ. 확정력

1. 불가쟁력(형식적 확정력)

법원이 한 종국판결에 대하여 당사자는 상소를 통하여 그의 효력을 다툴 수 있는바, 상소기간이 경과하거나 당사자가 상소를 포기한 경우 또는 모든 심급을 거친 경우에는 당해 판결은 그 소송절차 내에서는 취소·변경의 가능성이 없게 된다. 이러한 상태를 판결이 형식적으로 확정되었다고 하고, 이 취소불가능성을 형식적 확정력 또는 판결의 불가쟁력이라 한다. 일반적으로 판결은 형식적으로 확정되어야 판결의 내용에 따른 효력인 기판력 내지 기속력 및 형성력이 생기게 된다.

2. 기판력(실질적 확정력)

> 행정소송법 제8조(법적용예) ② 행정소송에 관하여 이 법에 특별한 규정이 없는 사항에 대하여는 법원조직법과 민사소송법 및 민사집행법의 규정을 준용한다.
>
> 민사소송법 제216조(기판력의 객관적 범위) ① 확정판결(確定判決)은 주문에 포함된 것에 한하여 기판력(旣判力)을 가진다.
>
> 제218조(기판력의 주관적 범위) ① 확정판결은 당사자, 변론을 종결한 뒤의 승계인(변론 없이 한 판결의 경우에는 판결을 선고한 뒤의 승계인) 또는 그를 위하여 청구의 목적물을 소지한 사람에 대하여 효력이 미친다.

가. 의 의

기판력 또는 실질적 확정력이라 함은 소송물에 관하여 법원이 행한 판단내용이 확정되면, 이후 동일사항이 문제되는 경우에 있어 당사자(승계인 포함)는 그에 반하는 주장을 하여 다투는 것이 허용되지 않으며, 법원도 그와 모순·저촉되는 판단을 하여서는 안되는 구속력을 말한다. 이러한 기판력은 소송절차의 반복과 모순된 재판의 방지라는 법적 안정성의 요청에 따라 본안판결이 확정된 경우 일반적으로 인정되는 효력으로써, 행정소송법은 기판력에 관하여 명시적으로 규정하지는 않았지만 행정소송법 제8조 제2항에 의하여 민사소송법상 기판력에 관한 규정은 당연히 행정소송에도 준용된다.

나. 범 위

(1) 주관적 범위

기판력은 원칙적으로 당사자 및 당사자와 동일시 할 수 있는 그 승계인에게만 미친다(민사소송법 제218조). 행정소송법 제16조에 의한 소송참가를 한 제3자도 이에 해당한다(이견있음).
한편 행정청을 피고로 하는 취소소송의 기판력은 당해 처분이 귀속하는 국가 또는 공공단체에도 미친다고 보아야 한다. 왜냐하면 본래 소송의 당사자는 법주체이며 따라서 취소소송의 피고는 처분의 효과가 귀속되는 국가 또는 공공단체이어야 하나, 행정소송법은 소송편의상 처분청을 피고로 한 것이기 때문이다. 따라서 세무서장을 피고로 한 과세처분 취소소송을 제기하여 청구기각판결이 확정되면 과세처분이 유효하다는 점에 기판력이 발생하게 되는바, 동 과세처분의 무효를 주장하며 국가를 피고로 하여 다시 과오납금반환청구소송을 제기한다면 위 취소소송의 판결의 기판력이 미치게 된다.[177]

(2) 객관적 범위

확정판결은 판결주문에 포함된 것에 한하여 기판력을 갖는다(민사소송법 제216조 제1항). 따라서 취소소송의 기판력도 판결주문에 표시된 소송물에 관한 판단에만 인정되고, 판결이유 중에 적시된 구체적인 위법사유에 관한 판단에는 미치지 않는다.

그에 따라 취소소송의 소송물을 처분의 위법성과 이를 근거로 한 처분의 취소를 구하는 원고의 주장으로 보는 판례의 입장에 따르면 인용판결의 경우에는 당해 처분이 위법하여 취소가 되었다는 점에 기판력이 발생하며 사정판결의 경우에는 당해 처분이 위법하지만 유효하다는 점에 기판력이 발생한다. 또한 기각판결의 경우에는 당해 처분이 적법하여 유효하다는 점에 기판력이 발생하므로 기각판결이 난 경우에는 원고는 다른 위법사유를 들어 당해 처분의 효력을 다툴 수 없다.[178] 따라서 취소소송의 기각판결이 확정된 경우에는 그 처분의 적법·유효함이 확정되어 그 기판력이 무효확인소송은 물론 무효를 전제로 한 부당이득반환청구소송에까지 미친다. 판례도 과세처분취소소송에서 패소한 자가 판결확정 후 과세처분무효확인소송과 과세처분의 무효를 전제로 한 세금반환청구소송을 제기한 사건에서, 전소의 기판력이 후소에 각각 미친다는 이유로 후소에 대해 모두 기각판결을 선고한 바 있다.[179]

한편 각하판결의 경우에는 소송요건이 흠결되었다는 점에 기판력이 발생한다.

> **관련판례** 공사중지명령이 적법한 것이 확정된 경우 공사중지명령해제신청거부처분 취소소송에서 공사중지명령의 위법성을 주장할 수 없다
>
> 행정청이 관련 법령에 근거하여 행한 공사중지명령의 상대방이 명령의 취소를 구한 소송에서 패소함으로써 그 명령이 적법한 것으로 이미 확정되었다면, 이후 이러한 공사중지명령의 상대방은 그 명령의 해제신청을 거부한 처분의 취소를 구하는 소송에서 그 명령의 적법성을 다툴 수 없다. 그와 같은 공사중지명령에 대하여 그 명령의 상대방이 해제를 구하기 위해서는 명령의 내용 자체로 또는 성질상으로 명령 이후에 원인사유가 해소되었음이 인정되어야 한다(대법원 2014. 11. 27. 선고 2014두37665 판결).

> **관련판례** 각하판결의 기판력은 그 판결에서 확정한 소송요건의 흠결에 관하여 미친다
>
> 소송판결의 기판력은 그 판결에서 확정한 소송요건의 흠결에 관하여 미치며, 확정된 종국판결의 사실심 변론종결 이전에 발생하고 제출할 수 있었던 사유에 기인한 주장이나 항변은 확정판결의 기판력에 의하여 차단되므로 당사자가 그와 같은 사유를 원인으로 확정판결의 내용에 반하는 주장을 새로이 하는 것은 허용되지 아니한다(대법원 2015. 10. 29. 선고 2015두44288 판결).

---

177) 대법원 1998. 7. 24. 선고 98다10854 판결
178) 만약 취소소송의 소송물을 개개의 위법사유로 본다면 개개의 위법사유에 관한 판단에 한하여 기판력이 미친다. 따라서 기각판결이 난 경우에도 원고는 다른 위법사유를 들어 당해 처분의 효력을 다툴 수 있다.
179) 대법원 1998. 7. 24. 선고 98다10854 판결

(3) 시간적 범위

기판력은 사실심변론의 종결시를 표준으로 하여 발생한다. 즉, 당사자는 사실심변론의 종결시까지 사실자료를 제출할 수 있고 종국판결도 그 때까지 제출한 자료를 기초로 한 결과이기 때문에, 이 시점에서 기판력이 생긴다.

다. 취소소송의 기판력이 국가배상청구소송에 미치는지 여부

판례는 "어떠한 행정처분이 항고소송에서 취소되었다 할지라도 그 기판력에 의하여 당해 행정처분이 곧바로 공무원의 고의 또는 과실로 인한 것으로서 불법행위를 구성한다고 단정할 수는 없는 것이다"라고 판시하였는바[180], 판례가 국가배상의 위법과 관련하여 상대적 위법성설의 입장에서 전부 기판력 부정설의 입장을 취했다고 보는 견해도 있고 판례의 입장이 분명하지 않다고 보는 견해도 있다.

라. 직권취소와의 관련성

실질적 확정력은 전소의 판결이 갖는 후소의 관할법원에 대한 구속력의 문제이기 때문에 행정행위의 직권취소와는 직접 관련성이 없다. 따라서 원고의 청구가 기각되어 확정된 경우에도 처분청은 직권취소를 할 수도 있다.

Ⅳ. 형성력

1. 의 의

행정처분을 취소하는 판결이 확정되면, 그 처분의 효력은 처분청의 별도의 행위를 기다릴 것 없이 처분시에 소급하여 소멸되고, 그로써 그 처분에 기하여 형성된 법률관계에 변동을 가져오는 바, 이를 취소판결의 형성력이라 한다. 예를 들어 해임처분을 받은 공무원은 그 취소판결이 확정되면 소급하여 공무원의 신분을 회복하게 된다.

이러한 형성력이 소송의 당사자에게 미치는 것은 당연한 것이나, 소송의 제3자에게까지 미치게 하기 위해서는 별도의 명문의 규정이 필요한바, 우리 행정소송법 제29조는 취소판결의 제3자효에 관한 규정을 두고 있어 이를 입법적으로 해결하였다. 따라서 취소판결의 형성력은 당사자뿐만 아니라 제3자에게도 미친다.

> **관련판례** 취소판결의 형성력
> 행정처분을 취소한다는 확정판결이 있으면 그 취소판결의 형성력에 의하여 당해 행정처분의 취소나 취소통지 등의 별도의 절차를 요하지 아니하고 당연히 취소의 효과가 발생한다(대법원 1991. 10. 11. 선고 90누5443 판결).

> **관련판례** 취소판결의 소급효
> 과세처분을 취소하는 판결이 확정되면 그 과세처분은 처분시에 소급하여 소멸하므로 그 뒤에 과세관청에서 그 과세처분을 갱정하는 갱정처분을 하였다면 이는 존재하지 않는 과세처분을 갱정한 것으로서 그 하자가 중대하고 명백한 당연무효의 처분이다(대법원 1989. 5. 9. 선고 88다카16096 판결).

---

180) 대법원 2003. 11. 27. 선고 2001다33789 판결

2. 취소판결의 제3자효

가. 문제점

행정소송법 제29조 제1항은 확정된 취소판결의 효력은 제3자에게도 미친다고 규정하여 취소판결의 제3자효를 인정하고 있는바, 이는 소송당사자와 제3자와의 관계에 있어서 취소판결의 효력이 달라지는 것을 막고 그 법률관계를 획일적·통일적으로 규율하려는데 취지가 있다.

나. 제3자의 보호방안

(1) 제3자의 소송참가

제3자의 소송참가는 소송의 결과에 의하여 권리 또는 이익의 침해를 받을 제3자가 있는 경우에 당사자 또는 제3자의 신청 또는 직권에 의하여 그 제3자를 소송에 참가시키는 제도를 말한다(법 제16조). 여기서 소송의 결과에 의하여 권리 또는 이익을 침해를 받는다는 것은 판결의 형성력에 의해 권리 또는 이익을 박탈당하는 경우뿐만 아니라 판결의 기속력에 따른 행정청의 새로운 처분에 의해 권리 또는 이익의 침해를 받는 경우를 포함한다.

(2) 제3자의 재심청구

처분 등을 취소하는 판결에 의하여 권리 또는 이익의 침해를 받은 제3자는 자기에게 책임없는 사유로 소송에 참가하지 못함으로써 판결의 결과에 영향을 미칠 공격 또는 방어방법을 제출하지 못한 때에는 이를 이유로 확정된 종국판결에 대하여 재심을 청구할 수 있다. 여기서 '권리 또는 이익의 침해'는 법률상 이익의 침해를 말하며, '자기에게 책임 없는 사유'의 판단과 관련하여 제3자가 종전 소송의 계속을 알지 못한 경우에는 그것이 통상인으로서 일반적 주의를 다 하였어도 알기 어려웠다는 것과 소송의 계속을 알고 있었던 경우에는 해당 소송에 참가를 할 수 없었던 특별한 사정이 있었을 것을 필요로 하며 이에 대한 관한 입증책임은 그러한 사유를 주장하는 제3자에게 있다고 보고 있다고 보는 것이 판례이다.[181][182]

다. 제3자효의 준용

행정소송법 제29조 제1항의 취소판결의 제3자효 규정은 집행정지(법 제29조 제2항), 무효등확인소송·부작위위법확인소송(법 제38조)에 준용된다.

---

181) 대법원 1995. 9. 15. 선고 95누6762 판결
182) 자세한 내용은 후술할 재심 부분을 참고할 것.

제30조　취소판결등의 기속력

> 제30조(취소판결등의 기속력) ① 처분등을 취소하는 확정판결은 그 사건에 관하여 당사자인 행정청과 그 밖의 관계행정청을 기속한다.
> ② 판결에 의하여 취소되는 처분이 당사자의 신청을 거부하는 것을 내용으로 하는 경우에는 그 처분을 행한 행정청은 판결의 취지에 따라 다시 이전의 신청에 대한 처분을 하여야 한다.
> ③ 제2항의 규정은 신청에 따른 처분이 절차의 위법을 이유로 취소되는 경우에 준용한다.
>
> 제38조(준용규정) ① 제9조, 제10조, 제13조 내지 제17조, 제19조, 제22조 내지 제26조, 제29조 내지 제31조 및 제33조의 규정은 무효등 확인소송의 경우에 준용한다.
> ② 제9조, 제10조, 제13조 내지 제19조, 제20조, 제25조 내지 제27조, 제29조 내지 제31조, 제33조 및 제34조의 규정은 부작위위법확인소송의 경우에 준용한다.

1. 의의 및 제도의 취지

취소판결의 기속력이란 소송당사자인 행정청과 관계행정청에게 확정판결의 취지에 따라 행동하여야 할 의무를 지우는 효력을 말한다. 확정판결에 의하여 위법한 부담적 행정처분이 취소된 경우에 행정청이 그에 따르지 않고 동일한 행위를 반복하거나, 수익적 처분의 발급신청에 대한 위법한 거부처분이 취소된 경우에도 처분청이 판결의 취지에 따르는 처분을 하지 않는 경우에는 취소소송은 그 의의를 상실한다. 이에 따라 행정소송법은 "처분 등을 취소하는 확정판결은 그 사건에 관하여 당사자인 행정청과 그 밖의 관계행정청을 기속한다(법 제30조 제1항)"고 하여 취소판결의 기속력을 규정하고 있다. 이러한 취소소송 확정판결의 기속력은 인용판결에만 인정된다는 점에서, 인용판결 뿐만 아니라 기각판결의 경우에도 인정되는 기판력과 차이가 있다.

한편, 무효등확인소송은 행정소송법 제38조 제1항에서 동법 제30조(취소판결등의 기속력)를 준용하고 있고, 부작위위법확인소송은 동법 제38조 제2항에서 동법 제30조를 준용하고 있다.

2. 기속력의 성질 및 기판력과의 관계

기속력은 기판력의 당연한 결과로서 행정소송법상 기속력에 관한 규정은 취소판결의 기판력이 행정청에게도 미친다는 것을 명시한 것이라고 보는 견해(기판력설)가 있으나, 기속력은 판결의 실효성을 확보하기 위하여 판결의 취지에 따라 행동하도록 관계행정청을 구속하는 실체법상의 효력으로서 법적 안정성을 위하여 후소의 재판을 구속하여 모순된 재판을 금하는 소송법상 효력인 기판력과는 그 본질을 달리한다고 보는 견해(특수효력설)가 타당하다고 본다.

한편 판례는 종래 기판력설로 해석되는 듯 한 판시를 종종 하였으나(판례 ❶) 최근에는 기속력을 기판력과는 구별되는 특수한 효력으로 보고 양자를 명확히 구별하고 있다(판례 ❷, ❸).

관련판례 ❶ 기속력을 기판력의 일종으로 본 사례

어떠한 행정처분에 위법한 하자가 있다는 이유로 그 취소를 소구한 행정소송에서 그 **행정처분을 취소하는 판결이 선고되어 확정된 경우에 처분행정청이 그 행정소송의 사실심변론종결 이전의 사유를 내세워 다시 확정판결에 저촉되는 행정처분을 하는 것은 확정판결의 기판력에 저촉되어 허용될 수 없는 것이고 이와 같은 행정처분은 그 하자가 명백하고 중대한 경우에 해당되어 당연무효라 할 것이다**(대법원 1989. 9. 12. 선고 89누985 판결; 1982. 5. 11. 선고 80누104 판결).

관련판례 ❷ 기속력을 기판력과 다른 특수한 효력으로 본 사례

행정소송법 제30조 제1항에 의하여 인정되는 취소소송에서 처분 등을 취소하는 확정판결의 기속력은 주로 판결의 실효성 확보를 위하여 인정되는 효력으로서 판결의 주문뿐만 아니라 그 전제가 되는 처분 등의 구체적 위법사유에 관한 이유 중의 판단에 대하여도 인정되고, 같은 조 제2항의 규정상 특히 **거부처분에 대한 취소판결이 확정된 경우에는 그 처분을 행한 행정청은 판결의 취지에 따라 다시 처분을 하여야 할 의무를 부담하게 되므로, 취소소송에서 소송의 대상이 된 거부처분을 실체법상의 위법사유에 기하여 취소하는 판결이 확정된 경우에는 당해 거부처분을 한 행정청은 원칙적으로 신청을 인용하는 처분을 하여야 하고, 사실심 변론종결 이전의 사유를 내세워 다시 거부처분을 하는 것은 확정판결의 기속력에 저촉되어 허용되지 아니한다**(대법원 2001. 3. 23. 선고 99두5238 판결).

관련판례 ❸ 기판력과 기속력의 의미

[1] 행정소송법 제30조 제1항은 "처분 등을 취소하는 확정판결은 그 사건에 관하여 당사자인 행정청과 그 밖의 관계행정청을 기속한다."라고 규정하고 있다. 이러한 취소 확정판결의 '기속력'은 취소 청구가 인용된 판결에서 인정되는 것으로서 당사자인 행정청과 그 밖의 관계행정청에게 확정판결의 취지에 따라 행동하여야 할 의무를 지우는 작용을 한다. 이에 비하여 행정소송법 제8조 제2항에 의하여 행정소송에 준용되는 민사소송법 제216조, 제218조가 규정하고 있는 '기판력'이란 기판력 있는 전소 판결의 소송물과 동일한 후소를 허용하지 않음과 동시에, 후소의 소송물이 전소의 소송물과 동일하지는 않더라도 전소의 소송물에 관한 판단이 후소의 선결문제가 되거나 모순관계에 있을 때에는 후소에서 전소 판결의 판단과 다른 주장을 하는 것을 허용하지 않는 작용을 한다.

[2] 취소 확정판결의 기속력은 판결의 주문 및 전제가 되는 처분 등의 구체적 위법사유에 관한 판단에도 미치나, 종전 처분이 판결에 의하여 취소되었더라도 종전 처분과 다른 사유를 들어서 새로이 처분을 하는 것은 기속력에 저촉되지 않는다. 여기에서 동일 사유인지 다른 사유인지는 확정판결에서 위법한 것으로 판단된 종전 처분사유와 기본적 사실관계에서 동일성이 인정되는지 여부에 따라 판단되어야 하고, 기본적 사실관계의 동일성 유무는 처분사유를 법률적으로 평가하기 이전의 구체적인 사실에 착안하여 그 기초인 사회적 사실관계가 기본적인 점에서 동일한지에 따라 결정된다. 또한 행정처분의 위법 여부는 행정처분이 행하여진 때의 법령과 사실을 기준으로 판단하므로 **확정판결의 당사자인 처분행정청은 종전 처분 후에 발생한 새로운 사유를 내세워 다시 처분을 할 수 있고, 새로운 처분의 처분사유가 종전 처분의 처분사유와 기본적 사실관계에서 동일하지 않은 다른 사유에 해당하는 이상, 처분사유가 종전 처분 당시 이미 존재하고 있었고 당사자가 이를 알고 있었더라도 이를 내세워 새로이 처분을 하는 것은 확정판결의 기속력에 저촉되지 않는다**(대법원 2016. 3. 24. 선고 2015두48235 판결).

3. 범 위

가. 주관적 범위

기속력은 당사자인 행정청과 그 밖에 관계행정청을 기속한다(법 제30조 제1항). 여기서 관계행정청은 취소된 처분 등을 기초로 하여 그와 관련되는 처분이나 부수된 행위를 할 수 있는 행정청을 총칭한다.

나. 객관적 범위

기속력은 취소판결의 취지에 따라 행정청을 구속하는 효력인 바, 취소판결의 취지는 처분이 위법이라는 것을 인정하는 판결주문과 판결이유 중에 설시된 개개의 위법사유를 포함한다. 즉 기속력은 판결주문 및 그 전제가 되는 요건사실의 인정과 판단에 미치고, 판결의 결론과 직접 관계없는 방론이나 간접사실의 판단에는 미치지 않는다는 것이 일반적인 견해이다.

한편 기속력은 '그 사건'에 한하여 발생하므로 사건이 다른 경우에는 기속력이 미치지 않는다. 그런데 사건의 동일성 여부는 결국 기본적 사실관계의 동일성 여부로 판단하는 것이므로, 기본적 사실관계가 다른 경우에는 기속력이 미치지 않는다. 즉 기속력은 개개의 위법사유에 대한 판단에 대하여 생기는 것이므로, 행정청이 기본적 사실관계가 동일하지 아니한 별도의 이유로 동일한 내용의 처분을 다시 하는 것까지 금하는 것은 아니다.

다. 시간적 범위

판례에 따르면 처분의 위법 여부의 판단시점은 처분시이므로, 기속력은 처분 당시까지 존재하던 사유에 대해서만 미치고 그 이후에 생긴 사유에는 미치지 아니한다. 따라서 처분시 이후에 생긴 새로운 처분사유(즉 새로운 사실관계나 개정된 법령)를 들어 동일한 내용의 처분을 다시 하는 것은 기속력에 반하지 않는다.

4. 내 용

가. 개 설

기속력은 소극적 효력으로서 반복금지효와 적극적 효력으로서 재처분의무 및 결과제거의무(원상회복의무)로 구별할 수 있다. 그 중 재처분의무와 관련하여 행정소송법은 거부처분이 취소된 경우(법 제30조 제2항)와 제3자효행정행위가 절차상의 하자로 취소된 경우(법 제30조 제3항)를 나누어 규정하고 있다.

나. 반복금지효

(1) 의 의

취소판결이 확정되면 처분청 및 관계행정청은 판결의 취지에 저촉되는 처분을 하여서는 안 된다는 구속을 받는 바, 이를 반복금지효라 또는 저촉금지효라 한다.

(2) 내 용

(가) 동일한 처분을 하는 경우

동일한 처분을 하는 것은 취소판결의 기속력에 반한다. 그런데 여기서 말하는 '동일한 처분'이라 함은 동일한 사실관계 아래에서 동일 당사자에 대하여 동일한 내용을 갖는 행위를 의미한다. 따라서 기본적 사실관계의 동일성이 없는 다른 처분사유를 들어 동일한 내용의 처분을 하여도 이는 동일한 처분이 아니므로 기속력에 반하지 않는다.

또한 취소판결의 사유가 절차 또는 형식위법인 경우에 행정청이 적법한 절차 또는 형식을 갖추어 행한 동일한 내용의 처분은 취소된 처분과 동일한 처분이 아니므로 역시 기속력에 반하지 않는다.

(나) 동일한 처분이 아닌 경우

동일한 처분이 아닌 경우에도 기속력에 반하는 경우가 있다. 즉 기속력은 판결의 이유에 제시된 위법사유에 대하여 미치므로 판결의 이유에서 제시된 위법사유를 다시 반복하는 것은 동일한 처분이 아닌 경우라 하더라도 동일한 과오를 반복하는 것으로서 기속력에 반할 수 있다.

예를 들어 법규 위반을 이유로 내린 영업허가취소처분이 비례의 원칙 위반으로 취소가 된 경우에, 동일한 법규 위반을 이유로 영업정지처분을 내리는 것은 기속력에 반하지 않는다. 그러나 법규 위반사실이 없는 것을 이유로 영업허가취소처분이 취소가 된 경우에, 동일한 법규 위반을 이유로 영업정지처분을 내리는 것은 기속력에 반한다.

다. 재처분의무

(1) 거부처분이 취소된 경우

원칙적으로 행정청의 재처분은 신청에 따른 처분 즉 인용처분(® 허가를 신청한 경우 허가처분)이 되어야 한다. 다만 행정청은 판결의 취지를 존중하면 되는 것이지 반드시 신청한 내용대로 처분을 하여야 하는 것은 아니므로 경우에 따라서는 거부처분이 될 수도 있다. 따라서 행정청은 기본적 사실관계의 동일성이 없는 다른 이유를 들어 다시 거부처분을 할 수 있으며, 이 경우 반복금지의무 위반이 아님은 물론 오히려 재처분의무를 성실히 이행한 것이 된다(판례 ❶).

또한 거부처분 후에 법령이 개정되어 시행된 경우에 행정청은 개정된 법령의 허가기준을 새로운 사유로 들어 다시 이전의 신청에 대한 거부처분을 할 수 있으며, 그러한 거부처분도 행정소송법 제30조 제2항에 규정된 재처분에 해당된다(판례 ❷, ❸). 다만, 개정법령에서 이미 허가를 신청 중인 경우에는 종전 규정에 따른다는 취지의 경과규정을 둔 경우에는 종전 규정에 따른 재처분이 이루어져야 할 것이므로, 개정된 법령의 허가기준을 새로운 사유로 들어 거부처분을 할 수는 없다(판례 ❹).

한편 취소판결의 사유가 절차 또는 형식위법인 경우에 행정청이 적법한 절차 또는 형식을 갖추어 행한 동일한 내용의 처분은 취소된 처분과 동일한 처분이 아니므로 역시 기속력에 반하지 않는다.

> **관련판례 ❶ 기본적 사실관계의 동일성이 없는 사유를 들어 다시 거부처분을 하는 것이 기속력에 반하는지 여부**
> 고양시장이 갑 주식회사의 공동주택 건립을 위한 주택건설사업계획승인 신청에 대하여 **미디어밸리 조성을 위한 시가화예정 지역이라는 이유로 거부**하자, 갑 회사가 거부처분의 취소를 구하는 소송을 제기하여 승소판결을 받았고 위 판결이 그대로 확정되었는데, 이후 고양시장이 **해당 토지 일대가 개발행위허가 제한지역으로 지정되었다는 이유로 다시 거부하는 처분**을 한 사안에서, 재거부처분은 종전 거부처분 후 해당 토지 일대가 개발행위허가 제한지역으로 지정되었다는 **새로운 사실**을 사유로 하는 것으로, 이는 종전 거부처분 사유와 내용상 기초가 되는 구체적인 사실관계가 달라 기본적 사실관계가 동일하다고 볼 수 없다는 이유로, 행정소송법 제30조 제2항에서 정한 재처분에 해당하고 종전 거부처분을 취소한 확정판결의 기속력에 반하는 것은 아니라고 본 원심판단을 수긍한 사례(대법원 2011. 10. 27. 선고 2011두14401 판결).

> **관련판례 ❷ 거부처분 이후의 법령개정에 따른 새로운 거부처분 역시 재처분에 해당한다는 사례**
> 행정처분의 적법 여부는 그 행정처분이 행하여 진 때의 법령과 사실을 기준으로 하여 판단하는 것이므로 **거부처분 후에 법령이 개정·시행된 경우에는 개정된 법령 및 허가기준을 새로운 사유로 들어 다시 이전의 신청에 대한 거부처분을 할 수 있으며 그러한 처분도 행정소송법 제30조 제2항에 규정된 재처분에 해당된다**(대법원 1998. 1. 7. 자 97두22 결정).

> **관련판례 ❸ 사실심 변론종결 이후 발생한 새로운 사유를 내세운 거부처분이 재처분에 해당한다는 사례**
> 행정소송법 제30조 제2항에 의하면 행정청의 거부처분을 취소하는 판결이 확정된 경우에는 그 처분을 행한 행정청은 판결의 취지에 따라 이전의 신청에 대하여 재처분할 의무가 있고, 이 경우 확정판결의 당사자인 처분 행정청은 그 **행정소송의 사실심 변론종결 이후 발생한 새로운 사유를 내세워** 다시 이전 신청에 대하여 거부처분을 할 수 있으며, 그러한 처분도 이 조항에 규정된 재처분에 해당한다(대법원 1999. 12. 28. 선고 98두1895 판결).

> **관련판례 ❹ 경과규정에 따르지 않고 새로운 개정법령에 따른 거부를 한 것이 당연무효인 처분에 해당한다는 사례**
> 주택건설사업 승인신청 거부처분의 취소를 명하는 판결이 확정되었음에도 행정청이 그에 따른 재처분을 하지 않은 채 위 취소소송 계속중에 도시계획법령이 개정되었다는 이유를 들어 다시 거부처분을 한 사안에서, 개정된 도시계획법령에 그 시행 당시 이미 개발행위허가를 신청중인 경우에는 종전 규정에 따른다는 경과규정을 두고 있으므로 위 사업승인신청에 대하여는 종전 규정에 따른 재처분을 하여야 함에도 불구하고 개정 법령을 적용하여 새로운 거부처분을 한 것은 확정된 종전 거부처분 취소판결의 기속력에 저촉되어 **당연무효이다**(대법원 2002. 12. 11. 자 2002무22 결정).

(2) 제3자효행정행위가 절차상의 하자로 취소된 경우

행정소송법 제30조 제3항은 신청에 따른 처분이 절차상의 위법을 이유로 취소된 경우에는 거부처분취소판결의 재처분의무에 관한 제30조 제2항의 규정을 준용하고 있다. 여기서 '신청에 따른 처분'이라 함은 '신청에 대한 인용처분'을 말한다.

이 조항의 입법취지는 신청에 따른 인용처분에 의해 권익을 침해당한 제3자의 제소에 의하여 인용처분에 '절차위법'이 있음을 이유로 취소된 경우에는, 판결의 취지에 따른 적법한 절차에 의한 재심사 후 다시 신청인(인용처분의 상대방)에게 인용처분이든 거부처분이든 다시 하도록 하는데 있다.

라. 결과제거의무(원상회복의무)

취소판결이 확정된 경우 행정청이 위법한 처분으로 인해 초래된 상태를 제거하여야 할 의무를 부담하는지에 대하여 행정소송법에 직접적인 명문의 규정은 없으나, 행정소송법 제30조 제1항에 근거하여 인정하는 것이 일반적인 견해이다.

예를 들어 자동차의 압류처분이 취소되면 행정청은 그 자동차를 원고에게 반환할 의무가 있다. 여기서 행정청이 그에 따른 의무를 이행하지 않는 경우에는 이른바 공법상 결과제거청구권을 행사하여 자동차의 반환을 청구할 수 있을 것이다.

5. 기속력에 위한반 처분의 효력

이러한 취소판결의 기속력에 위반하여 행한 행정청의 행위는 위법한 것으로 무효사유에 해당한다.

---

01 (2024년 기출)

취소판결의 기속력에 관한 설명으로 옳지 않은 것은? (다툼이 있으면 판례에 따름)

① 취소소송에서 기각판결이 내려진 후에도 처분청은 해당 처분을 직권취소할 수 있다.
② 기속력은 당사자인 원고에게는 미치지 아니한다.
③ 기속력에 따라 행정청은 위법한 결과를 제거하는 조치를 할 의무가 있다.
④ 기속력은 기판력 있는 전소 판결의 소송물과 동일한 후소를 허용하지 않는 효력과는 다르다.
⑤ 신청에 대한 인용처분이 실체적 위법을 이유로 취소되는 경우에 그 처분을 행한 행정청은 판결의 취지에 따라 다시 이전의 신청에 대한 처분을 하여야 한다.

/해 설/

① (○) 취소소송 기각판결이 확정된 이후에도 행정청은 취소소송의 대상이 된 처분을 직권으로 취소할 수 있다.
② (○) 행정소송법 제30조 제1항
③ (○) 교재 200P (라. 결과제거의무(원상회복의무))
④ (○) 교재 195P (2. 기속력의 성질 및 기판력과의 관계)
⑤ (×) 해당 선지는 행정소송법 제30조 제2항과 제3항이 잘못 합쳐진 것으로, 실체적 위법이 아닌 절차적 위법일 경우에 행정소송법 제30조 제3항이 적용된다.

정답 ⑤

제6절 보 칙

제31조　제3자에 의한 재심청구

> 제31조(제3자에 의한 재심청구) ① 처분등을 취소하는 판결에 의하여 권리 또는 이익의 침해를 받은 제3자는 자기에게 책임없는 사유로 소송에 참가하지 못함으로써 판결의 결과에 영향을 미칠 공격 또는 방어방법을 제출하지 못한 때에는 이를 이유로 확정된 종국판결에 대하여 재심의 청구를 할 수 있다.
> ② 제1항의 규정에 의한 청구는 확정판결이 있음을 안 날로부터 30일 이내, 판결이 확정된 날로부터 1년 이내에 제기하여야 한다.
> ③ 제2항의 규정에 의한 기간은 불변기간으로 한다.
>
> 제38조(준용규정) ① 제9조, 제10조, 제13조 내지 제17조, 제19조, 제22조 내지 제26조, 제29조 내지 제31조 및 제33조의 규정은 무효등 확인소송의 경우에 준용한다.
> ② 제9조, 제10조, 제13조 내지 제19조, 제20조, 제25조 내지 제27조, 제29조 내지 제31조, 제33조 및 제34조의 규정은 부작위법확인소송의 경우에 준용한다.

1. 재심의 유형

확정된 종국판결에 일정한 사유(민사소송법 제451조 제1항)가 있어서 판결법원에 이의 재심사를 구하는 것을 재심이라 하는데, 이에는 당사자가 제기하는 일반적인 재심(법 제8조 제2항, 민사소송법 제451조 이하)과 제3자가 제기하는 재심으로 구분할 수 있다. 재심법원이 사실심이면 새로운 공격방어방법의 제출도 가능하다.[183]

2. 제3자에 의한 재심

가. 의 의

제3자로서는 소송참가를 할 수도 있으나 자기에게 귀책사유 없이 소송에 참가할 수 없는 경우도 있을 수 있으므로, 자기에게 책임 없는 사유로 소송에 참가하지 못함으로써 판결의 결과에 영향을 미칠 공격 또는 방어방법을 제출하지 못한 경우에 제3자의 불이익을 구제할 필요가 있어 규정된 것이 재심제도이다(법 제31조).

나. 재심청구권자

취소판결에 의하여 권리 또는 이익의 침해를 받은 제3자가 재심을 청구할 수 있는데, 여기서 권리 또는 이익이 침해된 자란 법률상 이익이 침해된 자를 의미하고, 제3자란 당해 소송 당사자 이외의 자를 말하는 것으로서 개인에 한하지 않고 법인도 포함된다.

---

[183] 대법원 2000. 12. 12. 자 2000즈3 결정

다. 요건 및 절차

① 취소판결이 확정되어야 한다. ② 취소판결에 의하여 권리 또는 이익의 침해를 받은 제3자가 재심을 청구할 수 있는데, 여기서 권리 또는 이익이 침해된 자란 법률상 이익이 침해된 자를 의미한다. ③ 행정소송법상 재심은 제3자가 자기에게 책임 없는 사유로 소송에 참가하지 못함으로써 판결의 결과에 영향을 미칠 공격 또는 방어방법을 제출하지 못한 경우에 청구를 할 수 있다. '자기에게 책임 없는 사유'의 판단과 관련하여 판례는 제3자가 종전 소송의 계속을 알지 못한 경우에는 그것이 통상인으로서 일반적 주의를 다하였어도 알기 어려웠다는 것과 소송의 계속을 알고 있었던 경우에는 해당 소송에 참가를 할 수 없었던 특별한 사정이 있었을 것을 필요로 하며, 이에 대한 관한 입증책임은 그러한 사유를 주장하는 제3자에게 있다고 보고 있다.[184]

한편 재심청구를 할 수 있는 기간은 당해 확정판결을 안 날로부터 30일, 판결이 확정된 날로부터 1년이며, 그 기간은 불변기간이다(법 제31조 제2항·제3항).

---

01 (2024년 기출)

제3자에 의한 재심청구에 관한 설명으로 옳은 것은?

① 제3자의 재심청구에 관한 규정은 당사자소송에는 준용되지 않는다.
② 재심청구는 확정판결이 있음을 안 날로부터 90일 이내에 제기하여야 한다.
③ 소송에 참가한 자라도 자기에게 책임없는 사유로 공격 또는 방어방법을 제출하지 못한 제3자는 재심을 청구할 수 있다.
④ 부작위위법확인소송의 경우에는 재심청구가 인정되지 않는다.
⑤ '판결이 확정된 날로부터 1년 이내'라는 재심청구기간은 불변기간이 아니다.

/해 설/

① (○) 행정소송법 제44조 제1항
② (×) 행정소송법 제31조 제2항
③ (×) 행정소송법 제31조 제1항
④ (×) 행정소송법 제38조 제2항
⑤ (×) 행정소송법 제31조 제2항, 제3항

정답 ①

---

184) 대법원 1995. 9. 15. 선고 95누6762 판결

제32조 소송비용의 부담

제32조(소송비용의 부담) 취소청구가 제28조의 규정에 의하여 기각되거나 행정청이 처분등을 취소 또는 변경함으로 인하여 청구가 각하 또는 기각된 경우에는 소송비용은 피고의 부담으로 한다.

제33조 소송비용에 관한 재판의 효력

제33조(소송비용에 관한 재판의 효력) 소송비용에 관한 재판이 확정된 때에는 피고 또는 참가인이었던 행정청이 소속하는 국가 또는 공공단체에 그 효력을 미친다.

제38조(준용규정) ① 제9조, 제10조, 제13조 내지 제17조, 제19조, 제22조 내지 제26조, 제29조 내지 제31조 및 제33조의 규정은 무효등 확인소송의 경우에 준용한다.
② 제9조, 제10조, 제13조 내지 제19조, 제20조, 제25조 내지 제27조, 제29조 내지 제31조, 제33조 및 제34조의 규정은 부작위위법확인소송의 경우에 준용한다.

제34조 거부처분취소판결의 간접강제

> 제34조(거부처분취소판결의 간접강제) ① 행정청이 제30조제2항의 규정에 의한 처분을 하지 아니하는 때에는 제1심수소법원은 당사자의 신청에 의하여 결정으로써 상당한 기간을 정하고 행정청이 그 기간내에 이행하지 아니하는 때에는 그 지연기간에 따라 일정한 배상을 할 것을 명하거나 즉시 손해배상을 할 것을 명할 수 있다.
> ② 제33조와 민사집행법 제262조의 규정은 제1항의 경우에 준용한다.
>
> 제38조(준용규정) ② 제9조, 제10조, 제13조 내지 제19조, 제20조, 제25조 내지 제27조, 제29조 내지 제31조, 제33조 및 제34조의 규정은 부작위법확인소송의 경우에 준용한다.
>
> 민사집행법 제262조(채무자의 심문) 제260조(대체집행) 및 제261조(간접강제)의 결정은 변론 없이 할 수 있다. 다만, 결정하기 전에 채무자를 심문하여야 한다.

1. 의의 및 제도의 취지

거부처분에 대한 취소판결이 확정되면 판결의 기속력에 의하여 행정청은 해당 판결의 취지에 따르는 처분을 행할 의무가 있다(법 제30조 제2항). 그럼에도 불구하고 행정청이 그 적극적 처분의무를 이행하지 않는 경우 그 의무이행을 강제해야 하는데, 행정소송법은 간접강제를 통해서 그 의무이행을 강제하고 있다(법 제34조).

2. 요 건

① 거부처분에 대한 취소판결이 확정되어야 하며, ② 처분청이 거부처분취소판결의 취지에 따른 재처분을 하지 않았어야 한다. 이때 재처분을 하지 않았다는 것은 아무런 재처분을 하지 않은 것뿐만 아니라 재처분이 기속력에 반하여 당연무효가 된 것을 포함한다.

> **관련판례** 간접강제신청의 요건
> [1] 거부처분에 대한 취소의 확정판결이 있음에도 **행정청이 아무런 재처분을 하지 아니하거나, 재처분을 하였다 하더라도 그것이 종전 거부처분에 대한 취소의 확정판결의 기속력에 반하는 등으로 당연무효**라면 이는 아무런 재처분을 하지 아니한 때와 마찬가지라 할 것이므로 이러한 경우에는 행정소송법 제30조 제2항, 제34조 제1항 등에 의한 **간접강제신청에 필요한 요건을 갖춘 것으로 보아야 한다.**
> [2] 주택건설사업 승인신청 거부처분의 취소를 명하는 판결이 확정되었음에도 행정청이 그에 따른 재처분을 하지 않은 채 위 취소소송 계속중에 도시계획법령이 개정되었다는 이유를 들어 다시 거부처분을 한 사안에서, 개정된 도시계획법령에 그 시행 당시 이미 개발행위허가를 신청중인 경우에는 종전 규정에 따른다는 경과규정을 두고 있으므로 위 사업승인신청에 대하여는 종전 규정에 따른 재처분을 하여야 함에도 불구하고 개정 법령을 적용하여 새로운 거부처분을 한 것은 확정된 종전 거부처분 취소판결의 기속력에 저촉되어 당연무효라고 한 사례(대법원 2002. 12. 11. 자 2002무22 결정).

3. 절 차

행정청이 취소판결의 취지에 따른 처분을 하지 않은 경우에는, 제1심 수소법원은 당사자의 신청에 의하여 결정으로써 처분을 하여야 할 상당한 기간을 정하고, 행정청이 그 기간내에 처분을 하지 않을 때에는 그 지연기간에 따라 일정한 배상을 할 것을 명하거나 즉시 손해배상을 할 것을 명할 수 있다(법 제34조 제1항). 이 경우 제33조를 준용하여 배상명령의 효력이 피고인 행정청이 소속하는 국가 또는 공공단체에도 미치게 하여 그 집행의 실효성을 보장하고, 또한 민사집행법 제262조를 준용하여 행정청을 심문하도록 하고 있다(법 제34조 제2항).
한편 간접강제의 결정은 변론없이 할 수 있다.[185]

4. 결 정

법원의 심리 결과 당사자의 신청이 이유 있다고 인정되면 법원은 인용결정을 하는데, 이때 법원은 재처분을 하여야 할 상당한 기간을 정하게 되고 만약 행정청이 그 기간 내에 재처분을 하지 않을 때에는 그 지연기간에 따라 일정한 배상을 할 것을 명하거나 즉시 손해배상을 할 것을 명하게 된다(법 제34조 제1항).
만약 법원의 심리 결과 간접강제의 요건이 충족되지 않아 신청인의 신청이 이유 없다고 인정되면 법원은 기각결정[186]한다.

5. 배상금의 성질

판례는 간접강제결정에 기한 배상금은 확정판결의 취지에 따른 재처분의 지연에 대한 제재나 손해배상이 아니고 재처분의 이행에 관한 '심리적 강제수단(즉 이행강제금)'에 해당한다고 본다. 따라서 간접강제결정에서 정한 의무이행기한이 경과한 후에라도 확정판결의 취지에 따른 재처분의 이행이 있으면 더 이상 배상금을 추심할 수 없다고 한다.

> **관련판례** 간접강제결정에 근거한 배상금의 법적 성격
> 행정소송법 제34조 소정의 간접강제결정에 기한 배상금은 거부처분취소판결이 확정된 경우 그 처분을 행한 행정청으로 하여금 확정판결의 취지에 따른 재처분의무의 이행을 확실히 담보하기 위한 것으로서, 확정판결의 취지에 따른 재처분의무 내용의 불확정성과 그에 따른 재처분에의 해당 여부에 관한 쟁송으로 인하여 간접강제결정에서 정한 재처분의무의 기한 경과에 따른 배상금이 증가될 가능성이 자칫 행정청으로 하여금 인용처분을 강제하여 행정청의 재량권을 박탈하는 결과를 초래할 위험성이 있는 점 등을 감안하면, 이는 확정판결의 취지에 따른 재처분의 지연에 대한 제재나 손해배상이 아니고 재처분의 이행에 관한 심리적 강제수단에 불과한 것으로 보아야 하므로, 특별한 사정이 없는 한 간접강제결정에서 정한 의무이행기한이 경과한 후에라도 확정판결의 취지에 따른 재처분의 이행이 있으면 배상금을 추심함으로써 심리적 강제

---

[185] 법원의 재판은 판결, 결정, 명령이 있는데 이들은 심리방식의 면에서, 판결은 신중을 기하기 위하여 원칙적으로 필요적으로 거칠 것을 요하며(민사소송법 제134조 제1항 본문), 결정이나 명령은 간이·신속을 요하기 때문에 원칙적으로 임의적 변론 즉 변론을 거칠 것이냐의 여부는 법원의 재량에 일임되어 있다(동법 제134조 제1항 단서). 따라서 간접강제의 결정은 변론 없이 할 수 있다.

[186] 법원의 결정에 대해서는 기판력이 발생하지 않기 때문에 기각결정이나 각하결정이나 효력상 차이가 없다. 따라서 여기서 기각결정은 각하결정까지 포함하는 넓은 의미의 기각결정이다.

를 꾀할 목적이 상실되어 처분상대방이 더 이상 배상금을 추심하는 것은 허용되지 않는다(대법원 2003. 1. 15. 선고 2002두2444 판결).

6. 배상금의 추심

배상금 지급명령을 받은 행정청이 간접강제결정에서 정한 상당한 기간 내에 판결의 취지에 따른 처분을 하지 않은 경우에 신청인은 그 결정 자체를 집행권원으로 하여 집행문을 부여받아 집행할 수 있다.

한편 간접강제결정은 금전지급의무의 주체가 될 수 없는 행정청에게 금전배상을 명하므로 결국 그 배상의무는 해당 행정청이 속한 국가나 공공단체가 부담해야 한다. 이를 위해 행정소송법은 소송비용에 관한 재판이 확정된 때에는 피고 행정청이 소속하는 국가 또는 공공단체에 그 효력을 미친다는 제33조를 간접강제에도 준용하고 있다(법 제34조 제2항).

7. 불복절차

간접강제신청에 대한 기각결정이나 인용결정에 대해서는 즉시항고를 할 수 있다(민사집행법 제261조 제2항).

8. 인정범위

가. 무효확인소송의 경우

거부처분취소판결의 간접강제에 관한 규정은 무효등확인소송에는 준용되고 있지 않다(법 제34조, 제38조 제1항). 이에 따라 거부처분에 대한 무효확인판결의 경우에는 간접강제가 허용되지 않는다는 것이 판례의 입장이다.

> **관련판례** 거부처분무효확인판결이 나온 경우 간접강제 허용여부
> **행정소송법 제38조 제1항**이 무효확인 판결에 관하여 취소판결에 관한 규정을 준용함에 있어서 같은 법 제30조 제2항을 준용한다고 규정하면서도 **같은 법 제34조는 이를 준용한다는 규정을 두지 않고 있으므로**, 행정처분에 대하여 무효확인 판결이 내려진 경우에는 그 행정처분이 거부처분인 경우에도 행정청에 판결의 취지에 따른 재처분의무가 인정될 뿐 그에 대하여 **간접강제까지 허용되는 것은 아니라고 할 것이다**(대법원 1998. 12. 24. 자 98무37 결정).

나. 부작위위법확인소송의 경우

부작위위법확인판결이 확정된 경우, 행정청이 판결의 취지에 따라 이전의 신청에 대한 처분을 하지 않는 경우 상대방은 간접강제를 신청할 수 있는데(법 제34조·제38조 제2항), 판례가 취하는 절차적 심리설에 의하면 이는 응답을 하지 않은 상태를 의미한다. 따라서 거부처분을 포함한 어떠한 형태의 응답이 있는 경우에는 간접강제가 허용되지 않는다.

> **관련판례** 절차적 심리설에 따른 간접강제의 신청요건 : 무응답
> 신청인이 피신청인을 상대로 제기한 부작위위법확인소송에서 신청인의 제2 예비적 청구를 받아들이는 내

용의 확정판결을 받았다. 그 판결의 취지는 피신청인이 신청인의 광주광역시 지방부이사관 승진임용신청에 대하여 아무런 조치를 취하지 아니하는 것 자체가 위법함을 확인하는 것일 뿐이다. 따라서 피신청인이 신청인을 승진임용하는 처분을 하는 경우는 물론이고, 승진임용을 거부하는 처분을 하는 경우에도 위 확정판결의 취지에 따른 처분을 하였다고 볼 것이다(대법원 2010. 2. 5. 자 2009무153 결정).

01 (2023년 기출)

행정소송법상 간접강제에 관한 설명으로 옳지 않은 것은? (다툼이 있으면 판례에 따름)

① 간접강제는 모든 항고소송에 준용된다.
② 간접강제 결정은 변론없이 할 수 있다.
③ 당사자가 제1심수소법원에 신청하여야 한다.
④ 간접강제 결정시 지연기간에 따라 일정한 배상을 할 것을 명하거나 즉시 손해배상을 할 것을 명할 수 있다.
⑤ 간접강제 결정은 피고 또는 참가인이었던 행정청이 소속하는 국가 또는 공공단체에 그 효력을 미친다.

/해 설/

① (×) 간접강제는 무효등확인소송에는 준용되지 않는다(행정소송법 제38조 제1항).
② (○) 행정소송법 제34조 제2항에 명시된 민사집행법 제262조에 근거하여 간접강제 결정은 변론없이 할 수 있다. 다만 법원은 행정청을 심문해야 한다.
③ (○) 행정소송법 제34조 제1항
④ (○) 행정소송법 제34조 제1항
⑤ (○) 행정소송법 제34조 제2항, 제33조

정답 ①

제3장
취소소송외의 항고소송

제35조 무효등 확인소송의 원고적격

> 제35조(무효등 확인소송의 원고적격) 무효등 확인소송은 처분등의 효력 유무 또는 존재 여부의 확인을 구할 법률상 이익이 있는 자가 제기할 수 있다.
>
> 제38조(준용규정) ① 제9조, 제10조, 제13조 내지 제17조, 제19조, 제22조 내지 제26조, 제29조 내지 제31조 및 제33조의 규정은 무효등 확인소송의 경우에 준용한다.

I. 무효등 확인소송의 성질 및 유형

행정소송법 제35조는 무효등확인소송은 처분등의 효력 유무 또는 존재 여부의 확인을 구할 법률상 이익이 있는 자가 제기할 수 있다고 규정하고 있는바, 이는 무효등확인소송이 개인의 권리구제도모를 목적으로 하는 주관적 소송에 해당함을 보여주는 조문이다.

무효등확인소송의 종류에는 처분등의 유효확인소송, 처분등의 무효확인소송, 처분등의 존재확인소송, 처분등의 부존재확인소송 그리고 처분등의 실효확인소송 등이 포함되는바, 이하에서는 실무에서 많이 활용되고 있는 무효확인소송을 중심으로 설명하기로 한다.

II. 소송요건

1. 대상적격

무효등확인소송도 취소소송과 마찬가지로 '처분 등'이 소송의 대상이다(법 제19조·제38조 제1항). 따라서 공법상의 법률관계는 그 대상이 아니다.

2. 원고적격

무효등확인소송은 처분 등의 효력유무 또는 존재 여부의 확인을 구할 법률상 이익이 있는 자가 제기할 수 있는바(법 제35조), 이때의 법률상 이익은 취소소송과 마찬가지로 당해 처분의 근거법률에 의하여 보호되는 직접적이고 구체적인 이익으로 보는 것이 판례의 입장이다.

무효등확인소송에서 원고적격은 소송요건으로서 법원의 직권조사사항이지만 그 존부가 불명일 때에는 부적법한 소로서 각하되기 때문에, 결국 이에 관한 입증책임은 원고에게 있다.

> **관련판례** 무효확인소송의 원고적격
>
> 무효확인소송을 제기하려면 행정소송법 제35조 소정의 '법률상의 이익'이 있어야 하는바, 그 법률상의 이익은 당해 처분의 근거 법률에 의하여 보호되는 직접적이고 구체적인 이익이 있는 경우를 말하고 간접적이거나 사실적, 경제적 이해관계를 가지는 데 불과한 경우는 여기에 해당되지 아니한다(대법원 2008. 3. 20. 선고 2007두6342 판결).

3. 협의의 소의 이익(확인의 이익)

가. 문제점

행정처분의 무효를 전제로 한 이행소송 같은 다른 구제수단이 허용되지 않는 경우에만 무효확인소송이 보충적[187]으로만 인정되는 것인지에 관하여 견해의 대립이 있다.

나. 학 설

① 민사소송의 일반원칙인 확인소송의 보충성의 원칙에 따라, 행정처분의 무효를 전제로 한 이행소송 등과 같은 다른 구제수단이 있는 경우에는 무효확인소송의 소의 이익을 부정하고, 다른 구제수단에 의하여 분쟁이 해결되지 않는 경우에 한하여 무효확인소송을 보충적으로 인정하는 입장(=보충성 긍정설)과 ② 행정소송법은 취소판결의 기속력을 무효확인소송에도 준용하고 있으므로 무효확인판결 자체만으로도 원상회복 등 실효성을 확보할 수 있으며, 우리 행정소송법은 외국의 입법례[188]와 달리 무효확인소송의 보충성을 규정하고 있지 않으므로, 행정처분의 무효를 전제로 한 이행소송과 같은 직접적인 구제수단이 있는지 여부를 따질 필요 없이 근거법률에 의해 보호되는 직접적이고 구체적인 이익이 있는 경우에는 무효확인소송을 제기할 수 있다는 입장(=보충설 부정설)이 대립하고 있다.

다. 판 례

판례는 종래 보충성 긍정설을 취하였으나, 최근 전원합의체 판결을 통해서 보충성 부정설로 입장을 변경하였다.

> **관련판례** 무효확인소송의 보충성 여부
>
> 행정소송법 제4조에서는 무효확인소송을 항고소송의 일종으로 규정하고 있고, 행정소송법 제38조 제1항에서는 처분등을 취소하는 확정판결의 기속력 및 행정청의 재처분의무에 관한 행정소송법 제30조를 무효확인소송에도 준용하고 있으므로 무효확인판결 자체만으로도 실효성을 확보할 수 있다. 그리고 무효확인소송의 보충성을 규정하고 있는 외국의 일부 입법례와는 달리 우리나라 행정소송법에는 명문의 규정이 없어 이로 인한 명시적 제한이 존재하지 않는다. 이와 같은 사정을 비롯하여 행정에 대한 사법통제, 권익구제의 확대와 같은 행정소송의 기능 등을 종합하여 보면, **행정처분의 근거 법률에 의하여 보호되고 직접적이고 구체적인 이익이 있는 경우에는 행정소송법 제35조에 규정된 '무효확인을 구할 법률상 이익'이 있다고 보아야 하고, 이와 별도로 이행소송 등과 같은 직접적인 구제수단이 있는지 여부를 따질 필요가 없다고 해석함이** 상당하다(대법원 2008. 3. 20. 선고 2007두6342 판결).

---

187) **확인소송의 보충성** : 확인소송은 권리 또는 법률상의 지위에 현존하는 불안·위험이 있고, 그 불안·위험을 제거하는 데 확인판결을 받는 것이 가장 유효·적절한 수단일 때에 인정되는 것이므로, 확인소송이 아니라 별도의 직접적인 권리구제수단이 있을 경우에는 확인소송은 확인의 이익이 없어 허용되지 않는다는 것. 즉 이행소송이나 형성소송을 제기할 수 있는 경우라면 같은 권리관계에 관한 확인소송은 제기할 수 없다는 것이 확인소송의 보충성이다.

188) 일본은 명문으로 무효등확인소송의 보충성을 요구하고 있다(행정사건소송법 제36조).

4. 피고적격

취소소송의 피고적격을 규정한 행정소송법 제13조는 무효등확인소송에도 준용되어, 여기서도 처분 등을 행한 행정청이 피고가 된다(법 제13조 제1항·제38조 제1항).

5. 재판관할

무효등확인소송의 재판관할도 취소소송과 같이 제1심 관할법원은 피고인 행정청의 소재지를 관할하는 행정법원으로 한다(법 제9조·제38조 제1항).

6. 예외적 행정심판전치주의 및 제소기간규정의 적용배제

무효등확인소송에는 행정심판전치주의(법 제18조) 및 제소기간(법 제20조)에 관한 규정 적용이 배제된다(법 제38조 제1항).

Ⅲ. 집행정지, 관련청구소송의 이송 및 병합, 소의 변경, 소송참가

1. 집행정지결정

무효인 행정처분도 처분으로서의 외관이 존재하고 무효원인과 취소원인의 구별이 상대적이기 때문에 행정청에 의하여 집행될 우려가 있다. 이에 따라 행정소송법은 취소소송에 있어 집행정지결정에 관한 규정의 준용을 인정하고 있다(법 제23조·제38조 제1항).

2. 관련청구소송의 이송 및 병합

취소소송에 있어 관련청구소송의 이송·병합에 관한 규정은 무효등확인소송에서도 준용된다(법 제10조·제38조 제1항). 그에 따라 무효등확인소송과 관련청구소송이 각각 다른 법원에 계속되고 있는 경우에는 관련청구소송의 계속법원은 관련청구소송을 무효등확인소송이 계속된 법원으로 이송할 수 있으며, 무효등확인소송에는 사실심변론종결시까지 관련청구소송을 당해 법원에 병합하여 제기할 수 있다.

3. 소의 변경

행정소송법은 취소소송에 있어 소의 변경에 관한 규정을 무효등확인소송에 준용시키고 있다(법 제37조). 즉 법원은 무효등확인소송을 취소소송 또는 당사자소송으로 변경하는 것이 상당하다고 인정할 때에는, 청구의 기초에 변경이 없는 한 사실심의 변론종결시까지 원고의 청구에 의하여 결정으로써 소의 변경을 허가할 수 있다. 다만 무효등확인소송을 취소소송으로 변경할 경우에는 예외적 행정심판전치주의와 제소기간의 요건을 갖추어야 한다.

4. 소송참가

제3자의 소송참가(법 제16조), 행정청의 소송참가(법 제17조) 등 소송참가에 관한 조항도 무효등확인소송에 준용된다(법 제38조 제1항).

Ⅳ. 소송의 심리

1. 심리의 기본원칙

무효등확인소송의 심리에 있어서도 취소소송의 심리에서와 마찬가지로 변론주의를 원칙으로 하면서도, 법원이 필요하다고 인정할 때에는 직권으로 증거조사를 할 수 있으며 당사자가 주장하지 않은 사실에 대하여도 심판할 수 있다(법 제26조·제38조 제1항).

2. 행정심판기록의 제출명령

행정심판절차를 거친 경우에 취소소송에 있어서와 마찬가지로, 법원은 당사자의 신청이 있는 때에는 결정으로써 재결을 행한 행정청에 대하여 행정심판에 대한 기록의 제출을 명할 수 있으며, 행정청은 지체없이 이에 응하여야 한다(법 제25조·제38조 제1항).

3. 주장책임과 입증책임

가. 주장책임

무효등확인소송에 있어서도 취소소송과 마찬가지로 주요사실은 당사자가 주장하지 않으면 판결의 기초로 삼을 수 없다고 보아야 한다.

나. 입증책임

판례는 "행정처분의 당연무효를 구하는 소송에 있어서 그 무효를 구하는 사람에게 그 행정처분에 존재하는 하자가 중대하고 명백하다는 것을 주장 입증할 책임이 있다"고 판시하여 원고에게 입증책임이 있다는 입장이다.

> **관련판례** 무효등확인소송에 있어서 입증책임
> 행정처분의 당연무효를 구하는 소송에 있어서 그 무효를 구하는 사람에게 그 행정처분에 존재하는 하자가 중대하고 명백하다는 것을 주장 입증할 책임이 있다(대법원 1984. 2. 28. 선고 82누154 판결).

4. 위법판단의 기준시

무효확인소송의 위법판단의 기준시는 취소소송과 마찬가지로 처분시가 기준이 된다.

5. 인용요건

처분이 위법한 경우 바로 인용판결을 할 수 있는 취소소송과는 달리, 무효확인소송에서는 처분이 위법하다고 하여 바로 인용판결을 할 수 있는 것이 아니라 위법의 정도가 중대·명백한 경우에 한해서 인용판결을 할 수 있다.

V. 판결 및 소송의 종료

1. 사정판결의 가능성

사정판결은 행정소송법 제28조에 의해 취소소송에서만 인정되고 무효확인소송에는 준용되지 않고 있는바, 판례도 "당연무효의 행정처분을 소송목적물로 하는 무효확인소송에서는 존치시킬 효력이 있는 행정행위가 없기 때문에 사정판결을 할 수 없다"고 판시하여 부정적인 입장이다.[189]

2. 판결의 효력

가. 취소판결의 효력에 관한 규정의 준용

무효등확인판결의 효력에 대하여는 취소판결의 효력에 관한 규정이 준용된다(법 제29조·제30조·제38조 제1항). 이에 따라 무효등확인판결은 제3자에 대하여 효력이 있고, 기속력에 근거하여 당사자인 행정청과 그 밖의 관계행정청을 기속하므로 이들 행정청으로서는 동일처분의 반복이 금지된다. 또한 무효확인된 처분이 신청을 거부하는 것을 내용으로 하는 경우에는, 처분청은 판결의 취지에 따라 이전의 신청에 대하여 재처분할 의무를 진다.

나. 무효확인판결의 간접강제 허용여부

거부처분취소판결의 간접강제에 관한 규정은 무효등확인소송의 경우에는 준용되고 있지 않다(법 제34조, 제38조 제1항). 이에 따라 거부처분에 대한 무효확인판결의 경우에는 간접강제가 허용되지 않는다는 것이 판례의 입장이다.[190]

3. 제3자의 재심청구

무효등확인판결은 제3자에 대하여도 효력이 미치므로 제3자의 권익보호를 위하여, 제3자의 재심청구에 관한 규정은 무효등확인소송에도 준용되고 있다(법 제31조·제38조 제1항).

VI. 취소소송과의 관계

1. 취소소송과 무효확인소송의 선택

취소소송과 무효확인소송은 처분에 대한 불복수단이라는 점에서 기본적으로 유사하다. 다만 소송요건 측면에서 볼 때, 무효확인소송은 제소기간의 제한이 없고 필요적 행정심판 전치주의의 경우에도 행정심판을 거치지 않고 무효확인소송의 제기가 가능하다는 점에서 취소소송보다 유리하다. 그러나 본안판단 측면에서 볼 때, 처분이 위법한 경우 바로 인용판결을 할 수 있는 취소소송과는 달리 무효확인소송에서는 처분이 위법하다고 하여 바로 인용판결을 할 수 있는 것이 아니라 위법의 정도가 중대·명백한 경우에 한해서 인용판결을 할 수 있으므로 취소소송이 유리하다.

---

189) 대법원 1996. 3. 22. 선고 95누5509 판결
190) 대법원 1998. 12. 24. 자 98무37 결정

따라서 소를 제기하려는 사람 입장에서는 제소기간을 도과하지 않은 경우에는 취소소송을, 제소기간을 도과한 경우에는 무효확인소송을 선택하려 할 것이다.

> **관련판례** 취소소송과 무효확인소송이 기본적으로 동질의 소송유형인지 여부
>
> 행정상의 법률관계는 이를 획일적으로 규율할 필요가 있을 뿐 아니라 행정처분무효 확인소송은 제소기간의 도과등으로 인하여 행정처분 취소의 소를 제기할 수 없게 되었을 때라도 중대하고 명백한 하자 있는 행정처분이 무효임을 확정하여 그 외견적 효력을 제거하여 줌으로써 행정처분 취소의 소를 제기한 것과 같은 구제의 길을 터주려는데 그 취지가 있는 것이고 행정청의 공권력의 행사에 불복하여 그 처분의 효력을 다투는 점에서 행정처분 취소의 소와 기본적으로 동질의 소송유형에 속하여 그에 준하는 성질을 가지는 것이라 할 것이므로 행정처분의 무효확인 판결이 비록 형식상은 확인판결이라 하여도 그 무효확인 판결의 효력은 그 취소판결과 같이 소송의 당사자는 물론 제3자에게도 미치는 것이라고 함이 상당하다(대법원 1982. 7. 27. 선고 82다173 판결).

2. 무효사유에 대해 취소소송을 제기한 경우

위법한 처분에 대하여 취소소송이 제기된 경우에, 법원은 당해 위법이 무효사유인 위법인지 취소사유인 위법인지 구분할 필요없이 취소판결을 내리면 된다. 취소소송에 있어서는 당해 처분이 위법한지 아닌지가 문제이고, 그 위법이 중대하고 명백한 것인지 여부는 심리대상이 되지 않기 때문이다.

다만 당사자가 무효선언을 구하는 취소소송을 제기한 경우에 본안심리결과 당연무효로 밝혀졌다면 법원을 무효를 선언하는 의미의 취소판결을 할 수 있다. 물론 이 경우에도 제소기간의 준수 등 취소소송의 제기요건을 충족하여야 한다.

3. 취소사유에 대해 무효확인소송을 제기한 경우

무효확인소송을 제기하였는데 본안에서 단순위법으로 판단된 경우, 당해 무효확인소송이 취소소송의 제기요건을 갖추지 못했다면 법원은 기각판결을 하여야 한다.

다만 무효확인소송이 취소소송의 제기요건을 갖춘 경우에 판례는 "행정처분의 무효확인을 구하는 소에는 (원고가 그 처분의 취소를 구하지 아니한다고 밝히지 아니한 이상) 그 처분이 만약 당연무효가 아니라면 그 취소를 구하는 취지도 포함되어 있는 것으로 보아야 한다"고 판시하고 있다.[191] 한편 행정소송규칙은 무효확인소송이 취소소송의 제소기간 내에 제기된 경우, 재판장이 원고에게 처분등의 취소를 구하지 아니하는 취지인지를 명확히 하도록 촉구할 수 있도록 하고 있다(행정소송규칙 제16조).

4. 취소소송과 무효확인소송의 병합

동일처분[192]에 대한 무효확인청구와 취소청구는 서로 양립할 수 없는 청구이므로 선택적 병합이나 단순 병합은 허용되지 않고, 예비적 병합만이 가능하다.

---

191) 대법원 1994. 12. 23. 선고 94누477 판결
192) 각각 다른 처분에 대한 무효확인청구와 취소청구는 서로 양립 가능하므로 선택적 병합이나 단순 병합이 허용된다.

가. 주위적 청구가 기각될 것을 대비하여 예비적 청구를 병합하는 경우

원고는 무효확인청구가 기각될 것을 대비하여 취소청구를 예비적으로 병합할 수는 있다. 그러나 취소청구가 기각될 것을 대비하여 무효확인청구를 예비적으로 병합할 수는 없다. 왜냐하면 처분의 위법이 인정되지 않아 취소청구가 배척된다면 논리상 무효확인은 인정될 수 없기 때문이다.

나. 주위적 청구가 각하될 것을 대비하여 예비적 청구를 병합하는 경우

원고는 취소청구가 제소기간의 경과 등의 이유로 각하될 것을 대비하여 무효확인청구를 예비적으로 병합할 수는 있다. 그러나 무효확인청구가 각하될 것을 대비하여 취소청구를 예비적으로 병합할 수는 없다.

---

01 (2024년 기출)

甲은 X처분에 대해 무효확인소송을 제기하였다. 이에 관한 설명으로 옳은 것은? (다툼이 있으면 판례에 따름)

① 법원은 X처분의 일부에 대해 무효확인판결을 할 수도 있다.
② 甲이 제기한 소송에 대해서는 민사소송에서의 '확인의 이익'이 요구된다.
③ 甲이 제기한 소송에 X처분의 취소청구를 선택적 청구로서 병합할 수 있다.
④ 甲이 제기한 소송에서 무효사유가 증명되지 아니하였다면 법원은 취소사유의 유무까지 심리할 필요는 없다.
⑤ X처분이 甲에 대한 처분이 아닌 경우 甲에게는 원고적격이 인정되지 않는다.

/해 설/

① (○) 종합소득세의 부과처분에 있어서도 과세관청이 인정한 과세소득중 그 일부는 명백히 인정되나 그 나머지 소득은 인정할 만한 적법한 과세자료가 없는 경우에 이와 같이 허무의 과세소득을 오인한 하자가 객관적으로 명백하다면 종합소득세부과처분 중 허무의 과세소득에 관한 부분은 당연무효라고 보아야 할 것이며 이러한 부과처분의 일부 무효확인청구를 배제할 이유가 없다(대법원 1986. 6. 10. 선고 84누642 판결).

② (×) 교재 209P (다. 판례)

③ (×) 교재 214P (4. 취소소송과 무효확인소송의 병합)

④ (×) 교재 214P (3. 취소사유에 대해 무효확인소송을 제기한 경우)

⑤ (×) 행정처분의 직접 상대방이 아닌 제3자라 하더라도 당해 행정처분으로 인하여 법률상 보호되는 이익을 침해당한 경우에는 그 처분의 취소 또는 무효확인을 구하는 행정소송을 제기하여 그 당부의 판단을 받을 자격이 있다 할 것이며, 여기에서 말하는 법률상 보호되는 이익이라 함은 당해 처분의 근거 법규 및 관련 법규에 의하여 보호되는 개별적·직접적·구체적 이익이 있는 경우를 말한다(대법원 2010. 5. 13. 선고 2010두2043 판결).

정답 ①

02 (2023년 기출)

무효등 확인소송에 관한 설명으로 옳지 않은 것은? (다툼이 있으면 판례에 따름)

① 행정청의 처분등의 효력 유무 또는 존재 여부를 확인하는 소송이다.
② 처분등의 실효확인소송은 무효등 확인소송의 일종이 아니다.
③ 무효확인소송의 제기는 처분등의 집행에 영향을 주지 아니한다.
④ 관련청구소송의 이송 및 병합의 규정은 무효등 확인소송의 경우에도 준용된다.
⑤ 거부처분에 대해 무효확인 판결이 내려진 경우에는 이에 대한 간접강제는 허용되지 않는다.

/해 설/

① (○) 행정소송법 제4조 제2호
② (×) 처분 등의 실효확인소송은 처분의 부존재확인소송의 한 유형으로 무효등 확인소송으로 진행할 수 있다.
③ (○), ④ (○), ⑤ (○) 행정소송법 제38조 제1항

[정답] ②

제36조 부작위위법확인소송의 원고적격

> 제36조(부작위위법확인소송의 원고적격) 부작위위법확인소송은 처분의 신청을 한 자로서 부작위의 위법의 확인을 구할 법률상 이익이 있는 자만이 제기할 수 있다.
>
> 제2조(정의) ① 이 법에서 사용하는 용어의 정의는 다음과 같다.
> 2. "부작위"라 함은 행정청이 당사자의 신청에 대하여 상당한 기간내에 일정한 처분을 하여야 할 법률상 의무가 있음에도 불구하고 이를 하지 아니하는 것을 말한다.
>
> 제38조(준용규정) ② 제9조, 제10조, 제13조 내지 제19조, 제20조, 제25조 내지 제27조, 제29조 내지 제31조, 제33조 및 제34조의 규정은 부작위위법확인소송의 경우에 준용한다.

Ⅰ. 부작위위법확인소송의 소송요건

1. 부작위위법확인소송의 대상으로서의 부작위[193]

부작위위법확인소송의 대상으로서의 '부작위'가 성립하기 위하여는 ① 당사자의 신청이 존재하여야 하고, ② 행정청이 상당한 기간 내에, ③ 일정한 처분을 하여야 할 법률상 의무가 있음에도 불구하고, ④ 그 처분을 하지 아니할 것이 요구된다(법 제2조 제1항 제2호).

가. 당사자의 신청

신청의 대상은 행정소송의 대상으로서 처분이어야 한다. 문제는 이러한 부작위의 성립단계에서 당사자에게 법규상 또는 조리상의 신청권이 인정되어야 하는지 여부이다. 일설은 신청권이 인정된 자만이 원고적격을 갖는다고 하여 신청권을 원고적격 단계에서 검토하고자 하나, 판례는 부작위의 성립단계에서 당사자의 신청권의 존부를 심사하고 있다.[194]

나. 상당한 기간이 경과할 것

법령에서 신청에 대한 처리기간을 정하고 있는 경우에는 그 처리기간이 경과하면 특별한 사정이 없는 한 상당한 기간이 경과하였다고 보아야 할 것이다.[195]

다. 처분의무의 존재

기속행위의 경우에는 특정처분을 할 의무가 될 것이며 재량행위의 경우에는 재량의 하자없는 처분을 할 의무가 될 것이다.

---

[193] 절차적 심리설에 따르면 행정소송의 대상으로서 부작위의 성립이 인정되면 바로 위법이 인정된다. 절차적 심리설을 취하는 판례도 "권리자의 처분에 대한 신청에 대해 행정청이 아무런 처분을 하지 않고 있다면 그러한 부작위는 그 자체로 위법하다(대법원 2009. 7. 23, 2008두10560)"고 판시한바 있다. 이런 판례의 입장에 의하면 부작위의 성립여부는 부작위위법확인소송의 소송요건이면서도 본안요건이 된다.
[194] 대법원 2009. 7. 23. 선고 2008두10560 판결
[195] 다만, 부작위위법확인소송은 사실심변론종결시를 기준으로 소송요건의 충족 여부를 판단하게 되고 변론종결시까지는 통상 상당한 기간이 경과할 것이므로 실무상 이 요건이 문제될 일은 거의 없다.

라. 처분의 부작위

(1) 처분의 '부작위' : 묵시적 거부의 문제

법령이 일정한 상태에서의 부작위를 거부처분으로 의제하고 있는 경우나, 경원자관계에서 인용처분을 받지 못한 경우에는 외형상 부작위로 보여도 이를 거부처분으로 간주하여야 할 것이다. 이와 관련하여 판례는 "검사지원자 중 한정된 수의 임용대상자에 대한 임용결정은 한편으로는 그 임용대상에서 제외한 자에 대한 임용거부결정이라는 양면성을 지니는 것이므로 임용대상자에 대한 임용의 의사표시는 동시에 임용대상에서 제외한 자에 대한 임용거부의 의사표시를 포함한 것으로 볼 수 있다[196]"고 판시하여 임용대상에서 제외된 자에게 부작위위법확인소송이 아니라 거부처분취소소송을 제기할 것을 요구한 바 있다.

(2) '처분'의 부작위

판례는 검사의 압수물환부결정(판례 ❶)이나 행정입법(판례 ❷)은 행정소송법상 처분에 해당하지 않으므로 이에 대한 부작위도 부작위위법확인소송의 대상에 해당하지 않는다고 판시한 바 있다.

> **관련판례 ❶** 검사가 압수 해제된 것으로 간주된 압수물의 환부신청에 대하여 아무런 결정·통지도 하지 아니한 경우, 부작위위법확인소송의 대상이 되지 않는다
>
> 형사본안사건에서 무죄가 선고되어 확정되었다면 형사소송법 제332조 규정에 따라 검사가 압수물을 제출자나 소유자 기타 권리자에게 환부하여야 할 의무가 당연히 발생한 것이고, 권리자의 환부신청에 대한 검사의 환부결정 등 어떤 처분에 의하여 비로소 환부의무가 발생하는 것은 아니므로 압수가 해제된 것으로 간주된 압수물에 대하여 피압수자나 기타 권리자가 민사소송으로 그 반환을 구함은 별론으로 하고 검사가 피압수자의 압수물 환부신청에 대하여 아무런 결정이나 통지도 하지 아니하고 있다고 하더라도 그와 같은 부작위는 현행 행정소송법상의 부작위위법확인소송의 대상이 되지 아니한다(대법원 1995. 3. 10. 선고 94누14018 판결).

> **관련판례 ❷** 행정입법부작위는 부작위위법확인소송의 대상이 되지 않는다
>
> 행정소송은 구체적 사건에 대한 법률상 분쟁을 법에 의하여 해결함으로써 법적 안정을 기하자는 것이므로 부작위위법확인소송의 대상이 될 수 있는 것은 구체적 권리의무에 관한 분쟁이어야 하고 추상적인 법령에 관하여 제정의 여부 등은 그 자체로서 국민의 구체적인 권리의무에 직접적 변동을 초래하는 것이 아니어서 그 소송의 대상이 될 수 없다(대법원 1992. 5. 8. 선고 91누11261 판결).

2. 원고적격

부작위위법확인소송은 처분의 신청을 한 자로서 부작위의 위법의 확인을 구할 법률상 이익이 있는 자만이 제기할 수 있는바(법 제36조), 처분을 신청하지 않은 제3자는 부작위위법확인소송을 제기할 원고적격이 인정되지 않는다.

한편 판례는 "부작위위법확인의 소에 있어 당사자가 행정청에 대하여 어떠한 행정행위를 하여 줄 것을 요구할 수 있는 법규상 또는 조리상의 신청권이 없다면 원고적격이 없거나 항고

---

196) 대법원 1991. 2. 12. 선고 90누5825 판결

소송의 대상인 위법한 부작위가 있다고 볼 수 없어, 그 부작위위법확인의 소는 부적법하다"고 판시하여 신청권을 부작위의 성립의 문제로 보면서 동시에 원고적격의 문제로도 본다.[197]

3. 협의의 소의 이익

부작위위법확인소송은 확인소송이라는 점에서 확인의 이익이 필요하다. 이에 따라 부작위위법확인소송의 계속 도중 피고 행정청이 처분을 하여 부작위상태가 해소되거나, 부작위위법확인 판결을 받는다고 하더라도 원고의 법률상 지위를 침해하는 불안 내지 위험의 회복을 기대할 수 없는 경우에는 확인의 이익이 없어 각하된다.

> **관련판례** 부작위위법확인소송의 확인의 이익
> 부작위위법확인의 소는 행정청이 당사자의 법규상 또는 조리상의 권리에 기한 신청에 대하여 상당한 기간 내에 그 신청을 인용하는 적극적 처분을 하거나 각하 또는 기각하는 등의 소극적 처분을 하여야 할 법률상의 응답의무가 있음에도 불구하고 이를 하지 아니하는 경우, 그 부작위의 위법을 확인함으로써 행정청의 응답을 신속하게 하여 부작위 내지 무응답이라고 하는 소극적인 위법상태를 제거하는 것을 목적으로 하는 것이고, 나아가 그 인용 판결의 기속력에 의하여 행정청으로 하여금 적극적이든 소극적이든 어떤 처분을 하도록 강제한 다음, 그에 대하여 불복이 있을 경우 그 처분을 다투게 함으로써 최종적으로는 당사자의 권리와 이익을 보호하려는 제도이므로, 당사자의 신청이 있은 이후 당사자에게 생긴 사정의 변화로 인하여 위 부작위가 위법하다는 확인을 받는다고 하더라도 종국적으로 침해되거나 방해받은 권리와 이익을 보호·구제받는 것이 불가능하게 되었다면 그 부작위가 위법하다는 확인을 구할 이익은 없다(대법원 2002. 6. 28. 선고 2000두4750 판결).

4. 피고적격

부작위위법확인소송의 피고는 부작위를 행한 행정청이 된다(법 제13조·제38조 제2항).

5. 제소기간

부작위위법확인의 소는 부작위상태가 계속되는 한 그 위법의 확인을 구할 이익이 있다고 보아야 하므로 원칙적으로 제소기간의 제한을 받지 않는다. 그러나 행정소송법 제38조 제2항이 제소기간을 규정한 같은 법 제20조를 부작위위법확인소송에 준용하고 있는 점에 비추어 보면, 행정심판 등 전심절차를 거친 경우에는 행정소송법 제20조가 정한 제소기간 내에 부작위위법확인의 소를 제기하여야 한다.[198]

6. 재판관할

부작위위법확인소송의 재판관할도 취소소송과 같이 제1심 관할법원은 피고인 행정청의 소재지를 관할하는 행정법원으로 한다(법 제9조·제38조 제2항).

---

[197] 대법원 1999. 12. 7. 선고 97누17568 판결
[198] 대법원 2009. 7. 23. 선고 2008두10560 판결

7. 행정심판전치주의

부작위위법확인소송에도 행정심판과 취소소송의 관계에 관한 규정을 준용하여 원칙적으로 임의적 전치절차를 채택하되, 예외적으로 다른 법률이 정한 경우에만 행정심판전치주의를 채택하고 있다(법 제18조·제38조 제2항). 여기서 전치되는 행정심판은 의무이행심판이다.

Ⅱ. 집행정지, 관련청구소송의 이송 및 병합, 소의 변경, 소송참가

1. 집행정지결정

우리 행정소송법상의 집행정지결정은 소극적으로 이미 존재하는 처분의 효력이나 그 집행 또는 절차의 속행을 정지하는 데 그치고, 적극적으로 임시의 지위를 정하는 것을 내용으로 하는 것이 아니다. 이에 따라 취소소송의 집행정지결정은 부작위위법확인소송에 준용되지 않고 있다.

2. 관련청구소송의 이송 및 병합

취소소송에 있어 관련청구소송의 이송·병합에 관한 규정은 부작위위법확인소송에서도 준용된다(법 제10조·제38조 제2항). 그에 따라 부작위위법확인소송과 관련청구소송이 각각 다른 법원에 계속되고 있는 경우에는 관련청구소송의 계속법원은 관련청구소송을 부작위위법확인소송이 계속된 법원으로 이송할 수 있으며, 부작위위법확인소송에는 사실심변론종결시까지 관련청구소송을 당해 법원에 병합하여 제기할 수 있다.

3. 소의 변경

가. 원고가 거부처분을 부작위로 오인한 경우

거부처분인데 부작위로 오인하여 부작위위법확인소송을 제기한 경우 법원은 대상적격의 흠결로 각하판결을 하여야 함이 원칙이다. 다만, 원고가 거부처분취소소송으로 소의 종류의 변경을 신청한 경우 법원은 행정소송법 제37조가 준용하는 제21조에 근거하여 소변경을 허가할 수 있다.

나. 부작위에서 거부로 발전한 경우

부작위위법확인소송 심리 중, 행정청이 거부처분을 하여 부작위상태가 해소되었다면 부작위위법확인을 구할 법률상 이익이 흠결되어 법원은 협의의 소의 이익 흠결로 각하판결을 하여야 함이 원칙이다.

다만 원고가 거부처분취소소송으로 소변경을 신청한 경우, 소변경이 허용되는지가 문제되는 바, 판례는 부작위위법확인소송 중 당사자가 거부처분이 있다고 오인하여 거부처분취소소송으로의 변경을 신청한 사례에서 소변경을 허용한 예가 있다.

> **관련판례** 부작위위법확인소송을 취소소송으로 변경한 사례
> 당사자가 동일한 신청에 대하여 **부작위위법확인의 소를 제기**하였으나 그 후 소극적 처분이 있다고 보아 **처분취소소송으로 소를 교환적으로 변경**한 후 여기에 부작위위법확인의 소를 추가적으로 병합한 경우, 최

초의 부작위위법확인의 소가 적법한 제소기간 내에 제기된 이상 그 후 처분취소소송으로의 교환적 변경과 처분취소소송에의 추가적 변경 등의 과정을 거쳤다고 하더라도 여전히 제소기간을 준수한 것으로 봄이 상당하다(대법원 2009. 7. 23. 선고 2008두10560 판결).

4. 소송참가

제3자의 소송참가(법 제16조), 행정청의 소송참가(법 제17조) 등의 조항은 부작위위법확인소송에 준용된다(법 제38조 제2항).

Ⅲ. 소송의 심리

1. 심리의 기본원칙

부작위위법확인소송의 심리에 있어서도 취소소송의 심리에서와 마찬가지로 변론주의를 원칙으로 하면서도, 법원이 필요하다고 인정할 때에는 직권으로 증거조사를 할 수 있으며, 당사자가 주장하지 않은 사실에 대하여도 심판할 수 있다(법 제26조·제38조 제1항).

2. 행정심판기록의 제출명령

행정심판절차를 거친 경우에는 취소소송에 있어서와 마찬가지로, 법원은 당사자의 신청이 있는 때에는 결정으로써 재결을 행한 행정청에 대하여 행정심판에 대한 기록의 제출을 명할 수 있으며, 행정청은 지체 없이 이에 응하여야 한다(법 제25조·제38조 제2항).

3. 법원의 본안심리의 범위

판례는 "부작위위법확인소송은 판결시를 기준으로 그 부작위의 위법함을 확인함으로서 부작위 내지 무응답이라는 소극적인 위법상태를 제거하는 것을 목적으로 하는 소송이다"라고 하는바, 상대방의 신청에 대하여 행정청이 어떠한 처분도 하지 않는 방치상태의 위법성을 확인하는데 그치고 그 이상으로 행정청이 행하여야 할 처분의 내용까지 심리·판단할 수는 없다고 보고 있다.[199]

따라서 판결시까지 행정청이 어떠한 응답도 하지 않은 경우에는 법원은 인용판결로서 부작위위법확인판결을 하며, 소송계속 중 행정청이 어떠한 형태든지(거부처분 포함) 응답을 한 경우에는 소의 이익 흠결로 법원은 각하판결을 한다.

> **관련판례** 부작위위법확인소송의 심리
> 부작위위법확인의 소는 행정청이 국민의 법규상 또는 조리상의 권리에 기한 신청에 대하여 상당한 기간 내에 그 신청을 인용하는 적극적 처분을 하거나 또는 각하 내지 기각하는 등의 소극적 처분을 하여야 할 법률상의 응답의무가 있음에도 불구하고 이를 하지 아니하는 경우 판결시를 기준으로 그 부작위의 위법함

---

[199] 대법원 1992. 7. 28. 선고 91누7361 판결; 이러한 판례의 입장을 '절차적 심리설'이라 한다. 이에 반해 법원은 신청의 실체적 내용이 이유 있는 것인가도 심리하여 그에 대한 적정한 처리방향에 관한 법률적 판단을 하여야 한다고 보는 실체적 심리설도 주장되고 있다.

을 확인함으로써 행정청의 응답을 신속하게 하여 부작위 내지 무응답이라고 하는 소극적인 위법상태를 제거하는 것을 목적으로 하는 것이고, 나아가 당해 판결의 구속력에 의하여 행정청에게 처분등을 하게 하고, 다시 당해 처분등에 대하여 불복이 있는 때에는 그 처분등을 다투게 함으로써 최종적으로는 국민의 권리이익을 보호하려는 제도이다(대법원 1992. 7. 28. 선고 91누7361 판결).

4. 입증책임

원고는 그가 신청한 처분의 발급에 대한 권리를 근거지우는 법규범의 요건사실의 존재에 대한 입증책임을 진다. 반면에 원고의 신청권에 대한 권리장애적인 요건사실의 존재에 대한 입증책임은 피고 행정청이 진다.

5. 위법판단의 기준시

판례는 "부작위위법확인소송은 판결시(=사실심의 구두변론 종결시)를 기준으로 그 부작위의 위법을 확인함으로써 행정청의 응답을 신속하게 하여 부작위 내지 무응답이라고 하는 소극적인 위법상태를 제거하는 것을 목적으로 하는 것"이라고 판시하여[200], 부작위위법확인소송의 위법판단의 기준시를 판결시로 보고 있다.

Ⅳ. 판결 및 소송의 종료

1. 판결의 제3자효

행정소송법은 부작위위법확인소송은 형식상으로 확인판결이지만, 그 위법확인의 효과는 취소소송의 형성적 효과에 준하는 것으로 보아 부작위위법확인판결의 제3자에 대한 효력을 인정하고 있다(법 제29조·제38조 제2항).

2. 판결의 기속력에 따른 적극적 처분의무의 내용

부작위위법확인소송에 있어서 인용판결이 있는 때, 행정소송법은 행정청에게 판결의 취지에 따라 이전의 신청에 대한 처분을 하도록 적극적 처분의무를 부과하고 그 위반에 대하여 간접강제를 인정하고 있다(법 제30조 제2항·제34조·제38조 제2항).

여기서 적극적 처분의무의 내용이 문제되는데, 판례에 따르면 부작위위법확인판결이 나온 경우 행정청은 어떠한 처분을 하기만 하면 되는 것이므로 기속행위의 경우에도 거부처분을 한다 하여도 판결의 기속력의 내용인 적극적 처분의무를 이행하는 것이 된다고 한다.

결국 부작위위법확인판결이후 행정청의 거부처분에 대하여 상대방은 기속력 위반을 이유로 간접강제를 신청할 수는 없고 다시 거부처분취소소송을 제기할 수 밖에 없으므로, 부작위위법확인소송은 권리보호가 우회적이고 간접적이다. 그에 따라 의무이행소송의 도입을 통해 국민의 권리보호에 만전을 기하는 것이 필요하다.

---

200) 대법원 1992. 7. 28. 선고 91누7361 판결

3. 간접강제

가. 의 의

부작위위법확인판결이 확정된 경우, 행정청이 판결의 취지에 따라 이전의 신청에 대한 처분을 하지 않는 경우 상대방은 간접강제를 신청할 수 있다(법 제34조·제38조 제2항). 이 경우 제1심 수소법원은 당사자의 신청에 의하여 결정으로써 처분을 하여야 할 상당한 기간을 정하고 행정청이 그 기간 내에 이행하지 아니한 때에는 그 지연기간에 따라 일정한 배상을 할 것을 명하거나 즉시 손해배상을 할 것을 명할 수 있다.

나. 요 건

행정청이 판결의 취지에 따라 이전의 신청에 대한 처분을 하지 않아야 하는바, 판례에 따르면 응답을 하지 않은 상태를 의미한다. 따라서 판례는 행정청이 인용처분을 한 경우는 물론이고 거부처분을 한 경우에도 확정판결의 취지에 따른 처분을 하였다고 보아, 간접강제 신청을 허용하지 않고 있다.

> **관련판례** 절차적 심리설에 따른 간접강제의 신청요건 : 무응답
>
> 신청인이 피신청인을 상대로 제기한 부작위위법확인소송에서 신청인의 제2 예비적 청구를 받아들이는 내용의 확정판결을 받았다. 그 판결의 취지는 피신청인이 신청인의 광주광역시 지방부이사관 승진임용신청에 대하여 아무런 조치를 취하지 아니하는 것 자체가 위법함을 확인하는 것일 뿐이다. 따라서 피신청인이 신청인을 승진임용하는 처분을 하는 경우는 물론이고, 승진임용을 거부하는 처분을 하는 경우에도 위 확정판결의 취지에 따른 처분을 하였다고 볼 것이다(대법원 2010. 2. 5. 자 2009무153 결정).

01 (2024년 기출)

부작위위법확인소송에 관한 설명으로 옳은 것은? (다툼이 있으면 판례에 따름)

① 부작위위법확인소송의 대상인 부작위가 되기 위해서는 당사자의 신청은 내용적으로 적법한 것이어야 한다.
② 부작위위법확인소송이 적법하게 제기되었다면 소송계속 중 신청에 대한 거부처분이 있더라도 해당 소송은 적법하게 유지된다.
③ 행정입법 제정의무가 있는 경우 입법부작위도 부작위위법확인소송의 대상이 된다.
④ 부작위위법확인소송에는 처분변경으로 인한 소의 변경에 관한 행정소송법 제22조가 준용되지 않는다.
⑤ 부작위의 위법을 확인하는 법원의 판결이 확정되면 행정청은 원고의 신청대로 처분하여야 할 의무가 있다.

/해 설/

① (×) 내용의 적법성 여부는 본안판단의 영역이며, 적법요건 심사에는 해당되지 않는다.
② (×) 교재 218P (관련판례 부작위위법확인소송의 확인의 이익)
③ (×) 교재 217P (관련판례 ② 행정입법부작위는 부작위위법확인소송의 대상이 되지 않는다)
④ (○) 행정소송법 제38조 제2항
⑤ (×) 교재 221P (2. 판결의 기속력에 따른 적극적 처분의무의 내용)

정답 ④

제37조 소의 변경

제37조(소의 변경) 제21조의 규정은 무효등 확인소송이나 부작위위법확인소송을 취소소송 또는 당사자소송으로 변경하는 경우에 준용한다.

제21조(소의 변경) ① 법원은 취소소송을 당해 처분등에 관계되는 사무가 귀속하는 국가 또는 공공단체에 대한 당사자소송 또는 취소소송외의 항고소송으로 변경하는 것이 상당하다고 인정할 때에는 청구의 기초에 변경이 없는 한 사실심의 변론종결시까지 원고의 신청에 의하여 결정으로써 소의 변경을 허가할 수 있다.
② 제1항의 규정에 의한 허가를 하는 경우 피고를 달리하게 될 때에는 법원은 새로이 피고로 될 자의 의견을 들어야 한다.
③ 제1항의 규정에 의한 허가결정에 대하여는 즉시항고할 수 있다.
④ 제1항의 규정에 의한 허가결정에 대하여는 제14조제2항·제4항 및 제5항의 규정을 준용한다.

제38조   준용규정

제38조(준용규정) ① 제9조(재판관할), 제10조(관련청구소송의 이송 및 병합), 제13조(피고적격), 제14조(피고경정), 제15조(공동소송), 제16조(제3자의 소송참가), 제17조(행정청의 소송참가), 제19조(취소소송의 대상), 제22조(처분변경으로 인한 소의 변경), 제23조(집행정지), 제24조(집행정지의 취소), 제25조(행정심판기록의 제출명령), 제26조(직권심리), 제29조(취소판결등의 효력), 제30조(취소판결등의 기속력), 제31조(제3자에 의한 재심청구), 제33조(소송비용에 관한 재판의 효력)의 규정은 무효등 확인소송의 경우에 준용한다.

※ 준용하지 않는 주요 규정
제18조(행정심판과의 관계), 제20조(제소기간), 제27조(재량처분의 취소), 제28조(사정판결), 제34조(간접강제)

제38조(준용규정) ② 제9조(재판관할), 제10조(관련청구소송의 이송 및 병합), 제13조(피고적격), 제14조(피고경정), 제15조(공동소송), 제16조(제3자의 소송참가), 제17조(행정청의 소송참가), 제18조(행정심판과의 관계), 제19조(취소소송의 대상), 제20조(제소기간), 제25조(행정심판기록의 제출명령), 제26조(직권심리), 제27조(재량처분의 취소), 제29조(취소판결등의 효력), 제30조(취소판결등의 기속력), 제31조(제3자에 의한 재심청구), 제33조(소송비용에 관한 재판의 효력), 제34조(간접강제)의 규정은 부작위위법확인소송의 경우에 준용한다.

※ 준용하지 않는 주요 규정
제22조(처분변경으로 인한 소의 변경), 제23조(집행정지), 제24조(집행정지의 취소), 제28조(사정판결)

제 4 장

당사자소송

제39조   피고적격

> 제3조(행정소송의 종류)
>   2. 당사자소송: 행정청의 처분등을 원인으로 하는 법률관계에 관한 소송 그 밖에 공법상의 법률관계에 관한 소송으로서 그 법률관계의 한쪽 당사자를 피고로 하는 소송
>
> 제39조(피고적격) 당사자소송은 국가·공공단체 그 밖의 권리주체를 피고로 한다.
>
> 제40조(재판관할) 제9조의 규정은 당사자소송의 경우에 준용한다. 다만, 국가 또는 공공단체가 피고인 경우에는 관계행정청의 소재지를 피고의 소재지로 본다.
>
> 제41조(제소기간) 당사자소송에 관하여 법령에 제소기간이 정하여져 있는 때에는 그 기간은 불변기간으로 한다.
>
> 제44조(준용규정) ① 제14조 내지 제17조, 제22조, 제25조, 제26조, 제30조제1항, 제32조 및 제33조의 규정은 당사자소송의 경우에 준용한다.
> ② 제10조의 규정은 당사자소송과 관련청구소송이 각각 다른 법원에 계속되고 있는 경우의 이송과 이들 소송의 병합의 경우에 준용한다.

Ⅰ. 개 설

1. 의의 및 성질

당사자소송은 행정청의 처분 등을 원인으로 하는 법률관계에 관한 소송 또는 그 밖의 공법상의 법률관계에 관한 소송으로서 그 법률관계의 한쪽 당사자를 피고로 하는 소송을 말한다(법 제3조 제2호).

공법상의 법률관계에 관한 법적 분쟁 중에서 공권력의 행사 또는 불행사를 직접 대상으로 하여 불복하는 경우에는 항고소송 또는 헌법소원을 제기할 수 있으므로, 당사자소송의 영역은 공법상의 법률관계 중에서 공권력의 행사 또는 불행사를 제외한 나머지 영역, 즉 그 밖의 공법상의 법률관계 전반이 해당된다.

민사소송과 공법소송(항고소송/헌법소원/당사자소송)의 관계

사법상의 법률관계	공법상의 법률관계		
민사소송	공권력의 행사 또는 불행사		(공권력의 행사 또는 불행사를 제외한) 그 밖의 공법상의 법률관계 : 당사자소송
	처분 또는 부작위 : 항고소송	그 밖의 공권력의 행사 또는 불행사 : 권리구제형 헌법소원	

2. 다른 소송과의 구별

가. 민사소송과의 구별

민사소송과 당사자소송은 대등한 당사자 사이의 소송이라는 점에서 외관상 큰 차이가 없다. 그러나 관할[201]이라든가 취소소송과 관련된 규정의 준용여부[202] 등에서 양자의 구별 실익이 존재한다.

당사자소송과 민사소송을 어떻게 구별할 것인가에 대하여 판례는 소송물의 차이를 전제로 하여 양자를 구별하는 입장을 취하고 있다. 즉 소송물이 공법상의 권리이면 당사자소송이고 사법상의 권리이면 민사소송이라고 한다. 이에 따르면 공무원의 지위확인이나 공무원의 봉급청구소송 등은 소송상 주장하는 권리가 공법적이어서 당사자소송이 되지만, 무효인 조세부과처분행위에 의하여 납부한 세금의 반환을 구하는 소송이라든가 위법한 처분으로 인하여 발생한 손해에 대한 배상을 구하는 소송은 민사소송으로 보게 된다.

> **관련판례** 부가가치세 환급세액 지급청구소송은 민사소송이 아닌 당사자소송이라는 사례
>
> 부가가치세법령이 환급세액의 정의 규정, 그 지급시기와 산출방법에 관한 구체적인 규정과 함께 부가가치세 납세의무를 부담하는 사업자(이하 '납세의무자'라 한다)에 대한 국가의 환급세액 지급의무를 규정한 이유는, 입법자가 과세 및 징수의 편의를 도모하고 중복과세를 방지하는 등의 조세 정책적 목적을 달성하기 위한 입법적 결단을 통하여, 최종 소비자에 이르기 전의 각 거래단계에서 재화 또는 용역을 공급하는 사업자가 그 공급을 받는 사업자로부터 매출세액을 징수하여 국가에 납부하고, 그 세액을 징수당한 사업자는 이를 국가로부터 매입세액으로 공제·환급받는 과정을 통하여 그 세액의 부담을 다음 단계의 사업자에게 차례로 전가하여 궁극적으로 최종 소비자에게 이를 부담시키는 것을 근간으로 하는 전단계세액공제 제도를 채택한 결과, 어느 과세기간에 거래징수된 세액이 거래징수를 한 세액보다 많은 경우에는 그 납세의무자가 창출한 부가가치에 상응하는 세액보다 많은 세액이 거래징수되게 되므로 이를 조정하기 위한 과세기술상, 조세 정책적인 요청에 따라 특별히 인정한 것이라고 할 수 있다. 따라서 이와 같은 부가가치세법령의 내용, 형식 및 입법 취지 등에 비추어 보면, 납세의무자에 대한 국가의 부가가치세 환급세액 지급의무는 그 납세의무자로부터 어느 과세기간에 과다하게 거래징수된 세액 상당을 국가가 실제로 납부받았는지와 관계없이 부가가치세법령의 규정에 의하여 직접 발생하는 것으로서, 그 법적 성질은 정의와 공평의 관념에서 수익자와

---

[201] 당사자소송은 행정소송으로서 행정법원의 전속관할에 속한다고 보는 것이 일반적인 견해이므로, 당사자소송으로 처리하여야 할 사건을 민사소송으로 취급한 경우 전속관할의 위반의 문제가 발생한다.
[202] 행정소송법은 관련청구소송의 이송 및 병합(제10조, 제44조 제2항), 피고경정(제14조, 제44조 제1항), 소송참가(제16조, 제17조, 제44조 제1항), 소의 종류의 변경(제21조, 제42조), 처분변경으로 인한 소의 변경(제22조, 제44조 제1항), 행정심판기록의 제출명령 및 직권심리(제25조, 제26조, 제44조 제1항), 판결의 기속력(제30조 제1항, 제44조 제1항)과 같은 취소소송에 적용되는 규정을 당사자소송에 준용하고 있다.

손실자 사이의 재산상태 조정을 위해 인정되는 부당이득 반환의무가 아니라 부가가치세법령에 의하여 그 존부나 범위가 구체적으로 확정되고 조세 정책적 관점에서 특별히 인정되는 공법상 의무라고 봄이 타당하다. 그렇다면 납세의무자에 대한 국가의 부가가치세 환급세액 지급의무에 대응하는 국가에 대한 납세의무자의 부가가치세 환급세액 지급청구는 민사소송이 아니라 행정소송법 제3조 제2호에 규정된 당사자소송의 절차에 따라야 한다(대법원 2013. 3. 21. 선고 2011다95564 전원합의체 판결).

> **비교판례** 조세과오납부액에 대한 반환청구는 민사소송이라는 사례
>
> 조세부과처분이 당연무효임을 전제로 하여 이미 납부한 세금의 반환을 청구하는 것은 **민사상의 부당이득 반환청구로서 민사소송절차에 따라야** 한다(대법원 1995. 4. 28. 선고 94다55019 판결).

나. 항고소송과의 구별

판례상 항고소송과 당사자소송의 구별이 가장 문제가 되는 것은 국가를 상대로 하는 각종 급부청구의 경우인바, 이 때 항고소송과 당사자소송을 구분하는 가장 결정적인 기준은 급부청구권 발생에 행정청의 지급결정이 필요한지 여부이다. 즉 어떤 급부청구권이 행정청의 지급결정에 의하여 비로소 구체적으로 확정되는 경우에는 그 지급결정203) 또는 지급거부결정을 항고소송으로 다투어야 하고(판례 ❶, ❷), 급부청구권이 법령이나 행정청의 지급결정에 의하여 이미 구체적으로 명확하게 확정되어 있는 경우에는 행정청을 상대로 항고소송을 제기함이 없이 곧바로 그 법률관계의 한쪽 당사자를 상대로 급부의 이행을 청구하는 당사자소송을 제기하여야 한다(판례 ❸, ❹, ❺). 따라서 구체적인 권리가 발생하지 않은 상태에서 당사자소송을 제기하여 급부의 이행을 소구하는 것은 허용되지 않는다(판례 ❻).

> **관련판례 ❶** 금전지급을 받을 권리가 행정청의 지급결정에 의하여 비로소 구체화되는 사례
>
> 구 의료보호법 제1조, 제4조, 제6조, 제11조, 제21조, 같은법시행령 제17조 제1항, 제2항, 제21조, 같은법시행규칙 제28조, 제29조에 따른 의료보호의 목적, 의료보호대상자의 선정절차, 기금의 성격과 조성방법 및 운용절차, 보호기관의 심사결정의 내용과 성격, 진료기관의 보호비용의 청구절차 등에 비추어 볼 때, 진료기관의 보호기관에 대한 진료비지급청구권은 계약 등의 법률관계에 의하여 발생하는 사법상의 권리가 아니라 법에 의하여 정책적으로 특별히 인정되는 공법상의 권리라고 할 것이고, 법령의 요건에 해당하는 것만으로 바로 구체적인 진료비지급청구권이 발생하는 것이 아니라 **보호기관의 심사결정에 의하여 비로소 구체적인 청구권이 발생한다고 할 것이므로**, 진료기관은 법령이 규정한 요건에 해당하여 진료비를 지급받을 추상적인 권리가 있다 하더라도 진료기관의 보호비용 청구에 대하여 보호기관이 심사 결과 지급을 거부한 경우에는 곧바로 민사소송은 물론 공법상 당사자소송으로도 지급 청구를 할 수 없고, **지급거부 결정의 취소를 구하는 항고소송을 제기하는 방법으로 구제받을 수밖에 없다**(대법원 1999. 11. 26. 선고 97다42250 판결).

> **관련판례 ❷** 금전지급을 받을 권리가 행정청의 지급결정에 의하여 비로소 구체화되는 사례
>
> 구 공무원연금법 제26조 제1항, 제80조 제1항, 공무원연금법시행령 제19조의2의 각 규정을 종합하면, 같은 법 소정의 급여는 급여를 받을 권리를 가진 자가 당해 공무원이 소속하였던 기관장의 확인을 얻어 신청하는 바에 따라 **공무원연금관리공단이 그 지급결정을 함으로써 그 구체적인 권리가 발생하는 것이므로, 공무원연금관리공단의 급여에 관한 결정은 국민의 권리에 직접 영향을 미치는 것이어서 행정처분에 해당**하고, 공무원연금관리공단의 급여결정에 불복하는 자는 공무원연금급여재심위원회의 심사결정을 거쳐 공무원연금관리공단의 급여결정을 대상으로 행정소송을 제기하여야 한다(대법원 1996. 12. 6. 선고 96누6417 판결).

---

203) 지급결정을 다투는 경우는 지급 신청한 액수보다 적은 액수의 지급결정이 나온 경우일 것이다.

관련판례 ❸ 금전지급을 받을 권리가 이미 구체화된 사례

구 공무원연금법 소정의 퇴직연금 등의 급여는 급여를 받을 권리를 가진 자가 당해 공무원이 소속하였던 기관장의 확인을 얻어 신청하는 바에 따라 공무원연금관리공단이 그 지급결정을 함으로써 그 구체적인 권리가 발생하는 것이므로, 공무원연금관리공단의 급여에 관한 결정은 국민의 권리에 직접 영향을 미치는 것이어서 행정처분에 해당할 것이지만, 공무원연금관리공단의 인정에 의하여 퇴직연금을 지급받아 오던 중 구 공무원연금법령의 개정 등으로 퇴직연금 중 일부 금액의 지급이 정지된 경우에는 당연히 개정된 법령에 따라 퇴직연금이 확정되는 것이지 같은 법 제26조 제1항에 정해진 공무원연금관리공단의 퇴직연금 결정과 통지에 의하여 비로소 그 금액이 확정되는 것이 아니므로, 공무원연금관리공단이 퇴직연금 중 일부 금액에 대하여 지급거부의 의사표시를 하였다고 하더라도 그 의사표시는 퇴직연금 청구권을 형성·확정하는 행정처분이 아니라 공법상의 법률관계의 한쪽 당사자로서 그 지급의무의 존부 및 범위에 관하여 나름대로의 사실상·법률상 의견을 밝힌 것일 뿐이어서, 이를 행정처분이라고 볼 수는 없고, 이 경우 미지급퇴직연금에 대한 지급청구권은 공법상 권리로서 그의 지급을 구하는 소송은 공법상의 법률관계에 관한 소송인 **공법상 당사자소송**에 해당한다(대법원 2004. 7. 8. 선고 2004두244 판결).

관련판례 ❹ 금전지급을 받을 권리가 이미 구체화된 사례

[1] 법률 제3782호 하천법 중 개정법률은 그 부칙 제2조 제1항에서 개정 하천법의 시행일인 1984. 12. 31. 전에 유수지에 해당되어 하천구역으로 된 토지 및 구 하천법의 시행으로 국유로 된 제외지 안의 토지에 대하여는 관리청이 그 손실을 보상하도록 규정하였고, '법률 제3782호 하천법 중 개정법률 부칙 제2조의 규정에 의한 보상청구권의 소멸시효가 만료된 하천구역 편입토지 보상에 관한 특별조치법' 제2조는 구 하천법 부칙 제2조 제1항에 해당하는 토지로서 개정 하천법 부칙 제2조 제2항에서 규정하고 있는 소멸시효의 만료로 보상청구권이 소멸되어 보상을 받지 못한 토지에 대하여는 시·도지사가 그 손실을 보상하도록 규정하고 있는바, 위 각 규정들에 의한 손실보상청구권은 모두 종전의 하천법 규정 자체에 의하여 하천구역으로 편입되어 국유로 되었으나 그에 대한 보상규정이 없었거나 보상청구권이 시효로 소멸되어 보상을 받지 못한 토지들에 대하여, 국가가 반성적 고려와 국민의 권리구제 차원에서 그 손실을 보상하기 위하여 규정한 것으로서, 그 법적 성질은 하천법 본칙이 원래부터 규정하고 있던 하천구역에의 편입에 의한 손실보상청구권과 하등 다를 바가 없는 것이어서 **공법상의 권리**임이 분명하므로 그에 관한 쟁송도 행정소송절차에 의하여야 한다.

[2] 하천법 부칙(1989. 12. 30.) 제2조와 '법률 제3782호 하천법 중 개정법률 부칙 제2조의 규정에 의한 보상청구권의 소멸시효가 만료된 하천구역 편입토지 보상에 관한 특별조치법' 제2조, 제6조의 각 규정들을 종합하면, 위 규정들에 의한 **손실보상청구권은 1984. 12. 31. 전에 토지가 하천구역으로 된 경우에는 당연히 발생되는 것이지, 관리청의 보상금지급결정에 의하여 비로소 발생하는 것은 아니므로**, 위 규정들에 의한 손실보상금의 지급을 구하거나 손실보상청구권의 확인을 구하는 소송은 행정소송법 제3조 제2호 소정의 당사자소송에 의하여야 한다(대법원 2016. 5. 24. 선고 2013두14863 판결).

관련판례 ❺ 금전지급을 받을 권리가 이미 구체화된 사례

[1] 법률 제3782호 하천법 중 개정법률은 그 부칙 제2조 제1항에서 개정 하천법의 시행일인 1984. 12. 31. 전에 유수지에 해당되어 하천구역으로 된 토지 및 구 하천법의 시행으로 국유로 된 제외지 안의 토지에 대하여는 관리청이 그 손실을 보상하도록 규정하였고, '법률 제3782호 하천법 중 개정법률 부칙 제2조의 규정에 의한 보상청구권의 소멸시효가 만료된 하천구역 편입토지 보상에 관한 특별조치법' 제2조는 구 하천법 부칙 제2조 제1항에 해당하는 토지로서 개정 하천법 부칙 제2조 제2항에서 규정하고 있는 소멸시효의 만료로 보상청구권이 소멸되어 보상을 받지 못한 토지에 대하여는 시·도지사가 그 손실을

보상하도록 규정하고 있는바, 위 각 규정들에 의한 손실보상청구권은 모두 종전의 하천법 규정 자체에 의하여 하천구역으로 편입되어 국유로 되었으나 그에 대한 보상규정이 없었거나 보상청구권이 시효로 소멸되어 보상을 받지 못한 토지들에 대하여, 국가가 반성적 고려와 국민의 권리구제 차원에서 그 손실을 보상하기 위하여 규정한 것으로서, 그 법적 성질은 하천법 본칙이 원래부터 규정하고 있던 하천구역에의 편입에 의한 손실보상청구권과 하등 다를바가 없는 것이어서 공법상의 권리임이 분명하므로 그에 관한 쟁송도 행정소송절차에 의하여야 한다.

[2] 하천법 부칙(1989. 12. 30.) 제2조와 '법률 제3782호 하천법 중 개정법률 부칙 제2조의 규정에 의한 보상청구권의 소멸시효가 만료된 하천구역 편입토지 보상에 관한 특별조치법' 제2조, 제6조의 각 규정들을 종합하면, 위 규정들에 의한 손실보상청구권은 1984. 12. 31. 전에 토지가 하천구역으로 된 경우에는 당연히 발생되는 것이지, 관리청의 보상금지급결정에 의하여 비로소 발생하는 것은 아니므로, 위 규정들에 의한 손실보상금의 지급을 구하거나 손실보상청구권의 확인을 구하는 소송은 행정소송법 제3조 제2호 소정의 당사자소송에 의하여야 한다(대법원 2006. 5. 18. 선고 2004다6207 판결).

> **관련판례 ❻** 구체적인 권리가 발생하지 않은 상태에서는 당사자소송을 제기할 수 없다는 사례
> 공무원연금법령상 급여를 받으려고 하는 자는 우선 관계 법령에 따라 공단에 급여지급을 신청하여 공무원연금관리공단이 이를 거부하거나 일부 금액만 인정하는 급여지급결정을 하는 경우 그 결정을 대상으로 항고소송을 제기하는 등으로 구체적 권리를 인정받은 다음 비로소 당사자소송으로 그 급여의 지급을 구하여야 하고, 구체적인 권리가 발생하지 않은 상태에서 곧바로 공무원연금관리공단 등을 상대로 한 당사자소송으로 급여의 지급을 소구하는 것은 허용되지 않는다(대법원 2010. 5. 27. 선고 2008두5636 판결).

Ⅱ. 당사자소송의 종류

1. 실질적 당사자소송

가. 의 의

통설은 당사자소송을 실질적 당사자소송과 형식적 당사자소송으로 나누어 설명하면서, 실질적 당사자소송을 '공법상의 법률관계에 관한 소송으로서 그 법률관계의 한쪽 당사자를 피고로 하는 소송'으로 정의하고 있다.

한편 통설은 실질적 당사자소송을 다시 ① 처분 등을 원인으로 하는 법률관계에 관한 소송과 ② 그 밖의 공법상의 법률관계에 관한 소송으로 구분하는데, 전자의 예로는 위법한 과세처분에 의하여 일단 납부한 금액을 반환청구하는 부당이득반환청구소송(조세과오납반환청구소송)이나 위법한 행정처분에 의하여 발생한 손해의 배상을 청구하는 국가배상청구소송 등이 있으며, 후자의 예로는 공법상의 지위 또는 신분의 확인을 구하는 소송이나 공법상의 금전지급청구소송 또는 공법상 계약의 법률관계에 관한 소송 등이 이에 해당한다고 한다.

통상 수식어 없이 당사자소송이라고 하면 실질적 당사자소송을 의미하는 것이다.

나. 내 용

(1) 처분 등을 원인으로 하는 법률관계에 관한 소송

행정소송법 제3조 제2호는 "행정청의 처분 등을 원인으로 하는 법률관계에 관한 소송"을 당사

자소송의 하나로 유형화하고 있는바, 이는 처분 등이 원인이 되어 그 직접적인 결과로서 성립된 법률관계는 공법관계로 보아 이에 관한 소송을 당사자소송으로 다루려는 취지인 것이다. 이러한 당사자소송으로서는 ① 처분 등의 취소나 무효를 전제로 하는 부당이득반환청구소송, ② 공무원의 불법행위로 인한 국가배상청구소송 등이 있다. 이들 소송은 성질상 당연히 당사자소송에 속하는 것으로 보아야 할 것이나, 실무상으로는 민사소송으로 다루어지고 있다.

(2) 그 밖의 공법상의 법률관계에 관한 소송

(가) 공법상의 금전지급청구소송

손실보상청구권, 공무원연금청구권, 보조금지급청구권 및 각종 사회보장관계법률의 급부청구권 등이 행정청의 지급결정의 매개 없이 법률의 규정에 의하여 직접 발생하는 경우에는 당사자소송의 대상이 된다.

종래 판례는 개별법에서 별도의 규정을 두고 있지 않는 한 손실보상청구권을 사권으로 보아 민사소송으로 다루어 왔으나, 최근 하천구역 편입토지에 대한 손실보상청구사건에서 입장을 바꾸어 공법상의 권리로 보아 당사자소송으로 다루었다(판례 ❶). 그 밖에 공법상 금전지급청구소송을 당사자소송으로 다룬 판례로는 광주민주화운동관련자보상 등에 관한 법률에 의한 보상금청구사건(판례 ❷) 및 석탄산업법에 의한 석탄가격안정지원금청구사건 등이 있다.

한편 대법원은 민주화운동관련자 명예회복 및 보상 등에 관한 법률에 의한 보상금 지급에 관한 소송은 보상심의위원회에서 심의·결정을 받아야만 비로소 보상금 등의 지급 대상자로 확정될 수 있다는 이유에서 당사자소송이 아니라 취소소송의 성격을 갖는다고 판시하였다(판례 ❸).

> **관련판례 ❶** 하천구역 편입토지에 대한 손실보상청구권에 관한 분쟁은 당사자소송의 대상이라는 사례
>
> 개정 하천법 등이 하천구역으로 편입된 토지에 대하여 손실보상청구권을 규정한 것은 헌법 제23조 제3항이 선언하고 있는 손실보상청구권을 하천법에서 구체화한 것으로서, 하천법 그 자체에 의하여 직접 사유지를 국유로 하는 이른바 입법적 수용이라는 국가의 공권력 행사로 인한 토지소유자의 손실을 보상하기 위한 것이므로 하천구역 편입토지에 대한 손실보상청구권은 공법상의 권리임이 분명하고, 따라서 그 손실보상을 둘러싼 쟁송은 사인간의 분쟁을 대상으로 하는 민사소송이 아니라 공법상의 법률관계를 대상으로 하는 당사자소송 절차에 의하여야 할 것이다(대법원 2006. 5. 18. 선고 2004다6207 판결).

> **관련판례 ❷** 광주민주화운동관련자보상에관한법률에 의거한 손실보상청구권에 관한 분쟁은 당사자소송의 대상이라는 사례
>
> 광주민주화운동관련자보상 등에 관한 법률에 의거하여 관련자 및 유족들이 갖게 되는 보상 등에 관한 권리는 헌법 제23조 제3항에 따른 재산권침해에 대한 손실보상청구나 국가배상법에 따른 손해배상청구와는 그 성질을 달리하는 것으로서 **법률이 특별히 인정하고 있는 공법상의 권리라고 하여야 할 것이므로 그에 관한 소송은 행정소송법 제3조 제2호 소정의 당사자소송에 의하여야** 할 것이며 보상금 등의 지급에 관한 법률관계의 주체는 대한민국이다(대법원 1992. 12. 24. 선고 92누3335 판결).

> **관련판례 ❸** 민주화운동관련자 명예회복 및 보상 등에 관한 법률에 의한 보상금지급신청의 기각결정은 취소소송의 대상이라는 사례
>
> 민주화운동관련자 명예회복 및 보상 등에 관한 법률 제17조는 보상금등의 지급에 관한 소송의 형태를 규정

하고 있지 않지만, 위 규정 전단에서 말하는 보상금 등의 지급에 관한 소송은 민주화운동관련자 명예회복 및 보상 심의위원회의 보상금 등의 지급신청에 관하여 전부 또는 일부를 기각하는 결정에 대한 불복을 구하는 소송이므로 취소소송을 의미한다고 보아야 하며, 후단에서 보상금 등의 지급신청을 한 날부터 90일을 경과한 때에는 그 결정을 거치지 않고 위 소송을 제기할 수 있도록 한 것은 관련자 등에 대한 신속한 권리구제를 위하여 위 기간 내에 보상금 등의 지급 여부 등에 대한 결정을 받지 못한 때에는 지급 거부 결정이 있는 것으로 보아 곧바로 법원에 심의위원회를 상대로 그에 대한 취소소송을 제기할 수 있다고 규정한 취지라고 해석될 뿐, 위 규정이 보상금 등의 지급에 관한 처분의 취소소송을 제한하거나 또는 심의위원회에 의하여 관련자 등으로 결정되지 아니한 신청인에게 국가를 상대로 보상금 등의 지급을 구하는 이행소송을 직접 제기할 수 있도록 허용하는 취지라고 풀이할 수는 없다(대법원 2008. 4. 17. 선고 2005두16185 판결).

관련판례 지방소방공무원의 초과근무수당 지급청구는 당사자소송

지방소방공무원의 초과근무수당 지급청구권은 법령의 규정에 의하여 직접 그 존부나 범위가 정하여지고 법령에 규정된 수당의 지급요건에 해당하는 경우에는 곧바로 발생한다고 할 것이므로, 지방소방공무원이 자신이 소속된 지방자치단체를 상대로 초과근무수당의 지급을 구하는 청구에 관한 소송은 행정소송법 제3조 제2호에 규정된 **당사자소송**의 절차에 따라야 한다(대법원 2013. 3. 28. 선고 2012다102629 판결).

관련판례 지방자치단체가 보조사업자에 대해 지급한 보조금의 반환을 청구하는 소송

지방자치단체가 보조금 지급결정을 하면서 일정 기한 내에 보조금을 반환하도록 하는 교부조건을 부가한 사안에서, 보조사업자의 지방자치단체에 대한 보조금 반환의무는 행정처분인 위 보조금 지급결정에 부가된 부관상 의무이고, 이러한 부관상 의무는 보조사업자가 지방자치단체에 부담하는 공법상 의무이므로, **보조사업자에 대한 지방자치단체의 보조금반환청구는 공법상 권리관계의 일방 당사자를 상대로 하여 공법상 의무이행을 구하는 청구로서 행정소송법 제3조 제2호에 규정한 당사자소송의 대상**이라고 한 사례(대법원 2011. 6. 9. 선고 2011다2951 판결).

관련판례 명예퇴직한 법관이 미지급 명예퇴직수당액의 지급을 청구하는 소송

명예퇴직한 법관이 미지급 명예퇴직수당액에 대하여 가지는 권리는 명예퇴직수당 지급대상자 결정 절차를 거쳐 명예퇴직수당규칙에 의하여 확정된 공법상 법률관계에 관한 권리로서, 그 지급을 구하는 소송은 행정소송법의 **당사자소송**에 해당하며, 그 법률관계의 당사자인 국가를 상대로 제기하여야 한다(대법원 2016. 5. 24. 선고 2013두14863 판결).

(나) 공법상 계약에 관한 소송

행정주체 상호간 또는 행정주체와 사인간의 공법상 계약에 관련된 분쟁은 당사자소송의 대상이 된다. 판례는 계약직(현 임기제) 공무원의 임면에 관한 소송(판례 ❶)과 공중보건의사 채용계약해지와 관련된 소송(판례 ❷) 그리고 서울시립무용단원의 해촉에 관한 소송(판례 ❸)을 당사자소송으로 다룬바 있다.

관련판례 ❶ 지방전문직공무원 채용계약 해지의 의사표시를 구하는 소송은 당사자소송이라는 사례

현행 실정법이 **지방전문직공무원 채용계약 해지의 의사표시**를 일반공무원에 대한 징계처분과는 달리 항고소송의 대상이 되는 처분 등의 성격을 가진 것으로 인정하지 아니하고, 지방전문직공무원규정 제7조 각호의 1에 해당하는 사유가 있을 때 **지방자치단체가 채용계약관계의 한쪽 당사자로서 대등한 지위에서 행하는 의사표시**로 취급하고 있는 것으로 이해되므로, 지방전문직공무원 채용계약 해지의 의사표시에 대하여는

대등한 당사자간의 소송형식인 **공법상 당사자소송으로** 그 의사표시의 무효확인을 청구할 수 있다(대법원 1993. 9. 14. 선고 92누4611 판결).

관련판례 ❷ 공중보건의사 채용계약해지의 무효확인의 청구를 구하는 소송은 당사자소송이라는 사례

현행 실정법이 전문직공무원인 **공중보건의사의 채용계약 해지의 의사표시**는 일반공무원에 대한 징계처분과는 달라서 항고소송의 대상이 되는 처분 등의 성격을 가진 것으로 인정되지 아니하고, 일정한 사유가 있을 때에 관할 도지사가 **채용계약 관계의 한쪽 당사자로서 대등한 지위에서 행하는 의사표시**로 취급하고 있는 것으로 이해되므로, 공중보건의사 채용계약 해지의 의사표시에 대하여는 대등한 당사자간의 소송형식인 **공법상의 당사자소송으로 그 의사표시의 무효확인을 청구할 수 있는 것이다**(대법원 1996. 5. 31. 선고 95누10617 판결).

관련판례 ❸ 서울특별시립무용단원의 해촉의 무효확인을 구하는 소송은 당사자소송이라는 사례

서울특별시립무용단원의 공연 등 활동은 지방문화 및 예술을 진흥시키고자 하는 서울특별시의 공공적 업무수행의 일환으로 이루어진다고 해석될 뿐 아니라, 단원으로 위촉되기 위하여는 일정한 능력요건과 자격요건을 요하고, 계속적인 재위촉이 사실상 보장되며, 공무원연금법에 따른 연금을 지급받고, 단원의 복무규율이 정해져 있으며, 정년제가 인정되고, 일정한 해촉사유가 있는 경우에만 해촉되는 등 서울특별시립무용단원이 가지는 지위가 공무원과 유사한 것이라면, 서울특별시립무용단 단원의 위촉은 공법상의 계약이라고 할 것이고, 따라서 그 단원의 해촉에 대하여는 공법상의 당사자소송으로 그 무효확인을 청구할 수 있다(대법원 1995. 12. 22. 선고 95누4636 판결).

비교판례 지방계약직공무원이 보수삭감의 취소를 구하는 소송은 항고소송이라는 사례

지방계약직공무원에 대한 보수의 삭감조치는 이를 당하는 공무원의 입장에서는 징계처분의 일종인 감봉과 다를 바 없다. 따라서 징계처분의 처분성을 인정하는 판례입장에 따를 때 지방계약직공무원에 대한 보수의 삭감의 취소를 구하는 소송은 항고소송으로 볼 수 있다(대법원 2008. 6. 12. 선고 2006두16328 판결; 대법원 2012. 10. 11. 선고 2012두10895 판결).

(다) 각종 공법상의 권리 및 의무, 지위 및 신분, 권한 등에 대한 확인소송

당사자소송은 이행소송뿐만 아니라 확인소송의 형태로도 제기가 가능하므로, 각종 공법상의 권리 및 의무, 지위 및 신분, 권한 등에 대한 확인을 당사자소송으로 제기할 수 있다. 다만 확인소송의 보충성이 요구된다는 점에서 항고소송으로서의 무효등확인소송과 차이가 난다.[204]

판례도 납세의무부존재확인소송(판례 ❶), 재개발조합을 상대로 제기한 조합원 자격 확인소송(판례 ❷), 재건축조합을 상대로 제기한 총회결의무효확인소송(판례 ❸), 한국전력공사를 상대로 제기한 텔레비전방송수신료 징수권한 부존재확인소송(판례 ❹), 고용·산재보험료 납부의무 부존재확인소송(판례 ❺), 공무원 지위확인소송(판례 ❻) 등에 대해서 당사자소송으로 처리하였다.

관련판례 ❶ 납세의무부존재확인의 소는 공법상 법률관계 그 자체를 다투는 소송으로서 당사자소송

납세의무부존재확인의 소는 **공법상의 법률관계 그 자체를 다투는** 소송으로서 **당사자소송**이라 할 것이므로 행정소송법 제3조 제2호, 제39조에 의하여 그 법률관계의 한쪽 당사자인 국가·공공단체 그 밖의 권리주체가 피고적격을 가진다(대법원 2000. 9. 8. 선고 99두2765 판결).

---

[204] 대법원 2008. 6. 12. 선고 2006두16328 판결

> **관련판례 ❷ 재개발조합의 조합원의 자격 인정 여부에 관한 당사자소송**
> 구 도시재개발법에 의한 재개발조합은 조합원에 대한 법률관계에서 적어도 특수한 존립목적을 부여받은 특수한 행정주체로서 국가의 감독하에 그 존립 목적인 특정한 공공사무를 행하고 있다고 볼 수 있는 **범위 내에서는 공법상의 권리의무 관계에** 서 있다. 따라서 조합을 상대로 한 쟁송에 있어서 강제가입제를 특색으로 한 조합원의 자격 인정 여부에 관하여 다툼이 있는 경우에는 그 단계에서는 아직 조합의 어떠한 처분 등이 개입될 여지는 없으므로 공법상의 당사자소송에 의하여 그 조합원 자격의 확인을 구할 수 있다(대법원 1996. 2. 15. 선고 94다31235 판결).

> **관련판례 ❸ 도시 및 주거환경정비법상의 주택재건축정비사업조합을 상대로 관리처분계획안에 대한 조합총회 결의의 효력 등을 다투는 소송으로서 당사자소송**
> 도시정비법 등 관련 법령에서 정한 요건과 절차를 갖추어 성립한 주택재건축정비사업조합(이하 '재건축조합'이라 한다)은 관할 행정청의 감독 아래 정비구역 안에서 도시정비법상의 '주택재건축사업'을 시행하는 목적 범위 내에서 법령이 정하는 바에 따라 일정한 행정작용을 행하는 행정주체로서의 지위를 갖는 것이고, 조합설립변경 인가 또는 사업시행계획안에 대한 인가가 이루어지기 전에 **행정주체인 재건축조합을 상대로 그 조합설립변경 결의 또는 사업시행계획 결의의 효력 등을 다투는 소송**은 행정처분에 이르는 절차적 요건의 존부나 효력 유무에 관한 소송으로서 그 소송결과에 따라 행정처분의 위법 여부에 직접 영향을 미치는 공법상 법률관계에 관한 것이므로 이는 행정소송법상의 **당사자소송**에 해당한다(대법원 2010. 7. 29. 선고 2008다6328 판결).

> **관련판례 ❹ 텔레비전방송수신료 통합징수권한부존재확인은 당사자소송이라는 사례**
> 수신료의 법적 성격, 피고 보조참가인의 수신료 강제징수권의 내용[구 방송법(2008. 2. 29. 법률 제8867호로 개정되기 전의 것) 제66조 제3항] 등에 비추어 보면 수신료 부과행위는 공권력의 행사에 해당하므로, 피고가 피고 보조참가인으로부터 수신료의 징수업무를 위탁받아 자신의 고유업무와 관련된 고지행위와 결합하여 **수신료를 징수할 권한이 있는지 여부를 다투는** 이 사건 쟁송은 민사소송이 아니라 공법상의 법률관계를 대상으로 하는 것으로서 행정소송법 제3조 제2호에 규정된 **당사자소송**에 의하여야 한다고 봄이 상당하다 (대법원 2008. 7. 24. 선고 2007다25261 판결).

> **관련판례 ❺ 고용 · 산재보험료 납부의무 부존재확인소송은 공법상 당사자소송**
> 고용보험 및 산업재해보상보험의 보험료징수 등에 관한 법률 제4조, 제16조의2, 제17조, 제19조, 제23조의 각 규정에 의하면, 사업주가 당연가입자가 되는 고용보험 및 산재보험에서 보험료 납부의무 부존재확인의 소는 공법상의 법률관계 자체를 다투는 소송으로서 공법상 당사자소송이다(대법원 2016. 10. 13. 선고 2016다221658 판결).

> **관련판례 ❻ 공무원지위확인소송은 당사자소송이다**
> 원고는 1979. 9. 1. 피고(전라남도) 산하의 교육청 소속 2종 지방 고용직공무원으로 임용(이하 이를 '당초 임용'이라고 한다)되어 근무하다가 종전의 해당 직급에 해당하는 근무경력이 3년 이상인 자에 해당한다는 사유로 1989. 7. 20. 자로 지방기능직 공무원인 지방사무보조원(10등급)으로 특별임용(이하 이를 '이 사건 임용'이라고 한다)되어 근무하여 오던 중, 원고에게 1978. 10. 31. 자로 광주지방법원에서 공무집행방해 등으로 징역 1년에 집행유예 1년을 선고받은 전력이 있다는 것이 밝혀졌고, 그러자 교육청 교육장이 위와 같은 원고의 전력은 법 제31조 제4호가 정한 공무원 임용결격사유에 해당하여 1979. 9. 1. 자로 이루어진 당초 임용과 관련하여 당연퇴직 사유에 해당하므로, 당초 처분이 유효함을 전제로 한 이 사건 임용 역시 당연무효

> 라는 이유로 1997. 7. 21. 자로 법에 의하여 당연히 퇴직의 효과가 발생하였음을 확인하여 알려주는 의미에서 당연퇴직의 통지하였다. 이에 원고의 전력이 이 사건 임용과 관련하여서는 공무원 결격사유에 해당하지 아니하고 따라서 이 사건 임용이 그로 인하여 당연무효가 되는 것은 아니라는 이유로 원고는 지방사무원으로서의 공무원 지위의 확인을 구하는 이 사건 소를 제기하였는바, 원고의 이 사건 소는 교육청 교육장의 당연퇴직 조치가 행정처분임을 전제로 그 취소나 무효의 확인을 구하는 항고소송이 아니라 원고의 지방공무원으로서의 지위를 다투는 피고에 대하여 그 지위확인을 구하는 공법상의 당사자소송에 해당함이 분명하므로, 행정소송법 제39조의 규정상 지방자치단체로서 권리 주체인 피고가 이 사건 소에 있어서의 피고적격을 가진다고 할 것이다(대법원 1998. 10. 23. 선고 98두12932 판결).

(라) 공법상 결과제거청구소송

결과제거청구소송은 위법한 처분으로 생긴 외형적 결과를 제거하기 위한 제도이므로 처분 등을 원인으로 하는 법률관계에 관한 소송으로서 당사자소송에 해당한다. 따라서 이 결과제거청구소송은 행정법원에 제기되어야 할 것이다.

다만, 판례는 공법상 위법상태의 제거를 구하는 당사자소송을 인정하지 않고 있으므로, 민법 제213조(소유물반환청구권), 민법 제214조(소유물방해제거청구권), 민법 제764조(명예회복에 적당한 처분)에 근거하여 민사소송으로 물건의 반환, 방해의 제거, 정정보도 등을 청구하도록 하고 있다.

2. 형식적 당사자소송

가. 의 의

형식적 당사자소송이란 행정청의 처분이나 재결에 의하여 형성된 법률관계에 관하여 다툼이 있는 경우에, 해당 처분 또는 재결의 효력을 다툼이 없이 직접 그 처분·재결에 의하여 형성된 법률관계에 대하여 그 일방 당사자를 피고로 하여 제기하는 소송을 말한다.

나. 형식적 당사자소송의 일반적 인정여부(허용성)

판례는 "공무원연금법령상 급여를 받으려고 하는 자는 우선 관계 법령에 따라 공단에 급여지급을 신청하여 공무원연금관리공단이 이를 거부하거나 일부 금액만 인정하는 급여지급결정을 하는 경우 그 결정을 대상으로 항고소송을 제기하는 등으로 구체적 권리를 인정받은 다음 비로소 당사자소송으로 그 급여의 지급을 구하여야 하고, 구체적인 권리가 발생하지 않은 상태에서 곧바로 공무원연금관리공단 등을 상대로 한 당사자소송으로 급여의 지급을 소구하는 것은 허용되지 않는다." 라고 판시하여 개별법상의 명시적인 규정이 있는 경우 외에는 형식적 당사자소송의 제기를 허용하지 않는 입장이다.[205]

다. 형식적 당사자소송의 실정법상의 예

형식적 당사자소송의 대표적인 예로는 공익사업을 위한 토지등의 취득 및 보상에 관한 법률(이하 토지보상법) 제85조 제2항의 보상금증감청구소송을 들 수 있다.

토지수용위원회의 수용재결(또는 이의재결)의 내용 중 보상액에 불만이 있는 경우에 토지수용위

---

[205] 대법원 2010. 5. 27. 선고 2008두5636 판결

원회를 피고로 하여 수용재결(또는 이의재결)을 다투는 항고소송의 방식으로 보상액을 다시 결정하는 것은 우회적 절차이므로, 법률관계의 조속한 확정을 위하여 토지보상법은 보상금에 관한 법률관계의 당사자인 토지소유자와 사업시행자가 원고·피고가 되어 법원이 보상액을 직접 결정하는 소송을 인정하고 있다. 즉 실질적으로는 수용재결(또는 이의재결)이라는 처분의 내용을 다투지만 처분청인 토지수용위원회를 피고로 하여 수용재결(또는 이의재결)취소소송을 제기하는 것이 아니라 대등한 당사자인 토지소유자 및 사업시행자를 피고로 하여[206] 보상금의 감액 또는 증액을 청구하는 소송을 제기하는 것이다.

Ⅲ. 소송요건 및 절차

1. 소송요건

가. 재판관할

취소소송의 재판관할에 관한 규정은 당사자소송에도 준용된다. 다만 국가 또는 공공단체가 피고인 경우에는 관계행정청의 소재지를 피고의 소재지로 본다(법 제9조·제40조). 여기에서 '관계행정청'이란 형식적 당사자소송의 경우에는 당해 공법상 법률관계의 원인이 되는 처분을 한 행정청을 말하고, 실질적 당사자소송의 경우에는 당해 공법상 법률관계에 대하여 직접적인 관계가 있는 행정청을 말한다.

나. 소의 대상

당사자소송의 대상은 항고소송의 대상인 처분과는 달리 처분 등을 원인으로 하는 법률관계 그 밖의 공법상의 법률관계이다(법 제3조 제2호).

다. 원고적격 및 협의의 소의 이익

행정소송법은 공법상 당사자소송에 대하여는 원고적격 등 소의 이익에 관한 규정을 두고 있지 않다. 따라서 이에 대해서는 민사소송법이 준용된다 할 것이다(법 제8조 제2항). 그에 따라 당사자소송의 성질이 이행소송인 경우와 확인소송인 경우로 구분하여, 이행소송인 경우에는 이행청구권이 자신에게 있음을 주장하는 자에게 원고적격이 있고, 확인소송인 경우에는 확인의 이익을 가지는 자에게 원고적격이 있다.

라. 피고적격

당사자소송에 있어서는 항고소송의 경우처럼 행정청이 피고가 되는 것이 아니라 '국가·공공단체 그 밖의 권리주체'가 피고가 된다(법 제39조). 국가가 피고가 되는 때에는 법무부장관이 국가를 대표하며, 지방자치단체가 피고가 되는 때에는 해당 지방자치단체의 장이 대표한다. 한편 당사자소송은 국가나 공공단체와 같은 행정주체만 피고가 되는 것이 아니라 자연인이나 사법인 같은 행정객체도 피고가 될 수 있다.

---

[206] 보상금증액청구소송의 경우는 원고는 토지소유자 피고는 사업시행자, 보상금감액청구소송의 경우에는 원고는 사업시행자 피고는 토지소유자이다.

> **관련판례** 사업시행자가 제기하는 동의의 의사표시를 구하는 소송의 피고는 사인이 될 수도 있다
>
> 국토의 계획 및 이용에 관한 법률 제130조 제3항에서 정한 토지의 소유자·점유자 또는 관리인(이하 '소유자 등'이라 한다)이 사업시행자의 일시 사용에 대하여 정당한 사유 없이 동의를 거부하는 경우, 사업시행자는 해당 토지의 소유자 등을 상대로 동의의 의사표시를 구하는 소를 제기할 수 있다. 이와 같은 토지의 일시 사용에 대한 동의의 의사표시를 할 의무는 '국토의 계획 및 이용에 관한 법률'에서 특별히 인정한 공법상의 의무이므로, 그 의무의 존부를 다투는 소송은 '공법상의 법률관계에 관한 소송으로서 그 법률관계의 한쪽 당사자를 피고로 하는 소송', 즉 행정소송법 제3조 제2호에서 규정한 당사자소송이라고 보아야 한다. 행정소송법 제39조는, "당사자소송은 국가·공공단체 그 밖의 권리주체를 피고로 한다."라고 규정하고 있다. 이것은 당사자소송의 경우 항고소송과 달리 '행정청'이 아닌 '권리주체'에게 피고적격이 있음을 규정하는 것일 뿐, 피고적격이 인정되는 권리주체를 행정주체로 한정한다는 취지가 아니므로, 이 규정을 들어 사인을 피고로 하는 당사자소송을 제기할 수 없다고 볼 것은 아니다(대법원 2019. 9. 9. 선고 2016다262550 판결).

> **관련판례** 국가 등 과세주체가 제기한 조세채권존재확인소송의 피고는 납세의무자이다
>
> [1] 조세는 국가존립의 기초인 재정의 근간으로서, 세법은 공권력 행사의 주체인 과세관청에 부과권이나 우선권 및 자력집행권 등 세액의 납부와 징수를 위한 상당한 권한을 부여하여 공익성과 공공성을 담보하고 있다. 따라서 조세채권자는 세법이 부여한 부과권 및 자력집행권 등에 기하여 조세채권을 실현할 수 있어 특별한 사정이 없는 한 납세자를 상대로 소를 제기할 이익을 인정하기 어렵다. 다만 납세의무자가 무자력이거나 소재불명이어서 체납처분 등의 자력집행권을 행사할 수 없는 등 구 국세기본법 제28조 제1항이 규정한 사유들에 의해서는 조세채권의 소멸시효 중단이 불가능하고 조세채권자가 조세채권의 징수를 위하여 가능한 모든 조치를 충실히 취하여 왔음에도 조세채권이 실현되지 않은 채 소멸시효기간의 경과가 임박하는 등의 특별한 사정이 있는 경우에는, 그 시효중단을 위한 재판상 청구는 예외적으로 소의 이익이 있다고 봄이 타당하다.
>
> [2] 국가 등 과세주체가 해당 확정된 조세채권의 소멸시효 중단을 위하여 납세의무자를 상대로 제기한 조세채권존재확인의 소는 공법상 당사자소송에 해당한다(대법원 2020. 3. 2. 선고 2017두41771 판결).

마. 제소기간

당사자소송에는 취소소송의 제소기간에 관한 규정이 준용되지 않는다. 다만 당사자소송에 관한 제소기간이 법령에 정하여져 있는 경우에는 그에 의하며, 그 기간은 불변기간으로 한다(법 제41조). 이에 따라 당사자소송의 제소기간에는 원칙상 제한이 없으므로 공법상의 권리가 시효 등에 의해 소멸되지 않는 한 당사자소송을 제기할 수 있다.

바. 행정심판전치주의

취소소송에 있어서의 예외적 행정심판전치주의는 당사자소송에 준용되지 않는다.

2. 가구제, 관련청구소송의 이송·병합, 소의 변경, 소송참가

가. 가구제

당사자소송에서는 집행정지는 인정되지 않는다(법 제44조 제1항). 다만 당사자소송은 민사소송과 유사하므로 민사집행법상의 가처분이 허용된다. 판례[207])도 당사자소송에 대하여는 행정

소송법 제23조 제2항의 집행정지에 관한 규정이 준용되지 아니하므로 행정소송법 제8조 제2항에 따라 민사집행법상 가처분에 관한 규정이 준용되어야 한다고 판시하였다.

나. 관련청구소송의 이송과 병합

당사자소송과 관련청구소송이 각각 다른 법원에 계속된 경우에 취소소송에 있어 이송과 병합에 관한 규정이 준용된다(법 제10조·제44조 제2항).

다. 소의 변경

법원은 당사자소송을 항고소송으로 변경하는 것이 상당하다고 인정할 때에는 청구의 기초가 변경이 없는 한 사실심변론종결시까지 원고의 신청에 의하여 결정으로써 소의 변경을 허용할 수 있다(법 제21조·제42조). 또한 처분변경으로 인한 소의 변경도 인정된다(법 제22조·제44조).

라. 소송참가

소송참가는 당사자소송에서도 인정된다(법 제44조, 법 제16조·제17조).

3. 심리절차

당사자소송은 민사소송과 큰 차이가 없으므로 항고소송에 비하여 더욱 당사자주의와 변론주의가 지배한다 할 것이다. 다만, 당사자소송도 행정소송이라는 점을 감안하여 행정소송법은 행정심판기록의 제출명령(법 제25조)과 직권심리(법 제26조) 등 취소소송의 심리에 관한 규정을 준용하고 있다(법 제44조 제1항). 그 밖에 공개심리주의, 구술심리주의, 법관의 석명의무, 입증책임분배에 관한 원칙 등이 당사자소송에도 적용된다고 보아야 한다.

Ⅳ. 판결 및 소송의 종료

1. 판결의 종류

판결의 종류는 기본적으로 취소소송의 경우와 같다. 다만 취소소송과 달리 사정판결제도가 없다.

2. 판결의 효력

당사자소송도 판결을 통해 확정되면 자박력, 확정력을 갖는다. 또한 취소소송에 있어서 판결의 기속력은 당사자소송의 판결에도 준용된다(법 제30조 제1항·제44조 제1항). 당사자소송에 있어서는 국가·공공단체 등 행정주체만이 당사자가 되는 것인데, 그 행정주체를 위하여 직접 행정권을 행사하는 것은 관계행정청이므로 판결의 기속력을 직접 이들에게 미치게 하여 판결의 실효성을 확보하기 위함이다.

다만 취소판결의 제3자효(법 제29조 제1항), 재처분의무(법 제30조 제2항), 제3자에 의한 재심청구(법 제31조), 간접강제(법 제34조) 등은 당사자소송에서는 적용되지 않는다.

---

207) 대법원 2015. 8. 21. 자 2015무26 결정

3. 가집행선고 허용여부

국가를 상대로 하는 당사자소송의 경우에는 가집행선고를 할 수 없도록 규정한 행정소송법 제43조에 대해 최근 위헌 결정이 나왔으므로 이제는 국가를 상대로도 가집행선고가 가능하다. 헌법재판소는 국가를 가집행 예외로 둔 행정소송법 제43조는 위헌 소지가 있다며 제청된 위헌법률심판 사건(헌법재판소 2022. 2. 24. 자 2020헌가12 결정)에서 재판관 전원일치 의견으로 위헌으로 결정하였다. 이 사건에서 헌법재판소는 "당사자소송의 경우 피고가 누구인지에 따라 승소 판결과 동시에 가집행 선고를 할 수 있는지 여부가 달라진다면 이는 곧 해당 조항에 따른 차별취급이라고 할 수 있다"며 "심판대상조항은 재산권의 청구에 관한 당사자소송 중에서도 피고가 공공단체 그 밖의 권리주체인 경우와 국가인 경우를 다르게 취급하고 있다"고 지적했다. 이어서 "재산권의 청구가 공법상 법률관계를 전제로 한다는 점만으로 국가를 상대로 하는 당사자소송에서 국가를 우대할 합리적인 이유가 있다고 할 수 없고 집행 가능성 여부에서도 국가와 지방자치단체 등이 실질적인 차이가 있다고 보기 어렵다"며 "해당 조항은 국가가 당사자소송의 피고인 경우 가집행의 선고를 제한해 국가가 아닌 공공단체 그 밖의 권리주체가 피고인 경우에 비해 합리적인 이유 없이 차별하고 있으므로 평등원칙에 반한다"고 판단하였다.

01 (2024년 기출)

당사자소송에 관한 설명으로 옳은 것은? (다툼이 있으면 판례에 따름) (2024년 기출)

① 사인을 피고로 하는 당사자소송은 허용되지 않는다.
② 부가가치세 환급세액의 지급청구는 과세행정청을 피고로 하여 당사자소송으로 하여야 한다.
③ 당사자소송과 관련청구소송이 각각 다른 법원에 계속되고 있는 경우 당사자의 신청이 없으면 법원은 직권으로 관련청구소송을 이송할 수 없다.
④ 당사자소송으로서 확인소송을 제기하는 경우에는 민사소송에서의 '확인의 이익'이 요구된다.
⑤ 회복하기 어려운 손해를 예방하기 위하여 긴급한 필요가 있는 경우 당사자소송을 제기하면서 집행정지를 신청할 수 있다.

/해 설/

① (×) 교재 236P (라. 피고적격)
② (×) 행정소송법 제39조에 따라 국가가 피고에 해당한다.
③ (×) 행정소송법 제44조 제2항
④ (○) 교재 232P ((다) 각종 공법상의 권리 및 의무, 지위 및 신분, 권한 등에 대한 확인소송)
⑤ (×) 행정소송법 제44조 제1항

정답 ④

02 (2024년 기출)

판례에 의할 때 당사자소송의 대상이 되는 경우를 모두 고른 것은?

> ㄱ. 명예퇴직한 법관이 미지급명예퇴직수당액의 지급을 구하는 경우
> ㄴ. 도시 및 주거환경정비법 상 재개발조합을 상대로 조합임원 선임결의의 무효확인을 구하는 경우
> ㄷ. 도시 및 주거환경정비법 상 재건축조합을 상대로 관리처분계획에 대한 관할 행정청의 인가·고시가 있은 후에 그 관리처분계획에 대한 조합 총회결의의 무효확인을 구하는 경우
> ㄹ. 이주자가 이주대책대상자 결정이 있기 이전에 사업시행자를 상대로 이주대책상의 수분양권의 확인을 구하는 경우
> ㅁ. 지방자치단체가 보조금 지급결정을 하면서 일정한 기한 내 보조금 반환을 교부조건으로 부가하였고, 그 부관상 의무에 따라 보조사업자에 대하여 보조금의 반환을 청구하는 경우

① ㄱ, ㅁ   ② ㄴ, ㄷ   ③ ㄷ, ㄹ   ④ ㄱ, ㄴ, ㅁ   ⑤ ㄱ, ㄷ, ㄹ

/해 설/

ㄱ. (○) 교재 231P (관련판례 명예퇴직한 법관이 미지급 명예퇴직수당액의 지급을 청구하는 소송)

ㄴ. (×) 교재 10P (관련판례 ③ 재개발조합과 조합장 또는 조합임원 사이의 선임·해임을 둘러싼 법률관계는 사법상의 법률관계)

ㄷ. (×) 교재 21P (나. (2) 판례)

ㄹ. (×) 공공용지의취득및손실보상에관한특례법에 의한 수분양권의 취득을 희망하는 이주자가 소정의 절차에 따라 이주대책 대상자 선정신청을 한 데 대하여 사업시행자가 그에 해당하지 아니한다고 판단하여 위와 같은 확인·결정 등의 처분을 하지 않고 이주대책 대상자에서 제외시키거나 또는 거부조치한 경우에 그 처분이 위법한 것이라면, 이주자는 사업시행자를 상대로 그 처분의 취소를 구하는 항고소송을 제기할 수 있을 뿐, 이주자가 구체적인 수분양권을 아직 취득하지도 못한 상태에서 곧바로 분양의무의 주체인 사업시행자를 상대로 이주대책상의 수분양권의 확인 등을 청구하는 민사소송을 제기하는 것은 허용되지 않는다(대법원 1995. 6. 30. 선고 94다14391, 94다14407 판결).

ㅁ. (○) 교재 231P (관련판례 지방자치단체가 보조사업자에 대해 지급한 보조금의 반환을 청구하는 소송)

[정답] ①

제40조　재판관할

> 제40조(재판관할) 제9조(재판관할)의 규정은 당사자소송의 경우에 준용한다. 다만, 국가 또는 공공단체가 피고인 경우에는 관계행정청의 소재지를 피고의 소재지로 본다.

취소소송의 재판관할에 관한 규정은 당사자소송에도 준용된다. 따라서 제1심 관할법원은 피고의 소재지를 관할하는 행정법원으로 한다. 다만 국가 또는 공공단체가 피고인 경우에는 관계행정청의 소재지를 피고의 소재지로 본다(법 제9조·제40조).

여기에서 '관계행정청'이란 형식적 당사자소송의 경우에는 당해 공법상 법률관계의 원인이 되는 처분을 한 행정청을 말하고, 실질적 당사자소송의 경우에는 당해 공법상 법률관계에 대하여 직접적인 관계가 있는 행정청을 말한다.

제41조　제소기간

> 제41조(제소기간) 당사자소송에 관하여 법령에 제소기간이 정하여져 있는 때에는 그 기간은 불변기간으로 한다.

당사자소송에는 취소소송의 제소기간에 관한 규정이 준용되지 않는다. 다만 당사자소송에 관한 제소기간이 법령에 정하여져 있는 경우에는 그에 의하며, 그 기간은 불변기간으로 한다(법 제41조). 이에 따라 당사자소송의 제소기간에는 원칙상 제한이 없으므로 공법상의 권리가 시효 등에 의해 소멸되지 않는 한 당사자소송을 제기할 수 있다.

제42조   소의 변경

제42조(소의 변경) 제21조(소의 변경)의 규정은 당사자소송을 항고소송으로 변경하는 경우에 준용한다.

제43조   가집행선고의 제한

제43조(가집행선고의 제한) 국가를 상대로 하는 당사자소송의 경우에는 가집행선고를 할 수 없다.

제44조   준용규정

제44조(준용규정) ① 제14조(피고경정), 제15조(공동소송), 제16조(제3자의 소송참가), 제17조(행정청의 소송참가), 제22조(처분변경으로 인한 소의 변경), 제25조(행정심판기록의 제출명령), 제26조(직권심리), 제30조제1항(취소판결등의 기속력), 제32조(소송비용의 부담) 및 제33조(소송비용에 관한 재판의 효력)의 규정은 당사자소송의 경우에 준용한다.
② 제10조(관련청구소송의 이송 및 병합)의 규정은 당사자소송과 관련청구소송이 각각 다른 법원에 계속되고 있는 경우의 이송과 이들 소송의 병합의 경우에 준용한다.

제5장
민중소송 및 기관소송

제45조 소의 제기

> 제45조(소의 제기) 민중소송 및 기관소송은 법률이 정한 경우에 법률에 정한 자에 한하여 제기할 수 있다.

Ⅰ. 객관소송의 의의

행정소송은 본래 위법한 행정작용에 의하여 개인의 권익이 침해된 경우에 법원이 이러한 위법한 행정작용을 심리·판단하여 행정법규의 적정한 적용을 보장하고, 개인의 권익을 보호하는 것을 목적으로 하는 소송이다. 이에 따라 개인의 권익보호와는 관계없이 오직 행정법규의 적정한 적용을 보장하기 위한 행정소송은 원칙적으로 허용되지 않는다.

그러나 때로는 법률이 공익적 관점에서 행정법규의 적정한 적용만을 보장하기 위한 소송을 인정하는 경우가 있다. 이러한 소송은 개인의 권익보호를 목적으로 하는 것이 아니고, 객관적인 행정작용의 적법성을 보장하기 위한 소송이기 때문에 객관소송이라고 한다.

Ⅱ. 객관소송의 종류

1. 민중소송

민중소송이란 국가 또는 공공단체의 기관이 법률에 위반하는 행위를 한 때에 직접 자기의 법률상 이익과 관계없이 그 시정을 구하기 위하여 제기하는 소송을 말한다(법 제3조 제3호). 이러한 민중소송은 법률의 명시적인 규정이 있는 경우에 법률에 정한 자에 한하여 제기할 수 있다(법 제45조).

현행법이 인정하고 있는 민중소송으로는 공직선거법이 인정한 선거무효소송(공직선거법 제219조, 제222조)과 국민투표법이 인정한 국민투표무효소송(국민투표법 제92조), 그리고 지방자치법이 인정한 주민소송(지방자치법 제22조) 등을 들 수 있다.

2. 기관소송

> 행정소송법 제3조(행정소송의 종류)
> 4. 기관소송: 국가 또는 공공단체의 기관상호간에 있어서의 권한의 존부 또는 그 행사에 관한 다툼이 있을 때에 이에 대하여 제기하는 소송. 다만, 헌법재판소법 제2조의 규정에 의하여 헌법재판소의 관장사항으로 되는 소송은 제외한다.
>
> 대한민국 헌법 제111조 ① 헌법재판소는 다음 사항을 관장한다.
> 4. 국가기관 상호간, 국가기관과 지방자치단체간 및 지방자치단체 상호간의 권한쟁의에 관한 심판

가. 의의 및 제도적 취지

행정법상의 기관소송은 "국가 또는 공공단체의 기관 상호간에 있어서의 권한의 존부 또는 그 행사에 관한 다툼이 있을 때에 이에 대하여 제기하는 소송"(법 제3조 제4호)을 의미한다. 다만, 헌법재판소법 제2조의 규정에 의하여 헌법재판소의 관장사항으로 되는 소송은 제외한다(법 제3조 제4호 단서).

본래 동일한 행정주체에 속하는 기관 상호간의 권한을 둘러싼 분쟁은 상급관청이 해결하는 것이 원칙이나, 행정주체 내에 이러한 분쟁을 해결할 수 있는 적당한 기관이 없거나 제3자에 의해 공정한 해결이 필요한 경우에, 법원에 제소하여 해결하도록 한 제도가 바로 이 기관소송이다.

나. 유사제도와의 구별

(1) 항고소송과의 구별

기관소송은 행정'기관' 사이의 소송이다. 따라서 상이한 '법주체'간의 소송인 항고소송과 구별된다. 한편 대법원은 기관 사이의 분쟁이라 하더라도 권한쟁의심판이나 기관소송으로 다툴 수 없는 사건에 대해서 항고소송을 통해 다툴 수 있도록 판시했다.[208]

(2) 권한쟁의심판과의 구별

기관소송은 행정기관 사이의 권한에 관한 소송이라는 점에서, 상이한 법주체간의 권한에 관한 다툼을 포함하는 권한쟁의심판과 구별된다. 그에 따라 국가기관 상호간의 소송은 실질적으로는 기관소송이라고 볼 수 있지만 헌법재판소의 관장사항이므로 기관소송의 영역은 아니다.

다. 구체적 검토

(1) 지방자치법 제120조 제3항에 의한 소송

지방자치단체의 장은 이송받은 조례안에 대하여 이의가 있으면 제2항의 기간에 이유를 붙여

---

[208] 대법원 2013. 7. 25. 선고 2011두1214 판결(경기도선거관리위원회위원장 對 국민권익위원회); 대법원 2018. 8. 1. 선고 2014두35379 판결(소방청장 對 국민권익위원회)

지방의회로 환부하고 재의를 요구할 수 있다(지방자치법 제32조 제3항). 이런 지방자치단체장의 재의요구에도 불구하고 조례안이 원안대로 재의결되었을 때에는 지방자치단체장은 지방자치법 제120조 제3항에 따라 그 재의결에 법령위반이 있음을 내세워 대법원에 제소할 수 있다.[209]

(2) 지방자치법 제192조 제4항에 의한 소송

지방의회의 의결이 법령에 위반하거나 공익을 현저히 해친다고 판단한 감독기관이 해당 지방자치단체장에게 재의요구를 지시한 경우, 재의요구를 받은 지방자치단체장은 이유를 붙여 지방의회에 재의를 요구하여야 한다(지방자치법 제192조 제1항). 이런 지방자치단체장의 재의요구에도 불구하고 조례안이 원안대로 재의결되었 때에는 지방자치단체장은 지방자치법 제192조 제4항에 따라 그 재의결에 법령위반이 있음을 내세워 대법원에 제소할 수 있다.[210]

(3) 지방자치법 제192조 제5항에 의한 소송

감독기관은 재의결된 사항이 법령에 위반된다고 판단됨에도 불구하고 지방자치단체장이 소를 제기하지 아니하면 직접 제소를 할 수 있다.

(4) 지방자치법 제192조 제8항에 의한 소송

감독기관으로부터 재의요구지시를 받은 지방자치단체장이 재의를 요구하지 아니하는 경우에는 감독청은 대법원에 직접 제소를 할 수 있다.

(5) 감독기관의 취소·정지처분에 대한 지방자치단체장의 제소

지방자치단체의 사무에 관한 그 장의 명령이나 처분이 법령에 위반되거나 현저히 부당하여 공익을 해한다고 인정될 때 감독기관이 기간을 정하여 서면으로 시정을 명하고, 그 기간에 이행하지 아니하면 감독기관이 지방자치단체장의 명령이나 처분을 취소하거나 정지시킬 수 있다(지방자치법 제188조 제1항).

지방자치단체장은 이런 감독기관의 취소·정지처분에 대해 이의가 있는 경우 대법원에 소를 제기할 수 있는데(지방자치법 제188조 제6항), 이 소송의 성격에 대해 판례는 비록 하급심 판례이기는 하나 "북구청장과 동구청장이 이 사건 처분에 불복하여 피고를 상대로 지방자치법 제169조 제2항에서 정한 기관소송을 제기하여 현재 위 각 사건이 대법원에 계속 중인 사실은 당사자들 사이에 다툼이 없고..."라고 판시하여 기관소송설의 입장을 취한 바 있다.[211]

(6) 감독기관의 직무이행명령에 대한 지방자치단체장의 제소

지방자치단체의 장이 기관위임사무의 집행 등을 게을리 하는 경우에 감독기관은 직무이행명령을 할 수 있으며, 지방자치단체의 장은 직무이행명령에 이의가 있는 때에는 이행명령서를 접수한 날로부터 15일 이내에 대법원에 소를 제기할 수 있다(지방자치법 제189조).

---

209) 대법원 1999. 4. 27. 선고 99추23 판결
210) 시·도의회의 재의결에 대해 교육감이 제기하는 소송도 이와 같은 구조를 가지고 있으므로 기관소송으로 볼 수 있다(지방교육자치에 관한 법률 제18조, 제28조)
211) 부산고등법원 2006. 11. 10. 선고 2006누3001 판결

제46조 준용규정

제46조(준용규정) ① 민중소송 또는 기관소송으로써 처분등의 취소를 구하는 소송에는 그 성질에 반하지 아니하는 한 취소소송에 관한 규정을 준용한다.
② 민중소송 또는 기관소송으로써 처분등의 효력 유무 또는 존재 여부나 부작위의 위법의 확인을 구하는 소송에는 그 성질에 반하지 아니하는 한 각각 무효등 확인소송 또는 부작위위법확인소송에 관한 규정을 준용한다.
③ 민중소송 또는 기관소송으로서 제1항 및 제2항에 규정된 소송외의 소송에는 그 성질에 반하지 아니하는 한 당사자소송에 관한 규정을 준용한다.

01 (2024년 기출)

행정소송법상 민중소송에 관한 설명으로 옳지 않은 것은?

① 객관소송의 일종이다.
② 민중소송은 법률이 정한 경우에 인정되지만, 법률에 정한 자에 한하여 제기할 수 있는 소송은 아니다.
③ 민중소송으로서 처분등의 취소를 구하는 소송에는 그 성질에 반하지 아니하는 한 취소소송에 관한 규정을 준용한다.
④ 민중소송으로서 부작위의 위법의 확인을 구하는 소송에는 그 성질에 반하지 아니하는 한 부작위위법확인소송에 관한 규정을 준용한다.
⑤ 지방자치법 상 주민소송은 민중소송에 해당한다.

/해 설/

① (○) 행정소송법 제3조 제3호
② (×) 행정소송법 제45조
③ (○) 행정소송법 제46조 제1항
④ (○) 행정소송법 제46조 제2항
⑤ (○) 교재 242P (1. 민중소송)

정답 ②

기출문제 선별

01 (2023년 기출)

항고소송에 관한 설명으로 옳지 않은 것은? (다툼이 있으면 판례에 따름)

① 무효인 처분을 취소소송으로 다투는 경우 취소청구에는 엄밀한 의미의 취소뿐 아니라 무효를 선언하는 의미의 취소를 구하는 취지가 포함되어 있어야 한다.
② 소송요건의 구비 여부는 법원에 의한 직권조사사항이다.
③ 검사의 공소에 대하여는 행정소송의 방법으로 공소의 취소를 구할 수 있다.
④ 군의관이 하는 「병역법」상 신체등위 판정은 항고소송의 대상이 되는 처분이 아니다.
⑤ 행정청의 거부처분이 있은 후 당사자가 다시 신청을 한 경우에는 그 내용이 새로운 신청을 하는 취지라면 행정청이 이를 다시 거절하는 것은 새로운 거부처분으로 봄이 원칙이다.

/해 설/

① (○) 취소소송은 처분의 위법성 일반을 소송물로 하고, 무효확인소송은 처분의 무효사유 일반 즉, 처분의 중대하고 명백한 위법성 일반을 소송물로 하여 이론상 별개의 소송이기는 하지만 행정처분의 하자의 정도 등에 의한 구분에 불과할 뿐 두 소송 모두 행정처분 등에 위법한 흠이 있음을 이유로 그 효력의 배제를 구하는 것이고, 실제로 행정처분 취소소송에서 처분의 적법성이 인정되어 그 청구가 배척되는 경우에는 그 처분에 대한 무효확인청구도 당연히 이유가 없게 되는 관계에 있을 뿐 아니라 처분의 취소청구에는 엄밀한 의미의 취소는 물론이고 무효를 선언하는 의미의 취소를 구하는 취지가 포함되어 있는 것으로서 두 소송은 서로 포용관계에 있다(서울행정법원 2010. 2. 26. 선고 2009구합49848 판결).
② (○) 소송요건의 구비여부는 법원의 직권조사사항이며, 만약 피고가 적법요건 불비에 대한 주장을 할 경우 재판부는 경우에 따라 원고에게 적법요건구비에 대한 석명을 요구할 수 있다.
③ (×) 교재 41P (기타 처분성을 부정한 예 – 2. 검사의 공소)
④ (○) 교재 44P (17. 병역법상 신체등위판정)
⑤ (○) 교재 24P (관련판례 ③ 동일한 내용의 거절의 의사표시가 거부처분에 해당하는지 여부)

정답 ③

02 (2024년 기출)

행정청 乙은 사업자 甲에 대하여 '정당한 이유 없이 계약을 이행하지 않았다'는 사실을 사유로 부정당업자제재처분을 하였다. 甲이 그 처분의 취소를 구하는 소를 적법하게 제기하여 법원이 이를 심리하는 경우에 관한 설명으로 옳지 않은 것은? (다툼이 있으면 판례에 따름)

① 乙은 소송계속 중 기본적 사실관계의 동일성을 해치지 않는 범위 내에서 처분사유를 변경할 수 있다.
② 처분사유의 추가·변경은 사실심 변론종결시까지 허용된다.
③ 처분사유의 추가·변경에 관해서는 행정소송법에 명문의 규정이 없다.
④ 乙은 소송계속 중 '甲이 계약의 이행과 관련하여 공무원에게 뇌물을 주었다'는 사실을 처분사유로 추가할 수 있다.
⑤ 乙이 처분서에 다소 불명확하게 기재하였던 '당초 처분사유'를 좀 더 구체적으로 설명한 경우 이는 새로운 처분사유의 추가가 아니다.

/해 설/

① (O) 교재 172P (가. 객관적 범위)
② (O) 교재 173P (4. 허용시기)
③ (O) 행정소송법에는 처분사유의 추가·변경에 대한 조문이 존재하지 않는다.
④ (×) 교재 173P (관련판례 ① 입찰자격제한처분에서 정당한 이유없이 계약을 이행하지 않은 사실과 관계 공무원에게 뇌물을 준 사실)
⑤ (O) 교재 172P (관련판례 ⑤ 행정청 내부의 시정절차 단계)

정답 ④

03 (2024년 기출)

취소소송 판결 및 집행정지 결정의 효력에 관한 설명으로 옳지 않은 것은? (다툼이 있으면 판례에 따름)

① 처분등을 취소하는 확정판결은 제3자에 대하여도 효력이 있다.
② 집행정지의 결정은 제3자에 대하여도 효력이 있다.
③ 집행정지결정의 취소결정은 제3자에 대하여도 효력이 있다.
④ 과세처분 취소청구를 기각하는 판결이 확정되면 그 처분이 적법하다는 점에 관하여 기판력이 생긴다.
⑤ 과세처분의 취소소송에서 청구가 기각된 확정판결의 기판력은 그 과세처분의 무효확인을 구하는 소송에는 미치지 아니한다.

/해 설/

① (○) 행정소송법 제29조 제1항

② (○), ③ (○) 행정소송법 제29조 제2항

④ (○) 과세처분 취소청구를 기각하는 판결의 의미는 과세처분이 적법했다는 의미이다.

⑤ (×) 과세처분취소소송의 청구가 기각되었다는 것은 처분이 적법했다는 의미인바, 과세처분의 무효확인소송에 기판력이 미친다.

[정답] ⑤

04 (2024년 기출)

다음 사례에 관한 설명으로 옳은 것은? (다툼이 있으면 판례에 따름)

> ○ A행정청은 자신의 명의로 甲에 대해 중대명백한 하자가 있는 X처분을 하였다.
> ○ 법령상 X처분에 대한 권한은 B행정청에 있고 A행정청에 내부위임되어 있다.

① 甲이 X처분에 대해 취소소송을 제기하는 경우 제소기간의 제한이 없다.
② 甲이 X처분에 대해 이의신청을 거쳐 취소소송을 제기하는 경우 제소기간의 기산점은 X처분이 있음을 안 날이다.
③ 甲이 X처분에 대해 무효확인소송을 제기하는 경우 A행정청을 피고로 하여야 한다.
④ 甲이 X처분에 대해 제기한 무효확인소송에서 기각판결이 있은 경우 기판력에 의해 甲은 X처분에 대해 다시 취소소송을 제기할 수 없다.
⑤ X처분이 甲에 대한 징계처분인 경우 X처분을 취소하는 판결이 확정되면 A행정청은 기속력에 따라 재처분을 하여야 한다.

/해 설/

① (×) 교재 138P ((3) 무효선언적 의미의 취소소송을 제기한 경우)

② (×) 행정기본법 제36조 제4항에 따라 제소기간의 기산점은 통지를 받은 날이다.

> 제36조(처분에 대한 이의신청) ④ 이의신청에 대한 결과를 통지받은 후 행정심판 또는 행정소송을 제기하려는 자는 그 결과를 통지받은 날(제2항에 따른 통지기간 내에 결과를 통지받지 못한 경우에는 같은 항에 따른 통지기간이 만료되는 날의 다음 날을 말한다)부터 90일 이내에 행정심판 또는 행정소송을 제기할 수 있다.

③ (○) 교재 100P (관련판례 내부위임의 경우 피고적격)

④ (×) 무효확인소송에서 기각판결을 받았다는 의미는 처분이 적법하거나 처분이 위법하지만 무효사유에는 해당하지 않는다는 의미이다. 본 사안의 경우 처분이 위법하지만 무효사유에는 해당하지 않는다는 의미이므로 甲은 취소소송을 다시 제기할 수 있다.

⑤ (×) 행정소송법 제30조 제2항의 재처분의무는 신청에 대한 거부처분이 전제이다.

정답 ③

05 (2024년 기출)

행정청 A는 2024. 2. 1. 甲에게 1월의 영업정지처분을 하였다. 이에 대해 甲이 청구한 행정심판에서 영업정지 1월에 갈음하는 과징금으로 변경을 명하는 재결이 있었고, 이에 따라 A는 2024. 4. 29. 과징금 100만원을 부과하는 처분을 하였다. 이 경우 甲이 제기하는 취소소송의 대상과 제소기간 기산점이 옳게 연결된 것은? (다툼이 있으면 판례에 따름)

① 2024. 2. 1.자 1월의 영업정지처분 - 재결서의 정본을 송달받은 날
② 2024. 2. 1.자 100만원 과징금부과처분 - 재결서의 정본을 송달받은 날
③ 2024. 2. 1.자 100만원 과징금부과처분 - 과징금 부과처분이 있음을 안 날
④ 2024. 4. 29.자 100만원 과징금부과처분 - 재결서의 정본을 송달받은 날
⑤ 2024. 4. 29.자 100만원 과징금부과처분 - 과징금 부과처분이 있음을 안 날

/해 설/

② (○) 취소소송의 대상 : 교재 128P ((4). (나) 판례)
　　　제소기간의 기산점 : 행정소송법 제20조 제1항 단서

정답 ②

제5판

세무행정법

초판발행 2014년 11월 14일
2판발행 2016년 07월 29일
3판발행 2017년 08월 10일
4판발행 2018년 06월 01일
5판발행 2025년 04월 02일

지은이 정선균 조현석
디자인 이나영
발행처 주식회사 필통북스
등 록 제2019-000085호
주 소 서울특별시 관악구 신림로59길 23, 1201호(신림동)
전 화 1544-1967
팩 스 02-6499-0839
homepage http://www.feeltongbooks.com/

ISBN 979-11-6792-213-7 [13360]

정가 25,000

| 이 책은 저자와의 협의 하에 인지를 생략합니다.
| 이 책은 저작권법에 의해 보호를 받는 저작물이므로 주식회사 필통북스의 허락 없는 무단전제 및 복제를 금합니다.